高等院校重点教材·公共课系列
精品工程项目教材

新编大学体育与健康教程

主　编　潘凌云

上海交通大學出版社

内容提要

本书依照《全国普通高等学校体育课程教学指导纲要》的精神，根据《普通高等学校健康教育指导纲要》的要求，紧扣大学体育课程“立德树人”的根本任务，围绕“体育与健康”这一主题，详细介绍了各类体育运动项目的历史文化、基本知识、基本技能与应用，同时对大学生应该掌握的一些健康理念和健康促进策略进行了介绍。本书共十二章，不仅重点介绍了足球、篮球、排球、乒乓球、羽毛球、网球、武术、健美等当前高校主流运动项目的历史文化、基本技术、战术运用，还介绍了健美操、啦啦操、体育舞蹈、瑜伽等体育艺术类项目，更有健身气功、蹴球、珍珠球、毽球、拓展训练、定向运动、飞镖等特色项目，形成了融“学知识”“强体质”“练技能”“铸精神”等多元价值功能于一体的课程教学目标和教材内容体系。

本书既可作为高校公共体育课程的教学用书，也可作为体育爱好者的自学参考书。

图书在版编目（CIP）数据

新编大学体育与健康教程 / 潘凌云主编. —上海：上海交通大学出版社，2022.11

ISBN 978-7-313-26815-0

Ⅰ. ①新… Ⅱ. ①潘… Ⅲ. ①体育—高等学校—教材②健康教育—高等学校—教材 Ⅳ. ①G807.4②G647.9

中国版本图书馆 CIP 数据核字（2022）第 196833 号

新编大学体育与健康教程

XINBIAN DAXUE TIYU YU JIANKANG JIAOCHENG

主　　编：潘凌云

出版发行：上海交通大学出版社　　地　　址：上海市番禺路 951 号

邮政编码：200030　　电　　话：021-64071208

印　　制：南京人文印务有限公司　　经　　销：全国新华书店

开　　本：787mm×1092mm 1/16　　印　　张：20.25

字　　数：518 千字

版　　次：2022 年 11 月第 1 版　　印　　次：2022 年 11 月第 1 次印刷

书　　号：ISBN 978-7-313-26815-0

定　　价：59.80 元

本书编委会

主　编　潘凌云

编　委（排名不分先后）

吴　平　戴　平　张　彤

杨　莉　黄远翔　唐晓怡

张　健　陆　勇　程华平

姚唯众　邓　夏　张　征

蒋铮璐　胡　暖　余　亮

柏卫东　杨春元　徐清香

贾　文　张守冬　王　薇

史航昊

体 育 颂

[法国] 皮埃尔·德·顾拜旦

啊，体育，天神的欢娱，生命的动力！你猝然降临在灰蒙蒙的林间空地，苦难的人们激动不已。你像是容光焕发的使者，向暮年人微笑致意。你像高山之巅出现的晨曦，照亮了昏暗的大地。

啊，体育，你就是美丽！你塑造的人体，变得高尚还是卑鄙，要看它是被可耻的欲望引向堕落，还是由健康的力量悉心培育。没有匀称协调，便谈不上什么美丽。你的作用无与伦比，可使人体和精神和谐统一，可使人体运动富有节律，使动作变得优美，柔中含有刚毅。

啊，体育，你就是正义！你体现了社会生活中追求不到的公平合理。任何人不可超过速度一分一秒，逾越高度一分一厘，取得成功的关键，只能是体力与精神融为一体。

啊，体育，你就是勇气！肌肉用力的全部含义是敢于搏击。若不为此，敏捷强健有何用？肌肉发达有何益？我们所说的勇气，不是冒险家押上全部赌注似的蛮干，而是经过慎重的深思熟虑。

啊，体育，你就是荣誉！荣誉的赢得要公正无私，反之便毫无意义。有人要弄见不得人的诡计，以此达到欺骗同伴的目的，他内心深处却受着耻辱的绞缢，有朝一日被人识破，就会落得名声扫地。

啊，体育，你就是乐趣！想起你，内心充满欢喜，血液循环加剧，思路更加开阔，条理愈加清晰。你可使忧伤的人散心解闷，你可使快乐的人生活更加甜蜜。

啊，体育，你就是培育人类的沃地！你通过最直接的途径，增强民族体质，矫正畸形躯体；防病患于未然，使运动员得到启迪；希望后代长得茁壮有力，继往开来，夺取桂冠和胜利!

啊，体育，你就是进步！为了人类的日新月异，躯体和精神的改善要同时抓起。你规定良好的生活习惯，要求人们对过度行为引起警惕。你告诉人们遵守规则，发挥人类最大能力而又无损健康的肌体。

啊，体育，你就是和平！你在各民族间建立愉快的联系。你在有节制、有组织、有技艺的体力较量中产生，使全世界的青年学会相互尊重和学习，使不同民族特质成为高尚而和平竞赛的动力。

（詹汝琮 译）

前　　言

“完全人格，首在体育。”体育能够增强身体素质、提高心理素质和综合素质，既关系青少年健康成长，更关系国家和民族未来。党的二十大报告提出，人民健康是民族昌盛和国家强盛的重要标志，强调要“推进健康中国建设”“把保障人民健康放在优先发展的战略位置”。大学生是国家的未来和民族的希望，他们身心健康、体魄强健、意志坚强、充满活力，是一个民族生命力旺盛的体现，也是社会文明进步的标志。

大学体育是高等教育体系的重要组成部分，是学校体育教育的最高层次。高校加强体育与健康教育工作，是实现立德树人根本任务、提升大学生综合素质的基础性工程，是加快构建德智体美劳全面培养的高质量教育体系、推进教育现代化、建设教育强国和体育强国以及推进健康中国建设的重要工作。近年来，人们对体育锻炼、健康教育以及生命教育的大量需求被释放出来。

党中央、国务院始终高度重视学校体育工作。近年来，国务院、教育部先后颁发了《高等学校体育工作基本标准》（2014）、《国务院办公厅关于强化学校体育促进学生身心健康全面发展的意见》（2016）、《关于全面加强和改进新时代学校体育工作的意见》（2020）等文件，从各个层面对学校体育工作提出了具体要求。新时代背景下，大学体育要全面贯彻习近平新时代中国特色社会主义思想，落实“立德树人”的根本任务，坚持“健康第一”的教育理念，充分挖掘和发挥体育育人的价值与功能，努力探索和创新实现路径，推动学校体育高质量发展，提高学生的运动技能水平和身心健康水平。

教材是体现教育思想的重要载体。高质量的大学体育与健康教育教材，是提高大学体育课程教学质量和对大学生进行体育与健康教育工作的重要保障。为此，我们依照《全国普通高等学校体育课程教学指导纲要》的精神，根据《普通高等学校健康教育指导纲要》（教体艺〔2017〕5号）的要求，结合《“健康中国2030”规划纲要》对普及健康生活、优化健康服务、建设健康环境的要求，在充分总结高校体育教学改革经验和借鉴国内外体育教育新思想的基础上，精心编写了本书。

大学公共体育课的主要目的不只是教授学生几项体育技能，而是帮助学生提升体育健康意识、掌握未来生活发展所需要的体育健康知识和相应的基本能力。本书与其他大学体育教材有几点小小的不同，或者说本书做了少许探索性的尝试，主要包括以下几个方面。

1. 体系完整，全面释放体育的力量与价值

本书牢牢把握“以人为本”和“健康第一”的指导思想，以“立德树人”为根本任务，力图构建起融“学知识”“强体质”“练技能”“铸精神”等多元价值功能于一体的教学目标与内容体系，引导大学生积极主动参与体育锻炼，享受体育运动带来的乐趣，增强体质，健全人格，锤炼意志，让学生在运动参与中有更多的获得感。同时，这也突出了体育课程思政特色。

2. 凸显人文，提升教材的理论价值与文化品位

本书在介绍知识和技能的同时，加强了对体育健康相关的历史文化的介绍，特别是中国

本土的哲学、文化、历史、科技、艺术、宗教等对体育与健康实践的影响，帮助学生了解体育的本质特点、历史渊源，明了体育健康与人类多元化世界观、方法论之间的紧密关联，深刻体悟体育丰厚的文化内涵。

3. 内容新颖，展现课程教学的创新与特色

在内容的选择上，本书体现了健身性与文化性、民族性与世界性相结合的原则，融入休闲体育等新颖内容。此外，特色项目拓展训练、定向运动、飞镖、蹴球、珍珠球、毽球等，构建了本书的鲜明特色，充分体现了内容的创新性。

4. 理念先进，体现时代性与科学性

本书坚持以“健康第一”思想为宗旨，紧扣大学体育课程“立德树人”的根本任务，围绕“体育与健康”这一主题，将体育与健康的经典研究、最新成果和前沿发展交织融合，力求反映新时代特征，向学生传递“终身体育”“主动健康”的概念，以增强学生体质、锤炼学生品格、使学生养成健康的生活方式。坚持理论联系实际、紧密结合当前的体育实践，对大学体育教育与健康教育中的基本问题进行新时代的阐发。本书以大量翔实的科学事实和最新的研究成果为依据，叙述严谨、科学，努力做到言之有理、论之有据。

5. 打造立体化教材，提高书本的互动性和体验感

为适应新时代大学生的学习习惯和信息化教学的要求，本书打破体育教材常规模式，引入混合式教学理念，为有关运动项目配套录制了教学微视频，附在书中相应位置，“扫一扫”书中的二维码即可观看，便于学生随时进行自主性的学习。此举使得相关的信息资源得到大幅度拓展，也使本书更加丰富、立体，还提高了本书的互动性，在打造立体化教材方面是创新性的尝试。

本书由江南大学潘凌云教授担任主编，共分为三篇，包括理论知识篇、运动实践篇和体育健康管理以及运动保健篇。本书共十二章，各章具体分工如下：第一章，潘凌云、徐清香；第二章，张健、潘凌云；第三章，潘凌云、杨春元；第四章，余亮；第五章，黄远翔、张健、唐晓怡、陆勇、柏卫东、贾文、张守冬、王薇；第六章，杨莉；第七章，张彤；第八章，蒋铮璐、张征、邓夏、戴平；第九章，吴平、戴平、程华平、姚唯众；第十章，胡暖、潘凌云；第十一、十二章，胡暖、史航昊。

本书在编写过程中，参阅了诸多专家学者的文献，从中汲取了有益的思想和方法，在此一并深表谢意。

我们深知，试图编写一本理想教材的探索是艰难的，不可能一蹴而就。尽管编写人员做了较大努力，但由于水平有限，书中的偏颇和不足之处仍然在所难免。期待使用这本书的教师和学生能用积极、开放、参与的心态来审视并给予我们更多的理解和支持，帮助我们不断完善本书，真正体现“笃学尚行，止于至善”的原则。错漏之处，还恳请读者批评指正。

编　者

2022 年 10 月

目　　录

第一部分　理论知识篇

第二部分　运动实践篇

第一部分

理 论 知 识 篇

第一章　体育与健康概论

教学目标

1. 知识目标

（1）基本掌握体育的本质与体育的概念。

（2）了解体育的社会形态和现代体育发展的主要趋势。

（3）全面了解健康的概念及影响因素。

2. 技能目标

促进养成健康行为，改变不利于健康的习惯。

3. 课程思政目标

（1）使学生牢固树立“健康第一”“终身体育”的理念，培养全面发展、全人健康、健康人文素养等。

（2）使学生深刻理解体育以体育人、以体育心、以体育德的价值。

随着社会的发展进步、人民生活水平的逐步提高和人们思想观念的不断更新，体育与健康越来越受到社会的关注。由于体育概念的不断发展和健康内涵的逐步深化，体育与健康之间的关系也日益复杂。在“健康第一”的教育指导思想和“健康中国”战略提出的教育与社会背景下，我们需要对体育、健康的内涵以及体育与健康之间的关系有了更加深入的了解。

第一节　体育概述

关于“什么是体育”这个问题，几乎每个人都能说出几点自己的看法。体育是人类的基本活动。对于小孩来说，老鹰捉小鸡、跳皮筋、拍皮球这些简单的游戏就是体育；对于年轻人而言，爬山、冲浪、潜水、旅游都是体育；对于锻炼的老年人来说，散步、下棋、跳舞、打太极拳也是体育；对于减肥的人群来说，跑跑步、跳跳健身操、做几下俯卧撑、练几个仰卧起坐、做半个小时瑜伽就是体育；而对于不太爱运动的人来说，看场球赛转播、买个体育彩票、支持自己喜欢的运动员，也都是和体育密切相关的活动。可以说，在我们生活的空间里，体育无处不在，它已经全面融入社会生活，在促进生长发育、增强体质、提高健康水平以及国家经济、政治、文化、教育和国防建设等方面发挥着越来越重要的作用。

体育的概念是人们对体育本质的认识的高度概括。正确认识和理解体育的概念及其范畴，有利于从根本上、宏观上理解体育自身产生和发展的内在规律、目的任务乃至基本途径和方法手段，有利于科学指导体育实践活动的开展。

一、体育的概念

体育社会学家哈格里夫斯曾认为，体育包含了足够多的又完全不同种类的活动，要给出一个无懈可击的定义，有着先天无法克服的困难。

在我国，“体育”的概念一般有狭义和广义之分。狭义上，体育一般是指体育教育（学校体育）；广义上，体育是指人类为适应自然和社会，以身体练习为基本手段而自觉地改善自我身心和开发自身潜能的社会实践活动。

体育是文化的一种形态，是借助各种身体练习来改造人自身的活动。人既是“自然人”，也是“社会人”，因此体育既改造人的“自然”属性，也改造人的“社会”属性，是满足人和社会需要的一种特殊文化形态。

（1）体育是以身体活动为手段的活动形式。体育的各种价值和功能都源于人的身体参与或付出体力的身体活动。无论是规范性强、组织化程度高的运动项目，如田径、体操、篮球、足球、排球、乒乓球、羽毛球、网球、武术、摔跤、拳击、高山滑雪、越野滑雪、短道速滑、冰球、冰壶等，还是自发、随意进行的健身娱乐活动，如快走、慢跑、爬山、骑车、滑雪、滑冰、冬泳等，都是通过身体活动来完成的，没有身体活动就不能称其为体育。体育的这一特征将其与缺乏身体活动的社会实践，如读书看报、看电视电影、听音乐等区别开来，也将体育课与语文、数学、物理、化学等文化课区别开来。

（2）体育的本质与人的发展之间存在密切联系。体育是以人自身的发展为目的的。身体活动并非体育特有，其广泛存在于生产劳动、军事训练、宗教祭祀、戏剧表演等诸多非体育领域。然而，与具有体育属性的身体活动不同的是，这些非体育领域的身体活动以实用为导向，旨在完成生产和生活中的实用性任务。尽管这些非体育领域的身体活动也会附带产生一些健身的效果，但囿于活动的实用性，其健身效果是片面而有限的。体育则不然，参加体育活动不仅可以掌握运动技能、提高身体素质，运动过程中还要应对高难度动作、身体疲劳和来自对手的激烈对抗，同时体育活动又必须长期坚持、持之以恒才能见效，因此，体育不仅能发展身体能力，也有助于增强规则意识、培养健全人格、锻炼意志、团队精神、形成良好的心理品质。体育以促进人自身的全面发展为目标，其身体活动的设计、选择、组合与实施完全围绕着人的需要展开，围绕着人追求身体、精神和社会维度全面均衡发展的自我完善的目的展开。换言之，人在体育中的角色定位是目的而非工具，是终极目标而非过程设置。体育的这一根本性特征使其与生产生活中功利性取向的身体活动存在本质区别。

（3）体育以人文精神为价值导向。虽然体育以身体活动为基本手段和存在形式，但体育活动并非单纯的身体活动。体育通过身体活动这一生物性手段，实现人的全面发展的社会性目标，以“育体”手段达到“育人”的目的，实现对人的“生命赋值”和“精神塑造”。以人文精神为坐标的价值导向在体育中无所不在，构筑了体育深厚的精神基座。在人文精神的引导下，体育追求真善美、贬斥假恶丑，把人们参与体育的过程升华为价值学习和价值实现的过程。在“卓越、友谊、尊重”等体育所特有的核心价值的引导下，体育向人们传递拼搏、团结、公平、公正、守纪、坚韧、友善、包容等价值观念。体育价值观的学习有助于培养负责任、守规矩的公民，使其发展成为健康、正义、美好世界的建设者。体育的价值是体育的灵魂，渗透在体育的全过程。体育的这一特征使生物性的身体活动获得了社会文化含义。

正因为体育具有这样的人文价值，所以它在人类社会形成完整的教育系统的漫长过程中始终是教育的重要组成部分之一。体育是有目的、有组织、有计划地传授运动知识和技能，促进身心全面发展，实现以体育德、以体育智、以体育心的一个教育过程，是推动人们向身心统一的健康方向发展的重要教育因素。

综上所述，体育是以身体活动为手段，以谋求身心健康和全面发展为直接目的，并以培养完善的社会公民为终极目标的一种社会文化现象或教育过程。

二、相关概念

（一）体育运动

体育运动即广义上的体育，是指以身体练习为基本手段，以增强体质、增进健康、娱乐身心、提高运动技术水平等为目的的各种身体运动的总称。体育运动的内容很丰富，既包括田径、球类、体操、武术、游泳、滑冰、滑雪、自行车、举重等竞技性运动，也包括高尔夫、漂流、攀岩、登山、轮滑等休闲时尚性运动，还包括摔跤、踢毽子、跳绳等民间性运动。

（二）体育教育

体育教育即狭义上的体育，是教育的组成部分，是德智体美劳全面培养教育体系中不可缺少的重要“一育”，是通过身体活动增强学生体质，传播运动知识、技能、技术，培养良好道德和意志品质的有目的、有计划的教育过程。体育是一种美好的教育，美就美在它能使人身心健康、体魄强健、意志坚强、心胸开阔、充满活力、团结合作、遵守规则等。缺少体育的教育是不完整的教育，不重视体育的教育不是好的教育。体育教育虽以“育体”为其最核心、最独特的功能，但却内在地包含着德育、智育、美育、劳动教育的价值和意蕴。可以说，培养德智体美劳全面发展的社会主义建设者和接班人离不开体育教育的积极介入。

（三）体育文化

文化与体育既有区别，又相互联系。从广义的角度来看，文化包含了体育，体育是文化的组成部分之一。体育文化是人类在体育生活和体育实践中创造出来的一切物质、行为、制度、精神的总和，是整个社会文化体系的一个重要组成部分。体育物质文化是由体育从业者创造的、体育活动参与者使用的体育场（馆）、体育器材、体育用品等与体育有关的物质实体，是一种物质形态的表层文化；体育行为文化是指体育活动的参与者在参与过程中表现出的各种行为，它是体育活动参与者精神风貌、人际关系的动态体现，也是体育活动参与者的观念、精神和价值观的折射；体育制度文化是各级政府、相关部门、体育管理组织和社区所制订和形成的与体育活动相关的领导体制、组织机构、管理制度和活动规范等；而体育精神文化是体育活动各参与方在一定的社会文化背景、意识形态影响下而形成的文化观念和精神成果。体育精神文化是一种更深层次的文化形态，它在整个体育文化系统中处于核心地位。

体育文化既是文化强国的重要组成部分，又是建设体育强国的重要一环，也影响着“健康中国”战略的落实。

三、体育的社会形态

当今社会，体育的社会形态主要有学校体育、竞技体育、群众体育、医疗-康复体育等。

（一）学校体育

学校体育是指在学校中对全体学生进行的体育教育活动。其主要任务是通过有目的、有计划、有组织地对学生进行身心协调发展的教育过程，使学生掌握运动技能和相关知识；促进学生身心素质的全面发展；促进学生生长发育、增进健康和养成体育锻炼的习惯，保障学生的身体工作能力达到社会生活和工作所需要的基础水平；培养学生良好的道德品质。学校体育是培养全面发展的人的学校教育的重要组成部分。

（二）竞技体育

竞技体育是指在全面发展身体，最大限度地挖掘和发挥人（个体或群体）在体力、心理、智力等方面的潜力的基础上，以攀登运动技术高峰和创造优异运动成绩为主要目的的一种运动活动过程。激烈的竞争性是竞技体育区别于学校体育和群众体育的本质特征之一。

（三）群众体育

群众体育是指全体社会成员广泛开展的，以健身、娱乐、休闲为目的的，丰富多彩、形式多样的体育文化活动。在我国，群众体育与竞技体育属同一层次，是除竞技体育之外的包括学校体育在内的整个体育运动。其主要任务是使人们的身体工作能力达到或保持在符合各个人群年龄特征的水平上，并养成终身体育锻炼的习惯。

（四）医疗-康复体育

医疗-康复体育是运动医学的组成部分，是病患者为了配合治疗某些疾病和恢复机体工作能力而进行的身体活动。医疗-康复体育一般采用动作轻缓、运动负荷较小的运动项目，如散步、慢跑、气功、太极拳、保健操等。医学领域把用体育运动治病的方法称为“体育疗法”。

四、现代体育发展的特点

（一）体育生活化

体育生活化是指体育行为形成并融入人的生活，成为生活中不可缺少的日常行为。体育生活化包括时间、空间和情感体验三大要素。时间上，要求体育活动由非日常型向日常型过渡，即养成经常参加体育活动的习惯；空间上，要求体育活动场所贴近居民，以形成生活圈体育，为人们参加体育活动提供便利；情感体验上，要求体育活动轻松愉悦，使参加者能获得文化享受和需求满足。新时代，我国已将全民健身、健康中国上升为国家战略，倡导积极参加体育健身、养成终身体育观，将提升全民健康素养作为社会主义现代化强国建设的目标之一。从以人民为中心的发展理念出发，体育生活化正在成为体育发展的主旋律。

体育文化之窗

终 身 体 育

终身体育，是指一个人终身进行身体锻炼，使体育成为其生命中不可或缺的重要内容。

终身体育作为体育教育的重要指导思想之一，与国际终身教育思潮密切相关。早在20世纪60年代，法国成人教育家保罗·朗格朗就提出了终身教育的成人教育理念。在这种教育思潮的影响下，各门教育学科都开始制订计划，尤其是体育在教育中的重要作用，使得其不仅成为“终身教育”中不可缺少的一项内容，也成为促进社会生活健康发展的重要手段。

人的一生都应与体育锻炼相伴。不同的时期应该有不同的目标和要求、不同的内容与方法。朗格朗认为，必须抛弃那种认为体育只是在一生中一个短暂时期内进行的观点，“应更好地把体育与终身教育结合起来……把它与智力的、道德的、艺术的、社交的和公民的生活等各方面更加紧密地结合在一起”①。

（二）体育多样化

现代社会，随着人们对体育项目和体育规律的认识不断深化，体育需求的种类日趋多样，体育的内容和形式不断创新，新的体育项目不断出现。一些群众喜闻乐见的传统体育项目在结合幼儿、青少年、老年人、妇女、残疾人等各类人群的特点之后，其“玩法”不断翻新花样。同时，随着“体育+”和“+体育”理念的引入以及网络空间服务的不断提升，体育与健康养生、旅游、休闲、娱乐、音乐、美食等相关行业的深度融合充分实现，有效地满足了不同人群日益增长的多元化体育需求。

（三）体育社会化

体育的发展依靠人民。体育社会化，即体育必须面向社会，同时发动全社会来办体育，实现社会办体育与政府办体育的有机结合，将体育事业发展成为一个由国家宏观指导、社会各方支持、全社会共同参与的系统性工作。体育与社会其他领域之间存在着互动性、制约性，只有加强体育的社会适应性，促进社会办体育、全民参与体育的积极性，我国体育事业才能随着社会的发展而持续、健康地发展。

（四）体育科学化

体育科学化是指科学技术的应用渗透到体育各个领域，主要表现如下：第一，体育科学理论体系的构建和体育科学知识的传播和普及，提高了人们对体育的认识水平和参与体育的自觉性。第二，科研成果应用于运动训练，使训练手段与过程更加合理，有效地促进了运动水平提高；科研成果应用于群众体育锻炼，增强了人民体质、提高了健康水平。第三，科技成果转化为技术运用于体育领域，提高了体育场馆、体育器材和体育监测手段的科技含量，促进了体育现代化。第四，管理科学化促进了体育管理工作质量和管理效率的提高。随着科学技术的不断发展，体育科学化程度将进一步提高。

当前，人工智能已成为全球各个国家高度关注的最为重要的学科领域和革新技术，人工智能在体育领域的应用是我国未来体育发展的核心内容之一。作为互联网时代最前沿的革新技术，人工智能正在成为推动体育事业发展的一股重要力量。以人工智能为技术支持，主动对接竞技体育、大众健身、体育产业等领域的发展需求，构建以人民为中心的智慧体育服务体系，能够为健康中国、体育强国战略的实现提供有力的科学支持。人工智能技术融入体育会产生剧烈的化学反应，借助于更加精密的自动化检测和智能数据分析，能够让运动员有限

① 朗格朗. 终身教育引论[M]. 周南照，陈树清，译. 北京：中国对外翻译出版公司，1985.

的训练时间变得更有价值，竞技成绩得到更多支持，大众健康得到更好保障。

（五）体育市场化

体育市场化，是指体育资源（产品）由计划配置向市场配置的根本性转变，以及由此引起的体育组织行为、体育组织环境、政府职能等一系列经济关系与上述转变相适应的过程。其实质就是体育资源配置中市场机制作用不断增强的过程。体育资源（产品）主要包括体育用品、体育健身、体育赛事和运动康复等。

（六）体育全球化

全球化是建立在市场经济和科学技术基础上的人类生活的相通化过程。体育全球化是指体育超越地域和国界，打破人文壁垒，在全球范围内跨区域流动，相互吸纳、补充，发展为一种新的世界体育文化模式的社会文化现象。经济全球化为体育全球化创造了物质条件，运动水平的不断提高使体育全球化成为必然趋势，国际体育组织的成功运作使得体育全球化成为可能。奥运会、世界杯足球赛等周期性重大赛事的举办、流动，赛车、田径、网球等项目的大赛举办地在世界范围内布局，不仅为各国运动员、教练员之间的交流提供了契机，也为各国之间经济、政治、文化等的联系和交流提供了新的国际平台。

第二节　健 康 概 述

健康，是人类群体的社会命题，也是个体重要的人生命题。它是人类生存和发展最基本的条件，也是创造社会物质文明和精神文明的基础。古今中外，长寿健康，人所共求。健康是生命的象征，幸福的保证。用健康的身心享受生活，提高生命质量，是现代人秉持的基本生活理念。

体育文化之窗

有关健康重要性的精辟论述

历史上很多伟人、思想家、教育家、哲学家对于健康都有精辟论述。马克思把健康称为人的第一权利，认为它是人类生存的第一前提；英国教育家洛克强调，如果没有健康，就不会有什么幸福可言；物理学家居里夫人指出，科学的基础是健康的身体；德国哲学家叔本华形象地指出，健康的乞丐比有病的国王更幸福；古希腊哲学家赫拉克利特强调，如果没有健康，智慧难以表现、文化无从施展、力量不能战斗、财富变成废物、知识也无法利用；世界卫生组织前总干事马勒博士指出，健康不能代表一切，但失去了健康就失去了一切……还有人把健康表示为数字 1，把智慧、财富、成就、名利等表示为 1 后面的 0。如果有了 1，在后面每加上一个 0，就表示你所拥有的一切不断增加；相反，如果失去了 1，不管后面加上多少个 0，最终结果都只能是0。

一、健康的概念

健康是一个综合、动态的概念，在不同的历史阶段和不同的文化背景下，人们对健康的理解和诠释是不一样的。随着社会的不断发展、科学技术的不断更新以及人们对客观世界和自身认识的不断深化，人们对健康的认识更加确切，对健康的要求也越来越高。回顾历史不难发现，人们对健康的理解经历了一个曲折的过程，从单一的身体健康走向生理、心理、社会适应和道德的多维度健康，从医疗卫生体系的被动治疗走向生活方式的主动调整。

（一）建立在疾病基础上的健康概念

从远古时期到中世纪，人类社会从原始社会变迁至奴隶社会再到封建社会，人类处于以体力劳动为主的农耕和手工劳作时期，生产力水平总体低下。囿于对自然界极其贫乏的认识，人们对健康多寄望于神灵、巫术和上帝等，普遍认为疾病是由鬼魔缠身所造成，只有求神拜佛才能驱赶病魔、解除痛苦。这种对疾病和健康的认识属于典型的唯心主义认识论。

从中世纪到19世纪中叶，随着近代自然科学的诞生与发展，人类生产力水平迅速提高，西方社会进入了以机械化大生产为主的工业文明时代，并对包括我国在内的亚、非、拉等发展落后地区人民的生产与生活产生了巨大影响。基于近代医学及相关学科的发展，人们突破了健康的神灵理论，认为健康是生理上无病、无残、无伤。

（二）现代多维健康概念的出现

随着时代的发展，疾病谱也越来越宽，新病、奇病、时代病、富贵病不断袭来。人们在与疾病不断抗争的过程中，慢慢地认识到健康不单纯是肉体无痛无病，它还与精神状态有着密切联系。人的健康不仅受生物因素的影响，还受心理、社会、环境及个人生活方式的影响。人们对健康和疾病的认识发生了根本的变化，健康的概念也随之不断更新、扩展。

1948年，世界卫生组织提出了“健康不仅是没有疾病或不虚弱，而是身体的、心理的和社会适应方面的完美状态”的三维健康观。这一概念突破了健康的传统医学模式，改变了以往健康仅指无疾病的单一概念，这是人们对健康认识的一次重要飞跃。

1978年，世界卫生组织在《阿拉木图宣言》中修改了健康的概念，将健康定义为“健康不仅是没有疾病或体格的虚弱，而且是身体的、精神的以及社会幸福的完美状态”。

20世纪末，基于长期研究成果的支持，世界卫生组织继续深化了健康的概念——健康全覆盖下的道德、生理、心理、社会适应整体良好状态。这一新标准进一步明确了健康不仅仅是身体、心理和社会适应的完满状态，还确定了道德健康在个体健康中的重要地位。道德健康概念的提出，使健康的内涵进一步提升。

根据世界卫生组织对“健康”的定义，可以对健康的具体构成要素做出如下诠释。

1. 身体健康

身体健康是指具有强壮的体魄和充沛的体能，主要包括身体发育完整匀称、各器官系统生理功能状态良好、体重适当、没有疾病、能抵御各种疾病侵袭、能适应自然环境的变化。身体健康与体育锻炼、营养状况和行为习惯密切相关。

2. 心理健康

心理健康是一种高效而满意的、持续的心理状态，是指个人能以积极有效的心理活动、平稳正常的心理状态，对当前和发展着的社会环境保持良好的适应功能。它包括两层含义：一是无心理疾患，这是心理健康的基本条件；二是具有一种积极发展的心理状态，即能够维持自己的心理健康，主动减少问题行为和解除心理困扰。

3. 社会适应健康

社会适应是个体通过与社会环境的交互作用，主动地顺应、调控和改变环境，达到与环境的和谐平衡的过程。社会适应主要指人在社会生活中的角色适应。社会适应健康是个体在社会交往中表现出积极良好的适应态度、适应感受和适应能力等，与社会各个层面的相容性良好。社会适应健康包括较强的社会交往能力、角色转换能力、环境适应能力与自我调节能力、竞争与合作能力、文化认同能力等。

4. 道德健康

健康概念包含躯体、心理和社会适应三方面的完满状态，其中“社会适应”状态包含着丰富的内涵，即适应什么和怎么适应，存在适应方式的伦理道德性问题。只有用道德的方式去适应环境才是健康人所为。反之，用不道德的方式去适应环境，麻木不仁、是非不分，则不能算作真正的健康人。道德健康是最高层次的健康，是心理健康、社会适应健康的发展与升华，是个体按照社会伦理要求确立的心理和行为模式。

道德健康影响着个体内部的心理活动和外部的行为表现，并且有高下优劣之分。道德健康的内涵主要表现为不以损害他人利益来满足自己的需要，能辨别真伪、善恶、荣辱、美丑等是非观念，能按社会认为规范的准则约束、支配自己的言行，能为人们的幸福作贡献。反之，一些损害他人和社会利益的人，背离了道德健康的要求，常常导致其身体放纵、心理失常和行为失范。可见，道德健康是心理健康的内在前提和必要条件，一旦失去道德的引领，人的心灵的成长就会迷失方向，处于无序和混乱状态，心理的健康也就无从谈起。

把道德健康纳入健康的大范畴，是有其科学根据的。心理健康与人的道德不可分割。一个道德完善的人，也必然是一个心理健康的人。道德与人的积极的心理及情绪相关，清晰、积极的道德价值观是个体心理平衡的“镇静剂”。善良的品格、淡泊的心境是健康的保证。作为个体整体健康中的伦理维度，道德健康有利于心胸开阔、相互包容，并对心理健康具有重要的意义。它对心理健康不仅有纠偏的作用，更有预防、保证作用。道德高尚、心态平衡、淡泊名利的心理状态，能够促进人体分泌更多、更有益的激素、酶、神经递质等活性物质，将人体的新陈代谢水平调整到更适宜的状态，从而增强人体的免疫功能、提高体质水平、促进身体健康与长寿，这就是所谓的“仁者寿”。相反，很多心理问题、健康问题在本质上就是道德问题。有损于社会道德标准的人，如损人利己、独断专行、胡作非为等行为，必然伴随着神经高度紧张、恐惧、歇斯底里等精神负担，从而引起神经和内分泌系统功能的紊乱与失调，由此干扰与影响人体各器官组织的生理功能，使免疫力骤减，最终结果不是早衰就是生病。巴西医学家马丁斯经过10年的研究发现，屡犯贪污受贿罪行的人，易因患癌症、脑出血、脑中风、心脏病、神经过敏等病症而折寿。

（三）“大健康”理念的倡导

随着经济社会的发展，人们对健康问题的认识逐步加深。一方面，人类疾病谱发生了重大转变，慢性病成为健康的主要威胁；另一方面，社会因素，尤其是不良生活方式对健康的影响开始受到重视。有研究表明，人的行为和生活方式对健康的影响占比高达 60%。世界卫生组织也将合理膳食、适当运动、戒烟限酒以及心理平衡视为人类健康的四大基石。在此背景下，人们对健康的理解发生很大变化，“大健康”理念应运而生。

“大健康”是对“健康”概念的拓展与升华。与传统的“身体无病即健康”的认识不同，“大健康”追求包含身体、精神、心理、社会、环境等方面的全面健康。它是根据时代发展、社会需求和疾病谱的变化而提出的一种全局理念，围绕人的生老病死，关注各类影响健康的危险因素，提倡自我健康管理和健康环境管理，从而降低疾病风险、促进人民健康水平提升。大健康的核心内涵是覆盖全人群的全生命周期健康，即包括生命孕育期（母婴期）、儿童少年期、成年期、老年期和临终关怀在内的“从负一岁到终老”的全过程健康；覆盖全人群的全方位健康，即身体健康、心理健康、社会适应健康、生活方式健康、人居环境健康等。

《“健康中国 2030”规划纲要》

《“健康中国 2030”规划纲要》是为推进健康中国建设、提高人民健康水平，根据党的十八届五中全会战略部署制定的，由中共中央、国务院于 2016 年 10 月 25 日印发并实施。其具体内容包括总体战略、普及健康生活、优化健康服务、完善健康保障、建设健康环境、发展健康产业、健全支撑与保障、强化组织实施等。《“健康中国 2030”规划纲要》是推进健康中国建设的宏伟蓝图和行动纲领。全社会要增强责任感、使命感，全力推进健康中国建设，为实现中华民族伟大复兴和推动人类文明进步作出更大贡献。

二、衡量健康的标准

世界卫生组织还给出了衡量个人健康的 10 项标准。

（1）精力充沛，能从容不迫地应付日常生活和工作，而不感到过分紧张。

（2）处事乐观，态度积极，勇于承担责任，事无巨细，不挑剔。

（3）善于休息，睡眠良好。

（4）应变能力强，能较快地适应环境的各种变化。

（5）对一般感冒和传染病有一定抵抗力。

（6）体重适当，体形匀称，站立时头、肩、臂比例协调。

（7）眼睛明亮，反应敏锐，眼睑不易发炎。

（8）牙齿清洁，无缺损、无龋齿、无疼痛；齿龈颜色正常，无出血。

（9）头发有光泽，头屑少。

（10）肌肉、皮肤富有弹性，走路轻松。

三、HELP 健康哲学观

HELP 哲学观的提出为保障当今社会中人类的健康生存提供了理论基础。“HELP”是四个英文单词的首字母，即 health、everyone、lifetime 和 personal。

“HELP”中的“H”代表健康。健康是生命的根本，健康的生活习惯是健康机体的根本保证。只有从根本上理解并领会健康的含义，才能有效地付诸行动并保持良好的生活习惯，而良好的生活习惯能够有效地促进身心的健康发展。

“HELP”中的“E”代表每个人。要使每个人都认识到健康的重要性，进而保证每个人都能养成良好的生活习惯并影响其周围的人；要使每个人都认识到，终身都要保持良好的生活习惯、健康行为。强调每个人的最终目的是消除国民的健康差距，促进和保证全民健康。

“HELP”中的“L”代表一生。人们在年轻时可能意识不到吸烟、酗酒、运动不足等不利于健康的行为对机体危害的严重性，往往等到疾病发生时才幡然醒悟。因此，要通过健康教育使人们认识到不良健康行为所具有的累积性，进而从生命的早期就开始重视健康行为，树立终身体育意识。实施健康生活习惯的时间越早、越长，机体的受益时间就越久。

“HELP”中的“P”代表个人。世上没有一种能包治百病的灵丹妙药。增强身心健康、提高身体素质也没有单一的行为或运动处方，每个人都要根据自己的习惯，对自己的行为做出调整。指导者同样要了解被指导者，做到因材施教。

走向主动健康

主动健康是中国为人类健康事业提出的原创概念。当前，中国社会已经进入为全民健康奋斗的“大健康时代”。面对人类疾病谱的变化，被动防守不如主动出击，解决国民不生病、少生病、低成本治病才是国民健康保障的根本方案。实践证明，单纯依靠治疗的方式无法解决因生活方式改变而造成的现代文明病。为此，以疾病诊治为主要任务的临床医学正在转变为以维护健康为主要目标的健康医学。传统的临床医学时代，社会把维护健康的主要任务交给医生，由医生负责诊断和治疗疾病。显然，这是一种“被动健康”模式。而在大健康时代，医务人员不再是唯一的健康保护力量，广大民众才是维护自己健康的第一责任人。广大民众要确立自己对自己健康负责的健康管理理念，充分利用各种资源、途径，主动学习健康知识，不断改善生活方式，提高健康素养。主动健康将成为我国未来健康保障体系的重要组成部分。鉴于体育在主动健康治理方面独一无二的全面性作用，其已成为主动健康的引擎和内核。

四、亚健康状态

人体除了健康状态（第一状态）和疾病状态（第二状态）之外，还存在着一种非健康、非疾病的中间状态，即一种自感不爽、检查无病、介于疾病与健康之间的身心状态，亦称为第三健康状态、灰色健康、亚临床期等。我国学者称其为“亚健康状态”。亚健康状态是个体在适应生理、心理、社会应激的过程中，由于身心系统（神经系统、内分泌系统、免疫系统、心理、行为系统等）的整体协调失衡、功能紊乱而导致的生理、心理和社会功能下降，但还没有达到疾病诊断标准的状态。亚健康状态在经济发达、社会竞争激烈的国家和地区普遍存在。世界卫生组织的一项全球性调查表明，真正健康的人仅占5%，患有疾病的人占20%，而75%的人处于亚健康状态。我国的有关研究资料显示，我国有 70%的人处于亚健康状态，15%的人处于疾病状态，仅有15%的人处于真正健康状态。

亚健康状态的表现多种多样，主要表现在以躯体症状为主的躯体亚健康、以心理症状为主的心理亚健康和以人际交往中的不良症状为主的人际交往亚健康等三个方面。

（一）躯体亚健康

躯体亚健康具体表现为躯体性疲劳，如睡眠紊乱、食欲不振、疲乏无力、性功能减退、胸闷气急、肌体及关节酸痛、咽喉痛、低热、眼睛易疲劳、无缘由的头晕头痛、耳鸣、目眩、颈肩僵硬、易感冒、易出汗、易便秘、心悸胸闷等。

（二）心理亚健康

心理亚健康的具体表现有情绪低落、郁郁寡欢、心烦意乱、焦躁不安、急躁易怒，或恐惧胆怯、遇事紧张、记忆力下降、注意力不能集中、精力不足、反应迟钝等。心理亚健康状态是一种介于心理健康与精神疾病之间的状态，如不及时进行干预，可能进一步发展成为抑郁症、焦虑症等严重威胁身心健康的疾病。

（三）人际交往亚健康

人际交往亚健康可表现为不能较好地承担相应的社会角色，不能正常地处理好人际关系、家庭关系，难以进行正常的社会交往等。例如，对人、对事的态度冷淡、冷漠，常有无助、无望、空虚、自卑、猜疑、自闭之类的感觉，等等。

现实中，上述三种亚健康状态的表现常常相兼出现。例如，慢性疲劳综合征是亚健康状态最主要的表现形式，它是以疲劳、低热、咽喉痛、肌痛、关节痛、注意力不易集中、记忆力下降、睡眠障碍和抑郁等非特异性表现为主的全身心症候群。

亚健康状态不是病，但也代表不健康。亚健康是疾病和早衰的先导，如不及时加以干预，有可能进一步发展为疾病状态。当然，也可通过积极的调治使机体恢复到健康状态。

五、影响健康的因素

人体的健康是很多因素相互交叉、渗透、影响、制约和作用的结果。20 世纪 70 年代，加拿大学者从预防医学的角度提出了影响健康的四大因素——环境、行为和生活方式、生物学、卫生服务。1992 年，世界卫生组织在《维多利亚宣言》中指出，一个人的健康与长寿，15%取决于遗传因素，60%取决于自身因素，10%取决于社会因素，8%取决于医疗卫生条件，7%取决于生活环境和地理气候条件的影响。

（一）自身因素

健康主要取决于人的自身状况，包括对健康的认知、生活习惯、行为习惯、饮食、锻炼、休息以及精神健康等多方面的因素。

1. 对健康的认知

个体对健康概念有全面、科学的认识，不仅有助于其规范自身行为、自觉进行自我保健和锻炼、养成良好的生活习惯，还能克服和避免“没有疾病就是健康”等不正确的健康观念。现代人应具有自我保健的意识和常识，要重视身体传递给自己的各种信息并做出积极的反应。

2. 生活方式与行为习惯

生活方式是指人们在衣、食、住、行、爱好、社交等方面的行为方式和行为习惯。健康与生活方式密切相关。很多人存在健康问题的重要原因就是没有形成良好的生活方式。当今社会，由于收入增多、交通发达等原因，人们可以尽情地享受现代文明的成果，但不良的生活方式一直在无情地蚕食着人的健康，如抽烟、酗酒、暴饮暴食、过多摄入脂肪和糖，不规律地娱乐休闲、熬夜，长时间看电视、玩游戏，久坐不动，等等。美国疾病控制中心对心脏病、癌症、中风、车祸及其他意外事件、糖尿病、肝病、流感、肺炎、自杀、他杀等10种最常见的导致死亡的原因进行的调查显示，不良生活方式是造成这些疾病和现象的最主要因素。

主动性休息

机体的某一部位长时间活动易引起局部或全身疲劳，若变换活动形式或做放松练习，则可促进精力恢复、消除疲劳，这就是主动性休息。主动性休息可充分发挥和及时协调全身器官的功能，增强人体免疫能力和抗病能力。休息是使人体从疲劳中得到恢复的最有效、最符合生理需要的一项自我保健方法。会休息的人就会工作，不会休息的人就不会工作，不会休息的人也不会维护健康。

主动性休息的方式很多，如在紧张的快节奏工作之余进行一些轻松的业余文化娱乐活动（听音乐、聊天、散步等），又如在体力劳动或运动锻炼的间歇进行轻松的、短时间的变换肢体部位的活动等，以促进体力恢复。

3. 心理因素

心理因素对疾病的产生和防治有密切关系，消极、负面的心理因素能引起很多疾病，积极、正面的心理状态是保持和增进健康的必要条件。古人云：“怒伤肝，喜伤心，忧伤肺，恐伤肾，思伤脾。”医学临床实践和科学研究证明，消极情绪（如焦虑、悲伤、怨恨、愤怒、恐惧等）会使人体各系统的机能失调，导致失眠多梦、心动过速、血压升高、食欲减退、月经失调等。美国某综合性医院门诊部对前来就诊的患者进行了研究，发现65%患者的疾病与社会逆境引起的压抑情绪有关。英国一位医生曾调查了250名癌症患者，发现有156人在患病前曾遭受过重大精神打击，因而得出了情绪压抑易生癌的结论。

4. 社会活动

人不但是生物的人，而且是社会的人。生活于社会之中的人必须承担起一定的社会责任，“扮演”好自己的社会角色，提高自己的社会适应能力，与他人形成、保持和谐融洽的人际关系。同时，与他人友好相处也会让人感到自信、安全，心情舒畅，少生烦恼。人类的心理病态，通常是由人际关系的失调导致的。

（二）遗传因素

人的健康或多或少受到遗传的影响或制约。遗传倾向不仅在普遍认为的先天性缺陷或遗传性疾病中起重要作用，还在一些后天的常见病，如高血压、糖尿病、冠心病、某些类型的癌症等，以及一些常见精神障碍中起着重要作用。例如，老年期痴呆中最常见的阿尔茨海默病，就有一定的家族遗传倾向。10%～25%的乳腺癌和结肠癌病例显示其与遗传因素有关。曾经人们普遍认为冠心病是由环境因素引起的，后来有关家族史的研究揭示了冠心病也存在遗传倾向。糖尿病病例中约 85%为 2 型糖尿病，而这种糖尿病存在很强的家族遗传倾向。

（三）环境因素

环境因素包括人类赖以生存的自然环境以及生活居住的社会环境。

1. 自然环境

如果自然环境不健康，是根本谈不上生命安全和身体健康的。自然环境是人类赖以生存的物质基础，它由化学因素和物理因素构成。化学因素是指空气、水、土壤中的化学组成，它是保证人类生存与正常活动的必要条件；物理因素是指阳光、空气湿度、气流、气压、气温、电磁辐射等。此外，气候因素、微生物因素等也是影响人类健康的自然环境因素。良好的自然环境对人体健康有着促进的作用。自然环境恶劣、卫生条件差，会导致传染病和地方疾病的流行。

当前，在全球范围内，生态不健康已达到十分严重的地步。非洲沙漠蝗虫、南极气温异常升高、喜马拉雅山脉上植被覆盖率大幅上升、每年更为频繁和面积更为扩大的赤潮等生态严重不健康现象，对全人类的健康都会产生深远的影响。又如，铅的大量使用给人们的健康也带来了很大危害，尤其是对儿童的身体健康和智力发育造成严重损害。再如，各种环境污染混合在一起，形成了类似雌激素特征的化学物质，也就是所谓的“环境雌激素”，其进入肌体后能与雌激素受体作用而产生雌激素效应。有专家指出，“环境雌激素”对生殖的影响是 21 世纪人类所面临的最严重挑战之一，在其影响下，男性多出现前列腺癌、睾丸癌、精子数量与质量下降等症状，女性则多出现子宫肌瘤、乳腺癌、卵巢癌、子宫内膜异位等疾病。

2. 社会环境

疾病的发生和转化，直接或间接地受社会因素的影响和制约，其中社会物质生活条件即营养水平，是决定体质强弱的重要因素。合理的营养能促进生长发育，增强体质，提高健康水平，增强免疫功能，预防疾病。随着科学技术的发展、社会生活节奏的加快、社会竞争的加剧，人们承受的压力也越来越大。当这种压力超出了人的承受能力时，压力就会成为破坏力，破坏健康，影响人类的发展。由于压力增大，各种心理疾患的发病率也快速增长。另外，社会医疗卫生水平、全社会的健康意识等都影响着人的健康状况。

（四）卫生服务因素

医疗卫生服务水平及其可得性也是影响健康的因素之一。健全的医疗卫生机构、完备的服务网络、必要的卫生经费投入、合理的卫生资源配置，均对人类健康有促进作用。相反，如果卫生服务和社会医疗保障体系存在缺陷，如卫生医疗机构不健全、卫生经费投入过少、卫生资源布局和分配不合理、片面追求经济效益、忽视医德医风等，都会对个人和群体的健康产生消极影响。我国的健康治理成效显著，人民群众健康水平不断提高，人均寿命从中华人民共和国成立初期的不足 35 岁增长到当前 75 岁以上的水平，这在很大程度上要归功于日益完备的公共卫生体系和医疗保障制度。

第三节　体育与健康

健康是人的基本权利，但人的健康不是与生俱来的，也不是一成不变的，是需要随时呵护的。虽然呵护健康的方式、方法多种多样，但体育无疑是最积极、最经济、最有效、最便捷的手段之一，体育的最大作用在于能够全面增进人的健康。体育是健康文明养成的必要手段，生命良好状态的养护、坚强意志及行为的塑造、高贵精神的养成和适应环境的保障等，都可以通过体育来实现。

一、体育锻炼与机体健康

（一）促进机体骨骼和肌肉系统的生长发育

生长是指细胞的繁殖和细胞间质的增加所形成的形体上的变化，如组织、器官、身体各部位乃至全身的大小、长短和重量的增加等，它是人体渐进量变的过程，如孩子长高了、长得壮实了；而发育则是机体各器官、系统的结构逐步完善，机能逐渐成熟的过程，它是质的变化，如孩子长大并出现了成年人的生理特征。

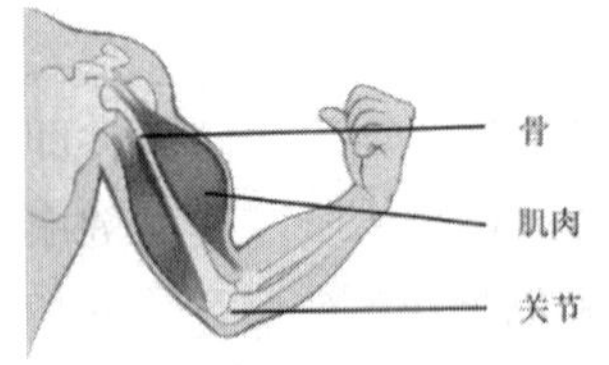

图 1-1　运动系统的构成

人体运动是以骨骼为杠杆、以关节为轴、以肌肉收缩为动力而实现的，如图 1-1 所示。骨骼是构成人体支架的基础部分，其生长发育不但对人体形态有重要影响，而且对内脏器官的发育、人的运动能力和劳动能力等都有直接影响。身高是人体生长的一个简单指标，它主要受骨骼生长的影响。少年儿童的身高不断成长，主要是依靠骨骺的生长。骨骺不断地从软骨转化成骨，人就会长高；到了一定年龄，骨骺就会自然闭合，人也就不会再长高了。而通过体育锻炼，特别是跳跃、拉伸等类型的运动能够刺激骺软骨的增生和分裂，从而促进孩子身高的增长。一般来说，爱运动的孩子身高要比不爱运动的孩子增长得快。同时，经常参加运动还可以促使骨骼变粗，骨密质增厚，骨骼抗弯、抗折、抗压的能力增强。有数据表明，经常参加体育运动的青少年的身高比同龄人平均高出 4～7 厘米，骨粗壮 2.5～3 毫米。

人体运动是通过肌肉工作来完成的，发达而结实的肌肉能提高劳动能力和运动能力。经常从事体育锻炼，能够改善肌肉的血液供应，增加肌肉内的营养物质，尤其是蛋白质的含量，使肌纤维变粗、工作能力加强。同时，运动还能促使肌肉有更多的能量储备，以适应运动和劳动的需要。

（二）提高心血管系统的机能水平

心血管系统是负责人体内部新陈代谢的重要运输系统，是评定人体健康水平的重要部分。

心脏健康是人体健康的核心。

美国医学专家研究发现，人体内有一种高密度脂蛋白（HDL_2）粒子能把沉积在血管壁的脂肪和胆固醇除去。若体内产生的 HDL_2 数量很少，不能与脂肪和胆固醇抗衡，长此以往，这些沉积物就堆积在血管内，使血管堵塞，进而影响正常的供血供氧。

体育锻炼对心血管的机能有积极影响。经常运动的人，其体内 HDL_2 浓度明显增高，它不断消除沉积物，这可使血管畅通无阻，同时也可加快血液循环速度。安静时，平常人血流全身 4～5 周/分钟，而运动时可提高到 7～8 周/分钟。体育锻炼使安静时的脉搏徐缓，血压降低。安静状态下，健康成人心脏收缩一次搏出的血量约为 70 毫升，而经常运动的人可达 90 毫升以上。通常，人安静时的心率是 70～80 次/分钟，而经常运动的人安静时的心率则减慢到 50～60 次/分钟。脉搏频率的减少能使心脏收缩后有较长的休息时间，从而减少了心脏的工作时间，这将使心脏寿命得到延长，为心脏功能提供储备力量。这样一来，当人体剧烈运动时，心脏就能承受大运动量的负荷。

心血管疾病是当今世界危及人类生命的“头号杀手”。在美国，每死去的两个人中就有一个心血管疾病患者；在我国，死于心血管病的人数也高居“榜首”。大量研究表明，有规律的体育锻炼可以降低血脂含量、改变血脂质量、降低心血管疾病形成和发生的危险性。

高血压的定义

高血压是指动脉血压超过正常值的异常情况。

1999 年世界卫生组织公布的血压标准：成人的收缩压≥140 毫米汞柱和/或舒张压≥90 毫米汞柱即为高血压。也就是说，无论是收缩压还是舒张压，只要有一个指标达到或超过这个值，就是高血压。我国现在采用的就是这个高血压诊断标准。

（三）提高呼吸系统的机能水平

呼吸系统由气体通行的呼吸道和气体交换的肺组成。体育活动并不能改变肺的容积，但它可以改善呼吸肌的状态和效率，更好地发挥遗传所赋予肺的能力。衡量肺通气能力的常用指标是肺活量，即最大吸气后再用尽全力呼出的气体量。健康成年男子的肺活量为 3 500～4 500 毫升，女子为 2 500～3 500 毫升。经常运动可提高肺活量，因为运动时呼吸深度和呼吸频率均相应增加，从而使呼吸肌活动加强，胸廓、肺泡的扩张能力提高。经常参加体育锻炼，可以提高肺的工作效率，提高氧从肺进入血液的能力。

（四）改善中枢神经系统的功能

健全的神经系统，是智力发展的物质基础。一方面，经常参加体育活动能保证大脑能源物质与氧气的充足供应，使大脑神经细胞发育健全，可以更好地挖掘左右大脑半球的潜力；另一方面，体育锻炼中，运动动作增多，人的活动空间进一步扩大，给大脑和神经系统提供了各种刺激信息。经常参加运动能提高身体的适应能力和工作能力，使人反应快，头脑清醒，动作灵活、敏捷，而这也正是神经系统功能完好的表现。此外，加强体育锻炼还能有效预防神经官能症，减少神经性疾病的发生。国内外医学专家也常常为身患较为微弱神经衰弱的病人开“运动处方”，以体育锻炼替代药物。

（五）提高消化系统的机能水平

消化系统包括消化道和消化腺两个部分。经常参加体育运动对消化器官的机能有良好的作用。体育锻炼会增强体内营养物质的消耗，使机体的代谢增强，从而提高食欲。另外，体育锻炼还会促进胃肠蠕动和消化液分泌，改善肝脏、胰腺的功能，从而使整个消化系统的功能得到提高。

（六）延缓衰老，延年益寿

生物体从胚胎、生长、发育、成熟直至衰老、死亡是一个不可逆转的客观规律。但在一定情况下，一个人的体质强弱、衰老快慢是可以控制的，“衰”与“老”之间并无必然联系，人群之中，老当益壮者和未老先衰者随处可见。实践证明，人体的发展变化，可朝不同方向发展。在有利的情况下，如生活方式科学合理，可适度推迟衰老进程，使人健康长寿；在不利的情况下，人的体质和健康状况会明显削弱，导致未老先衰。俗话说：“身体锻炼好，八十不算老；身体锻炼差，四十长白发。”研究表明，有规律的体育锻炼能延缓各器官系统功能减退的进程。一些传统健身方法，如气功、武术等，在防病治病、推迟老化方面具有明显功效。很多百岁老人，其养生之道中很重要的一条经验就是长期坚持适量的体育锻炼。

人口老龄化是21世纪我国的重要国情。根据联合国人口预测的数据，中国的老龄化程度将在2030年左右接近发达国家水平，2030年之后，高龄老人比重将快速增加，到2050年将超过发达国家的总体水平。80岁及以上的高龄老年人口预计将在2030年达到5448万，2050年达到1.33亿。2020年，我国80岁及以上老年人约占全球的17.6%，2050年将达到26.2%。可以说，“银发社会”将成为我国未来发展面临的常态。如何通过体育锻炼使老年人不仅长寿，更能在晚年享有较高的生活质量，这无疑是一个十分重要的课题。

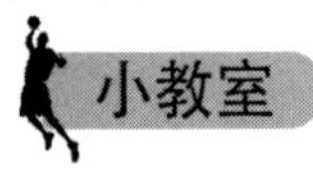

运动缺失的健康危害

在当今以脑力劳动为主的社会生产中，人们缺失运动的现象非常普遍。世界卫生组织指出，全球范围内有60%～85%的成人缺乏运动，三分之二以上的儿童运动不足。缺乏运动已成为举世公认的公共健康社会问题。

身体活动不足是心血管疾病（高血压、高血脂、冠心病、心肌病等）、代谢性疾病（肥胖症、糖尿病、代谢综合征等）、骨骼肌肉异常（骨质疏松、骨性关节炎等）、某些类型的肿瘤（结肠癌、乳腺癌等）等慢性非传染性疾病发生、发展的共同危险因素。哈佛大学研究团队的研究显示，在世界范围内，6%的冠心病、7%的2型糖尿病、10%的乳腺癌和10%的结肠癌是由不运动所导致的。2021年，《柳叶刀》发表的“身体活动专辑”指出，每年由身体活动不足导致的总死亡人数仍超过500万。

二、体育锻炼与心理健康

（一）体育运动可以发展人的认知能力

研究发现，大脑的右半球对空间知觉、形状知觉和音乐知觉起主要作用，是图形的优势半球。人的很多高级思维功能取决于人脑。左脑对言语、逻辑分析推理以及对事物的细节知觉起主要作用，是言语优势半球，如图 1-2 所示。众多脑科学证据表明，体育锻炼可提高脑细胞活性、改善大脑结构、提高注意力、改善认知功能。体育锻炼是发掘右脑的重要手段。一方面，人的身体协调、空间感和形象记忆都属于右脑的辖区，而体育锻炼可以直接使右脑的相应部位兴奋；另一方面，体育活动大多是整个身体的运动，可以活动我们平时不常用的左侧身体，从而使右脑得到充分的锻炼。

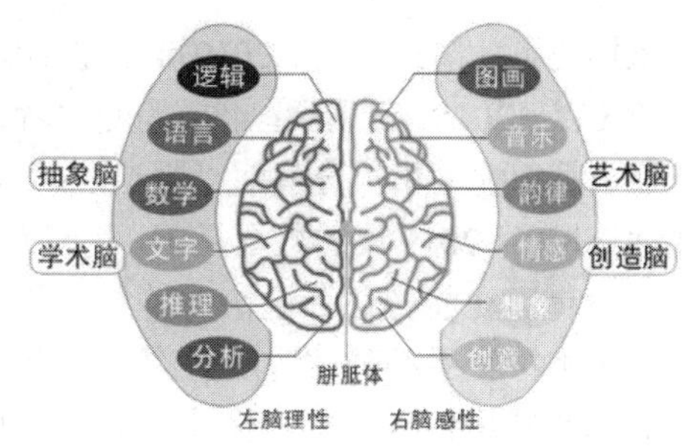

图 1-2　左右脑的功能

体育锻炼对人的感知能力、记忆能力、想象能力、思维能力等的发展都有重要作用。体育活动具有直观性的特点，参加者必须综合地运用相关感觉器官，在运动或高速运动中对外界物体做出迅速而准确的感知与判断，迅速感知、协调自己的身体以保证动作的完成。各种器官的灵活运用有助于促进人体的空间和运动感知能力发展，改善人体的中枢神经系统，增强大脑皮层的分析和综合能力，提高大脑思维的灵活性、协调性和反应速度。体育运动后，脑组织中的核糖核酸会增加 10%～12%。核糖核酸能促使脑垂体分泌神经激素——多肽组成的新蛋白质分子，它被人称为“记忆分子”。这种物质对人的思维和智力发展大有益处。

（二）体育运动可以完善人的性格、气质

人格是构成一个人的思想、情感及行为的特有模式，是一个人区别于他人的稳定而统一的心理品质。人格是一个复杂的结构体系，由性格和气质等要素构成。人格与社会生活联系密切，待人接物、言谈举止间就能够反映出一个人的人格特征。在体育领域中也不例外。相关理论发现，人格对于体育参与、体育项目选择都起到决定和指导作用，通过相关的体育锻炼，人格也会随之改变。在长期体育锻炼中，人会逐渐形成较为稳定的兴趣、能力、气质，形成特有的性格。随着运动次数的增多，人的人格心理会得到适当改变，人格特征会在一定程度上向外向型方向发展，从而使得紧张、焦虑程度有所降低，竞争力、创造性得到加强。

（三）体育运动可以增强人的意志品质

意志是人自觉确定目标并根据目标调节、支配自身行为，克服困难，进而实现既定目标的心理过程。意志是人的主观能动性的集中体现，良好的意志品质对人的身心健康、人格发展具有十分重要的意义。

意志品质是在克服困难的过程中培养起来的。体育运动往往伴有紧张、激烈的对抗，需要承载一定的生理和心理负荷，参加者要具有不畏艰难、百折不挠的意志品质，能克服自身心理、生理与运动项目、自然环境之间的矛盾，实现更快、更高、更强的自我突破。这一过程既是主体强化身体的过程，也是培养意志品质的过程。例如，需要克服生理极限、要求持久性耐力的运动项目（长跑、越野赛、游泳、远足等）能够锻炼坚韧的意志品质；场上形势瞬息万变、需要默契配合的球类项目（足球、篮球、排球等）能够锻炼果断的意志品质；需要腾空或跨越障碍的、存在一定危险性的运动项目（跨栏、体操等）能够锻炼果敢的意志品质。持之以恒地参与体育锻炼本身就是对坚韧顽强、锲而不舍的品质的磨炼与体现。

（四）体育运动可以改善人的情绪状态

现代社会中，生活的快节奏和工作、学习、生活的压力，使人们经常产生焦虑、烦恼、紧

张压抑的不良情绪反应。2019年，由中国科学院心理研究所发布的《中国国民心理健康发展报告（2017—2018）》显示，48%的受访者认为“现在社会上人们的心理问题严重”，多表现为焦虑症、抑郁症、精神分裂症、强迫症、自闭症等。我国存在常见精神障碍和心理行为问题的人数逐年增多，2019年的数据显示，我国人民的抑郁症患病率达2.1%，焦虑障碍患病率达4.98%。

体育运动能转移不愉快的情绪，使人精神愉快。科学研究揭示，产生积极情感体验的原因与中枢神经系统释放内啡肽有关。内啡肽被称为“快乐激素”或“年轻激素”，它能让人感到欢愉和满足，可以帮人排遣压力和不快。适当运动能增加脑血流量，促进体内内啡肽的释放，使人的身心处于轻松愉悦的状态中，即锻炼者熟知的“运动快感”。当人达到这种状态时，会感到身体轻松、充满活力，精神上产生一种欣快感、幸福感。参加一些体育运动，亲身体验、感受经历体育活动的乐趣、快感和运动的成就感，能够有效减轻抑郁和焦虑症状。

2019年年末开始，肆虐全球的新型冠状病毒感染疫情引发了社会各界对突发性公共卫生事件导致的社会焦虑的关注。对处于“疫情情境”下的国家与社会而言，社会成员易产生不满、恐惧、紧张、愤怒、焦虑等消极心理情绪，如果这些负面情绪得不到排解，很容易积累成长期的、难以消除的“慢性病”。社会心理学的研究表明，适当的情绪宣泄与释放不仅有益于“身、心、群”的健康，还是消解社会焦虑的有效手段。重视体育的社会安全阀功能，有利于将“疫情情境”下积聚的、有潜在爆发性的不良情绪通过体育运动进行缓解、宣泄与释放，起到凝聚社会力量、维护社会稳定的作用。

三、体育锻炼与社会适应健康

（一）体育活动有助于人际交往

人们之间的交流、合作容易被共同的兴趣、爱好等吸引。体育活动能够增加人与人之间的接触和交往机会，使人们相互之间产生信任感，有效地进行情感和信息的交流。提高体育素养能够大幅度地提升人们在社会领域内的交往能力和社交技能。例如，享受参与和与他人进行有效的互动，建立对他人保持尊重的态度，带领他人进行合作的能力，成为团队成员或领导者的潜质，展现公平竞争的意识，等等。在当前的社会生活中，运动“社交化”的趋势越来越明显。对于很多人来说，运动的目的不再仅仅局限于强身健体、减脂塑形。无论是线上运动打卡排行等社交功能还是线下活动的开展，都体现出越来越多热爱运动的人通过运动来结识朋友、扩大社交圈。

（二）体育锻炼有助于形成竞争意识

现代社会竞争日趋激烈，努力培养竞争意识和能力有助于学生在走出校门、走向社会之后很好地适应社会。竞争是体育的特性之一。体育运动中蕴含“竞技”“比赛”的元素，既有对自己运动能力的挑战，也有与他人的争胜；既有人与人之间的竞争，也有团体与团体之间的竞争。体育竞争作为一种最直观的竞争方式，在示范性、教育性方面，对于树立社会正当竞争以及推动社会和谐发展有着十分重要的意义。

（三）体育活动有助于培养合作精神

现代社会需要合作精神，一个人要想在社会中取得成功和成就，就需要与他人合作。合作能力既是体育活动参与者必备的素质，也是可以通过体育活动发展的一种能力。从事体育活动，特别是从事集体性的体育活动，需要个体与他人通力合作，这不但能使集体的目标得以实现，也能使个人的作用充分发挥。经常性地参与体育活动，特别是参与集体性的体育活动，有助于个体强化合作意识、培养团队精神以及提高对现代社会发展的适应性。

四、体育锻炼与道德健康

体育承担着约束、教化个体并使其养成健全人格的社会责任。社会的行为规范、价值观念等可以通过体育教育和体育活动来进行宣扬，参与体育活动的过程同时也是学习社会法规和伦理道德的过程。体育游戏或体育比赛中，要想使游戏或比赛顺利进行，就必须遵守游戏规则和比赛规则。遵守规则的这种观念迁移到社会生活中，就能使人们养成遵守社会规则、遵纪守法的习惯。体育特有的文化精神（人本精神、公平竞争精神、团队精神等）以及体育精神的价值标准（健康快乐、挑战征服、公平竞争、团结协作等）是人们培养优良道德品质的有效载体。人们对于各种形式的体育活动的参与，使得体育精神和体育精神价值标准的道德诉求向生活情景转移成为可能。

综上，体育是人们生命活动的基本形式，是儿童青少年身心全面发展的重要内容，是现代人的应然生活方式。在人的生活世界、生命世界中，体育已成为人们感知、认识、完善自我生命和人生意义的重要途径。参与体育活动、加强身体锻炼、促进体质健康，应成为越来越多人的理性选择，应成为人们越来越重要的新型生存理念、生活方式。

体育文化之窗

体育之效①

非第强筋骨也，又足以增知识。近人有言曰：文明其精神，野蛮其体魄。此言是也。欲文明其精神，先自野蛮其体魄。苟野蛮其体魄矣，则文明之精神随之。夫知识之事，认识世间之事物而判断其理也。于此有须于体者焉。直观则赖乎耳目，思索则赖乎脑筋，耳目脑筋之谓体，体全而知识之事以全，故可谓间接从体育以得知识……

非第增知识也，又足以调感情。感情之于人，其力极大。古人以理性制之，故曰“主人翁常惺惺否”，又曰“以理制心”。然理性出于心，心存乎体。常观罢弱之人往往为感情所役，而无力以自拔；五官不全及肢体有缺者多困于一偏之情，而理性不足以救之。故身体健全，感情斯正，可谓不易之理……

非第调感情也，又足以强意志。体育之大效，盖尤在此矣。夫体育之主旨，武勇也。武勇之目，若猛烈，若不畏，若敢为，若耐久，皆意志之事。取例明之，如冷水浴足以练习猛烈与不畏，又足以练习敢为。凡各种之运动持续不改，皆有练习耐久之益，若长距离之赛跑，于耐久之练习尤著。夫力拔山气盖世，猛烈而已；不斩楼兰誓不还，不畏而已；化家为国，敢为而已；八年于外，三过其门而不入，耐久而已。要皆可于日常体育之小基之。意志也者，固人生事业之先驱也。

肢体纤小者举止轻浮，肤理缓弛者心意柔钝，身体之影响于心理也如是。体育之效，至于强筋骨，因而增知识，因而调感情，因而强意志。筋骨者，吾人之身；知识、感情、意志者，吾人之心。身心皆适，是谓俱泰。故夫体育非他，养乎吾生、乐乎吾心而已。

① 毛泽东. 体育之研究[J]. 新青年，1917.

第二章　大学体育概述

教学目标

1. 知识目标

（1）了解大学体育的地位，明确大学体育的目标、内容。

（2）了解大学生体质健康标准。

2. 技能目标

掌握大学生体质测试各项目的测试方法和针对性的锻炼方法。

3. 课程思政目标

（1）使学生理解大学体育对于培养良好个人品质的重要价值。

（2）培养、强化学生的终身体育意识。

大学，是人生的一个重要阶段。大学体育是高等教育的重要组成部分，是学校体育的最后阶段、最高层次。它与德育、智育、美育和劳动教育紧密结合，在培养具有竞争意识、开拓精神和全面发展的复合型人才方面发挥着重要作用。

第一节　大学体育的地位与目标任务

一、大学体育的地位

我国的大学承担着培养社会主义事业建设者与接班人的重要使命。充分发挥体育在教育、培养、发展学生等方面的作用，是完成大学教育任务的重要方面。体育是大学教育和文化系统的组成部分之一，对于促进学生体魄强健、身心健康有不可替代的作用，更是帮助学生实现全面发展、形成健全人格的重要手段，也是实现大学高素质人才培养目标中不可缺少的一个方面。从终身体育的角度看，大学体育作为大学生系统接受学校体育教育的最后一站，也是学校体育向社会体育的过渡时期。它作为学校体育与社会体育的交叉点和结合部，承担着承前启后的桥梁作用，既是全民健身的基础，也是国家体育事业发展的战略重点。

二、大学体育的目标任务

2020年，中共中央办公厅、国务院办公厅印发的《关于全面加强和改进新时代学校体育工作的意见》指出，新时代学校体育工作以习近平新时代中国特色社会主义思想为指导，全面贯彻党的教育方针，坚持社会主义办学方向，以立德树人为根本，以社会主义核心价值观为引领，以服务学生全面发展、增强综合素质为目标，坚持“健康第一”的教育理念，推动青少年文化学习和体育锻炼协调发展，帮助学生在体育锻炼中享受乐趣、增强体质、健全人格、锤炼意志，培养德智体美劳全面发展的社会主义建设者和接班人。而这些也正是新时代大学体育的指导思想和基本目标。

（一）提高学生的身心健康水平

大学体育是提升学生健康水平的主渠道。大学体育的首要任务，就是增强学生的体质、提高学生的身心健康水平。这是社会主义现代化建设事业对大学生身心发展的基本要求，也是时代赋予学校体育的重要使命。

随着社会经济的快速发展和竞争的加剧，大学生在面临更多机遇和挑战的同时，承受着巨大的心理压力与冲突，其心理健康问题也呈现出日趋严重的态势。研究表明，大学生的身心状态与体育运动习惯有密切关系。大学体育对大学生由生活、学习、情感、就业、升学、人际交往等带来的压力具有良好的促进和调节作用。体育运动的过程常常伴有紧张、激烈的对抗和一定的生理、心理负荷，有助于参与者调整情绪状态、培养良好的意志品质、减轻或消除心理疾病。因此，高校在育人过程中要充分发挥体育的身心调节功能，要在隐性教育和显性教育相结合、日常体育教育和思想政治教育协同上下功夫，围绕青年、关照青年、服务青年，帮助青年学生筑牢身心健康基础。

（二）培养学生的道德品质

正如著名教育家蔡元培先生所倡导的“完全人格，首在体育”，体育运动在培养大学生良好的人格品质和道德素养方面有独特的价值。体育运动能够提供真实的道德教育环境，让学生在遵守规则的前提下，切身体会如何与人合作、与人公平竞争，懂得怎样在复杂情景下寻找解决问题的方法，并在这个过程中培养果断勇敢、顽强拼搏、追求卓越的意志品质以及尊重他人、互帮互助、团结友爱的精神风貌。

高校应充分发挥体育的育人优势，积极发挥其在培养大学生健全人格与良好道德上的特殊作用，把思想政治教育贯穿到体育教育的全过程，在体育教育中播撒真善美的种子，进而更好地肩负起立德树人的根本使命。要抓住体育独特的育人特性，结合学生的思想特点和品质特征，通过讲述体育历史、传播体育文化、弘扬体育精神、分享体育成就、学习体育楷模、体验体育竞赛、感受体育魅力来提高学生的高尚品德、人格修养、个人品位和审美情趣，使广大学生成为有理想、肯吃苦、善合作、能奉献的当代青年。

（三）促进学生的终身体育意识和能力

高校体育是学生在校体育学习的最后一站，也是学生从学校体育走向社会体育的转折点。作为国家教育体系“最后一千米”节点，高校必须重视学校体育开展，注重学生体育习惯的养成，让大学体育成为终身体育之基。

当前，我国高校体育教育的效果不容乐观。在校大学生的体育意识和健康意识总体比较淡薄，能自觉参加体育锻炼的人数比例较低。另外，大学生毕业走上工作岗位后，大多数会受工作、环境、生活等因素的影响而逐渐与体育“绝缘”，从而导致其健康水平下降。因此，大学体育要重视对学生体育意识和健身意识的培养，提高其体育兴趣，帮助其养成健身习惯，使其掌握体育与健康的基本知识、技术和技能，掌握科学锻炼身体和保养身体的方法，为终身体育奠定良好的基础，这也是新时代健康中国建设赋予高校体育的重要使命。

（四）培养高水平的体育人才

高等学校是培养人才的基地，这其中当然也包括体育人才的培养。大学生竞技体育运动和大学生运动选手参赛一直是大学校园体育文化的精华，世界各国的大学几乎都有高水平的运动队和传统的体育比赛。放眼世界一流大学，其共同特征之一就是体育传统悠久、竞技体育风气浓厚。高校竞技体育是我国竞技体育发展的一个有机组成部分。在广泛开展群众性体育活动的基础上，依靠高校特有的人才优势和科技优势建设好运动队，坚持系统科学的训练，不断提高运动技术水平，使学生不仅成为学校体育的带头人，更成为大学生国际体育比赛交往中的主力军，从而引领学校体育的整体运动水平向更高层次发展。

（五）提升校园体育文化的品质

校园体育文化是以学生为主体、以体育活动为主要内容、以校园为主要物理空间、以校园精神为主要特征的一种文化形态。校园体育文化集竞技、健身、消遣、娱乐、审美等多元功能于一体，是校园文化不可缺少的一部分，是学校形象、学校文明程度的重要体现。校园体育文化会对学生的人生观产生潜移默化的影响，健康积极的校园体育文化会激发学生对崇高理想的追求，培养学生团结协作、开拓进取的精神面貌，激发学生的青春和活力，促进学生身心全面健康发展。

党的十八大以来，以习近平同志为核心的党中央对学校体育工作提出了一系列新要求。习近平总书记强调：“少年强中国强，体育强中国强，推动我国体育事业不断发展是中华民族伟大复兴事业的重要组成部分。”①新时代背景下，高校体育教育要全面贯彻习近平新时代中国特色社会主义思想，落实立德树人根本任务，坚持“健康第一”的教育理念，以人为本，遵循规律，充分挖掘和发挥体育育人的价值与功能，努力探索创新实现路径，推进健康中国、体育强国建设，提高高校人才培养质量，促进学生身心全面发展。

第二节　大学体育的组织形式

大学体育主要由大学体育课程、课外体育锻炼、课外运动训练和课外运动竞赛等方面构成。

① 习近平：立足提高治理能力抓好城市规划建设 着眼精彩非凡卓越筹办好北京冬奥会[N]. 人民日报，2017-02-25（1）.

一、大学体育课程

（一）大学体育课程的性质

大学体育课程是大学生以身体练习为主要手段，通过合理的体育教育过程和科学的体育锻炼过程，达成增强体质、增进健康和提高体育素养等主要目标的公共必修课程。体育课程是学校课程体系的重要组成部分，体育课程教学是大学体育工作的中心环节。

（二）大学体育课程的目标

1. 基本目标

基本目标是根据大多数学生的基本要求而确定的，包括五个领域。

（1）运动参与目标：积极参与各种体育活动并基本形成自觉锻炼的习惯，基本形成终身体育意识；能够编制可行的个人锻炼计划；具有一定的体育文化欣赏能力。

（2）运动技能目标：熟练掌握两项以上健身的基本方法和技能；能科学地进行体育锻炼，提高自己的运动能力；掌握常见运动创伤的处置方法。

（3）身体健康目标：能测试和评价体质健康状况，掌握有效提高身体素质、全面发展体能的知识与方法；能合理选择人体需要的健康营养食品；养成良好的行为习惯，形成健康的生活方式；具有健康的体魄。

（4）心理健康目标：能根据自己的能力设置体育学习目标；自觉通过体育活动改善心理状态、克服心理障碍，养成积极乐观的生活态度；运用适宜的方法调节自己的情绪；在运动中体验运动的乐趣和成功的感觉。

（5）社会适应目标：在体育运动中表现出良好的体育道德和合作精神；正确处理竞争与合作、成功与失败等的关系；在群体性体育活动中，与他人建立良好的社会交往关系。

2. 发展目标

发展目标是针对部分学有所长和有余力的学生确定的，也可作为大多数学生的努力目标，包括五个领域。

（1）运动参与目标：形成良好的体育锻炼习惯；能独立制订适应自身需要的运动方案；具有较高的体育文化素养和观赏水平。

（2）运动技能目标：积极提高运动技术水平，发展自己的运动技能，在某个项目里有一定的运动水平；能参加有挑战性的野外活动和运动竞赛。

（3）身体健康目标：能选择良好的运动环境；全面发展体能，提高自身科学锻炼的能力，练就强健的体魄。

（4）心理健康目标：在具有挑战性的运动环境中表现出勇敢顽强的意志。

（5）社会适应目标：形成良好的行为习惯；主动关心、积极参加社区体育事务。

（三）体育课程的设置

（1）普通高校的一二年级必须开设体育课程（4 个学期，共计 144 学时）。修满规定学分、达到基本要求是学生毕业、获得学位的必要条件之一。

（2）2020 年，中共中央、国务院印发的《深化新时代教育评价改革总体方案》提出，高校要探索在高等教育所有阶段开设体育课程。

（3）理论与实践相结合，在体育实践教学中注意渗透相关理论知识，并运用多种形式和现代教学手段，安排约10%的理论教学内容（每学期约4学时），扩大体育与健康的知识面，提高学生的认知能力和体育文化素养。

（4）对部分身体存在特殊情况的学生，开设以康复、保健为主的体育课程。

（四）体育课程学习的主要内容

理论课在室内课堂进行，主要讲授体育的基本知识、技术、战术，体育与健康知识，体育文化知识和介绍体育竞赛规则等。通常所说的体育课，主要是指体育实践课。实践课在室外或室内运动场馆进行，主要进行运动技术的学习。

二、课外体育锻炼

课外体育锻炼是指在课余时间里，学生运用各种体育手段和方法，以增强体质、促进身心健康、丰富业余文化和精神生活等为目的的身体活动。课外体育锻炼的内容十分丰富，只要条件允许，凡是能够达到强身健体、防病治病、愉悦身心的方法和手段均可作为锻炼内容。课外体育锻炼的形式多样，可独立按计划进行，或组成兴趣小组，或以体育俱乐部、体育协会等组织形式进行锻炼，也可以进行班级间的一些小型竞赛活动。

课外体育锻炼是体育课的延伸、补充，通常称为体育课的“第二课堂”。课外体育锻炼内容丰富、时间安排自由、形式灵活，更易满足学生广泛的体育兴趣。体育课堂教学与课外体育锻炼有机结合，是实现学校体育目的任务所必需的。

三、课外运动训练

课外运动训练是指利用课余时间，将部分热爱体育运动、身体素质好、有专项运动特长的学生，按项目组织起来进行系统训练的一种专门教育过程。其目的是提高学校体育运动技术水平，推动群众性体育活动的开展。课外运动训练一般有以下三种形式。

（1）兴趣训练队。项目设置一般根据学校的师资、场地设备、传统运动项目等条件来确定。训练的目的可以是参加校级及以上级别的比赛，也可以仅仅是增强体质、提高运动技术水平。这种训练队常以单项协会或俱乐部的形式完成训练任务。

（2）学校代表队。通常是有定期比赛的项目，主要目的是代表学校参加校级及以上级别的比赛，项目设置一般根据学校传统运动项目和上级比赛的竞赛规程来决定。队伍数量和每队人数均比兴趣训练队少，一般由运动技术水平较高的学生组成。

（3）高水平运动队。普通高校建设高水平运动队是通过体教融合培养优秀竞技体育后备人才的重要实践。自开展高校高水平运动队建设以来，很多高校完成了组队并参加国内外大学生体育竞赛，充分展示了我国大学生的体育竞技水平和健康向上的精神面貌，有力推动了高校体育工作的改革发展。2022年2月，《教育部关于进一步加强普通高等学校高水平运动队建设管理的意见》指出，高水平运动队建设高校要明晰工作定位，选拔培养德智体美劳全面发展且具有较高体育竞技水平的学生，为奥运会、世界大学生运动会等重大体育比赛和国家竞技体育后备人才培养提供支撑。要重点安排群众基础好、社会普及程度高、竞技性强的体育项目，探索试点建设大中小“一体化”的人才培养体系，引领学校体育课余训练与竞赛的改革发展，培养全面发展的高水平体育人才。

四、课外运动竞赛

课外运动竞赛是检查体育教学、体育锻炼和运动训练效果的重要手段，既可以活跃课余生活、愉悦身心，又可以增强大学生的交往和友谊，是吸引广大学生参加健身活动的好形式，对实现大学体育目标和任务有积极影响。课外运动竞赛应贯彻小型多样、单项分散、基层为主、勤俭节约的原则。全校性的运动会和体育节要由学校成立体育运动组织委员会负责领导和组织工作，单项赛一般由体育教学部门配合单项协会和俱乐部组织。

体育课程、课外体育锻炼、课外运动训练和课外运动竞赛都是大学体育的子系统。它们具有各自侧重的目标和任务，但都统摄于学校体育目的任务之下。体育课程教学是大学体育工作的核心，课外体育锻炼是体育课程教学的继续、延伸或补充。课外运动训练与竞赛是体育课程教学和课外体育锻炼的促进因素，可以检验和提高体育课程教学和课外体育锻炼的水平。它们只有相互配合、协同发展，才能充分发挥各自的功能，促成学校体育整体功能的充分发挥，促进学校体育目的任务的实现。

第三节 《国家学生体质健康标准》的实施

《国家学生体质健康标准》（以下简称《标准》）是由教育部、国家体育总局共同制定的一项重要的体育制度，是我国监测和促进青少年体质健康的一项重要措施。《标准》是《国家体育锻炼标准》的有机组成部分，是《国家体育锻炼标准》在学校的具体实施，是国家对学生体质健康方面的基本要求。《标准》作为贯穿我国学校教育系统的一项常规性测试制度，是学生升学与评奖评优、学校体育工作考核和地区教育质量评价的重要指标。自2002年实施以来，《标准》在贯彻落实“健康第一”的指导思想、加强学校体育工作、促进学生积极参加体育锻炼、养成良好锻炼习惯、提高体质健康水平等方面作出了大量贡献。

一、《国家学生体质健康标准》的发展

教育部和国家体育总局在总结《国家体育锻炼标准》的成功经验和充分调研的基础上，经多次研究论证，于2002年7月颁布了《学生体质健康标准（试行方案）》。从2002年新学年开始，《学生体质健康标准（试行方案）》作为《国家体育锻炼标准》的组成部分，在全国大中小学校开始试行。2007年，根据试行5年来的实际情况和在调研中所发现的问题，教育部和国家体育总局对《学生体质健康标准（试行方案）》进行了修订和完善，并将其定名为《国家学生体质健康标准》，在全国正式全面实施。

2014年，国家再次修订了《标准》。“新标准”增加了一些锻炼效果较好且简单易行的

项目，提高了个别测试项目指标的权重；采用个体评价标准，可以清晰看出学生个体差异。此外，学生通过国家学生体质健康标准数据管理与分析系统，可以查询到针对自身不足而开具的运动处方，并据此适当改变课外体育锻炼的策略。

二、进行学生体质健康测试的意义

（一）教育和激励学生积极参加体育锻炼

《标准》是激励学生积极进行身体锻炼的教育手段。《标准》的实施能够使学生对影响身体健康的主要因素有一个明确认识，引导和帮助学生积极追求身体的健康状态。《标准》还规定对达到合格以上等级的学生颁发证章，这有助于激发学生锻炼的积极性。

（二）指导学生进行科学的针对性锻炼

《标准》附有一些简便易行、锻炼效果较好的项目，对引导学生进行体育锻炼具有较强的实效性。同时，通过国家学生体质健康标准数据管理与分析系统，学生还可以查询到针对性较强的运动处方，依运动处方进行适宜的体育锻炼，从而提高身体健康水平。

（三）为相关教育主体提供信息反馈和证据支撑

《标准》规定了各校应将每年测试的数据按时上报至国家学生体质健康标准数据管理与分析系统。该系统具有统计、分析、检索功能并定期向社会公告，还为学生及家长提供在线查询和在线评估服务，向学生提供个性化的身体健康诊断，使学生能够在了解自己体质健康的基础上进行针对性锻炼。此外，该系统还可以为各级政府机关、教育行政部门、学校提供翔实的统计和分析数据，使之了解学生的体质健康状况，及时采取科学的干预措施。

三、《国家学生体质健康标准》（大学生）项目及评价指标

《国家学生体质健康标准》设置项目如下：体重指数、肺活量、50 米跑、坐位体前屈、立定跳远、1 分钟引体向上（男）/1 分钟仰卧起坐（女）、1 000 米跑（男）/800 米跑（女）。这些测试项目涵盖了人体形态、机能、身体素质和运动能力等多个方面。

（一）单项指标和权重

大学各年级单项指标与权重，如表 2-1 所示。

表 2-1　《国家学生体质健康标准》大学各年级单项指标与权重

测试对象	单项指标	权重/%
大学各年级	体重指数（BMI）	15
	肺活量	15
	50 米跑	20
	坐位体前屈	10
	立定跳远	10
	1 分钟引体向上（男）/1 分钟仰卧起坐（女）	10
	1 000 米跑（男）/800 米跑（女）	20

注：体重指数（BMI）=体重（千克）/身高（米）^{2}。

（二）评分表

1. 单项评分表

单项评分表如表 2-2～表 2-4 所示。

表 2-2　大学男生、女生体重指数（BMI）评分表　　单位：千克/米²

等级	单项得分	大学男生	大学女生
正常	100	17.9～23.9	17.2～23.9
低体重	80	≤17.8	≤17.1
超重		24.0～27.9	24.0～27.9
肥胖	60	≥28.0	≥28.0

表 2-3　大学男生肺活量、50 米跑、坐位体前屈、立定跳远、1 分钟引体向上、1 000 米跑评分表

等级	单项得分	肺活量/毫升		50 米跑/秒		坐位体前屈/厘米		立定跳远/厘米		1 分钟引体向上/次		1 000 米跑/（分·秒）	
		大一大二	大三大四	大一大二	大三大四	大一大二	大三大四	大一大二	大三大四	大一大二	大三大四	大一大二	大三大四
优秀	100	5040	5140	6.7	6.6	24.9	25.1	273	275	19	20	3′17″	3′15″
	95	4920	5020	6.8	6.7	23.1	23.3	268	270	18	19	3′22″	3′20″
	90	4800	4900	6.9	6.8	21.3	21.5	263	265	17	18	3′27″	3′25″
良好	85	4550	4650	7.0	6.9	19.5	19.9	256	258	16	17	3′34″	3′32″
	80	4300	4400	7.1	7.0	17.7	18.2	248	250	15	16	3′42″	3′40″
及格	78	4180	4280	7.3	7.2	16.3	16.8	244	246	—	—	3′47″	3′45″
	76	4060	4160	7.5	7.4	14.9	15.4	240	242	14	15	3′52″	3′50″
	74	3940	4040	7.7	7.6	13.5	14.0	236	238	—	—	3′57″	3′55″
	72	3820	3920	7.9	7.8	12.1	12.6	232	234	13	14	4′02″	4′00″
	70	3700	3800	8.1	8.0	10.7	11.2	228	230	—	—	4′07″	4′05″
	68	3580	3680	8.3	8.2	9.3	9.8	224	226	12	13	4′12″	4′10″
	66	3460	3560	8.5	8.4	7.9	8.4	220	222	—	—	4′17″	4′15″
	64	3340	3440	8.7	8.6	6.5	7.0	216	218	11	12	4′22″	4′20″
	62	3220	3320	8.9	8.8	5.1	5.6	212	214	—	—	4′27″	4′25″
	60	3100	3200	9.1	9.0	3.7	4.2	208	210	10	11	4′32″	4′30″
不及格	50	2940	3030	9.3	9.2	2.7	3.2	203	205	9	10	4′52″	4′50″
	40	2780	2860	9.5	9.4	1.7	2.2	198	200	8	9	5′12″	5′10″
	30	2620	2690	9.7	9.6	0.7	1.2	193	195	7	8	5′32″	5′30″
	20	2460	2520	9.9	9.8	0.3	0.2	188	190	6	7	5′52″	5′50″
	10	2300	2350	10.1	10.0	1.3	0.8	183	185	5	6	6′12″	6′10″

表 2-4　大学女生肺活量、50 米跑、坐位体前屈、立定跳远、1 分钟仰卧起坐、800 米跑评分表

等级	单项得分	肺活量/毫升		50 米跑/秒		坐位体前屈/厘米		立定跳远/厘米		1 分钟仰卧起坐/次		800 米跑/（分•秒）	
		大一大二	大三大四	大一大二	大三大四	大一大二	大三大四	大一大二	大三大四	大一大二	大三大四	大一大二	大三大四
优秀	100	3400	3450	7.5	7.4	25.8	26.3	207	208	56	57	3′18″	3′16″
	95	3350	3400	7.6	7.5	24.0	24.4	201	202	54	55	3′24″	3′22″
	90	3300	3350	7.7	7.6	22.2	22.4	195	196	52	53	3′30″	3′28″
良好	85	3150	3200	8.0	7.9	20.6	21.0	188	189	49	50	3′37″	3′35″
	80	3000	3050	8.3	8.2	19.0	19.5	181	182	46	47	3′44″	3′42″
及格	78	2900	2950	8.5	8.4	17.7	18.2	178	179	44	45	3′49″	3′47″
	76	2800	2850	8.7	8.6	16.4	16.9	175	176	42	43	3′54″	3′52″
	74	2700	2750	8.9	8.8	15.1	15.6	172	173	40	41	3′59″	3′57″
	72	2600	2650	9.1	9.0	13.8	14.3	169	170	38	39	4′04″	4′02″
	70	2500	2550	9.3	9.2	12.5	13.0	166	167	36	37	4′09″	4′07″
	68	2400	2450	9.5	9.4	11.2	11.7	163	164	34	35	4′14″	4′12″
	66	2300	2350	9.7	9.6	9.9	10.4	160	161	32	33	4′19″	4′17″
	64	2200	2250	9.9	9.8	8.6	9.1	157	158	30	31	4′24″	4′22″
	62	2100	2150	10.1	10.0	7.3	7.8	154	155	28	29	4′29″	4′27″
	60	2000	2050	10.3	10.2	6.0	6.5	151	152	26	27	4′34″	4′32″
不及格	50	1960	2010	10.5	10.4	5.2	5.7	146	147	24	25	4′44″	4′42″
	40	1920	1970	10.7	10.6	4.4	4.9	141	142	22	23	4′54″	4′52″
	30	1880	1930	10.9	10.8	3.6	4.1	136	137	20	21	5′04″	5′02″
	20	1840	1890	11.1	11.0	2.8	3.3	131	132	18	19	5′14″	5′12″
	10	1800	1850	11.3	11.2	2.0	2.5	126	127	16	17	5′24″	5′22″

2. 加分指标评分表

加分指标评分表如表 2-5、表 2-6 所示。

表 2-5　大学男生 1 分钟引体向上、女生 1 分钟仰卧起坐评分表　　单位：次

加分	男生 1 分钟引体向上		女生 1 分钟仰卧起坐	
	大一大二	大三大四	大一大二	大三大四
10	10	10	13	13
9	9	9	12	12
8	8	8	11	11
7	7	7	10	10
6	6	6	9	9
5	5	5	8	8
4	4	4	7	7
3	3	3	6	6

（续表）

加分	男生1分钟引体向上		女生1分钟仰卧起坐	
	大一大二	大三大四	大一大二	大三大四
2	2	2	4	4
1	1	1	2	2

注：引体向上、仰卧起坐均为高优指标，学生成绩超过单项评分100分后，以超过的次数所对应的分数进行加分。

表2-6　大学男生1 000米跑、女生800米跑评分表　　单位：分·秒

加分	男生1 000米跑		女生800米跑	
	大一大二	大三大四	大一大二	大三大四
10	−35″	−35″	−50″	−50″
9	−32″	−32″	−45″	−45″
8	−29″	−29″	−40″	−40″
7	−26″	−26″	−35″	−35″
6	−23″	−23″	−30″	−30″
5	−20″	−20″	−25″	−25″
4	−16″	−16″	−20″	−20″
3	−12″	−12″	−15″	−15″
2	−8″	−8″	−10″	−10″
1	−4″	−4″	−5″	−5″

注：1 000米跑、800米跑均为低优指标，学生成绩超过单项评分100分后，以减少的秒数所对应的分数进行加分。

四、《大学生体质健康标准》各项目测试的目的和方法

（一）体重指数

1. 测试目的

身高体重指数简称体重指数，又称体质指数，是用体重（千克）除以身高（米）的平方得出的数字。身高体重的比例关系可以反映人体形态、发育水平和营养状况及身体匀称程度。

2. 测试方法

受试者脱下鞋子，以立正姿势站在测试仪器的踏板中间，上肢自然下垂，脚跟并拢，脚尖分开约60度角，躯干自然挺直，头部保持正直，两眼平视。测试员按下“确认”键后，测量身高的水平压板轻轻沿着立柱下滑，轻压于受试者头顶进行身高测试，同时体重数据也被仪器测试出。记录成绩以千克/米^{2}为单位，精确到小数点后一位。

（二）肺活量

1. 测试目的

评价呼吸系统机能，反映肺的容积和肺的扩张能力以及生长发育水平和体质状况。

2. 测试方法

受试者面对测试仪器站立，手持塑料吹嘴，进行一两次比平时较深些的呼吸动作后，深吸一口气，然后将吹嘴贴紧嘴部，不急不促地以中等速度尽全力慢慢地向吹嘴吹气，直至不能呼出为止。测试中不得中途二次换气。记录成绩以毫升为单位，不保留小数。

（三）坐位体前屈

1. 测试目的

测量受试者在静止状态下的躯干、腰、髋等部位可能达到的活动幅度，主要反映这些部位的关节、韧带和肌肉的伸展性和弹性，以及受试者身体柔韧素质的发展水平。

2. 测试方法

受试者坐在测试垫上，膝关节不能弯曲，两腿并拢伸直，双脚分开10～15厘米，上体尽量前屈，两臂尽力向前伸直，用两手中指指尖缓慢、匀速向前推动游标（不得突然发力），直到不能继续前伸为止。记录成绩以厘米为单位，精确到小数点后一位。

（四）立定跳远

1. 测试目的

测量受试者下肢肌肉的爆发力和身体的协调性。

2. 测试方法

受试者双脚自然分开，站在起跳线后，脚尖不得踩线，然后两脚原地同时用力向前起跳，不得有垫步或连跳动作，落地时脚跟先着地，屈膝缓冲，上体前倾。丈量起跳线后缘到最近落地点后缘的距离。记录成绩以厘米为单位，不计小数。

（五）1分钟引体向上（男）

1. 测试目的

主要测试受试者的上肢肌肉力量的发展水平，以及臂力和腰腹力量。

2. 测试方法

受试者面向单杠，自然站立，跳起双手与肩同宽正握单杠，直臂悬垂，身体停止晃动后，两臂同时用力向上引体，身体不能有附加动作（大的摆动），下颌超过横杠上缘为完成1次。两次间隔时间超过10秒钟停止测试。记录完成的次数，以次为单位。

（六）1分钟仰卧起坐（女）

1. 测试目的

测试腹肌力量和耐力。

2. 测试方法

受试者仰卧于垫上，双脚固定在测试垫子前段，两腿稍微分开，屈膝约90度，双手交叉贴于脑后，仰卧时两肩胛必须触垫，坐起时双肘关节触及或超过双膝算完成一次。记录1分钟内完成的次数，以次为单位。

练 习 方 法

1. 提高坐位体前屈成绩的练习方法

(1) 单脚站立正压腿。一腿直立，另一腿举起放于高度适当的物体上，身体正对前腿，上体向前尽量用胸部贴近腿，双膝不得弯曲。两腿交替练习。

(2) 单脚站立侧压腿。一腿直立，另一腿举起放于高度适当的物体上，身体侧对前腿，上体尽量侧屈，用头的一侧贴近腿，不要前倾或后仰。两腿交替练习。

(3) 行进间正踢腿。直立，两臂侧平举，左脚向前迈出一小步，右腿绷脚面伸直，急速有力地向上踢腿，落下时要有控制。两腿交替练习。

(4) 站姿和坐姿体前屈。

① 两脚并立，上体前屈，两手触地，上体与腿尽量贴近。复原姿势后连续再做。

② 两脚左右开立（稍大于肩宽），上体前屈，双腿伸直，两手先向左腿外侧摸地面，复原姿势后再向右腿外侧摸地面。两腿交替练习。

③ 双腿伸直坐于地面上或垫子上，上体前屈，两臂向前尽力用手触摸或握住脚尖，膝关节不得弯曲。复原姿势后连续再做。

(5) 仆步侧压腿。两脚左右开立，左腿屈膝全蹲，全脚掌着地，右腿伸直，左手扶膝，右手尽力去握住右脚。复原姿势后两腿交替练习。

2. 提高立定跳远成绩的练习方法

(1) 蹲跳起。双脚左右开立，脚尖平行，屈膝向下深蹲或半蹲，两臂自然后摆，然后两腿迅速蹬伸，使髋、膝、踝三个关节充分伸直，同时两臂迅速有力向前上摆，最后用脚尖蹬地向上跳起，落地时前脚掌着地屈膝缓冲，接着再跳起。每次练习15～20次，重复3～4组。

(2) 单脚交换跳。上体正直，膝部伸直，两脚交替向上跳起。跳时主要是用踝关节力量，用前脚掌快速蹬地跳起，离地时脚面绷直，脚尖向下。原地跳时，可规定跳的时间（30秒～1分钟）或跳的次数（30～60次）；行进间跳时，可规定跳的距离（20～30米）。重复2～3组。

(3) 碾跳步。用右（左）腿直膝向前上方跳起，同时左（右）腿屈膝向上举，右腿落地，然后换腿，用同样方法跳，两臂配合腿前后大幅度摆动。跳时踝关节和前脚掌要用力，整个动作轻快。

(4) 蛙跳。两脚左右开立，屈膝成半蹲，上体稍前倾，两臂在体后成预备姿势，两腿用力蹬伸，充分伸直髋、膝、踝三个关节，同时迅速摆臂向前上方跳起，然后全脚掌落地屈膝缓冲。连续进行5～7次，重复3～4组。

(5) 跳台阶。两脚左右开立，屈膝成半蹲，用前脚掌力量做连续跳台阶动作。一组连续跳20～30个台阶，重复3～4组。

3. 提高引体向上成绩的练习方法

(1) 按自己完成最大量为指标练习一次，稍事休息后再练习1～2次。如只能完成一个，则需反复多做，以6～10次为宜。

(2) 正握或反握悬垂，向前或向侧移动。

(3) 平梯移行。在平梯上做移行，每次手向前移动一个横杠，两手交替行进。移行一个横梯长为一次，练习4～5次。

（4）悬垂。站于凳上，两臂全屈反握横杠，两手与肩同宽，使横杠位于颏下，然后双脚离凳做静止、用力的悬垂姿势，但下颌不得挂在杠上。为提高握杠力量可做负重悬垂；为发展力量、耐力，可逐渐延长悬垂时间。直臂悬垂时，身体放松，呼吸自然。练习2～4次。

（5）斜身引体。要求两手与肩同宽正握杠，身体要挺直，两脚前伸蹬地，使两臂与躯干成90度的斜悬垂，脚不得移动，由同伴压住两脚，做屈臂引体，使下颌触到或超过横杠，然后伸臂复原为一次。不能利用臂部上下摆动的力量。30～45次为一组，练习3～4组。

4. 提高仰卧起坐成绩的练习方法

（1）卷腹练习。遵循“快起慢下”原则，抬起上身阶段应迅速以节省体力，放下时宜采用较缓慢的速度，以达到锻炼肌肉的目的。当腹肌把身体向上拉起时，应呼气，确保处于腹部较深层的肌肉同时参与工作。躯干抬起，肩胛骨下角离地后，应收紧腹部肌肉并稍做停顿，然后慢慢把身体下降回原位。肩胛骨下角着地时，便可开始下一循环动作。

（2）仰卧起坐的转体训练。直体仰卧起坐只能训练到腹直肌肌肉，对腹部肌群的训练远远不够。腹部主要肌肉有腹直肌、腹外斜肌和腹内斜肌，所以在仰卧起坐的最后阶段要加入转体动作以锻炼斜肌。

（3）仰卧空中交换举腿、双腿举腿、蹬车轮。仰卧垫上，两手扶住腰部，大、小腿成直角，身体成45度，双脚在空中交换举腿20～30次，重复3～4组；双腿同时举于头上，举、放腿动作要慢，每组做20～30次，重复3～4组；两腿在空中快速交换进行蹬车轮动作30次，重复3～4组。

（七）50米跑

1. 测试目的

测试受试者速度、灵敏素质以及神经系统灵活性的发展水平。

2. 测试方法

受试者站在起跑线后，当测试人员发出开始指令后起跑，尽全力跑过终点，躯干部位到达终点线的垂直面。以秒为单位，精确到小数点后一位，小数点后第二位数按照“非零进1”原则进位。

（八）1 000米跑（男）/800米跑（女）

1. 测试目的

测试耐力素质的发展水平，特别是心血管呼吸系统的机能及肌肉耐力。

2. 测试方法

受试者做好准备活动，站在起跑线后等待起跑口令，当测试人员发出开始指令后起跑，跑完全程，躯干部位到达终点线的垂直面。记录成绩以分·秒为单位。

第三章　奥林匹克运动

教学目标

1. 知识目标

（1）了解古代奥运会产生、发展、衰落的概况。

（2）了解现代奥林匹克运动诞生和发展的概况。

（3）了解中国奥林匹克运动的发展历程。

2. 技能目标

发扬中华体育精神，践行奥林匹克格言，确立积极进取、乐观向上、认真务实的生活态度。

3. 课程思政目标

（1）使学生掌握奥林匹克主义、宗旨、精神、格言的主要内涵及其现实指导意义。

（2）使学生全面了解中国在奥运会的体育成就，提升民族自豪感，树立爱国主义思想。

（3）使学生深刻理解中华体育精神的内涵并将其体现在自身的生活、学习与工作中。

奥林匹克运动是在奥林匹克主义的指导下，以体育运动和四年一度的奥林匹克庆典——奥林匹克运动会（简称“奥运会”）为主要活动内容，促进人的生理、心理、社会适应和道德全面发展，促进各国人民之间相互了解，在全世界普及奥林匹克主义、维护世界和平的国际社会运动。作为一项诞生于 19 世纪末的具有丰富内涵的人类社会的伟大成果，现代奥林匹克运动对人类社会的发展与进步起到了促进作用。

第一节　古代奥林匹克运动会

古代奥运会是古希腊人为万神之主宙斯举办的一种宗教与体育竞技相结合的庆典活动，由于其发源于伯罗奔尼撒半岛西北部的奥林匹亚，故称“奥林匹亚竞技会”。古代奥运会从公元前 776 年开始，到公元 394 年停止，历时 1 170 年。

一、古代奥运会的产生

（一）古希腊自然环境与古代奥运会的产生

古希腊三面环海，东临爱琴海与西亚的波斯帝国遥遥相对，西濒爱奥尼亚海，南隔地中海与北非的埃及相望。希腊的自然环境很难孕育典型的农耕文明，但漫长的海岸线和海湾岛屿为发展航海业提供了优越条件，为希腊人进行对外贸易及文化交流带来了极大便利，也塑造了希腊人勇于冒险、敢于挑战、崇尚竞争的性格，而这些性格正是竞技运动所推崇的。

（二）古希腊教育制度和身体观与古代奥运会的产生

古希腊人创造了举世闻名的希腊文明，是西方文明最重要的直接渊源。在这里产生了“哲学三巨头”（苏格拉底、柏拉图、亚里士多德），他们对全世界的教育产生了巨大影响。古希腊的教育制度与体育有密切关系，古希腊的身体观也影响了古代奥运会的形成。

在当时的古希腊，雅典和斯巴达是最大的、最具有代表性的两座城邦。

1. 雅典的教育制度与身体观

雅典位于希腊东南的阿提卡半岛上，其政治、经济、文化高度发达。在这里，不仅诞生了著名的三大哲学家——苏格拉底、柏拉图、亚里士多德，还诞生了世界著名的三大悲剧作家——埃斯库罗斯、索福克勒斯、欧里庇得斯。雅典的教育体制所提倡的是一种注重人全面发展的教育，其中体育是不可或缺的一项。

雅典儿童 7 岁前由父母负责进行家庭教育。男孩 7 岁进入文法学校、弦琴学校学习。文法学校主要教授读、写、算的知识，弦琴学校主要教授音乐、唱歌、朗诵等。每天课程结束后要进行体育锻炼，如进行赛跑、跳跃、投石、爬绳、摔跤等。公民子弟到了 13 岁，除了进文法学校、弦琴学校外，还要进入体操学校，接受体育训练。18～20 岁的青年进入青年军事训练团，接受 2 年的军事训练，体育仍为每天需要进行的项目。到 20 岁时，他们便根据国家的需要服兵役。如果没有战争，可根据自己的兴趣选择职业，但他们终身都不间断地进行体育锻炼。

由此可见，雅典的教育理念是身心全面发展，将德、智、美与体相结合，注意身体协调、匀称发展，注重力、巧、美高度统一。

2. 斯巴达的教育制度与身体观

与雅典培育“完人”的教育理念不同，斯巴达培育人只以为国家军事战争服务为目的。斯巴达人从一出生就要进行身体的筛选。斯巴达公民家庭新生婴儿的命运由“长老委员会”来决定，凡身体羸弱、有残疾的婴儿，就会被弃之荒野，任其死去。7 岁前，由父母替国家对斯巴达儿童进行抚养；7 岁以后，男孩要离开父母进入国家教育机构，主要进行军事体育训练、接受严酷的身心磨炼，培养忍受痛苦、奋勇善战的性格；20 岁时，去边境沿线驻扎，进行实战训练。直到 30 岁通过一定仪式，他们才可以获得公民资格，成为正式的军人，60 岁时才可结束兵役。可以说，斯巴达人的一生就是军人的一生，其绝大部分时间都献给了国家。

斯巴达的教育目的单一、教育内容片面，全部教育为培养军人服务，不重视文化教育。虽然斯巴达培养出大批英勇善战、纪律严明的斗士并用强大的军事力量保住了国家，但在文化上没有留下什么遗产，最终因保守、落后、狭隘而日趋衰落。

（三）古希腊传统宗教习俗与古代奥运会的产生

古代奥运会是一个泛希腊的宗教庆典，它与古希腊的宗教习俗有密切关系。希腊人认为，奥林匹斯山上的 12 个神维持着天地间的秩序。人们只有与这些神维持和谐友善的关系，才可以生存。于是，人们就用祭祀的方式，顶礼膜拜，寻求天神的护佑。

希腊人认为，神和人是同形同性的，也具有喜怒哀乐，因此能取悦人的一切美好事物同样也可以愉悦神灵。在崇尚武力的审美观念中，竞技项目中的那些健硕的肌肉、清晰的线条、惊人的速度、完美的爆发力等都是人类崇尚和追求的美好事物。因此，在祭坛前，展现身体的力与美，是人们认为虔诚的宗教祭祀，神也会因此而感动、开心。

以竞技形式表示对神灵和英雄人物崇拜的宗教习俗，早在荷马时代就已存在。荷马史诗曾记载很多祭祀性的竞技活动。这种宗教色彩的竞技活动逐渐形成泛希腊竞技赛会。由于宙斯是诸神之王，祭献宙斯的奥林匹亚竞技会便逐步发展成为整个希腊统一的祭祀竞技赛会。

二、古代奥运会的兴盛

（一）奥林匹克神圣休战

公元前 8 世纪的希腊，奴隶制城邦国家林立、战争频繁。为确保以祭祀宙斯神为主旨的奥林匹克竞技会顺利举行，各城邦的统治阶级经协商后一致决定：无论战争进行得多么激烈，在祭祀盛会举行的前夕，交战双方都必须临时议和并立即中止战争，以实现“神圣休战”。凡违背“神圣休战”原则的人或城邦就是亵渎神灵、违背神祇的意志，会受到最严厉的制裁。

古代奥运会举行前，奥林匹亚所在的伊利斯城邦要选派 3 名纯希腊血统的运动员，在宙斯神庙的圣火坛前，经过宗教仪式，持火炬分别派往希腊各城邦，传达奥运会即将举行的讯息。于是整个伊利斯城邦成为宗教圣地，不再允许有任何战争行为发生。当火炬回到奥林匹亚时，竞技赛会将在“圣火”中宣布开幕，并会持续燃烧到运动会结束才能熄灭。最初，“神圣休战”的有效期为 1 个月，后来由于地中海沿岸古希腊的殖民地城邦国家也都要前来参赛，故“神圣休战”的有效期延长到 3 个月。

奥林匹克神圣休战使古奥运会成为一个独立于战争之外的和平、友谊的盛会，这对当今奥林匹克运动会仍具有深远的影响。国际奥委会根据古希腊奥林匹克神圣休战传统也设计了一项和平运动——“奥林匹克休战”，即在现代奥运会举行期间也实行世界范围内的休战。1993 年 10 月，第 48 届联合国大会首次审议并一致通过奥林匹克休战决议。此后，历届奥运会、冬奥会主办国都会向联合国大会提交奥林匹克休战决议。

（二）古奥运会比赛项目、赛程、规则和奖励

古奥运会的会期最初只有 1 天。在最初的 13 届奥运会中，竞技比赛也只有短距离赛跑一项，如图 3-1 所示。以后陆续增加了中长距离跑、五项竞技运动、角力、拳击、战车赛、混斗、赛马、武装赛跑以及少年竞技项目等。随着规模的不断扩大，从公元前 632 年第 37 届奥运会开始，会期延长到 3 天。从公元前 472 年的第 77 届奥运会起，会期又延长到 5 天。大约在公元前 470 年，赛程基本固定。

古奥运会具有严格的竞赛法规，对组织者、运动员、裁判员以及竞赛办法均有严格规定。赛前选手进行资格审查、宣誓，赛程中裁判严格裁决、观众监督，并有具体的惩罚措施。

古奥运会的优胜者被视为英雄，享有极高荣誉。比赛结束，在宙斯神坛前举行庄重的颁奖仪式。裁判庄严宣布优胜者姓名和他们父亲的姓名、所属城邦以及获胜的项目，同时授予其一枝棕榈，再由神的代表——奥运会的祭司授予其橄榄枝花冠，如图 3-2 所示。优胜者回到各自城邦时，人们夹道欢迎英雄凯旋，并举行欢庆仪式，授予奖赏。

古代奥运会远远超出了竞技比赛的范围，它是各城邦进行文化交流和传播理想的聚集地。在比赛场外，艺术家、哲学家相互讨论、发表见解，商人们抓紧时机展销商品，诗人吟诵诗

歌……整个希腊沉浸在欢乐的气氛之中。古代奥运会丰富的内容和壮观的场面，成了希腊全民族的节日盛典。

图 3-1　古希腊陶罐上的短距离跑

图 3-2　古代奥运会颁奖仪式

三、古代奥运会的衰落

古代奥运会随着古希腊政治、经济、文化的发展而兴起，也随着城邦制的瓦解、文化的消解而走向衰落。纵观古代奥运会的演变发展，其衰落主要有以下三大因素。

（一）过度的职业化和商业化

从公元前 6 世纪开始，古代奥运会会场上就已经出现违背运动员业余精神和以奥运会为手段追求个人财富的不良现象。伯罗奔尼撒战争耗尽了各城邦的物力和财力，使得希腊人以往维护城邦荣誉和追求健美身材的热忱消耗殆尽。各城邦统治阶级的代表为张扬军威、炫耀权势，往往只热衷于参加战车和赛马比赛，而购置车辆、饲养马匹需要花费大量人力、财力，所以这些运动往往成了贵族阶层之间的竞技。但竞赛中常会出现翻车、伤亡等状况，贵族阶层并不会亲自上阵比赛，他们雇用车夫或由奴隶代表出场竞逐，最后却由主人分享荣誉称号，领取优厚的物质奖品。之后，各城邦为夺取各项目的胜利，高价收买运动员。虽然运动员职业化带来了古代奥运会的商业化，但也因此在比赛场上出现徇私舞弊、追求个人利益最大化的不良倾向。这些不健康因素的出现，使古代奥运会逐渐失去其原来的意义，大大降低了人们的重视和兴趣。

（二）战争的影响和希腊城邦制的瓦解

公元前 5 世纪末，希腊的城邦奴隶制社会矛盾加剧，内部战争纷起，最终发生了伯罗奔尼撒战争。它是希腊奴隶制衰败的开始，也是古代奥运会由兴到衰的转折点。伯罗奔尼撒战争历经 27 年，希腊各城邦元气大伤。公元前 388 年，马其顿征服希腊。这时奥运会虽然如期举行，但其规模和影响早已难比从前。公元前 146 年，罗马人又征服了马其顿，希腊变成罗马帝国的一个行省，古代奥运会走向全面衰落。当时的奥运会成为罗马奴隶主贵族消遣娱乐的“观赏会”。

（三）基督教的垄断

公元 1 世纪基督教诞生后，罗马统治者将其用作统治人民的工具。公元 380 年，罗马皇帝狄奥多西一世下令，除基督教外，禁止各种异端教派活动。公元 394 年，侵占了希腊的狄奥多西一世宣布基督教为国教。为维护罗马帝国对希腊的统治，巩固基督教在希腊的地位，狄奥多西颁布命令，禁止在神庙、公共场所或私人家中献祭，同时关闭所有异教徒的神庙和祭祀场所。同时，罗马人还将希腊的一些体育场馆改建成基督教教堂。基督教所宣扬的禁欲思想与奥运会弘扬的自由、竞争的思想相抵触。公元 394 年，古代奥运会被宣布废止。历经 1 000 多年的古代奥运会从此消失在历史的长河之中。

虽然古代奥运会消亡了，但它给世人留下了宝贵财富。古代奥运会是人类文化宝库的一颗明珠，其活动内容、组织模式与思想体系对现代社会尤其是体育的发展产生了深刻影响。

第二节　现代奥林匹克运动会

古代奥运会于公元 394 年遭到废止。在沉睡了 1 000 多年之后，随着近代平等观念的再次流行和资产阶级民主制度的逐步确立，奥运会如凤凰涅槃一样获得了新生，于 19 世纪末重新出现在世界舞台，这就是现代奥林匹克运动。现代奥林匹克运动是人类文明史上盛况空前的社会文化现象，是现代社会特有的体育文化景观。一个多世纪以来，奥林匹克运动尽管面临着很多困难、经历了诸多挫折，甚至几度陷入危机，但奥林匹克的理念和精神鼓舞着人们不断战胜自我、开拓创新，使得奥林匹克运动一次又一次取得进步和发展，充分彰显出其强大的生命力。如今，奥林匹克运动已发展成为吸引了包括拥有 14 亿人口的中国在内的 207 个国家和地区积极参与的一项世界性的社会文化运动，被誉为人类历史的千年盛事。

一、现代奥运会的诞生与发展

（一）现代奥运会的诞生

14—18 世纪中叶，欧洲思想文化领域相继出现了“文艺复兴”“宗教改革”“启蒙运动”三大思想文化运动，极大地冲击了欧洲封建主义的精神支柱——中世纪的宗教哲学。三大思想文化运动以“人道”代替“神道”，提倡人本主义，宣扬自由、平等、博爱和个性解放。三大思想文化运动满腔热情地宣扬古希腊身心和谐发展的教育思想，宣传重现实的健康生活观，赞美古代奥运会的理想和精神，引起了人们对古希腊体育和古奥运会的兴趣和关注。新兴资产阶级重视身体、强调身体解放，也为现代奥林匹克运动的兴起奠定了必要的思想基础。

19 世纪末恢复奥运会时，很多条件都趋于成熟。很多热心的社会活动家、教育家和政治家利用这一有利时机，为创办现代奥林匹克运动做出了巨大努力。在众多先驱者中，法国教育家皮埃尔·德·顾拜旦男爵（见图 3-3）作出了杰出贡献，被后人尊称为“现代奥林匹克运动之父”。顾拜旦认为，古希腊的竞技运动具有特殊的社会价值，它与艺术、品德高尚的公民共同构成了支持古希腊文明的三大支柱。基于对古代奥运会特殊的感情以及奥林匹亚考古的启示，顾拜旦产生了创办现代奥林匹克

图 3-3　顾拜旦

运动的宏愿。经过一段时期的酝酿，他终于形成了按照古代奥运会的方式和现今条件组织国际性大规模运动会的设想。1889 年 7 月，在巴黎召开的国际田径代表大会上，顾拜旦首次公开了这一设想，并开始为实现这一理想而奔走呼号，大造舆论。

1894 年 6 月 16 日至 24 日，“国际体育运动代表大会”在巴黎索邦神学院（巴黎大学前身）隆重开幕。会议讨论了复兴奥运会的问题，通过了成立国际奥林匹克委员会（International Olympic Committee，IOC）的决议，并决定由奥运会举办国的国际奥委会委员轮流担任国际奥委会主席。顾拜旦亲自起草了国际奥委会的第一部宪章。会议还商定 1896 年在雅典举办第 1 届现代奥运会，规定每隔 4 年举行一次奥运会。这次会议在世界体育史上具有里程碑意义。国际奥委会的成立以及《奥林匹克宪章》的通过，标志着现代奥林匹克运动的诞生。国际奥委会是一个有法律地位和永久继承权的法人团体，总部设在瑞士洛桑。

图 3-4　1896 年第 1 届现代奥林匹克运动会

1896 年 4 月 6 日至 15 日，第 1 届现代夏季奥运会终于回到它古老的故乡——希腊雅典（见图 3-4）。这是奥林匹克理想的伟大实践和尝试，是近代世界体育史上的一大创举。虽然当时的奥运会规模很小，也不够规范，但它是一个火种、一支火炬，100 多年来，以燎原之势，照亮了五大洲。

（二）现代奥林匹克运动的发展历程

从 1894 年国际奥委会成立至今，现代奥林匹克运动已经度过了一个多世纪的岁月。一百多年来，奥林匹克运动的发展按其特征可划分为以下四个阶段。

第一阶段：早期的奥林匹克运动（1894—1914 年）。现代奥林匹克运动复兴初期，奥运会的活动内容、组织制度和思想理念都还不成熟，并且缺乏系统性。这一阶段，各届奥运会还没有固定的资金来源；组织方面还存在较大的随意性，项目设置缺乏稳定性；各种设施、比赛规则等都还不够完善，国际奥委会及一些单项体育组织都处于一种松散状态。这种状态一直持续到 1908 年的伦敦第 4 届奥运会才有了一定程度的改变。

第二阶段：两次世界大战间的奥林匹克运动（1915—1945 年）。奥林匹克运动因第一次世界大战中断了 8 年，于 1920 年重新举行。经过第一阶段的探索与实践，奥林匹克运动的组织者认识到了奥运会规范化发展的重要性。因此，在两次世界大战之间的 20 年，奥林匹克运动在原有框架基础上，逐步建立健全奥运会的各种制度，使其在组织化、规范化方面大大地前进了一步。这一阶段国际奥林匹克运动终于形成了以国际奥委会为龙头，以国际单项体育联合会和国家奥委会为两翼的三大支柱相配合的组织体系。奥运会的竞技项目有了明确规定，场地设施逐步走向标准化。这一时期的另一重大进步是冬季奥运会的出现。1924 年，在法国夏蒙尼举行的冬季运动会被确定为第 1 届冬季奥运会。冬季奥运会的出现，使奥运会的内容更加全面、均衡，奥林匹克运动的覆盖面和影响力大大增加。

第三阶段：二战后至 20 世纪 70 年代的奥林匹克运动（1946—1979 年）。第二次世界大战使 1940 年和 1944 年两届奥运会留下了令人遗憾的历史空白。二战结束后，世界形成了东、西方两大阵营的“冷战格局”，漫长的冷战对奥林匹克运动的发展造成了严重的负面影响。但世界经济的振兴和科技的发展，也为奥林匹克运动的发展创造了良好的条件。奥运会在这一时期发展速度极快，竞赛项目迅速膨胀，场馆设施得到极大改善，奥林匹克运动朝着大型化、科学化和艺术化的方向发展。随着奥运会规模的迅速扩大，奥运会与其他行业的互相渗透逐渐加强，奥林匹克运动越来越呈现出大型化、综合化的发展趋势。

第四阶段：20 世纪 80 年代以来的奥林匹克运动（1980 年至今）。1980 年，胡安·安东尼奥·萨马兰奇开始担任第 7 任国际奥委会主席。在其任内，萨马兰奇以积极的态度和务实的精神，全面推行改革创新，使奥林匹克运动能够适应社会的发展变化。一系列全面、深度的改革措施使奥林匹克运动在经历了多年的经济和政治危机后，走向了全新的发展阶段。

二、奥林匹克运动会的竞赛内容

奥运会是国际奥委会主办的世界规模最大的综合性运动会，分为夏季奥运会、冬季奥运会、夏季残疾人奥运会、冬季残疾人奥运会、夏季青年奥运会和冬季青年奥运会。从 1896 年希腊雅典第 1 届现代奥运会开始，夏季奥运会已有一百多年历史，至 2021 年东京奥运会共举办了 32 届。1986 年，国际奥委会全会决定将冬季奥运会和夏季奥运会从 1994 年起分开，每两年间隔举行。自 1992 年开始，夏季奥运会依然在每个奥林匹克周期的第一年举办，冬季奥运会则改为奥林匹克周期的第三年举办。奥运会比赛项目划分为大项、分项和小项。

（一）夏季奥林匹克运动会

夏季奥林匹克运动会，一般简称为“奥运会”，是国际奥委会主办的包含多种体育运动项目的国际性运动会。从 1896 年开始，奥运会每四年举办一次（曾在两次世界大战中中断过三次，分别是 1916 年、1940 年和 1944 年），会期不超过 16 天。由于 1924 年开始设立了冬季奥运会，奥林匹克运动会习惯上又被称为“夏季奥运会”。

夏季奥运会随着影响力的不断扩大，其规模越来越大，比赛项目数量一直呈上升态势。2005 年，国际奥委会决定，2012 年伦敦奥运会只设 26 个大项，并且以后每届奥运会最多不得超过 28 个大项。2007 年，国际奥委会又通过一项决议：从 2020 年起，奥运会将确定 25 个核心项目，之后每届奥运会固定这 25 个大项，另外最多可增设 3 个临时项目。

2008 年北京奥运会，即第 29 届夏季奥林匹克运动会，于 2008 年 8 月 8 日开幕、2008 年 8 月 24 日闭幕。本届比赛共设 28 个大项、302 个小项。

2012 年第 30 届夏季奥林匹克运动会在伦敦举行。伦敦是迄今为止举办夏季奥运会次数最多的城市，也是历史上第二个三度举办奥运会的城市。2012 年伦敦奥运会于 2012 年 7 月 27 日开幕、2012 年 8 月 12 日闭幕，共设 26 个大项、300 个小项。

2014 年 12 月，国际奥委会全会通过《奥林匹克 2020 议程》，围绕可持续发展、提高公信力和吸引年轻人提出了一系列改革建议。

2016 年第 31 届夏季奥运会在巴西的里约热内卢举行。里约热内卢成为奥运史上首个主办奥运会的南美洲城市。里约奥运会于 2016 年 8 月 5 开幕、2016 年 8 月 21 日闭幕，共设立 28 个大项、306 个小项。

2021 年 3 月，国际奥委会通过了奥林匹克运动新的改革路线图——《奥林匹克 2020+5 议程》，在原有的《奥林匹克 2020 议程》的基础上，新增了 15 条改革建议，旨在未来 5 年有效应对后疫情时代的挑战。

2020 年东京奥运会在全球新型冠状病毒感染疫情不断蔓延的情势下延期至 2021 年举办。东京奥运会于 2021 年 7 月 23 开幕、2021 年 8 月 8 日闭幕。东京奥运会是历史上第一届空场举办的奥运会，共设 33 个大项、339 个小项。攀岩、滑板等项目的竞赛场所设于城市临时场馆，这标志着奥林匹克运动朝着向青年推广和凸显体育城市化趋势迈出了历史性的一步。

（二）冬季奥林匹克运动会

冬季奥林匹克运动会简称“冬奥会”，是在冰上和雪上举行的冬季运动。

冬季奥运会比赛项目相对比较稳定。前 7 届冬奥会（1924—1956 年）始终以滑雪、滑冰、冰球、雪车四大项为主。1960 年增设冬季两项，1964 年增设雪橇，并且一直保持到 1994 年，仅在小项上有所调整。从 1998 年第 18 届冬奥会开始增加冰壶项目，达到七大项。2018 年平昌冬奥会中，比赛项目为 7 个大项、15 个分项、102 个小项，分别为滑冰（速度滑冰、短跑道速度滑冰、花样滑冰）、滑雪（越野滑雪、跳台滑雪、北欧两项、高山滑雪、自由式滑雪、单板滑雪）、冰球、冰壶、冬季两项、雪车（雪车和钢架雪车）、雪橇。

2022 年北京冬奥会还新增了女子单人雪车、短道速滑混合团体接力、跳台滑雪混合团体、自由式滑雪大跳台（男、女）、自由式滑雪空中技巧混合团体和单板滑雪障碍追逐混合团体 7 个小项的比赛。所有新增项目都是近年来较受年轻人喜爱的项目。

（三）残疾人奥林匹克运动会

残疾人奥林匹克运动会简称“残奥会”，是国际奥委会专门为残疾人举办的世界大型综合性运动会，由夏季残奥会和冬季残奥会组成。首届夏季残奥会于 1960 年在意大利罗马举行。截至 2021 年，夏季残奥会已举办了 16 届。冬季残奥会自 1976 年举办以来，截至 2022 年已举办了 13 届。残奥会按照预先制定好的分类和分级标准，由具有残疾性质和残疾程度不同的运动员分别参加不同类别和级别的角逐。

（四）青年奥林匹克运动会

2007 年，国际奥委会决定创立青年奥林匹克运动会。青年奥林匹克运动会简称“青年奥运会”或“青奥会”，是一项专为青年人举办的国际赛事，是青年人全球范围内最高水平的综合体育赛事，分为夏季青奥会和冬季青奥会。每四年举办一届。参赛选手年龄限定为 14～18 岁，比赛项目大部分与奥运会相同。首届夏季青奥会于 2010 年 8 月在新加坡举行。

第三节　奥林匹克运动的思想体系

现代奥林匹克运动历经一百多年的发展，呈现出蓬勃兴旺之势，重要原因之一是其在发展过程中形成了以奥林匹克主义为核心的，涵括了奥林匹克宗旨、奥林匹克精神、奥林匹克格言等内容的完整思想体系，从而拥有了坚实的思想基石。奥林匹克思想体系中蕴含着关于

人的身与心、人与人、国家与国家以及人与自然之间伦理关系的思索，它们从不同方面或层次揭示了现代人类生存的必然之道、应有之道和应当之道。

一、奥林匹克主义

奥林匹克主义是奥林匹克运动的指导思想，其内涵包括以下几方面。

（一）倡导全面发展的人生哲学

顾拜旦提出，体育与竞技的最终目标不是造就强壮的“人形动物”，而是培养身心和谐、健康完备的现代人格。因此，《奥林匹克宪章》在对“奥林匹克主义”的诠释中，明确提出它是“将身、心和精神方面的各种品质均衡地结合起来，并使之得到提高的一种人生哲学”。在现实社会中，人的片面发展大都是由不良生活方式所造成的，要想使人的身、心和精神方面得到全面、均衡的发展，必须从改变生活方式着手。为此，奥林匹克主义明确提出，它是一种积极的“人生哲学”，旨在引领和创造一种使人全面发展的“生活方式”。

（二）强调体育在人生奋斗中的价值

顾拜旦十分强调人生努力奋斗的意义，他对古希腊人通过参加体育运动培养人的奋斗精神和坚强的个性倍加赞赏，因而把朋友迪东所办学校的校训“更快、更高、更强”作为奥林匹克的格言。“更快、更高、更强”提倡的是不断进取、不断努力奋斗、不断向上攀登、超越自我的奥林匹克精神，表达了体育运动在人生努力奋斗中的积极意义。

（三）促进体育与教育、文化的结合

奥林匹克主义认为，要想使体育运动发挥其促进人的全面发展的功能，实现其改造社会的目标，就必须与教育融为一体、与文化紧密结合。

顾拜旦是一位伟大的教育家，他极力复兴奥林匹克运动的主要出发点在于教育，他认为“大部分重大的问题可以归结为教育问题”“在现代生活中最重要的是教育”。因此，顾拜旦从恢复现代奥林匹克运动起，就始终坚持以教育为主线，将体育与教育相结合。萨马兰奇也指出，奥林匹克运动与一般体育竞赛的区别在于它是体育与文化的结合。2014 年，国际奥委会通过的《奥林匹克 2020 议程》中，提出了“进一步加强体育与文化的融合”的改革建议。

（四）强调奥运选手的榜样作用

奥林匹克运动的主要对象是全世界的青少年，他们具有极大的可塑性，他们羡慕英雄、崇拜英雄。优秀运动员的行为具有显著的榜样作用和社会价值。奥林匹克主义提倡充分发挥榜样的示范作用，以此教育广大青少年。

二、奥林匹克宗旨

自奥林匹克运动诞生以来，倡导和平就成为其崇高的愿景和目标。顾拜旦通过对古代奥运会的潜心研究，认为“休战思想是奥林匹克精神的基本特点”，并指出现代奥运会的成功“将是一个潜心的、间接的维护世界和平的因素”。出于顾拜旦渴求世界和平的基本出发点，《奥林匹克宪章》规定奥林匹克运动的宗旨是“通过没有任何歧视、具有奥林匹克精神——以友谊、团结和公平竞争的精神相互了解的体育活动来教育青年，从而为建立一个和平的更美

好的世界作出贡献”。奥林匹克运动的宗旨使其成为世界和平事业的一个重要组成部分。

三、奥林匹克精神

奥林匹克精神是奥林匹克运动的文化精髓，对奥林匹克运动具有重要的指导作用。从第 1 届现代奥运会起，人们对奥林匹克精神的内涵与本质就有不同理解，提出了很多不同的表达含义，但纵观种种理解和表述，其内涵主要包含以下四个方面。

（一）重在参与

奥林匹克运动是一项社会运动，历来重视和强调“重在参与”的原则。在 1936 年奥运会上的演讲中，顾拜旦强调“奥运会重要的不是胜利，而是参与；生活的本质不是索取，而是奋斗”。

参与精神是奥林匹克精神的基础。重在参与强调奥运会的人性化和普及化，不断超越则强调奥运会的竞争化和精英化。参与是超越的基础和前提，不断超越是参与的目的所在。两者相辅相成，共同构成奥林匹克精神的基础前提和内在灵魂。简单地强调“重在参与”甚至降格为“重在掺和”是不符合奥林匹克精神的，是对奥林匹克进取精神的亵渎。

体育文化之窗

伟大的最后一名

“我的祖国，把我从 7 000 英里（约 11 264 千米）外送到这里，不是让我开始比赛，而是要我完成比赛。”

图 3-5　约翰・史蒂芬・阿赫瓦里

这是在 1968 年墨西哥城奥运会的马拉松比赛中，坦桑尼亚男子运动员约翰・斯蒂芬・阿赫瓦里（见图 3-5）带伤完成比赛后说的一句话。阿赫瓦里在比赛开始跑出不到 5 千米后，因碰撞而摔倒，导致膝盖受伤、肩部脱臼，但他没有因此退出比赛，而是一瘸一拐地继续向终点“跑”去。当他到达比赛终点时，离上一个选手到达终点的时间已过去快两个小时了。当时天已经黑下来了，阿赫瓦里拖着伤腿，顶着满天的星星，跑入专门为他打开灯光的阿兹特克体育场，一米一米蹭到了终点线。这一幕让很多人感动得热泪盈眶，在场的所有观众自发起立为他鼓掌。他受到了远比冠军更隆重的礼遇。阿赫瓦里顽强不屈的体育精神在奥运史上刻下了一份美丽而感人至深的回忆，他最终以 4 小时 30 分的成绩跑完了全程。

（二）鼓励进取

奥林匹克运动追求不断进取、永不满足的奋斗精神，参与奥林匹克运动的人们要有坚韧不拔、锲而不舍、百折不挠、顽强拼搏的精神。不断进取的精神体现了人的一种内在力量，是人类自强不息、发达昌盛不可或缺的高贵品质，是奥林匹克精神的灵魂。这种自强不息的不断奋进的精神，对全世界的亿万观众，尤其是对青少年的教育意义尤为深远。

（三）公平竞争

奥林匹克运动以竞技运动为其主要活动内容。竞技运动的本质特征就是比赛与对抗，但这种竞争并不是无序的、盲目的。奥林匹克运动强调竞技运动的公平与公正，只有在公平竞争基础上的竞争才有意义，才能实现奥林匹克运动的神圣目标。规则面前，人人平等。公平竞争精神，在对广大青少年的教育、对社会发展与进步的促进方面具有不可估量的价值。

（四）团结友好

奥运会不仅是世界性的体育竞技比赛，还象征着世界的和平、友谊和团结。奥林匹克运动的主要目标是要通过体育活动的手段，以体育盛会的形式打破种族、民族和国家的界线，把世界上不同国籍、不同肤色、不同语言、不同信仰的人凝聚在一起，通过相互交往增进了解和友谊，促进全世界的团结、和平、进步。

四、奥林匹克格言

奥林匹克格言，又称奥林匹克口号或奥林匹克座右铭，其内容原为“更快、更高、更强”，英文为“Faster，Higher，Stronger”。它是国际奥委会对一切属于奥林匹克活动的人们的一种号召。1913 年，国际奥委会将其正式写入《奥林匹克宪章》。

“更快、更高、更强”的内涵非常丰富，充分表达了奥林匹克运动不断进取、永不满足的奋斗精神和不畏艰险、敢攀高峰的拼搏精神。比赛场上，面对强手，勇往直前，敢于斗争，敢于胜利；对自己则是永不满足，不断战胜自己，超越自己，实现新的目标，达到新的境界；对自然要敢于征服，挣脱自然对人类的束缚而取得更大的自由。

2021 年 7 月，国际奥委会第 138 次全会投票表决通过了巴赫议案，同意在奥林匹克格言“更快、更高、更强”之后加入“更团结（Together）”，即“更快、更高、更强——更团结”。这是奥林匹克格言确立后 108 年来的第一次更新。“更团结”既被视为奥林匹克的目标，也被视为前三者合力作用的结果。如果说“更快、更高、更强”彰显了一种敢于挑战、不断超越、勇攀新高的竞技精神，那么“更团结”则体现的是一种风雨同舟、心手相连、共克时艰的人文精神。当今世界，单靠个体已无法解决人类面临的各种挑战，只有团结一致，成为一个更加团结的命运共同体，才能在艰难处境下获得胜利，这是人类战胜巨大危机和挑战的智慧与力量所在。“更团结”丰富了奥林匹克精神的内涵，对于当今世界尤其具有启示意义。

第四节　奥林匹克运动与中国百年圆梦

在一百余年的发展史中，现代奥林匹克运动这一庞大的文化体系随西方近代体育文化传入中华大地，并在不断地与中国文化碰撞和交汇的过程中，逐渐融入中国社会。中国也在吸收奥林匹克运动精华的同时，利用自己文化的精华对奥林匹克运动施加积极影响，并成为奥林匹克运动中的一支重要力量。尤其是 1949 年后，党和国家积极推动体育运动追赶世界水平。1979 年重返国际奥林匹克大家庭后，党和国家更加重视参加和举办奥运会，还成功举办了 2008 北京奥运会和 2022 北京冬奥会，在国际奥林匹克运动的发展中扮演着日益重要的角色。

一、中国早期的奥林匹克运动

中国与现代奥林匹克运动的初次“相遇”发生在 20 世纪初期。

1840 年以前，中国传统体育基本上是在相对封闭的环境中发展。1840 年，第一次鸦片战争爆发，古老的中国被强行拖曳至世界发展的大格局，导致中国社会急剧地发生变革。中国人为“救亡图存”“富国强兵”进行了种种改良和改革，其中也包括“引入”西方现代体育，这为中国体育与现代奥林匹克运动的接触拉开了“序幕”。19 世纪末至 20 世纪初，洋务派掀起的洋务运动的教育改良中开始引入西方体育；之后维新派的变法运动又促成了中国新的体育思想出现；清末“新政”中的兴办新学浪潮，尤其是之后的五四运动，为中国现代体育发展提供了有利条件。奥林匹克运动就是在这一系列的社会变革中逐渐传入中国并兴起，与中国体育和民族传统文化历经冲突、交流而后融合。

1900 年，国内出版的报刊上就出现了报道奥运会的消息。例如，《中国教会报》曾发表题为“法国，观赛人众”的消息，间接报道了在法国巴黎召开的第 2 届奥运会的信息。

1908 年 10 月，第 6 届天津校际运动会在南开中学召开，这场运动会因其操场外墙壁贴出的三幅醒目标语而被历史铭记；同年的《天津青年》刊登了题为“竞技体育”的文章，重申该标语中的“三问”：中国什么时候能派出运动员去参加奥运会？我们的运动员什么时候能够得到一枚奥运金牌？我们的国家什么时候能够举办奥运会？今天，我们称之为“奥运三问”，它体现了百年前中国人对奥林匹克运动的向往。这三个问题，国人回答了整整一百年。

20 世纪初期，国人除了解、关注和向往奥运会外，也开始仿照奥运会的模式举办现代意义的运动会。1910 年 10 月，第 1 届全国运动会在南京市举行，当时名为“全国学校区分队第一次体育同盟会”。全运会竞赛项目基本参照奥运会的比赛项目设立。

1921 年，上海市主办第 5 届远东运动会。国际奥委会派遣日本籍委员加纳治五郎前来致开幕辞，促成了中国与国际奥委会的首次接触。

1922 年，在国际奥委会第 20 届年会上，王正廷被推举成为中国第一位国际奥委会委员，这意味着中国与奥运会的距离更进一步。

1924 年 8 月，统筹全国体育运动的组织——中华全国体育协进会成立，并于 1931 年被国际奥委会正式承认为中国奥委会。古老的东方大国由此走进了国际奥林匹克大家庭。

图 3-6 刘长春

1932 年，在中华全国体育协进会会长张伯苓等人的倡议和张学良等的资助下，中国正式派出运动员刘长春（见图 3-6）参加了第 10 届洛杉矶奥运会的男子短跑比赛，这是奥运赛场上第一次出现中国人的身影。刘长春单刀赴会参加奥运，向世界宣告：中国来了！刘长春成为中国人主动参与奥林匹克运动并跑出第一棒的英雄，成为中国参与奥林匹克运动的标志和里程碑。

1936 年，中国首次派代表团参加第 11 届柏林奥运会。中国派出了由 69 人组成的运动员队伍、1 个武术表演队和 1 个赴欧体育考察团，参加了田径、游泳、举重、自行车、篮球、足球和拳击 7 个大项的比赛。尽管比赛成绩不佳，但这毕竟是中国第一次组织大型代表团参加奥运会，对中国早期奥林匹克事业的发展有着深远影响。

20 世纪前半叶，中国一共参加了 3 届奥运会，但限于当时的国力，成绩均乏善可陈。但是中国体育先驱们的勇敢探索，对中国体育进一步融入国际奥林匹克运动起到了积极作用。

1949 年中华人民共和国成立后，中国在政治、经济、文化等方面都发生了巨大变革，奥林匹克运动在中国也开启了新的征程。

1949 年 10 月，“中华全国体育协进会”改组为“中华全国体育总会”，负责与国际组织的联系并承办国内各项赛事。

中华人民共和国成立以来，中国队第一次参加奥运会是 1952 年的赫尔辛基奥运会。奥运会开幕前一天，中国代表团接到参赛邀请后迅速组建了 40 人的代表团。因航程较远，中国队赶到赫尔辛基时，大会已进行了 10 天，因而只赶上男子游泳的一项比赛和最后的闭幕式。历尽千辛万苦，五星红旗第一次在奥林匹克村冉冉升起，向世界展现了新中国的面貌。

1956 年墨尔本奥运会，由于某些国际势力刻意制造“两个中国”的局面，中华全国体育总会发表声明，宣布不参加这届奥运会。鉴于国际奥委会少数人坚持“两个中国”政策，中国奥委会于 1958 年 8 月 19 日宣布退出国际奥委会，同时还宣布退出国际游泳、篮球、田径、摔跤、射击、举重、自行车联合会及亚洲乒乓球联合会等 8 个国际体育组织。自此，中国中断了对奥运会的参与。

二、中国改革开放后的奥林匹克运动

1979 年 10 月 25 日，国际奥委会执行委员会在日本名古屋召开会议，通过了承认中国奥委会为全国性奥委会、恢复中国在国际奥委会的合法席位的决议。

1980 年，中国奥委会应邀参加了第 13 届普莱西德湖冬奥会，这是中国奥委会恢复合法权利后第一次参加冬奥会。

1984 年洛杉矶奥运会，射击运动员许海峰（见图 3-7）打破了中国在夏季奥运会上金牌“零”的记录，成为中国首位奥运冠军。这是中国体育史上的划时代事件。

图 3-7　1984 年奥运会许海峰夺冠

2000 年，中国运动员在第 27 届悉尼奥运会上获得了 59 枚奖牌，其中有 28 枚金牌，进入了奥运会金牌榜前 3 位，实现了历史性的突破。

2001 年 7 月 13 日，国际奥委会投票选定北京获得 2008 年第 29 届奥运会主办权。

2002 年第 19 届盐湖城冬奥会，短道速滑运动员杨扬为中国夺得首枚冬奥会金牌。

2008 年，中国将一届“无与伦比的奥运会”展现在了世人面前。

2015 年 7 月 31 日，国际奥委会第 128 次全会投票通过，北京获得 2022 年第 24 届冬奥会举办权。

2021 年，东京奥运赛场上，中国奥运健儿克服各项严峻挑战，不断超越自我、实现突破，取得 38 枚金牌、32 枚银牌、19 枚铜牌的优异成绩，实现了运动成绩和精神文明的双丰收，让世界见证了中国精神。

2022 年 2 月 4 日至 20 日，第 24 届冬季奥林匹克运动会在北京成功举行。北京成为世界奥林匹克历史上第一个既举办过夏奥会又举办过冬奥会的城市。

在全球疫情防控形势严峻的背景下，作为国际体育界一大综合盛事，北京冬奥会如期胜利举办。中国再一次表现出制度的优势和非凡的能力，向世界推出了一场简约、安全、绿色、共享、开放、团结的精彩盛会，更好地诠释了人类命运共同体的理念。国际奥委会主席托马斯·巴赫对北京冬奥会给出了“世界冰雪运动的历史将以北京冬奥会作为分界线”的评价。本届冬奥会，中国代表团以 9 金 4 银 2 铜位列金牌榜第三，创造了我国冬奥会参赛史上的最好成绩。

中国体育新征程的启航，由两届奥运会的成功举办而加速向前推进，经过百年吐故纳新，已经贯穿于全社会、全民族体育形态的发展历程。如今的中国正在以更加昂扬、更加自信的姿态登上奥运舞台、走向世界、走向未来。

三、中国体育与奥林匹克运动的深度交流与融合

改革开放 40 多年来，中国的国际地位显著提升，在政治、经济、文化等领域对世界格局产生着越来越重要的影响，体育方面亦是如此。从 2008 年北京夏奥会到 2022 年北京冬奥会，中国两度承办奥运赛事，传播“更快、更高、更强——更团结”的奥林匹克理念，不断彰显人类共同合作、共克时艰、团结向前的努力。不管世界怎样变化，中国始终以开放包容、合作共赢的姿态，弘扬和平、发展、公平、正义、民主、自由的全人类共同价值，这与相互理解、友谊、团结和公平竞争的奥林匹克精神是高度一致的。如今，古老的东方大国正以更加昂扬的姿态全方位地融入国际奥林匹克运动并在其中发挥着越来越重要的作用。中国体育与奥林匹克运动进入了彼此需要、双向互动、交融共进的历史发展阶段。

一方面，中国体育的发展需要奥林匹克运动。发展奥林匹克运动，广泛进行国际交流，对于促进我国体育现代化和体育强国建设具有重要意义。

（1）促进现代体育观念在我国的确立。奥林匹克运动主张体育的核心目标是人的和谐发展，促进社会进步和各国人民互相了解，为建立一个更加和平、更加美好的世界作贡献。这种思想深刻地影响我国体育理论与实践的发展走向。

（2）促进我国竞技体育的快速发展。奥运会为我国竞技体育的发展提供了高水平的参照系，还提供了与世界高水平运动员交流学习的平台。

（3）促进体育在我国的普及。普及奥林匹克运动，大力宣传“重在参与”的体育精神，可以一定程度上影响、改变民众的生活方式，使全民健身、全民健康的意识不断增强。

另一方面，当代奥林匹克运动的发展离不开中国。

（1）奥林匹克运动作为一个开放的全球性文化体系，既要有西方文化的滋养，也需从东方文化中汲取营养。作为拥有五千年悠久历史的东方文化代表，中国拥有独特、灿烂的东方文明精华。中国对奥林匹克运动的深度参与，有助于提升奥林匹克运动文化的多元性、交融性，推动奥林匹克运动成为真正意义上的跨国度、跨民族、跨文化的世界性文化体系。

（2）中国是世界上人口最多的国家，奥林匹克运动在中国的快速发展，有助于促进奥林匹克精神在更大范围内得到普及，也使奥林匹克运动的发展更具世界性。

（3）当代中国有关构建人类命运共同体、与世界各国互利共赢、共同繁荣的理念与奥林匹克主义的旨趣相同。中国体育融入世界体育发展洪流，有助于推动“各美其美、美人之美、美美与共、天下大同”，促进世界体育文化新生态的建构。

总而言之，中国体育的发展需要奥林匹克，奥林匹克运动的发展更需要中国。在新的世界格局下，中国体育与奥林匹克运动必将走向更深层次的交流与融合。

第五节　中华体育精神

人无精神不立，国无精神不强。唯有精神上站得住、站得稳，一个民族才能在历史洪流中屹立不倒、挺立潮头。习近平总书记指出，广大体育工作者在长期实践中总结出的以“为国争光、无私奉献、科学求实、遵纪守法、团结协作、顽强拼搏”为主要内容的中华体育精神来之不易，弥足珍贵，要继承创新、发扬光大。[①]2019 年 9 月，国务院办公厅发布的《体育强国建设纲要》将“促进体育文化繁荣发展，弘扬中华体育精神”作为五大战略任务之一。2021 年 11 月，《中共中央关于党的百年奋斗重大成就和历史经验的决议》明确提出要“加快体育强国建设，广泛开展全民健身运动，大力弘扬中华体育精神。”[②]

体育是社会发展和人类进步的重要标志，也是综合国力和社会文明程度的重要体现。中华体育精神不但鼓舞和激励着体育健儿们为国争光，而且逐渐演化成为各行各业人们奋斗前行的精神力量。深入挖掘中华体育精神，将其融入社会主义核心价值体系建设是服务国家体育强国战略的内在要求。大力弘扬中华体育精神，充分发挥其提高民族自信心、增强民族凝聚力、振奋民族精神的重要作用，必将为实现第二个百年奋斗目标、实现中华民族伟大复兴的中国梦注入源源不断的动力与活力。新时代的学校体育要不断提升中华体育精神的社会价值，让体育在育人方面的综合功能和价值得到更大释放。新时代的大学生要努力弘扬中华体育精神，坚定自信，奋力拼搏，为促进自身的全面发展和实现自己的人生价值而不懈奋斗。

一、中华体育精神的内涵

（一）体育精神的内涵

体育是人类表现自我、实现自我、发现自我、表达旺盛生命力的一种运动。顾拜旦在《我为什么要复兴奥林匹克运动会》一文中指明复兴奥运会的初衷是为了培养青少年“精神和身体上的双重力量”，这与毛泽东同志的“野蛮其体魄、文明其精神”的体育观不谋而合。顾拜旦在《奥林匹克宣言》中强调，用奋斗精神、挑战精神塑造完美人格是体育联盟的最高哲学和最大价值诉求。缺乏文化涵养和精神支撑的体育是没有灵魂和生气的。

何谓体育精神？体育精神是一种文化意识形态，是通过体育运动而形成并集中体现出人类的力量、智慧与进取心理等最积极意识的总和。体育精神是体育运动的最高级产物，是体

① 习近平：发展体育运动增强人民体质 促进群众体育和竞技体育全面发展[N]. 人民日报，2013-09-01（1）.

② 中共中央关于党的百年奋斗重大成就和历史经验的决议[M]. 北京：人民出版社，2021.

育运动的灵魂与核心，它反映着人类的价值追求，是人类优秀品格和崇高理想的生动呈现，是人类社会珍贵的精神财富，其内涵主要体现为人本精神、公平竞争精神、爱国主义情怀、拼搏进取精神、团队精神、探索创新精神等。

（二）中华民族精神的内涵

民族精神是一个民族在长期的历史进程中形成和培育起来的一种群体意识，是一个民族悠久历史的积淀和文明的结晶，是一个民族生存发展的强大精神支柱，是决定一个民族生死存亡的“民族之魂”。在五千多年的发展中，中华民族形成了以爱国主义为核心的团结统一、爱好和平、勤劳勇敢、自强不息的伟大民族精神。在现代历史时期，特别是新的历史时期，这些精神得到了弘扬和发展，出现了井冈山精神、长征精神、延安精神、西柏坡精神、抗美援朝精神、大庆精神、雷锋精神、“两弹一星”精神、抗洪精神、中华体育精神以及伟大抗疫精神等。这些精神体系构成了中华民族强有力的精神纽带，把全国人民不分民族、区域、年龄、职业联系在一起，成为引导全民族成员为国家的繁荣富强、民族的振兴发展而努力拼搏的强大精神动力。

（三）中华体育精神的内涵

从整体上看，各国体育精神的侧重点有所不同。体育精神在中国的具体实践表现为中华体育精神。中华体育精神是扎根在深厚的中华民族的土壤之中，同时吸取了西方文化的精华，是引进、消化、吸收西方文明之后的创新型文化。它既具有“体育精神”的共性，又具有“中华民族精神”的个性，是中国体育的灵魂和精髓。

一般认为，中华体育精神是指中国人在体育实践活动中形成的，以为国争光、无私奉献、科学求实、遵纪守法、团结协作、顽强拼搏为主要价值标准的心理过程与行为特征。中华体育精神与奥林匹克精神的内涵实质是统一的，是用东方文化理念对奥林匹克精神的丰富和发展。无论是团结友爱、艰苦奋斗，还是敬业奉献、遵纪守法都内在地强调了对完整意义上“竞争”内涵的诠释，表明了在追求“更快、更高、更强——更团结”的过程中超越自我、超越对手，达到“友谊、团结和公平竞争”精神的正确态度。

二、中华体育精神的主要内容

（一）为国争光的爱国主义精神

爱国主义是中华民族精神的核心，是中华儿女自强不息的精神纽带。中华体育精神是爱国主义最具活力的载体和最鲜明的表现，爱国主义是中华体育精神的核心和思想源泉，中华体育精神与爱国主义是体育文化永恒的主题。

体育无国界，但运动员有祖国。运动员的身后有祖国，这是体育精神背后的家国情怀。爱国主义精神在中国体育中表现得明显而强烈。长期以来，报效祖国、为国争光的崇高理想始终根植于每一位中华体育健儿的心中。每个运动员都有自己的理想、信念和动力，都有为之奋斗的座右铭，但有一条是中国几代优秀运动员共同拥有的最宝贵的精神财富，那就是为国争光、为民族争气。中国运动员历来有爱国的优良传统，他们把从事的运动项目与报效祖国的宏伟大志紧紧地联系在一起。20 世纪 30 年代刘长春“单刀赴会”；50 年代容国团、侯加昌、王文教等一大批有着强烈民族责任感的运动员、教练员从国外返回祖国，为振兴与发展新中国体育事业作贡献；60 年代中国运动员登上世界最高峰——珠穆朗玛峰；80 年代洛杉矶奥运会许海峰为中国实现金牌零的突破；90 年代蔡振华放弃国外丰厚待遇和安逸的生活，毅然回国，在中国乒乓球运动最需要他的关键时刻挑起重振国球的重担并连创辉煌……这些无不是为国争光的爱国主义精神在体育战线上的生动写照。

（二）甘为人梯的无私奉献精神

中华民族历史上的每一次进步与发展，都同大多数中华儿女具有的不图名利、无私奉献的民族精神息息相关。中华体育精神蕴含着无私奉献的情怀。中国体育的无私奉献精神突出地表现为“人梯精神”。1960 年，中国登山队首次从北坡攀登珠穆朗玛峰，当攀登至海拔 8 700 米、被外国探险家称为不可逾越的天堑“第二台阶”处时，队员刘连满放弃自己登上顶峰的机会，甘当人梯，让队友们踏着他的肩膀攀了上去。甘愿牺牲小我，成就集体的大我，这就是中国体育中蕴含的甘为人梯的无私奉献精神。高难度的竞技运动决定了在每一枚金牌的背后，还站着许许多多不为人知的无名英雄，有教练员、陪练的运动员、队医、科研人员、后勤保障人员，为了祖国的荣誉，他们甘为人梯，无私奉献。中国乒乓球队之所以群星灿烂，尖子辈出，在世界乒坛形成无与伦比的优势，原因之一就是有一批肯于无私奉献的陪练队员，他们模仿外国乒坛高手，陪队友搏杀。这种“俏也不争春、只把春来报，待到山花烂漫时，她在丛中笑”的精神和气度，在我国体育领域得到了鲜明的体现。大力发扬中华体育精神，就是要求我们在全面建设社会主义现代化国家的新征程中，不仅要勇于夺牌、敢于胜利，还要乐于奉献、甘为人梯，无论处在什么岗位，都要恪尽职守，为了祖国和人民的利益，贡献自己的全部聪明才智。

（三）实事求是的科学求实精神

实事求是，这是马克思主义的精髓。中国体育事业的繁荣昌盛，源于一代又一代体育工作者的实干奋斗。中华体育精神蕴含着崇尚科学、踏实认真的运动态度。体育中，为赢得竞争的胜利，首先要明确现状，针对客观实际深入研究，确定自己的长处和发展空间，并寻找对方的短处和突破口。竞技体育是实实在在、综合实力的全面比拼，是追求“真”的，容不下虚假。因此，体育人必须要脚踏实地地求实，深入把握项目的内在规律。内在规律的寻求需要借助不断的学习去实现。无论是举重、跳水，还是乒乓球、羽毛球，中国体育的每一个优势项目都是通过吸收、借鉴世界先进经验，同时结合项目特点及其发展趋势，在技术方法创新的基础上脱颖而出的。只有在掌握已有知识并学习他人经验的基础上，才能有所突破、有所创新，才能超过强大对手。运动技术和训练理念是不断发展的，因此学习不可能一蹴而就，而是需要长期坚持。

（四）诚实守信的遵纪守法精神

体育是遵守规则、公平竞争的活动。任何运动竞赛，其参与者都必须严格遵守相同的“游戏规则”。体育规则是社会法规和人类共同规范的一种模拟和缩影，体育运动的规则意识是法律的秩序价值在体育活动中的彰显。竞技体育中运动员和裁判员的最基本义务和职责就是遵守竞赛规则。没有规则，就没有公正，就没有比赛的存在和体育运动的发展。同时，体育也是大众精神寄托与道德追求的特殊载体，是精神文明建设的重要组成部分，承担着重要的社会教育功能。这就要求参与者诚实守信、遵守规则，反对在竞赛中弄虚作假和营私舞弊，弘扬真善美、摒弃假恶丑。运动员在体育活动中遵守规则也在无形中养成社会契约精神和文明的行为方式。

（五）团结协作的集体主义精神

集体主义是深入中华民族血脉的价值观。团结一心、齐心协力是中华体育精神的鲜明标识。团结协作是优秀运动队的必备品质。一个团队，尤其是集体项目的团队，要想增强团队战斗力，就应有共同目标，充分发挥所有成员的作用。队内成员在思想情感上能相互理解、信任，行动上相互协调、支持，全队战术配合就更易奏效。有了这种共为一体、肝胆相照的群体心理气氛，比赛时就能一鼓作气、势如破竹；困难时能相互安慰、激励，而不是互相埋怨、责怪。中国女排之所以能够长期傲立于世界女排之巅，长盛不衰，靠的就是团队协作的集体主义精神和浑然一体融合而成的强大团队力量。郎平曾说："在我的字典里，'女排精神'包含着很多层意思。特别重要的一点，就是团队精神。困难的时候，大家总能团结在一起，心往一块想、劲往一处使。"

（六）不屈不挠的顽强拼搏精神

《周易》有言："君子以自强不息。"顽强拼搏是中华体育健儿的共同特质，源自中华民族历经挫折永不服输和"打不垮、拖不烂"的自强不息精神。千百年来，炎黄子孙依靠这种精神，战胜了各种艰难险阻，使古老的中华文明千年亘续、绵绵不绝，并在新的历史条件下焕发出勃勃生机。顽强拼搏精神在我国体育健儿身上得到了最淋漓尽致的体现。运动员夺冠是一条充满艰辛的血汗之路，既要有弘毅坚忍的意志、锲而不舍的劲头，也要有无畏挫折、永不服输的勇气，在激烈的赛场上全力以赴，以坚韧不拔的斗志争取最后胜利。

拼搏精神是我国体育人留下的宝贵精神财富。1957 年，陈镜开以惊人的勇气和毅力战胜伤病和对手，打破了世界纪录之后，当场晕倒。1959 年，第 25 届世界乒乓球锦标赛中，容国团发出"人生能有几回搏！此时不搏，更待何时"的豪言壮语并夺得了世界冠军。此后，这种高昂奋进的士气逐渐形成了"乒乓精神"，它深刻影响着"女排精神""女足精神"的形成。更可喜的是，拼搏精神早已超出体育界，在全社会广为流传。

中华体育精神是中华民族精神的重要组成部分，是中华民族的精神瑰宝。以"顽强拼搏、无私奉献、科学求实、遵纪守法、团结协作、为国争光"为主要内容的中华体育精神，不仅激励了一代代体育人干事创业、奋勇争先，还为中国梦、强国梦的实现和中国式社会主义现代化建设增添了强大的精神动力。中华民族的复兴伟业，犹如一场"接力跑"。站在"两个一百年"的历史交汇点上，让我们弘扬中华体育精神，为建成社会主义现代化强国，实现中华民族伟大复兴，一棒接着一棒跑下去，每一代人都要为下一代人跑出一个好成绩。

第二部分
运动实践篇

第四章　身体素质训练

教学目标

1. 知识目标

了解身体素质的概念以及提高身体素质的重要意义。

2. 技能目标

掌握身体素质练习的基本方法，能够进行基本的身体素质练习。

3. 课程思政目标

培养学生吃苦耐劳、严格自律的品质和团结互助的集体主义精神。

素质是人在社会生活中的诸多关系中所表现出来的若干基础物质的反映，是人本身具有的认识世界、改造世界的条件和能力。人的素质可分为思想道德素质、科学文化素质和身体素质等。其中，身体素质是指身体的健康水平和大脑机能状况，包括人的身体发育的健康程度、体质的强弱、生命的长短、智力是否良好、耐力的持久状态等生理、心理健康状况，它是人在社会中生活的自然条件和基础。一个人的身体素质与遗传有关，但与后天的营养和体育锻炼的关系更为密切。正确的方法和适当的锻炼可以从各个方面提高身体素质水平，对生活、工作质量都大有裨益。

第一节　身体素质概述

一、身体素质的概念

身体素质是人体综合性的活动能力，是人体在运动、劳动和生活中所表现出来的力量、速度、耐力、灵敏性及柔韧性等机能。身体素质是衡量一个人体质水平的重要标志之一。身体素质可以概括为两层意思，即与健康相关的身体素质以及与完成运动动作相关的身体素质。与健康相关的身体素质是指与提高健康水平和增强身体能力有关的因素，诸如心血管耐力、力量、肌肉耐力和柔韧性。对于普通人来说，身体素质主要表现为人体行动的能力，包括发动行动的能力（肌力和爆发力）、持续行动的能力（肌肉耐力和心肺系统耐力）、调节行动的能力（平衡性、敏捷性、灵巧性和柔韧性）等；对于从事体育竞技运动的人（如运动员）来说，身体素质主要表现为竞技运动能力，包括速度素质、力量素质、耐力素质、灵敏素质和柔韧素质等。与运动能力相关的身体素质表现在各种体育活动的关键技术动作中，如速度、反应时间、灵敏、爆发力、平衡以及协调能力等。

力量、速度、耐力、柔韧和灵敏等身体素质在人体活动和运动中并不是孤立存在和发展的，它们彼此之间是相互影响、相互促进与相互制约的关系，这种关系的表现形式主要是综合性和转移性。综合性是指在从事体育活动中，很少有活动形式只要求一项身体素质参与工作，一般都是两种或两种以上的身体素质综合发挥作用。转移性是指在提高身体素质的过程中，素质之间存在着转移性特点。素质间的转移是指发展某一种素质的同时，会对同类素质或其他素质的发展产生某种作用。从事任何一项体育运动都能一定程度上改善和发展人体的素质，同时对其中一种或几种素质产生主要的影响。例如，短跑运动主要发展速度素质，但同时也可以改善力量和耐力素质。

二、身体素质的意义

作为衡量人的体质与运动机能能力的身体素质，一方面与肌肉工作的效率有关，另一方面也反映了人体各器官系统的机能水平。在日常生活中，身体素质与人的健康水平、工作能力密切相关；在体育活动中，则与运动能力相关。

（一）有助于提高人的基本生活能力

人的身体里有数百块肌肉，人们靠这些肌肉行走、跑跳、提带东西和背扛重物，靠它们把食物送入消化道，并消化、吸收和排泄出去；靠它们把新鲜的空气吸入肺并把废气呼出；靠它们把血液送到遍布全身的血管系统中以及使血管收缩或扩张。因此，一个人要想拥有健壮的身体，首先就应该让自身的全部肌肉都强壮有力，否则，其身体就不易胜任工作、学习、劳动、娱乐等多方面的要求。身体素质差的人，生活和工作中往往频感力不从心、精神颓废、情绪烦躁、容易疲劳、工作效率低。因此，人们必须自觉地把身体素质的发展提到日常的工作、学习和社会生活中来。

（二）有利于掌握运动技术、提高运动成绩

在学校体育中打好终身体育基础的关键是培养和提高学生的体育运动能力。作为影响运动能力主要因素的力量、速度、耐力、柔韧、灵敏等身体素质的发展水平，对运动技术的掌握和运动成绩的提高起着决定作用。运动成绩犹如高楼大厦，技术、战术则似构筑高楼大厦的钢筋水泥，而身体素质如同高楼的地基。盖楼房首先要打牢地基，若地基不牢，钢筋水泥竖不起来，高楼大厦也就成了空中楼阁。不同运动项目对人的身体素质有不同的要求，只有身体素质提高了，才有可能发展技术水平。

三、提高身体素质应注意的问题

（一）身体素质训练应充分发挥训练的积极主动性

学生在身体素质训练过程中是主动投入还是被动投入，对其机体机能的影响存在很大差异。主动投入时，心理状态、神经系统、内脏系统和肌肉系统等处于适宜的良性状态，能够承受较大负荷的训练强度，这样有助于改善机体各器官系统的功能；而被动投入时，机体各系

统并不是处在良性状态，这就会影响训练效果。因此，在训练中调动学生的积极性对提高训练效果有重要意义。

身体素质训练是参与者克服自身变化的一个艰苦枯燥的过程。在这一过程中要保证学生的主观积极作用的一般做法是，向学生提供明确的训练目标导向、合理的训练方法与手段以及适合的要求、鼓励等。例如，用专项的理论知识和生动的案例让学生充分理解身体素质训练对自身健康生活和全面发展的作用与意义；运用多种多样的练习方法与手段，从客观上对学生形成良性刺激，从而促进其调整主观行为；制订学生经过努力能够达到的多级目标体系，一旦其达到某一级要求，适时地给予表扬、鼓励等，由此对学生产生激励作用。

（二）身体素质训练应注意全面发展

人体是一个统一的有机体，力量、速度、耐力、柔韧和灵敏等素质的提高是相互联系、相互促进、相互制约的。学生时期，身体素质与技术都处在打基础阶段，更应全面发展身体素质，提高一般身体机能水平。全面发展就是针对五大身体素质进行全面锻炼，不应过分偏重任何一项。人体各部位运动的练习形式可以全面提高身体素质水平和人体机能，充分利用素质间的良性转移，为身体素质的更高水平发展打好基础。

（三）身体素质训练要有计划，循序渐进，注意安全

身体素质训练会对人体产生刺激，促使机体和形态改变，是在不断地重复之下逐步适应、发展和提高的过程，不可能一蹴而就。因此，要有计划地、系统地坚持长期训练，逐步增大运动量。训练幅度要由小到大，动作要由轻到重，频率要由慢到快。进行力量、柔韧训练时，必须做好准备活动，负担量不能过重，加助力要适当，不能用力过猛，不要急于求成，以免发生伤害事故。练习结束后，要做好肌肉的放松活动。

第二节 身体素质练习

一、力量素质及其练习方法

（一）力量素质的概念

人体所有的运动几乎都是因对抗阻力而产生的。力量素质是指机体或机体的某一部分肌肉工作（收缩和舒张）时克服内外阻力的能力。内部阻力包括肌肉的黏滞力、关节的加固力及各肌肉间的对抗力等；外部阻力是指物体的质量、支撑反作用力、摩擦力以及空气或水的阻力等。外部阻力往往是发展力量素质的手段。人体在克服这些阻力中提高、发展自身的力量素质。

（二）力量素质的意义

一方面，力量素质是进行一切体育活动的基础。人们所进行的各种体育活动都是由作为主动运动器官的肌肉以不同的负荷强度、收缩速度和持续时间进行工作而带动被动运动器官、骨骼的移动来完成的。如果没有肌肉的收缩和舒张而产生的力量牵拉骨骼进行运动，则连起码的行走和直立也不可能，更不要说进行体育活动了。跑、跳、投及攀登、爬越等各种体育运动和体力劳动均离不开力量素质。因此，力量素质是最基本的身体素质。

另一方面，力量素质影响并促进其他身体素质的发展。首先，力量素质的增长有助于速度素质的提高，因为肌肉的快速收缩是以其力量为前提的；其次，力量素质也有助于耐力素质的增长，一个强有力的人总能比体弱者持续更长时间的活动；最后，力量、速度的提高会增加肌肉的弹性，促进灵敏素质和柔韧素质的发展。

（三）影响力量素质的主要因素

1. 与人体生长发育有关的因素

性别、年龄、身高、体重等的发育水平会影响力量素质的发展。男子的力量通常比女子要大；体重大的人往往力量大，而体重小的人则力量小些。

2. 肌肉形态、组织结构

（1）不同类型肌纤维在肌肉中的比例。肌纤维类型通常分为白肌纤维（快肌纤维）、红肌纤维（慢肌纤维）和中间纤维。肌肉力量的大小取决于不同类型肌纤维在肌肉中所占的比例。力量素质主要是由白肌纤维决定的，白肌纤维百分比越高，力量越大。

（2）肌肉的生理横断面。肌肉的绝对肌力取决于该肌肉的生理横断面积。生理横断面越大，肌肉收缩时产生的力也越大。

（3）肌肉收缩前的初长度。肌力的大小与肌肉收缩前的初长度有关。在一定范围内，肌肉的初长度越长，或肌肉弹性拉长后，肌肉收缩时产生的张力和缩短的程度就越大。

（4）参与活动的肌纤维数量。肌肉是由很多纤维构成的。肌肉收缩时并非所有的肌纤维都能被同时动员起来，动员参与活动的肌纤维数量越多，收缩时产生的力就越大。

3. 心理因素

人体运动过程中的心理障碍会引起神经系统对肌肉调节功能的减弱，以致不能充分发挥出最大肌肉力量。例如，不愉快的运动经历、对运动损伤的恐惧、成功信心的缺乏、焦虑和紧张等，都会引起神经系统对肌肉调节功能的减弱。人在激动、兴奋、注意力集中以及信心充足时容易发挥出较大力量。

4. 训练因素

运动训练中的很多因素，如负荷强度、动作速度、动作幅度、练习的组数、每组练习重复的次数、每组练习的间歇时间等，都会对力量素质的发展产生很大的影响。

什么是超负荷训练？

所谓“超负荷训练”，就是指要求肌肉完成超出平时的负荷。它通常会引起肌肉成分，特别是肌蛋白的分解。超负荷训练会导致超量恢复的产生。在超量恢复的整个过程中，肌肉的成分会重新组合，肌蛋白含量得到提高，从而使肌肉更加粗壮有力。

（四）发展力量素质的主要方法

力量可以通过克服内力或外力的方法得到提高。虽然不同的力量素质均有其各自的练习手段，但力量素质训练也有一些共同的练习形式。常用的具体方法主要包括以下几种。

（1）负重抗阻练习：如运用杠铃、壶铃、哑铃等训练器械。这种练习可作用于机体任何一个部分的肌肉，是训练的常用方法。

（2）对抗性练习：依靠对抗双方以短暂的静力作用发展力量素质，如双人顶、推、拉等。对抗性练习不需任何训练器械及设备，但容易激起锻炼者的积极性，通常能收到良好的效果。

（3）克服弹性物体的练习：这是依靠弹性物体变形而产生的阻力发展力量素质的一种方法。通常的弹性物体包括拉力器、橡皮带等。

（4）专门的力量训练器械练习：如组合式力量练习器等。利用力量训练器械可以使身体处在坐、卧、立等各种不同姿势进行练习，可直接发展练习者所需要的肌肉力量，训练的针对性明显。

（5）克服外部环境阻力的练习：如在沙地、草地、阶梯、斜坡等环境下的跑、跳练习等。

（6）克服自身体重的练习：这种练习是由四肢的远端支撑完成的练习，迫使机体局部承受体重，使机体局部的力量得到发展，如引体向上、倒立推起、纵跳、攀登等。

（五）发展力量素质应注意的要点

（1）力量素质的发展要全面而又有重点。在发展力量素质的过程中，既要使四肢、腰腹等部位的大肌肉群和主要肌肉群得到锻炼，也要注意发展那些薄弱的小肌肉群的力量。

（2）练习时要使肌肉充分拉长和收缩，练习后要使肌肉充分放松。每次练习，应使肌肉先充分伸展拉长，然后收缩，动作幅度要大。力量练习后，应做一些与力量练习动作相反的拉长动作，或者做一些按摩、抖动，使肌肉得到放松。

（3）进行力量练习时，要全神贯注，念动一致，注意安全。肌肉活动是在中枢神经系统的调节下进行的，练习时要全神贯注，使意念活动与练习动作紧密配合、保持一致。在进行大负荷练习时注意力应高度集中，否则容易造成损伤。

（4）注意正确的技术动作。每一个力量练习动作都有其相应的技术规格要求，练习者只有按照技术规格要求去操作，才能够真正发展肌肉群的力量。否则，技术动作变形，参与活动的肌群也就有所改变，影响练习效果。

（5）掌握正确的呼吸方法。因为憋气有利于固定胸廓，提高腰背肌紧张程度，所以可提高练习时的力量。极限用力往往要在憋气情况下进行。但用力憋气会引起胸廓内压力的提高，使动脉的血液循环受阻，而导致脑贫血，甚至产生休克。

为避免产生不良后果，力量练习时必须注意以下几点。

（1）适度运用憋气。如果最大用力的时间很短，有条件不憋气时就不要憋气。尤其在重复做用力不是很大的练习时，尽量不要憋气。

（2）对于刚开始训练的人而言，极限和次极限用力练习不要太多，要学会在练习过程中完成呼吸。

（3）完成力量练习前不应做最深的吸气。力量练习时间短暂，吸的气并不会立即在练习中产生作用；相反，深度吸气增加了胸廓内的压力，此时如再憋气可能产生不良影响。

（4）用狭窄的声带进行呼气，几乎也可达到与憋气类似的同样大的力量指标。因此，做最大用力时可采用慢呼气协助完成最大用力练习。

二、速度素质及其练习方法

（一）速度素质的概念

速度素质是指人体或人体某部位快速运动的能力，也就是人体或人体某一部位快速做出运动反应、快速完成动作、快速移动的能力。也就是说，速度可分为反应速度、动作速度和移动速度。

（二）速度素质的意义

在体育圈有句老话，“速度是制胜的法宝”。在田径运动的短跑及游泳运动的短距离项目中，速度对成绩起决定性作用。有的运动项目本身虽不是比速度，但速度素质对其成绩也有直接影响，如跳远、三级跳远等。速度素质练习不仅能提高人体的快速运动能力，还能提高人体中枢神经过程灵活性及兴奋与抑制的转换能力，提高人体三磷酸腺苷（ATP）和磷酸肌酸（CP）的储存量，促进供能能力提高及改善代谢过程。

（三）影响速度素质的主要因素

（1）神经活动过程的灵活性。主要指运动神经中枢兴奋与抑制间快速的转换能力以及神经与肌肉间的协调能力。人体各种形式的快速运动，都是神经中枢活动高度协调的表现。

（2）力量发展水平与技术。力量是完成各种动作的基础。力量的发展水平与技术因素是影响动作速度和位移速度的重要因素。相对力量越大，肌肉就越容易在运动中克服内、外部阻力，产生快速收缩。

（3）肌纤维的类型和肌肉用力的协调性。肌肉的快速收缩是速度素质的基础。人体肌肉块肌纤维比例越高，快速运动的能力也越强。

（4）注意力的集中程度。注意力的集中程度实际上是一种心理定向能力。这种能力能影响中枢神经系统兴奋与抑制快速转换的速度，对肌纤维的紧张程度与收缩效果也有重要作用。

（5）体重。在最大力量不变的情况下，体重的多少决定着个体相对力量的大小。体重增加，相对力量增加，个体的动作速度和移动速度就会降低。

（四）发展速度素质的主要方法

反应速度的练习包括简单反应速度和复杂反应速度的练习。简单反应速度练习的特点是通过练习尽量缩短感觉（视、听、触）—动作反应的时间；复杂反应速度练习的特点则是尽量缩短感觉（视、听、触）—中枢分析、选择、判别—动作反应的时间。

发展速度素质的方法多种多样，常用的具体方法如下。

1. 两人拍击

两人面向开立，听到开始口令后，设法拍击对方背部而又不被对方击中。在规定时间内（每次 1 分钟左右），拍击对手多者为胜。

2. 听信号做动作

（1）听口令做对应的相反动作：听到“立正”，做稍息；听到“向左转”，做向右转等。

（2）小步跑、高抬腿跑接起动加速跑：做原地或行进间的小步跑或高抬腿跑，听到信号后突然加速冲跑 10～20 米。反复练习。

（3）俯撑起跑：从俯撑开始，听信号后迅速收腿起跑 10～20 米。

（4）转身起跑：背对前进方向站立，听信号后迅速转体 180 度，起动加速跑 10～20 米。

3. 快速小步跑

小步跑 15～30 米，两腿频率越快越好。要求大腿发力，小腿放松，膝踝关节放松，脚落地后有“扒地”动作。重复 3～5 次，间歇 3～5 分钟。

4. 快速小步跑转高抬腿跑

快速小步跑 5～10 米后，转高抬腿跑 20 米。小步跑要放松而快，转高抬腿跑时频率不变，只是幅度加大。重复 3～5 次，间歇 3～5 分钟。

5. 高抬腿跑转加速跑

快速高抬腿跑 10 米左右转加速跑，频率节奏及前摆腿的高度不能下降。重复 3～5 次，间歇 3～5 分钟。

6. 加速跑

逐渐加速至最高速度后保持一定距离，然后放松跑。加速跑 50 米、80 米、100 米，每组 3～5 次，重复 2～3 组，组间歇 5～10 分钟。

7. 变速跑

加速快跑 30 米、50 米或 80 米，然后放松慢跑 30 米、50 米、80～100 米，或直道加速快跑弯道慢跑，或弯道快跑直道慢跑等。每组 4～6 个变速段，重复 3～5 组，组间歇 7～10 分钟。

8. 让距追赶跑

两至三人一组，根据速度水平前后拉开距离，速度快者在前，站立式起跑后全速跑，后者追赶前者。跑 30 米、60 米。每组 2～3 次，重复 2～3 组，组间歇 5～7 分钟。

（五）发展速度素质应注意的要点

（1）注意合理安排速度素质练习的顺序与时间。可采用发展力量的手段来促进速度的提高。速度练习应放在力量练习之前进行，力量练习也应以动力性力量为主。在力量练习过程中，应交替安排一些轻松、快速的跑跳练习或一些协调性和柔韧性练习。

（2）注意速度练习时人体处在适宜的工作状态。人体适宜的工作状态包括神经系统的适宜状态、内脏系统的适宜状态和肌肉系统的适宜状态。人们应在情绪饱满、体力充沛和良好的运动状态下练习。

（3）发展速度素质应重视肌肉放松。肌肉放松对速度的提高非常重要。肌肉放松、张弛有度，能够减少肌肉本身的内阻力，增大肌肉合力，使血液循环通畅。

三、耐力素质及其练习方法

（一）耐力素质的概念

耐力素质是指人体在长时间进行工作或运动中克服疲劳的能力。耐力素质也是反映人体健康水平或体质强弱的一个重要标志，也是健康人体能的最重要素质之一。耐力素质包括有氧耐力和无氧耐力。

（1）有氧耐力是指长时间进行有氧供能（该工作是靠肌糖原、脂肪等有氧分解供能）的工作能力。有氧耐力锻炼的负荷强度，一般用心率来衡量，控制在 130～150 次/分钟为宜。发展有氧耐力的方法多采用慢速跑步、越野跑、骑自行车、游泳、划船等周期性运动。有氧耐力锻炼持续时间最少 5 分钟，一般在 15 分钟以上，最好能每天坚持 30 分钟的锻炼。

（2）无氧耐力是在缺氧状态下（或者说当不能获得充足氧以产生充分的有氧能量时），长时间对肌肉收缩供能的工作能力。无氧耐力又称专项耐力，是体能类、技能对抗类竞技体育的基础。发展无氧耐力的方法，主要采用尽可能快的动作或用平均速度以间歇练习法来完成专项耐力的任务。一般心率控制在 170 次/分钟以上。

（二）耐力素质的意义

抗疲劳能力越强，机体保持持久的高水平运动的能力越强；通过耐力练习使心肺系统机能得到发展，机体能量物质贮备增多，生理生化功能提高；机体抗疲劳及快速恢复能力的提高，是其他素质发展的物质基础；有助于培养坚毅、顽强、勇于克服困难的意志品质。

（三）影响耐力素质的主要因素

（1）中枢神经系统的功能。耐力练习中，神经系统的活动特点是兴奋与抑制长时间的保持有节律的转换，这种转换是人体能够长时间工作的首要条件。此外，中枢神经系统还能通过神经体液的调节提高人体的耐力素质水平。

（2）个性心理特征。运动者的运动动机与兴趣，运动活动中的心理稳定性以及主观努力程度、自持力和忍耐力等都直接影响到耐力素质水平的发展。

（3）最大摄氧量。最大摄氧量本身就是反映有氧耐力水平的一个重要指标。最大摄氧量越大，有氧耐力水平也就越高。

（4）机体的能量储备与供能能力。机体活动时的能量供应和能量交换的程度，在某种意义上取决于各种能量储备的程度和能量交换过程的动员水平。能量储备越大，耐力发展的潜力也就越大。

（5）机体机能的稳定性。由于耐力活动会产生大量乳酸，乳酸的逐步堆积也会引起肌肉组织和血液中的酸碱度（pH 值）下降，造成人体机能能力下降。机体机能的稳定性往往取决于机体的抗酸能力，抗酸能力越强，稳定的程度就越高，时间也越长。

（6）机体的机能节省化程度。高度的机能节省化，能使人体在活动时单位时间内的能量消耗减少到一个最小的程度，从而保证人体长时间的活动。

（7）红肌纤维数量。肌肉中红肌纤维是耐力素质的主要物质基础，因其含血红蛋白多、线粒体多，氧化酸化供氧能力强，收缩速度虽慢但能持久，不易疲劳，适宜有氧耐力训练。红肌纤维占优势的人，给发展耐力素质提供了物质条件。

（四）发展耐力素质的主要方法

耐力素质练习的方法较多，每种方法都有其特点。总的来说，这些特点基本上都体现在耐力素质练习的过程中，包括练习强度、持续时间、间歇时间与方式、重复次数等因素的组合与变化上。常用的耐力练习方法主要有持续练习法、重复练习法、间歇练习法、循环练习法、变换练习法等。具体的练习方法如下。

（1）变速跑：50～100 米的快慢交替跑，50 米快慢交替进行的 400～800 米跑以及 100 米交替一次的 500～1 000 米跑。重复多组。

（2）重复跑：300～800 米各种距离的反复跑。300 米距离重复 5 组，300 米以上距离重复 3 组。

（3）间歇跑：400 米×4 间歇跑，每次间歇 1 分钟；50 米×10 间歇跑，每次间歇 30 秒。规定每次跑的及格标准，未达标不计算次数。

（4）中长跑：1 000 米（男）、800 米（女）。中长跑是提高耐力素质最简单、最有效的办法。1 000 米的时间要求为 3 分 40 秒～5 分 04 秒，800 米的时间要求为 3 分 37 秒～5 分 03 秒；强度要求为 60%～80%最大心率时的强度；在途中跑时要求把握呼吸节奏。

（5）追逐跑：三人一组，各相距 3～5 米，听口令起跑，后边的人追赶前边的人，50 米或 100 米追上有效。

（6）上坡跑：在 15～30 度的斜坡上进行上坡跑，距离为 300 米及以上，根据自身情况调整重复次数。

（7）往返跑：由站立式起跑开始，快速跑过去摸对面的边线，然后转身再跑回来摸边线，重复次数 10～15 次，要求 60%～80%最大心率的强度。

（8）单脚跳：左（或右）脚支撑连续向前跳起，距 30～100 米。左、右脚交替进行，练习 3～5 组。

（9）蛙跳：30～50 米，重复 3 组。

（10）跳绳：每次练习 5 分钟，重复 2～4 组。

（11）长距离定时跑，3 000 米、5 000 米或越野跑。

（12）立卧撑：由直立开始，下蹲两手撑地，两腿向后伸直成俯撑，然后收腿成蹲撑，再还原成直立，如图 4-1 所示。重复练习。

图 4-1　立卧撑

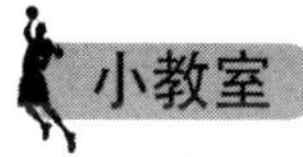

小教室

“极点”和第二次呼吸

当人在进行 800 米以上距离跑的运动时，会出现呼吸困难、胸部发闷、肌肉酸软、跑速明显减慢等情况，甚至想中途停止运动。这种现象就称为“极点”。

“极点”的出现是由于肌肉很快地进行强度较大的工作，而内脏器官（血液循环、呼吸器官）因其本身的机能惰性，不能很快提供肌肉工作所需的营养。由于组织缺氧，在缺氧情况下进行物质代谢，其代谢产物入血，刺激呼吸中枢和血液循环系统，引起呼吸和心跳加快，血压升高，肌肉工作能力下降。如果这时继续坚持跑下去，并有意识地加深呼吸，尤其是加深呼气，则可把过多的二氧化碳呼出，减少代谢产物入血，减少对呼吸中枢和循环系统的刺激，从而有助于缩短“极点”的持续时间或消除“极点”，促进“第二次呼吸”提早到来。“极点”是一种生理现象，它的深浅程度以及“第二次呼吸”出现的早晚与经常锻炼与否、运动的强度大小和准备活动充分与否有密切关系。“极点”出现得晚，甚至不明显，或者“第二次呼吸”提早到来，都说明人体机能有了提高，能很快动员起来，适应长时间体力活动的需要。

（五）发展耐力素质应注意的要点

（1）耐力练习中应注重呼吸方法、节奏和深度。

（2）耐力练习注意激发练习者的主动性。主动投入练习，中枢神经系统、内脏系统和肌肉系统等都能处在一个良性状态下，为机体承受较大运动负荷创造了好的条件，有利于耐力水平的提高。影响练习主动性的因素包括思想认识、兴趣爱好、意志品质等。

（3）耐力练习后应注意消除疲劳。耐力练习时间长、消耗能量大，所以练习后积极补充能源物质很重要。还要采取有效措施和手段，使疲劳的肌肉及神经系统得以放松，为下次练习创造条件。

四、灵敏素质及其练习方法

（一）灵敏素质的概念

灵敏素质是指人体在各种突然变换的条件下，快速、协调、敏捷、准确地完成动作的能力，也即运动中随机应变的能力。它是人的运动技能、神经反应和各种身体素质的综合表现。

灵敏素质可分一般灵敏素质和专项灵敏素质。一般灵敏素质是指人在各种活动中，在突然变换的条件下，迅速、合理、准确地完成各种动作的基础性能力；专项灵敏素质是运动员在专项运动中，迅速、准确、协调、自如地完成本专项各种技术动作的能力。

（二）灵敏素质的意义

灵敏素质是协调发挥各种身体素质能力、提高技术动作质量和创造优异运动成绩的重要条件。它在各个运动项目中的作用主要有以下两点：一是能够保证准确、熟练、协调地完成动作，取得优异运动成绩；二是能够灵活、巧妙地战胜对手，取得比赛的胜利。

（三）影响灵敏素质的主要因素

（1）体型、体重。一般而言，过于瘦长的、过胖的或梨形体型的人缺乏灵敏性，“O”形腿、“X”形腿的人缺乏灵活性；肌肉发达的中等或中等以下身高的人，往往因有高度的控制力而表现得非常灵活。影响体重的主要因素有脂肪、肌细胞、水、骨骼等。脂肪的增长源于每日的进食，摄入能量中超过一天所需能量的部分就转变为脂肪。肌细胞的增长主要靠锻炼。脂肪过多影响肌肉的收缩效率，同时增加不必要的体重以及运动时的阻力，影响灵活性。

（2）疲劳程度。疲劳将导致中枢神经系统灵活性与机体活动能力降低，反应迟钝，速度下降，动作不协调，灵敏性降低。因此，在发展灵敏素质练习时要注意恢复，及时消除疲劳。

（3）情绪。人的情绪在高涨时显得特别灵敏，而情绪低落时，灵敏性也会降低。

（4）其他身体素质发展水平。灵敏素质是人体的力量、速度、耐力、柔韧以及协调性等能力的综合表现。其中任何一种身体素质较差，对灵敏素质都会造成不利影响。

（四）发展灵敏素质的主要方法

为提高灵敏素质，应尽可能采取逐渐增加复杂程度的练习方式，也可以通过改变条件、器械、器材等方式增加技术动作的复杂性和难度。同时，还应着重培养和提高掌握动作的能力、反应能力、平衡能力、观察能力、节奏感等。常用的具体方法如下。

（1）在跑跳中做迅速改变方向的跑、躲闪、突然起动以及快速急停、迅速转体练习等。

（2）做各种调整身体方位的练习。

（3）做专门设计的各种复杂多变的练习，如用之字跑、躲闪跑、穿梭跑、立卧撑四项组成的综合性练习等。

（4）以非常规姿势完成的练习，如侧向或倒退跳远、跳深等。

（5）按口令做相反的动作。

（6）改变完成动作的速度或速率，如变换动作频率或逐步增加动作的频率等。

（7）做各种变换方向的追逐性游戏和对各种信号做出应答反应的游戏等。

（五）发展灵敏素质应注意的要点

（1）练习方法、手段应多样化并经常改变。方法手段经常改变，有助于掌握多种多样的运动技能，还可以提高人体内各种分析器的功能；在运动中能够表现出时空中的准确定向定时能力；还能表现出动作准确、变换迅速的能力。

（2）注意消除紧张心理状态。应采用各种有效的方法与手段，消除紧张的心理状态。心理紧张时，肌肉等运动器官也必然紧张，会使反应迟钝，动作协调性下降，影响练习效果。

（3）合理安排训练时间。灵敏素质的训练在整个过程中都应该适当安排，使之系统化。但训练时间不宜过长，练习重复次数不宜过多。因为机体疲劳时力量水平会下降、速度将减慢、节奏感被破坏、平衡能力也会降低，这些都不利于灵敏素质的发展。

（4）应有足够的间歇时间。练习过程中应有足够的间歇时间，以保证氧债的偿还和肌肉中 ATP 等能量物质的合成。但休息时间不可过长，否则中枢神经系统的兴奋性会大幅度下降，在下次练习中就会减弱对运动器官的指挥能力，使动作协调性下降、速度减慢、反应迟钝，影响练习效果。

五、柔韧素质及其练习方法

（一）柔韧素质的概念

柔韧素质是指人体关节活动幅度的大小以及跨过关节的韧带、肌腱、肌肉、皮肤及其他组织的弹性和伸展能力。柔韧素质是掌握运动技术的重要条件，人体所能表现出的各种姿势和运动幅度与柔韧素质有直接关系。

（二）柔韧素质的意义

良好的柔韧素质有利于提高关节的灵活性，增大完成动作的幅度，提高动作的协调性和动作质量，有助于肌力和速度的发挥，防止、减少运动中伤害事故的发生。

（三）影响柔韧素质的主要因素

（1）骨关节结构。骨关节的结构由遗传所决定，是柔韧素质训练中最不容易改变的因素。人体的不同部位由于骨关节的结构不同，其活动幅度也不同，在柔韧性表现方面也不同。

（2）跨过关节的肌肉、肌腱、韧带。关节的加固主要是肌腱和韧带，肌肉从关节外部补充加固关节力量，控制关节活动幅度，增加跨过关节的韧带肌腱和皮肤等伸展性是探求提高柔韧性的重要途径。

（3）年龄与性别。柔韧性随年龄增长在 10 岁以前自然发展，10 岁以后随年龄的增长，柔韧性相对降低。因此，少年儿童时期是柔韧素质发展的最佳时期。男子的肌纤维长、横断面积大于女子，伸缩度较大，全部肌纤维的3/4强而有力；女子的肌纤维细长，横断面积小于男子，伸展性好，对关节活动限制小，全身仅有1/2的肌纤维强而有力。因此，女子关节的灵活性通常好于男子。

（4）温度。肌肉的伸展性与肌肉温度有关。肌肉温度升高时，肌肉内部的黏滞性减少，从而提高肌肉的弹性和伸展性，柔韧性也就得以提高。

（5）活动水平。不爱活动的人比经常活动的人柔韧性差。长期坐着不动，膝、髋关节等总是处于特定的位置，会使相应肌群变短和僵硬，导致肌肉韧带的正常伸展性丧失、关节的活动范围缩小。另外，不爱活动将造成人体内脂肪堆积，这也会限制柔韧性的发挥。同样是经常参加活动的人，由于活动的方法、手段、量和强度不同，其柔韧性能也有差异。

（四）发展柔韧素质的主要方法

发展柔韧素质的目的是提高跨过关节的肌肉、肌腱、韧带等软组织的伸展性。其伸展能力的提高主要是“力”的拉伸作用的结果。柔韧素质的练习方法主要有以下几种。

1. 本体感受性神经肌肉练习

从19世纪60年代起，本体感受性神经肌肉练习（PNF）作为一种恢复方法开始流行，如图4-2所示。它由很多刺激肌肉进行更有力的收缩和更彻底的放松的方法组成，因此肌肉能被很好地拉伸。其主要步骤是，先让目标肌肉紧张用力，保持数秒钟后主动放松，最后在主动放松的基础上再进行牵拉，此时肌肉被更有效地拉伸，效果也更好。

图4-2 PNF拉伸

目前流行的练习方法有收缩—放松—对抗—收缩法（CRAC法）和慢速—逆转—保持—放松法（SRHR法）。前者包括以下三个步骤。

（1）移动肢体使肌肉的伸展保持在初长度，然后依靠固定的物体或同伴的帮助拉伸收缩韧带，保持3秒。

（2）放松肌肉2秒。

（3）依靠同伴的帮助、重力或身体其他部位，通过收缩与之拮抗的肌肉使锻炼肌群充分伸展，保持10～15秒。

后者除在步骤（1）前和步骤（3）后增加收缩韧带被动伸展外，其他步骤均与之相同。

2. 主动或被动的静力拉伸方法

这是缓慢地将肌肉、肌腱、韧带拉伸到能产生一定酸、胀、痛感觉的位置并略有超过，然后停留一定时间的练习方法。这种方法可减少或消除超过关节伸展能力的危险性，防止拉伤，因为拉伸缓慢不会激发牵张反射。一般要求在酸、胀、痛的位置停留6～8秒，重复6～8次。

3. 主动或被动的动力性拉伸方法

这是有节奏的、速度较快的、幅度逐渐加大的多次重复一个动作的拉伸方法。运用该方法时用力不宜过猛，幅度要由小到大，先做几次小幅度的预备拉长，然后加大幅度，从而避免拉伤。每个练习重复 5～10 次。主动的动力性拉伸方法是靠自己的力量拉伸，被动的动力性拉伸方法是靠同伴的帮助或负重借助外力的拉伸。

（五）发展柔韧素质应注意的要点

（1）柔韧性练习要循序渐进，持之以恒。肌肉、韧带等的伸展性并不是短时间内就能提高的，停止训练便会有所消退，长期或间歇停止训练，会使已获得的伸展能力部分消失甚至全部消失，所以柔韧性练习应做到循序渐进、持之以恒，逐步加强练习力度，不能急于求成。

（2）柔韧素质的发展应与力量素质发展相适应。力量练习能发展肌肉的收缩能力，柔韧练习能发展肌肉的伸展能力，因此力量练习结合柔韧练习提高肌肉质量最有效，既能达到力量和柔韧的同时增长的目的，又能保证关节灵活性的稳固，使肌肉柔而不软、韧而不僵，保持肌肉的收缩力量。

（3）柔韧素质练习要注意外界温度与练习的时间。外界温度过高或过低，都会影响到肌肉的状态，影响肌肉的伸展能力。气温在 18 摄氏度以上时，最利于表现柔韧性。

（4）柔韧性练习之后应做好放松练习。伸展练习之后，应做相反方向的练习，使供血供能机能加强，有助于伸展肌群放松和恢复。例如，压腿之后做几次屈膝练习，体前屈练习之后做几次挺腹挺胯动作，下完腰后做几次体前屈或团身抱膝动作等。

（5）练习时要防止受伤。柔韧练习主要是运用各种方法拉长人体关节肌肉、韧带的长度。如不注意科学的方法，容易出现肌肉拉伤。柔韧练习前，可做一些热身活动，减少肌肉的黏滞性；拉长肌肉时，不宜用力过猛，特别是在进行被动动力拉伸时，施加外力要循序渐进，拉伸长度以练习者感到酸胀、痛为界限。

第五章　球类运动

教学目标

1. 知识目标

了解主要球类运动项目的特点及规则。

2. 技能目标

熟练掌握一项球类运动，能够自主练习并提高运动技能水平。

3. 课程思政目标

（1）进行技术的讲解与练习，将竞赛规则、比赛战术等运用到分组比赛对抗中，使学生在运动实践中感悟配合、默契、融入、接纳、团结等要素对比赛胜负的影响。

（2）将“讲道理”与“讲故事”相结合、“讲体育”与“讲德育”相结合，使学生从体育学习的参与者向冠军精神的传播者以及具有大局观意识和爱国主义的践行者转变。

球类运动是体育运动的一种，是足球、篮球、排球、乒乓球、羽毛球、网球、台球等运动项目的总称。作为一项综合性体育运动，球类运动要求参加者不仅要具备良好的跑、跳、投等基本运动能力，还要熟练掌握和运用各项球类的具体技战术。球类运动具有较强的健身性、趣味性、观赏性等特点，长期以来深受广大学生的喜爱。

第一节　足　　球

足球运动是一项以脚支配球为主（也可以使用腿、胸等部位触球），两支队伍在同一场地内进行攻守的体育运动项目。足球是当今世界最受人们喜爱、开展最为广泛、影响力最大的体育运动项目，享有“世界第一运动”的美誉。

一、足球运动概述

（一）足球运动发展史

古代足球运动起源于我国古代的“蹋鞠”或“蹴鞠”游戏。唐朝时期，该游戏盛行于世，有简单的规则，并开始传入日本、朝鲜等地。1985 年 7 月 26 日，时任国际足联主席的阿维兰热在北京市举办的首届国际足联 16 岁以下柯达杯世界足球锦标赛开幕式讲话时说：“足球起源于中国。”2004 年 7 月 17 日，时任国际足联主席的布拉特在中国承办的第 13 届亚洲杯开幕式上宣布，中国山东省淄博市是足球运动的发源地。

现代足球起源于英国。1863 年 10 月 26 日，英国伦敦成立了世界第一个足球组织——英格兰足球协会，这标志着现代足球运动诞生。从 1900 年的第 2 届奥运会开始，足球被列为奥运会正式竞赛项目。1904 年 5 月 21 日，国际足球协会联合会（简称“国际足联”，FIFA）在法国巴黎正式成立。1932 年，国际足联总部迁至瑞士苏黎世。现今，国际足联已成为世界上最大的体育单项组织，拥有 200 多个会员。从 1930 年起，国际足联每四年举办一次世界足球锦标赛，又称“世界杯足球赛”。世界杯足球赛是由全世界国家（或地区）级别球队参与、象征足球界最高荣誉并具有最大知名度和影响力的足球赛事。

19 世纪末期，现代足球运动逐渐传入中国。最早的华人足球俱乐部是成立于 1908 年的香港南华会。1931 年，中国加入国际足球联合会。由于当时中国政治动荡，虽然足球比赛频繁举行，但社会经济落后，足球运动发展缓慢，水平也相对较低。1949 年中华人民共和国成立后，体育事业受到了国家的高度重视，足球运动的发展拥有了很好的社会环境。

中国女足 1986 年首次参加亚洲杯就获得了冠军，自此便拉开了 1986 年、1989 年、1991 年、1993 年、1995 年、1997 年、1999 年女足亚洲杯“七连冠”的序幕。截至 2022 年，中国女足 15 次参与亚洲杯，共获得冠军 9 次；8 次参加亚运会，共获得冠军 3 次；8 次参加女足世界杯，获得亚军 1 次；5 次成功闯入奥运会，其中在 1996 年亚特兰大奥运会上以 1∶2 的比分惜败美国获得亚军，这也是中国女足在奥运会上取得的最好成绩。从 1976 年起，中国男足连续 9 次参加亚洲杯足球赛，并于 1984 年和 2004 年两度打进决赛，不过都以失败告终。2002 年，中国男足首次打入世界杯决赛阶段的比赛，实现了男子足球冲出亚洲、走向世界的美好愿望。但近些年来，中国男足进入了低谷，在国际赛场上频频失利。为促进我国足球运动水平的提高，国务院办公厅在 2015 年印发了《中国足球改革发展总体方案》，旨在振兴足球运动事业。

体育文化之窗

“球王”贝利

贝利，被认为是世界足球史上最伟大的球员。他四次参加世界杯，三次率领巴西队夺得世界杯冠军，是迄今为止唯一一位三夺世界杯冠军的球员。贝利一生中共进球 1 283 个，这个纪录被载入吉尼斯世界纪录。他在 1999 年被国际奥运委员会选举为“20 世纪最佳运动员之一”，更在 2004 年 FIFA 国际足联百年庆典上获得“FIFA 世纪最佳球员”和足球名人大奖。他是国际上公认的“球王”。

“足球皇帝”贝肯鲍尔

弗朗茨·贝肯鲍尔，德国著名足球运动员、教练员，绰号“足球皇帝”。贝肯鲍尔是世界足球史上的一大奇迹，是足球史上首位独揽联赛、杯赛、欧洲杯、世界杯、欧洲冠军杯三连冠、欧洲优胜者杯、洲际杯冠军以及个人金球奖（1956—2010 年金球改制前总积分历史第一）的集体个人无敌“金满贯”球员，又是包揽联赛、杯赛、欧锦赛、世界杯的“冠军级”教练。贝肯鲍尔无限辉煌的绿茵履历和赫赫战功让他在德国被视为国家的骄傲、民族的英雄，更被世界足坛公认为足球历史上能和“球王”贝利平起平坐的最伟大人物之一。

（二）足球运动的特点与锻炼价值

足球比赛是一项高对抗性项目，比赛双方为争夺控制权，达到将球攻进对方球门而又不让球进入本方球门的目的，展开“短兵相接”的争斗。尤其是在两个罚球区附近，对时间、空间的争夺更是异常凶猛，扣人心弦。一场高水平的足球比赛紧张、激烈、精彩，场面跌宕起伏，战局变化莫测，胜负难以预料，具有很高的观赏性。

经常参加足球运动能有效地提高身体素质、增强体质，提高人体各器官系统的功能。同时，足球运动还能培养勇敢顽强、机智果断、坚忍不拔、勇于克服困难的意志品质和遵守纪律、团结协作的团队精神。

二、足球基本技术

足球基本技术是指比赛中合理有效地完成动作的总称，常用的技术有颠球、踢球、停球（接球）、运球、头顶球、掷界外球、假动作、抢截球等。

（一）颠球

颠球是指用身体各个有效部位连续触击球并加以控制，尽量使球不落地的技术动作。

颠球的方式有多种，其中脚背正面击球最为常见。此外，还可以用脚内侧、脚外侧、大腿、头部、肩部、胸部等部位击球、触球。

（1）双脚脚背颠球：以髋、踝关节为轴，脚尖跷起，使球与前脚面接触，球向内转动，将球连续颠起。正脚背颠球可采用单脚和左右脚交替颠球等方法。

（2）双脚内侧、外侧颠球：当球下落至膝关节以下时，抬脚屈膝，用脚的内侧或外侧向上摆动，击球的下部，两脚内侧或外侧交替击球。

（3）大腿颠球：抬腿屈膝，用大腿的中前部位向上击球的下部。两腿可交替击球，也可一只脚做支撑，用另一侧的大腿连续击球。

（4）头部颠球：两脚开立，膝部微屈，用前额部位连续顶球的下部。顶球时，两眼注视球，两臂自然张开，以维持身体平衡。

（二）踢球

踢球是有目的地用脚把球击向预定目标的技术动作的总称。踢球的方法很多，主要有脚内侧踢球、脚背内侧踢球、脚背正面踢球、脚背外侧踢球等，如图 5-1 所示。

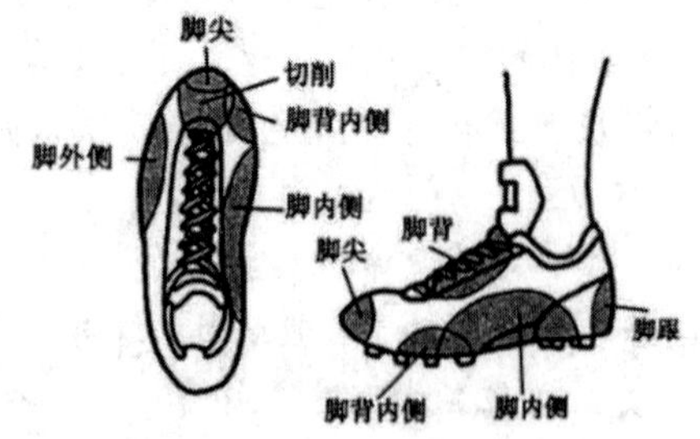

图 5-1　踢球的重要部位

1. 脚内侧踢球

脚内侧踢球是用脚的内侧（跖趾关节、舟骨和跟骨所构成的三角部位）接触球的一种踢球动作。常用于踢定位球，也可直接踢来自各个方向的地滚球、反弹球、空中球。脚内侧踢球的特点是脚与球的接触面积大，出球平稳准确，出球力量较小，多用于短距离地面传球。

动作要领：直线助跑，支撑脚踏在球侧方约 15 厘米处，膝关节略屈，在支撑脚着地的同时踢球；腿以髋关节为轴，由后向前摆，在前摆过程中屈膝外展；小腿急速前摆，脚尖略翘起，脚底与地面平行，用脚内侧击球后中部，如图 5-2 所示。脚与球的接触通常有两种方法：一种为敲击踢法，另一种为推送踢法。前者击球短促有力，后者出球平稳。

图 5-2　脚内侧踢球

2. 脚背内侧踢球

脚背内侧踢球是用脚背内侧部位接触球的一种踢球动作。脚背内侧踢球的特点是踢球腿的摆动幅度大，摆速快，脚触球面积较大，踢球力量大，速度适中，出球准确、有力，稳定性高，多用于中、长距离传球，或踢角球和射门。由于助跑方向、支撑脚选位灵活性较大，出球方向变化幅度较大，可踢出平直球、远距离弧线球等，也便于转身踢球。

动作要领：45 度角斜线助跑，最后一步稍大，以支撑脚脚底积极着地，踏在球侧后方 15～20 厘米处，膝盖略屈，重心倾向支撑脚一侧；踢球腿以髋关节为轴，小腿爆发式摆动，脚尖外转、脚背绷直，以脚背内侧部位触球，击球后踢球腿和身体继续随球向前，如图 5-3 所示。

图 5-3　脚背内侧踢球

3. 脚背正面踢球

脚背正面踢球是指用脚背正面部位接触球的一种技术动作。脚背正面踢球常用于踢定位球、凌空球、反弹球等，特点是踢球腿的摆幅大、摆速快、力量大，但出球方向单一。

动作要领：直线助跑，最后一步略大，支撑脚踏在球侧 10～15 厘米处，脚尖正对出球方向，膝关节略屈，小腿顺势上提，随前摆动；支撑脚着地的同时，以髋关节为轴，大腿带动小腿由后向前摆，当膝盖摆至接近球正上方的一刹那，小腿做爆发式前摆，脚跟紧绷、脚趾扣紧，以脚背正面击球后中部，踢球腿提膝随球继续前摆，如图 5-4 所示。

图 5-4　脚背正面踢球

4. 脚背外侧踢球

脚背外侧踢球是用脚背外侧部位（外侧几块跖骨的背面）接触球的踢球动作。脚背外侧踢球，由于脚踝灵活性较大，摆腿方向变化较多，因此用途较广，并且助跑时是正常的跑动姿势，能利用膝、踝关节的灵活变化改变出球的方向和性质，故其出球隐蔽性较强，足球比赛中各种距离的弧线球及非弧线球均可使用。不过，其传球力量较小，传球距离较短。

动作要领：直线助跑，支撑脚踏在球后侧 15～30 厘米处，助跑最后一步要大，以加大踢球脚的摆动力量；以大腿带动小腿由后向前快速摆动，触球一刹那，脚尖内转、脚背绷直，以脚背外侧部位击球的后中部；击球后继续前摆，身体重心平衡，如图 5-5 所示。

图 5-5　脚背外侧踢球

（三）接球

微视频 5-1
足球-传球和停球

接球是指运用身体的有效部位，将运行中的球有目的地接控在所需位置上的动作方法。接球的方法有多种，常用的有脚、大腿、腹部、胸部、头部等部位。

1. 脚内侧接球

脚内侧接球的特点：接球平稳，可靠性强，动作灵活多变。由于脚触球面积大、动作简单，比赛中经常使用这种技术接各种地滚球、低平球、反弹球、空中球。

动作要领：脚内侧接地滚球，支撑脚脚尖正对来球，膝关节微屈。接球腿提膝外展，脚趾稍翘，用脚内侧对准来球并前迎，在触球一刹那，接球部位做相应的引撤或变向接球动作，将球控制在所需要的位置上，如图 5-6 所示。

2. 脚背外侧接球

脚背外侧接球的特点：动作幅度小、速度快、灵活机动、隐蔽性强，但动作难度较大，接球时常伴随假动作和转体动作，适用于接地滚球和反弹球。

动作要领：将接球点放在接球腿一侧，支撑腿膝关节微屈。接球腿提起屈膝，脚内翻使小腿和脚背外侧与地面成一锐角，并对着接球后球运行的方向，脚离地面的高度应略等于球的半径，然后大腿向接球后球运行的方向推送，同时身体随球移动，如图 5-7 所示。

图 5-6　脚内侧接球

图 5-7　脚背外侧接球

3. 脚底停球

脚底停球的特点是动作简单，脚底接触球的面积大，控球稳定可靠，适用于接迎面地滚球或反弹球。

动作要领：身体正对来球方向，移动前迎，支撑脚站在球的侧面或前后，脚尖正对来球方向，膝关节微屈；同时接球腿提起，膝关节微屈，脚略背屈，脚底与地面约小于 45 度（且脚跟离开地面），一般以前脚掌接触球的上部为宜。在触球瞬间接球脚可微屈（前脚掌下点）将球停住，也可根据需要在接球同时将球推向前方或拉向身后，如图 5-8 所示。

4. 大腿接球

大腿接球一般可以用来接抛物线较大的高空球和略高于膝的低平球。大腿接球的特点是接触球部位面积大，并且肌肉丰厚有弹性，易将球停稳。

动作要领：身体正对来球，判断好落点，选好支撑脚位置并稳固支撑，接球腿屈膝上抬，以大腿中前部对准来球。在触球一刹那，接球腿积极引撤下放，接球部位的肌肉相应放松，以加强缓冲效果，使球触腿后落于体前，如图 5-9 所示。

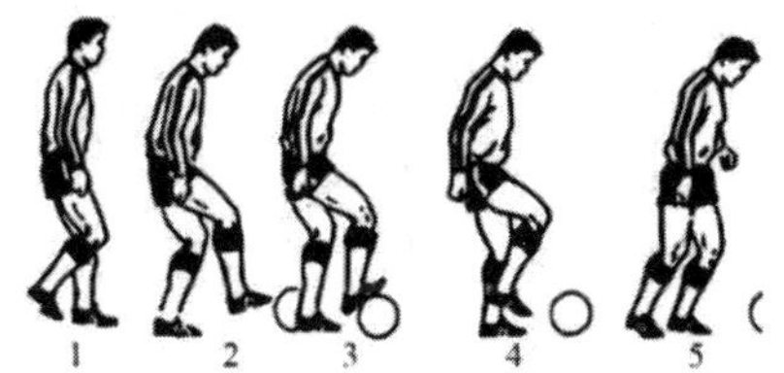

图 5-8　脚底停球

图 5-9　大腿接球

5. 胸部接球

胸部接球，部位较高，加之胸部面积大、肌肉较丰满、缓冲性良好等特点，容易停稳，故是接高空球的一种好方法。胸部接球包括挺胸式、收胸式两种方法。

（1）挺胸式接球。动作要领：面对来球站立，两脚左右或前后开立，两膝微屈，重心置于支撑面内，上体后仰，下颌微收，两臂自然张开。接球瞬间，两脚蹬地，膝关节伸直，收下颚，挺胸收腹，用胸部轻托球的下部，使球微微弹起于胸前上方，如图 5-10 所示。

（2）收胸式接球。动作要领：面对来球，内脚左右或前后开立，两臂自然张开，挺胸迎球，触球瞬间迅速收胸、收腹、臀部后移，将球接在体前，如图 5-11 所示。若需将球接在体侧时，则触球瞬间转体将球接在转体后相应的一侧。收胸式接球多用于接齐胸高的平直球。

图 5-10　挺胸式接球

图 5-11　收胸式接球

（四）运球

运球是指运动员在跑动中通过脚的推、拨、扣，使球保持在控制范围内的连续触球动作。常用的运球方式有脚背内侧运球和脚背外侧运球两种。

1. 脚背内侧运球

脚背内侧运球特点：控球稳，运球速度较慢，适用于掩护性运球或运球变向。

动作要领：跑动时身体稍侧转并自然放松，上体稍前倾向运球方向转动，两臂自然摆动，步幅可小些。运球脚提起时，膝关节微屈，脚跟提起，脚尖稍外转，在迈步前伸脚着地。用脚背内侧向前侧推拨球，球向前曲线或弧线运行，如图 5-12 所示。

微视频 5-2
足球-运球和头顶球

2. 脚背外侧运球

脚背外侧带球时，身体转动不大，对跑动速度影响较小，多用于直线快速带球。这种带球方法容易改变方向、隐蔽性强，便于传球或射门，也便于对球进行保护。

动作要领：跑动时身体自然放松，上体稍前倾，两臂自然摆动，步幅要小些。运球脚提起时，膝关节弯曲，脚跟提起，脚尖稍内转，在迈步前伸脚着地。用脚背外侧向前推拨球，使球直线运行，如图 5-13 所示。

图 5-12　脚背内侧运球

图 5-13　脚背外侧运球

（五）头顶球

头顶球是为取得空中优势用头（前额骨部位）触击球的动作。前额骨处于头的正前方和两眼的上面，便于在顶球时观察来球及周围的情况，而且出球准确有力。头顶球的击球位置高，是争取时间和空间优势主动进攻的重要手段。尤其是在罚球区附近，头球的争夺对攻防双方都有举足轻重的意义。

头顶球的部位可以是前额正面和前额侧面，如图 5-14 所示。

（a）前额正面顶球头接触球部位

（b）前额侧面顶球头接触球部位

图 5-14　头顶球部位

1. 原地头顶球

（1）前额正面顶球。动作要领：身体正对来球，两脚前后或左右开立，膝关节微屈，上身后仰，重心放在后脚上，两臂自然张开。蹬地、收腹、屈体、重心前移；击球时，颈部肌肉保持紧张，快速甩头，用前额正面击球的后中部；击球后身体随球前摆，如图 5-15 所示。

（2）前额侧面顶球。动作要领：两脚前后开立，上身和头部向触球方向的异侧稍转动，击球时上身向出球方向扭转，同时甩头。当球运行到与出球方向同侧肩的前上方时，用额侧部位击球的后中部，如图 5-16 所示。

图 5-15　前额正面顶球

图 5-16　前额侧面顶球

2. 跳起头顶球

（1）跳起前额正面顶球。动作要领：身体正对来球，重心下降，两脚或单脚用力蹬地跳起，在跳起上升的过程中，上身后仰呈弓形，两臂自然张开，两眼注视来球。顶球时收腹、屈体，颈部保持紧张，快速甩头，击球的后中部，然后屈脚踝缓冲落地，如图 5-17 所示。

图 5-17　跳起前额正面顶球

（2）跳起前额侧面顶球。动作要领：无论是原地起跳还是助跑起跳，起跳动作与前额正面顶球起跳相同，在跳起的过程中，上身向出球的相反方向回旋侧屈，侧对来球。当身体接近最高时，上体急速向出球方向扭转、甩头，用前额侧面将球顶出，顶球后屈膝缓冲落地，如图 5-18 所示。

（六）掷界外球

界外球是指比赛中，当球的整体从地面或空中越过边线时，由最后触球队员的对方球队队员在球越过边线处掷界外球以恢复比赛的技术。掷界外球时接球人不受越位规则的约束，因它不仅可以用于恢复比赛，还可以为进攻创造有利条件。尤其是在前场 30 米内掷界外球，可以将球直接掷到门前，给对方造成很大威胁。

微视频 5-3
足球–掷界外球和守门

动作要领：原地掷界外球时，两手持球后半部，两脚前后或平行开立，膝关节稍屈，将球举在头后，身体重心放在两脚上，上体后仰。掷球时，两脚蹬地，收腹屈体，两臂快速前摆，身体重心前移，手腕、手臂、腰和腹部同时用力将球掷出，如图 5-19 所示。

图 5-18　跳起前额侧面顶球

图 5-19　掷界外球

（七）抢截球

抢截球技术是指在规则允许的范围内，使用身体的合理部位、采取合理的动作方法将对手控制下的球或传递中的球夺过来、踢出去或破坏掉，或者把对手之间传递的球截下来或破坏掉。抢截球是比赛中获得球的主要手段之一，是球队转守为攻的重要途径。

1. 正面跨步抢球

动作要领：两脚前后开立，两膝微屈，重心下降，面向对方；在对方运球脚触球后即将着地或刚着地时，支撑脚立即用力后蹬，抢球脚以脚内侧对着球跨出，膝关节弯曲，上体前倾，身体重心移到抢球脚上；另一脚立即前跨成支撑脚，如双方的脚同时触球，则要顺势向上提拉，使球从对方脚背滚过，同时身体重心迅速跟上，把球控制回来，如图 5-20 所示。

图 5-20　正面跨步抢球

2. 侧面合理冲撞抢球

动作要领：当与对手平行追球时，防守者重心下降，靠近对手身体一侧的两手臂紧贴身体，利用对手同侧脚离地后的过程，用肘关节以上部位适当冲撞对方同样部位，使对手身体失去平衡，乘机将球控制住，如图 5-21 所示。冲撞时上臂要紧贴身体，不可有向外推的动作，冲撞动作要短暂，力量要适中，避免犯规或失去平衡。

3. 侧后铲球

动作要领：当防守者追赶运球者还差其半步或一步距离时，运球者即将传球或趟球，此时防守者的身体尚在进攻者侧后方，来不及用其他方法抢球，此时可将抢球脚伸向球的前方，用脚内侧或脚背外侧将球扣截住。支撑腿膝关节弯曲，重心下降，抢球腿膝关节微屈，这也可能造成运球者因下肢的突然制动而失去平衡，进而失去对球的控制，如图 5-22 所示。

图 5-21　侧面合理冲撞抢球　　图 5-22　侧后铲球

（八）假动作

假动作是为了隐蔽自己的意图，运用各种动作的假象迷惑和调动对方，使其产生错误的判断或失去身体平衡，从而取得时间、位置、距离等有利条件，更好地实现自己的真正意图。因此，假动作是使真动作达到预期效果的一种有力手段。假动作的形式很多，大致可分为无球假动作和有球假动作。无球假动作是指运动员无球时，改变速度、方向、动作意图的假动作；有球假动作是指运动员有球时所做的传球、停球、运球过人等假动作。

三、足球基本战术

足球比赛中，为战胜对方，队员根据主客观情况而采用的个人行动和集体配合的组织方法与组织形式称为足球战术。根据攻防的基本特点，足球战术可以分为比赛阵形、进攻战术和防守战术，进攻战术和防守战术又分为个人战术、局部战术、整体战术、定位球战术等。

（一）比赛阵型

足球比赛阵型是指为适应攻守战术的需要，队员在场上的位置排列和职责分工。一支球队的实力必须通过一定的阵型在比赛中表现出来。各阵型的名称按队员排列形状而定。

目前，世界上采用较多的有三种阵型，即“4-4-2”阵型、“5-3-2”阵型、“3-5-2”阵型。

1. “4-4-2”阵型

“4-4-2”即4个后卫、4个前卫、2个前锋。队员位置的基本排列形式如图5-23所示。其特点是针对足球“攻难守易”的特点，体现了中、后场的人数优势，防线较为稳固，中场攻、防兼顾，对于巩固防守和争取中场的主动权都比较有利。前锋虽只有2人，但后场人员随时都可插上，不仅前锋有较大机动性，也增强了进攻的隐蔽性。中场4名前卫一般呈菱形站位，前面队员称为进攻前卫（前腰），拖后队员称为防守前卫（后腰），攻可上、退可守，承上启下。2名前锋可机动站位，根据情况可能站中间，也可偏向一侧，一边一中。

2. “5-3-2”阵型

“5-3-2”即5个后卫、3个前卫、2个前锋。队员位置的基本排列如图5-24所示。其特点是以重兵加强防守，确保防线稳固，在此基础上打防守反击。由守转攻时，同样具有“4-4-2”阵型的功用。在球向前发展的异侧边后卫插上至中场，充当前卫职责。“5-3-2”阵型在后防线上安排人员较多，中场人数不足，在中场争夺上可能处于劣势。这种阵型对于整体实力不强，擅长打防守反击的球队来说是一种较好的选择。

3. “3-5-2”阵型

“3-5-2”即3个后卫、5个前卫、2个前锋。队员位置的基本排列如图5-25所示。其特点是注重中场控制，加强进攻力量。球队一般采用压迫式打法，在中前场就对对手进行逼抢，进攻时边前卫的助攻是球队的重大手段。3名后卫是针对对方采用2名前锋，且本方后卫人员个人防守能力特别强而设定的。防守上，在短时间内用2名后卫紧盯对方2名前锋，另一后卫拖后进行保护，并等待前卫回撤支援。一般来说，由攻转守时，至少有1名前卫视球的发展情况，回撤到边路或中路，协助防守。也可回撤2名前卫，形成“5-3-2”阵型。

图5-23 “4-4-2”阵型

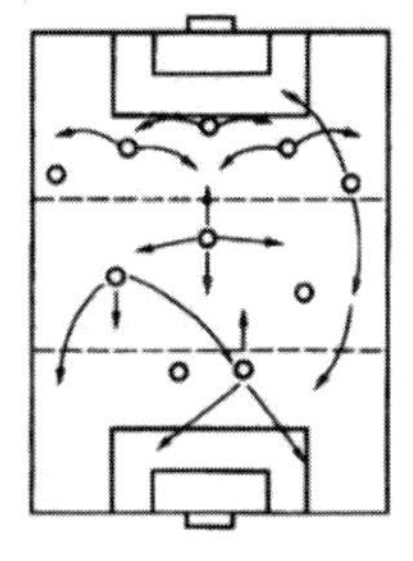

图5-24 “5-3-2”阵型

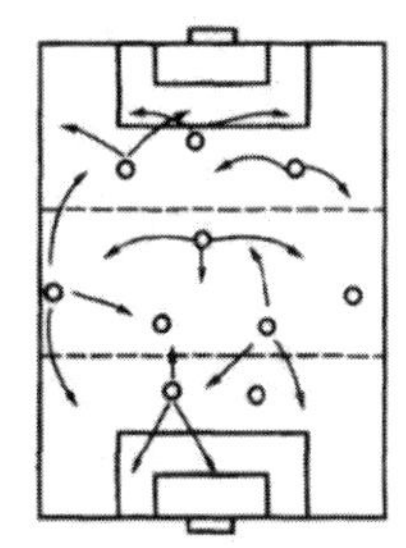

图5-25 “3-5-2”阵型

比赛阵型在比赛中不是一成不变的，针对具体情况或需要，可灵活机动地进行变换。

（二）进攻战术

1. 个人进攻战术

个人进攻战术包括控制球时合理地运用技术以及无球时具有战略意义的行动。个人战术的集合体现整体的战术水平。个人进攻战术包括采取有效措施，摆脱对方防守队员；跑动有利位置，接应队友传球；运球突破对方防线，寻求射门机会；等等。

2. 局部进攻战术

局部进攻战术指两人以上的战术配合行动，它是组成整体进攻战术的基础。局部进攻中常用二过一战术配合，即在局部区域两名进攻队员通过连续传球和跑位，突破一名防守队员的默契配合。常用的二过一战术配合有直传斜插二过一、斜传直插二过一、踢墙式二过一等。

（1）直传斜插二过一：当进攻队员将球直传给队友、对方防守队员逼近控球队友时，队友将球传至对方防守队员身后的空当，进攻队员立即斜插入空当，接应队友的传球，如图 5-26（a）所示。

（2）斜传直插二过一：当对方防守队员逼近运球的进攻队员时，进攻队员将球传给队友，然后直插到对方防守队员身后空当接应队友传球，如图 5-26（b）所示。

（3）踢墙式二过一：当防守队员逼近正在运球进攻的队员时，进攻队员将球传给队友，队友接球后直接将球传至对方防守队员身后的空当，进攻队员快速切入空当接应队友的传球，如图 5-26（c）所示。

（a）直传斜插二过一

（b）斜传直插二过一

（c）踢墙式二过一

图 5-26　局部进攻战术

3. 整体（集体）进攻战术

整体进攻战术主要包括边路进攻战术和中路进攻战术。

（1）边路进攻：指在对方半场两侧地区发起的进攻。边路进攻战术可充分利用场地的宽度，拉开对方的防线，使对方边路场区的防守队员分散、防守相对薄弱，以便进攻队员利用对方边路的空当突破防线，再通过传中等方式，创造射门机会，如图 5-27 所示。

图 5-27　边路进攻战术

（2）中路进攻：指在对方半场中部发起的进攻，如图 5-28 所示。中路进攻战术的特点是进攻人数多、配合点多、破门机会多，但由于对方中路防守严密，突破难度也较大。

图 5-28 中路进攻战术

4. 定位球战术

定位球战术是指在比赛中，利用“死球”后重新开始比赛的机会组织进攻与防守配合的战术方法。定位球战术包括中圈开球、角球、任意球、点球、掷界外球和球门球等。在势均力敌的高水平比赛中，定位球战术有时能够起决定胜负的作用。特别是踢角球和在对方罚球区附近罚任意球时，如战术组织得当，进球概率就更大。

（三）防守战术

1. 个人防守战术

常用的个人防守战术有选位和盯人等。

（1）选位：防守队员根据位置职责和临场情况，选择适当的防守位置的一种防守战术。防守队员选位的点，一般应在本队球门中心与被防守队员所构成的直线上。

（2）盯人：防守队员在正确选位的基础上，对进入本方防守区域内的对方队员实施监控，并及时封堵对方队员接球或传球的一种防守战术。

2. 局部防守战术

常用的局部防守战术有保护、补位和围抢等。

（1）保护：当一名防守队员在防守对方球员持球进攻时，另一名防守队员在其身后选择适当位置进行协助防守的战术配合。保护是补位的前提。

（2）补位：当一名防守队员的防守出现漏洞时，另一名防守队员及时上前弥补漏洞的战术配合。通过队友间的相互补位、协同配合，可有效遏制和破坏对方的进攻。

（3）围抢：在局部区域内，多名防守队员同时围堵对方控球队员，以达到抢截或破坏对方进攻目的的战术配合。

3. 整体防守战术

整体防守战术主要包括人盯人防守、区域防守和混合防守等。

（1）人盯人防守：每个防守队员都有各自明确的防守对象，是一种对手移动到哪里就要紧跟盯防到哪里的战术配合。

（2）区域防守：每个队员负责自己的防守区域，并在该区域盯人防守的战术配合。

（3）混合防守：混合防守是盯人防守与区域防守相结合的防守方法。一般情况下，对对方中场组织队员和持球进攻队员采用盯人防守，对其他队员采用区域防守。

四、足球竞赛规则简介

本部分简要介绍足球比赛主要规则，请扫下方二维码获知。

足球竞赛规则简介

世界杯足球赛冠军的奖杯——雷米特杯和大力神杯

当前，世界杯冠军的奖杯（见图 5-29）被称为大力神杯，是足球界最高荣誉的象征。大力神杯的前身是雷米特杯，是以赛事创办者——国际足联第三任主席儒勒斯•雷米特的名字命名的。

1930—1970 年，世界杯足球赛的冠军奖杯一直是雷米特杯。按照规定，获得世界杯冠军三次的球队可以永久保留雷米特杯。1970 年，巴西队第三次夺得了世界杯冠军，从而获得了永久保留雷米特杯的殊荣。随后，新的世界杯冠军奖杯逐渐浮出水面，也就是今天的大力神杯。

大力神杯不会被任何球队据为己有，不过获得世界杯冠军的球队可获得一件大力神杯的复制品，并且世界冠军的名字可被刻在大力神杯底部。由于空间有限，人们预计大力神杯可以容得下 17 届世界杯冠军的名字，而这一容纳量将在 2038 年饱和，因此有人推测到那时世界杯会有新的奖杯。

图 5-29　雷米特杯和大力神杯

第二节　篮　　球

篮球运动是双方队员在严格的、专门的规则制约下，在规定的场地和时间内，以各种技术战术为手段，以主动控制球为争夺焦点，在空间、地面交叉展开立体型攻守对抗，目的是

把球投入对方球篮得分并阻止对方得分，最后以得分多者为优胜的集体运动项目。它既是一项集体性、综合性的活动性游戏，又是一项集现代体育、科技、教育、社会于一体的竞技运动。世界范围内经常举行各种形式的篮球大赛，国际交流频繁、发展迅速，成为人们文化生活和友好交往的重要形式之一，也是最受人们喜爱的竞技运动项目之一。

一、篮球运动概述

（一）篮球运动发展史

篮球运动起源于美国，是由美国马萨诸塞州斯普林菲尔德市基督教青年会训练学校体育教师詹姆士·奈史密斯博士于 1891 年发明的。1895 年，美国基督教青年会的传教士来会理（大卫·威尔德·里昂）将篮球传入我国天津。1896 年，天津市基督教青年会举行了我国第一次篮球游戏表演，此后逐步由天津市向全国传播、推广。1921 年，中国篮球代表队获第 5 届远东运动会篮球比赛冠军，这是中国篮球队在国际比赛中取得的第一个冠军。

1936 年柏林奥运会，篮球被列为奥运会正式比赛项目；1976 年，女子篮球被列为奥运会正式比赛项目。中华人民共和国成立以后，我国篮球事业进入了全面发展提高的时期。1984 年，在洛杉矶奥运会上，由郑海霞带领的中国女篮斩获一枚铜牌，这是我国篮球历史上首枚奥运奖牌。中国男篮的奥运会最好成绩是第 8 名，分别在 1996 年亚特兰大奥运会、2004 年雅典奥运会以及 2008 年北京奥运会上取得。随着姚明等球员进军美国职业篮球联盟（NBA），中国篮球逐渐走上了世界职业篮球的巅峰舞台。近些年，国内校园篮球热日益高涨，以中国大学生篮球联赛（CUBA）最引人注目，深受大学生的喜爱。当前，篮球运动在我国已然成为最受大众喜爱、普及率最高、参与人数最多的运动项目之一。

为什么篮球又被称为“筐球”？

起初，奈史密斯带领学生游戏时，将两只直径为 36 厘米的圆筒形桃篮分别钉在健身房看台的栏杆上，用足球作为比赛工具，向篮内投掷，投球入篮得 1 分，按得分多少决定胜负。因为桃篮是有底的，每次投球进篮后，都要爬梯子将球取出再重新开始比赛。之后，桃篮逐步被改为活底的铁篮，再被改为铁圈下面挂网。所以，人们称这种游戏为“奈史密斯球”或“筐球”。很长一段时间之后，经过奈史密斯和同事们的反复商量才定名为“篮球”。

体育文化之窗

“小巨人”姚明

姚明，新时期中国运动员的杰出代表之一。他刻苦训练、顽强拼搏，用高超的体育技能在一个强手如林的运动项目中占有了一席之地。2016 年，姚明入选美国篮球名人堂，成为亚洲首位获此殊荣的篮球运动员。他在 NBA 的经历和取得的成绩，提升了中国篮球在世界范围的关注度和影响力，增进了中外之间的体育和文化交流。作为中国国家队的一员，他以崇高的使命感、荣誉感和绝不轻言放弃的拼搏精神，带领中国男篮顽强奋战，取得了一个又一个胜利，展示了中国运动员的精神风貌。姚明的精湛技艺、良好修养、人格魅力以及其身上所体现出的强烈的爱国意识、职业素养、拼搏精神和社会责任感等优秀品质，为青少年的健康成长做出了表率，激励和鼓舞着广大运动员及青少年为实现理想而坚定信念、奋勇攀登。

（二）篮球运动的特点与锻炼价值

篮球运动围绕高空的球篮和篮球而展开集体攻守对抗，其活动都是围绕着激励队员如何将篮球更快、更准、更多地投进篮筐和破坏对手投进篮筐中而展开空间与地面的争夺。“高”是篮球竞技的运动目标，“准”是篮球运动的目的，在高速度、高强度的对抗条件下争高求准是篮球运动的最大特征。现代篮球运动正朝着智博谋高、身强体壮、凶狠顽强、积极快速、机敏多变和全面准确的总趋势以及不同流派风格和多种打法并存的方向发展。

篮球运动是一项高强度的对抗性运动项目。经常参加篮球运动，可以提高跑、跳、投等基本活动能力，发展灵敏、速度、力量、耐力等身体素质，增强心脏、血管、呼吸、消化系统的机能，促进肌肉和骨骼的生长发育，使身体得到全面的发展。篮球运动是集体项目，具有强烈的竞争性和对抗性，因此能够培养人的团结协作、相互配合的集体主义精神和勇敢顽强、机智果断的优良品质。

二、篮球基本技术

篮球技术是指在篮球比赛中为达到战胜对手的目的，合理有效地运用各种进攻与防守的专门动作、方法的总称，包括控制支配球动作（指接球、传球、运球、投篮等有球的动作方法）、移动动作（指跑、跳、急停、转身等无球的动作方法）、争夺球动作（指抢球、打球、断球、抢篮板球等动作方法）以及由这些动作组合而成的动作体系。

（一）传接球技术

传接球技术是在比赛中有目的地支配与转移球的动作方法的总称。传接球是进攻队员在场上相互联系和组织进攻战术的纽带，也是实现战术配合的具体手段。传接球技术的好坏，直接影响战术质量的高低和比赛的胜负。现代篮球运动要求运动员在比赛中运用传接球技术时做到隐蔽、及时、多变、准确，巧妙地利用球的转移调动防守，打乱对方的防守部署，创造良好的进攻机会，提高进攻效率。

传接球技术分为传球技术和接球技术。

1. 传球技术

（1）双手胸前传球。双手胸前传球是篮球比赛中最基本、最常用的一种传球方法。用这种方法传出的球快速有力，准确性高，可在不同方向、不同距离中运用，而且便于和投篮、突破等动作结合运用。

微视频 5-4
篮球-传球

动作方法：双手接球后迅速收臂后引，持球时，手指自然分开，两拇指呈八字形，掌心空出，用指根以上部位持球的后侧方，如图 5-30 所示。两肘自然弯曲于体侧，将球置于胸腹之间；两脚前后开立稍屈膝，两眼注视传球方向。传球时，后脚蹬地，身体重心前移的同时，前臂迅速前伸，用翻腕和手指拨球的力量将球传出，如图 5-31 所示。

双手胸前传球可在原地和跑动中进行。跑动中双手胸前接球和传球是一个连贯动作。接球时手、脚动作必须协调配合。一般在左（右）脚上步接球后，右（左）脚上步，左（右）脚抬起在落地前出球。

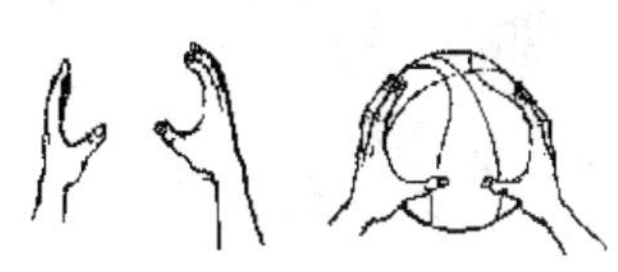

图 5-30 持球手型

图 5-31 双手胸前传球

动作要点：双手手腕前屈，食指和中指用力拨球和抖腕。

（2）双手头上传球。双手头上传球的传球点高，摆臂动作幅度小，便于与假动作结合，能更好地保护球，但不利于和突破、运球结合，因此适用于身材高大的队员。多用于中近距离传球，如快攻第一传、外围队员之间转移球和外围队员传给中锋的高吊球等。

动作方法：双手持球于头上，掌心向前，两肘弯曲，持球手法与双手胸前传球相同。近距离传球时，前臂内旋，手腕前屈，拇指、食指和中指用力拨球将球传出；传球距离较远时，加大蹬地力量，前臂迅速前摆，手腕前屈，手指用力拨球将球传出，如图 5-32 所示。

跳起双手头上传球时，双手持球于头上，跳到最高点时，腰腹用力，两臂迅速前摆，手腕前屈，手指用力拨球将球传出。

动作要点：前臂前摆，急促向前抖腕，手指用力拨球将球传出。

（3）单手肩上传球。单手肩上传球是单手传球中一种最基本的方法。这种传球单臂活动范围大，出球方向多，传球的力量大、速度快，常用于中、远距离传球。

动作方法：传球时（以右手传球为例），双手持球于胸前，两脚平行开立。传球时，左脚向传球方向迈出半步，右手托球，同时将球引到右肩上方，肘部外展。上臂与地面近似平行，手腕后仰。左肩对着传球方向，重心落在右脚上，右脚蹬地，转体，右前臂迅速向前挥摆，手腕前屈，通过食指、中指拨球将球传出。球出手后，右脚随着身体重心前移而向前迈出半步，保持基本站立姿势，如图 5-33 所示。

动作要点：肘关节外展，迅速向前挥臂，手腕前屈，拨指出球。

图 5-32 双手头上传球

图 5-33 单手肩上传球

（4）单手体侧传球。主要用于近距离的外线队员向内线队员传球。这是一种运用比较广泛的隐蔽性的传球。与传球方向相反的上体虚晃动作结合运用效果更佳。

动作方法：双手胸前持球，右手传球时，左脚向左跨半步，右手将球引至身体右侧，拇指向上，手心向前，左手离球。臂向前做弧线摆动，手腕前屈，用食、中指的力量将球拨出，出球部位在体侧，如图 5-34 所示。

动作要点：跨步、摆臂、引球动作要连贯；手腕前屈，食指、中指拨球的力量和动作幅度要小。

图 5-34　单手体侧传球

2. 接球技术

接球是篮球运动中的主要技术之一，是获得球的动作，也是抢篮板球和抢断球的基础。在激烈紧张的比赛中，采用正确的动作牢稳地接球，对减少传球失误、弥补传球不足以及截获对方传球等都有非常重要的作用。

接球分双手接球和单手接球两种。不论哪一种接球技术，眼睛都要注视球，肩臂放松，手臂迎球伸出，手指自然分开、放松；当手指触球时，手臂立即随球后引以缓冲来球力量，持球于胸腹之间，身体成基本站立姿势，并做好投篮、传球、突破的准备。

（1）双手接球。双手接球是最基本的接球方法。优点是握球牢稳，易于转换其他动作。

动作方法：两眼注视来球，两臂主动迎球，手指自然打开，两拇指呈八字形，其余手指向前上方伸出，两手成半圆状，这样有助于减少漏接的概率。当手指触球时，双手控制住球，两臂顺势屈臂缓冲，两手持球于胸腹之间，成基本站立姿势，如图 5-35 所示。

动作要点：伸臂迎球，在手接触球时，收臂后引缓冲，握球于胸腹之间。

（2）单手接球。单手接球控制的范围大，易接不同部位和方向的来球。但是单手接球不如双手接球牢稳，因此在一般情况下应尽量用双手接球。

动作方法：原地单手接球时，接球手向来球方向伸出，五指张开，掌心正对来球，手指手腕放松。当手指触球时，顺球的来势迅速收臂，置球于身体前方或体侧，另一手迅速扶球，防止防守人抢断，如图 5-36 所示。移动中单手接球时，要对来球的落点与时间有很好的预判，及时向来球方向移动，接球后迅速降低重心，便于衔接下一动作。

动作要点：手指自然分开伸臂迎球，掌心空出，触球后引要快，另一只手及时扶球。

图 5-35　双手接球　　　　图 5-36　单手接球

（二）投篮技术

投篮是进攻队员为了将球投入对方篮筐而采用的各种专门动作方法的总称。投篮是篮球比赛中得分的唯一手段，是一切技战术实施的最终目的和全部攻守矛盾的焦点，是整个篮球技战术体系的核心。投篮技术分为原地单手肩上投篮、行进间投篮和跳起投篮等。

微视频 5-5
篮球-投篮

1. 原地单手肩上投篮

原地单手肩上投篮是最基本的投篮方法，具有出手点高、便于结合其他技术动作和不易被防守的特点，它是行进间投篮和跳起投篮技术的基础，是比赛中最常用的投篮方法。

动作方法：以右手投篮为例，双脚开立，右脚稍前，右手五指自然分开，掌心空出，用指根以上部位持球，大拇指与小拇指控制球体，左手扶在球的左侧，右臂屈肘，上臂与地面平行，球置于右肩前上方，目视篮筐。两脚左右或前后开立，两膝微屈，重心落在两脚之间。投篮时，两脚前脚掌蹬地发力，同时抬肘伸臂，手腕前屈，食指和中指用力拨球，通过指端将球柔和地投出。球离手后，身体向上伸展，脚跟微提起，如图 5-37 所示。

动作要点：上下肢协调用力，充分伸臂，手腕前屈，手指柔和用力，食指、中指控制方向。

2. 行进间投篮

（1）行进间单手肩上低手投篮。这种投篮动作多在快速跑动中超越对手并接近篮下时运用，具有出手速度快、稳定性好、伸展距离远的特点。

动作方法：以右手投篮为例，运球后用双手接球，同时右脚跨出第一步，左脚接着跨一小步并用力向上跳。右膝上抬，带动身体向上腾起，双手持球将球向上引，在身体腾空达到最高点时，掌心向上，用手指或者手掌的力量向上拨球将球投出，如图 5-38 所示。

动作要点：双手托球，跨步上篮，节奏分明，充分起跳，投篮出手前保持单手托球的稳定性，用指、腕上挑动作柔和地投出。

图 5-37 原地单手肩上投篮

图 5-38 行讲间单手肩上低手投篮

（2）行进间单手肩上高手投篮。行进间单手肩上高手投篮是比赛中常用的一种投篮方法。多在快攻或突破篮下时运用，俗称“跑动中投篮”。其特点是出手点高，有利于护球。

动作方法：方法基本与行进间单手低手投篮相同，不同的是双手举球至右（左）肩前上方，当跳起至最高点时，右手持球向上伸展，接着手腕下压，手指柔和拨球，如图 5-39 所示。

动作要点：双手托球，跨步上篮，起跳充分，伸臂、举球、压腕、指拨球协调连贯。

图 5-39 行进间单手肩上高手投篮

（3）跳起投篮（跳投）。主要指跳起单手投篮，其出手动作与原地单手投篮基本相同，只是在动作结构上增加了起跳部分，投篮动作要在空中完成。具有突然性强、出球点高的特点，是篮球比赛中普遍采用的主要投篮方式，它可以在不同距离、多种角度下运用。可以高跳高出手，快跳快出手；可以利用侧跨步、后撤步或转身远离对手起跳；也可以贴身跳投和跳起后在空中利用后仰、闪、躲、换手或变高手为低手投篮等，实战运用价值极高。

动作方法：以右手投篮为例，双手持球于胸前，两脚前后或左右开立，屈膝降重心。起跳时，两脚（或一脚向前迈半步）用力蹬地向上跳起，双手举球至肩上或头上，右手托球，左手扶球的左侧；当身体接近最高点时，左手离球，右臂向前上方伸直，手腕前屈，食指、中指拨球，通过指端将球投出。落地时屈膝缓冲，保持身体平衡，如图 5-40 所示。

动作要点：蹬地起跳要快速突然，反应迅速，身体接近最高点时出手。要善于结合移动和假动作，掌握好投篮时机。

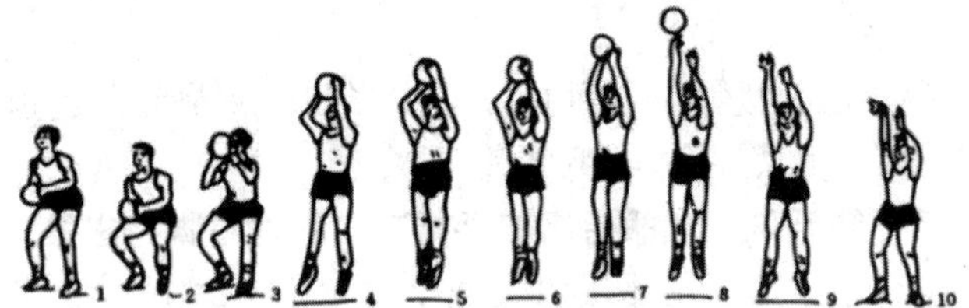

图 5-40　跳投

（三）运球技术

微视频 5-6
篮球-运球

运球是持球队员在原地或行进中用单手连续拍球推进的一种动作方法，是篮球比赛中个人进攻的重要技术。娴熟的运球不仅是个人摆脱、吸引、突破防守的进攻手段，也是组织全队战术配合的桥梁，并且对发动快攻、突破紧逼防守都起着极大的作用。运球技术分为高运球、低运球、运球转身等。

1. 高运球

通常在没有防守队员时运用。其特点是按拍力度大，球反弹较高，行进速度快，便于观察场上情况，在行进中按拍球的速度较均匀，因此动作简单易学。

动作方法：两腿微屈，上体稍前倾，双目平视前方，以肘关节为轴，前臂自然弯曲，用手腕、手指按拍球的后上方，用指根及指腹部位触球，食指向前。球的落点控制在运球手臂的同侧脚的外侧前方，球的反弹高度在胸腹之间，手、脚协调配合。快速运球行进时，手触球的部位要向后移，用力要稍加大，球的落点离脚要远些。

动作要点：目视前方，主动迎球，随球上引，前臂屈伸，控制球的落点；手按拍球与脚步移动协调配合，非运球手积极护球。

2. 低运球

在运球行进过程中遇到防守队员时，常用低运球摆脱防守队员的抢截。其特点是反弹高度低，按拍频率快，便于护球。

动作方法：屈腿，上体前倾，球的落点在体侧，用上体和腿保护球；同时，用手腕和手指短促地按拍球的后上方，使球控制在膝关节的高度。

动作要点：降低重心，上体前倾，按拍球短促有力，节奏快。

3. 运球转身

当对手逼近，不能体前变向运球突破时，可迅速改用运球转身来改变运球路线。

动作方法：以右手运球为例，以左脚在前为轴，向左后转身的同时，右手将球拉至身体后侧方并按拍球，球的落点在身体外侧方，然后换左手运球，右手护球向前推进，如图 5-41 所示。

图 5-41　运球转身

动作要点：转身迅速，保持重心，按拍球的部位正确，转、蹬、转、拍协调连贯，护球。

三、篮球基本战术

（一）进攻战术基础配合

进攻战术基础配合是指在篮球比赛中，进攻队员两三人之间组成的简单配合方法。它是组成全队整体进攻战术配合的基础，主要包括传切、突分、掩护、策应等形式。

1. 传切配合

传切配合是指进攻队员之间利用传球和切入技术组成的简单战术配合。传切配合包括一传一切配合和空切配合。

（1）一传一切配合：指持球队员传球后，利用启动速度或假动作摆脱防守，向球篮方向切入接回传球投篮的配合。

队员①传球给②后利用速度和假动作摆脱△1的防守，切入篮下接②的回传球上篮。②接球前，用假动作摆脱防守，接球后做投篮或突破的动作吸引△2防守，并及时将球传给切入的①上篮，如图 5-42 所示。

（2）空切配合：指无球队员掌握时机，突然摆脱防守，直接切入防守空隙区域接球投篮或者做其他具有威胁性的进攻配合。

队员①传球给上提接球的②，②接球后以假动作吸引△2防守，此时另一侧③做假动作摆脱△3的防守，空切篮下接②传球上篮，②传球后去冲抢篮板球，如图 5-43 所示。

运用提示：切入队员要掌握好切入时机，根据对方的防守位置情况，利用假动作摆脱，及时、快速切入篮下，随时准备接球。传球队员要利用假动作吸引、牵制对手，灵活运用传球方法及时、准确地将球传出。

2. 突分配合

持球队员运球突破，遇到对方协防时，及时将球传给插入防守空隙地带接应的同伴，这种突破中根据情况及时传球的配合称为突分配合。顾名思义，突分配合由突破和传球组成。

队员①运球突破△1的防守，△2上移补防，①将球传给插入篮下的②，②立即投篮，若遇△2的回防，由于已抢占篮下有利位置，应该强攻，如图 5-44 所示。

队员①传球给②，②突破△2进入篮下，△3进行补防，②可将球传给从不同方向插入的③，③接到②的分球后立即投篮。若遇到△3的回防，应争取强攻，如图 5-45 所示。

运用提示：进攻队员突破时要快速和突然，要随时观察场上攻守队员位置的变化，及时准确地传球。接球队员要把握时机，及时摆脱对手，迅速抢占有利位置接球投篮。

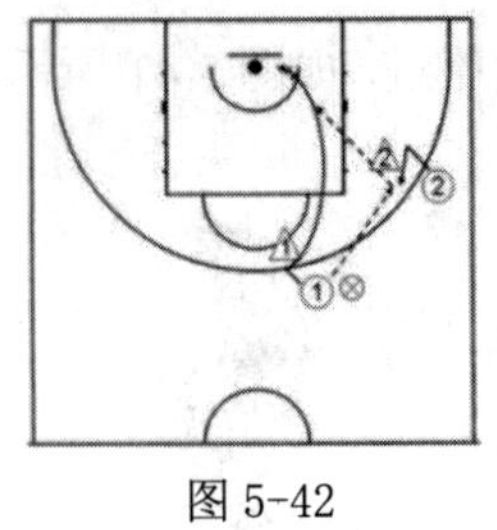

图 5-42
“一传一切”配合

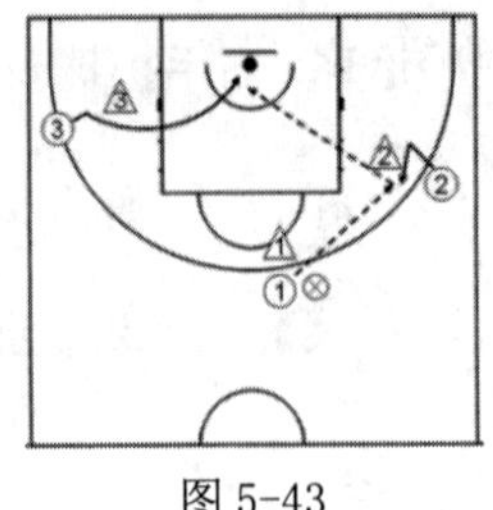

图 5-43
空切配合

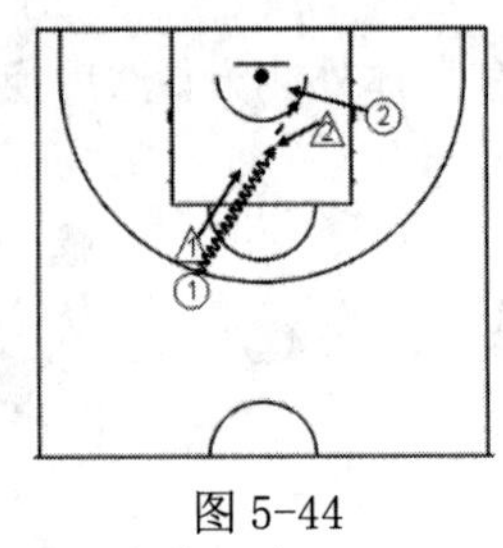

图 5-44
突分配合（1）

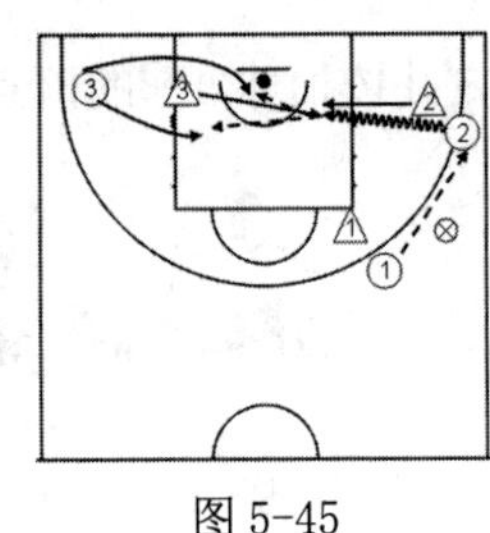

图 5-45
突分配合（2）

3. 掩护配合

掩护配合是掩护队员选择正确的位置，利用合理的技术动作，用身体挡住防守同伴的防守队员的移动路线，使同伴借此摆脱防守、获得进攻机会的一种有效的进攻配合。

（1）前掩护：队员①传球给②，先向左做要球的假动作，然后快速向篮下插去，△1如果也随之插向篮下，则利用③做前掩护，到限制区外接②的传球并跳投，如图 5-46 所示。

（2）侧掩护：队员①传球给②，先向右做假动作，然后向左插去，到△2左侧停住，给②做侧掩护，②借助①的掩护快速从△2的左侧运球上篮，如图 5-47 所示。

（3）后掩护：队员①传球给②，③提上给①做后掩护，①借③掩护从△1左侧空切篮下接②的传球并投篮，如图 5-48 所示。

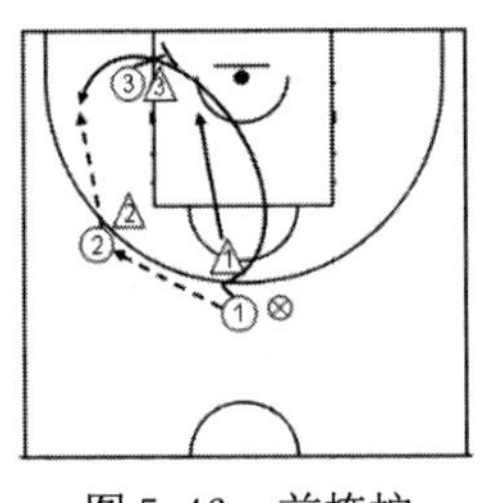

图 5-46　前掩护

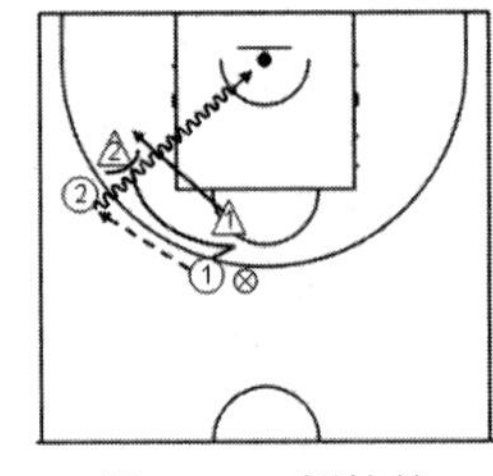

图 5-47　侧掩护

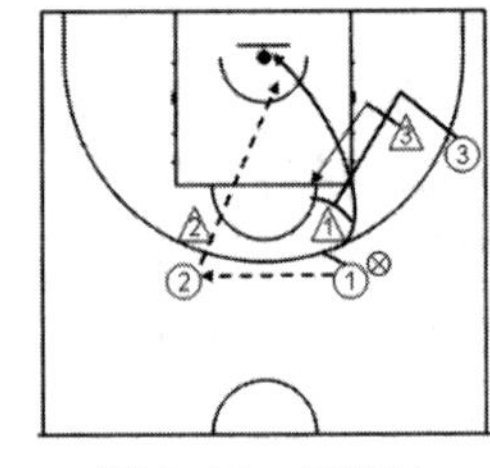

图 5-48　后掩护

（4）无球人给无球人做掩护（即无球掩护）：队员①传球给②后，向传球的相反方向做摆脱，给③做侧掩护，③先向反方向摆脱后，快速向篮下插去，接②的传球准备进攻，如图 5-49 所示。这种掩护配合可变化出多种进攻方式。

（5）反掩护：本掩护方法是在“无球人给无球人做掩护”的基础上变化而来的。当队员③向篮下移动时，△1换防③，③继续移动拉空篮下，①做完掩护转身将△3挡在身后，向篮下移动接②的传球并进攻，如图 5-50 所示。

（6）假掩护：队员①传球给②后，准备向相反方向做掩护，但接近△3时突然向篮下变向加速空切，接②的传球并进攻，如图 5-51 所示。这种要去做掩护而没有做掩护（假掩护）的空切变化十分突然，往往能打乱对手的防守部署。

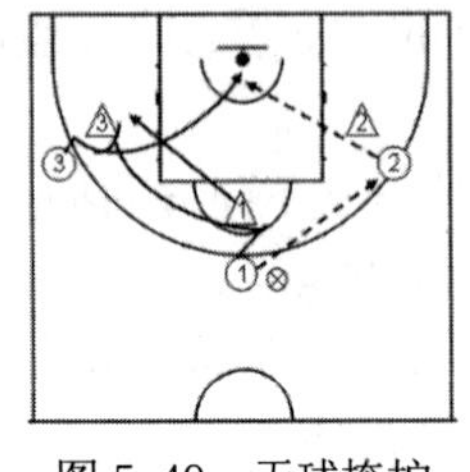

图 5-49　无球掩护

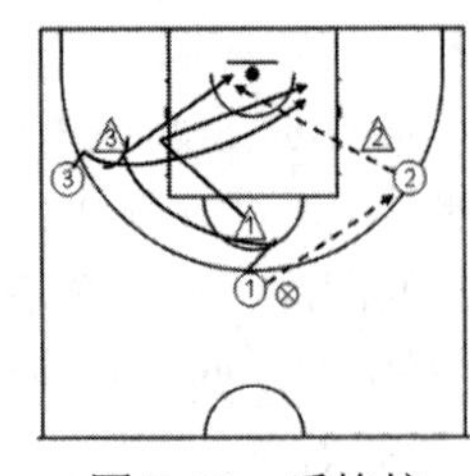

图 5-50　反掩护

图 5-51　假掩护

（7）定位掩护：进攻队员也可以借助站在原地的同伴的身体做掩护，以摆脱对手，积极进攻。队员②想要插入篮下，故将△2带到③侧面，利用③的身体做定位掩护，摆脱△2的防守，接①的传球并进攻。在图 5-52 中，如果△3交换防守跟随②到篮下，③做完定位掩护将△2挡在外线时突然转身接①的传球并进攻，如图 5-53 所示。

（8）挡拆配合：掩护配合过分强调了掩护队员的动作、位置、方向，而忽视了“拆”的重要性，很多的进攻机会都在拆开之后出现。挡拆配合是在掩护配合因防守的交换而无所作为的状况下发展起来的。它是利用掩护时对手交换防守的时机，迅速拆开和抢占有利位置的配合。队员②上提给①做侧掩护，①运球向篮下进攻，△2交换防守①，②转身插向篮下，①将球传给②，完成挡拆配合，如图 5-54 所示。被掩护队员要迅速移动与掩护拆分队员形成传球角度。掩护队员要注意拆分时机。

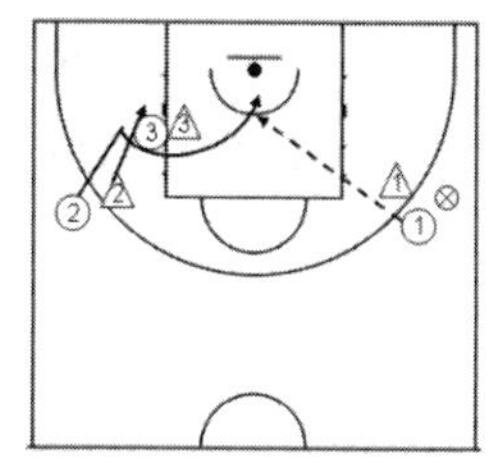

图 5-52　定位掩护（1）

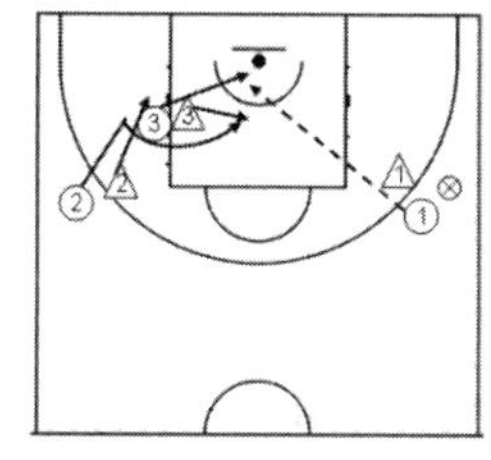
图 5-53　定位掩护（2）

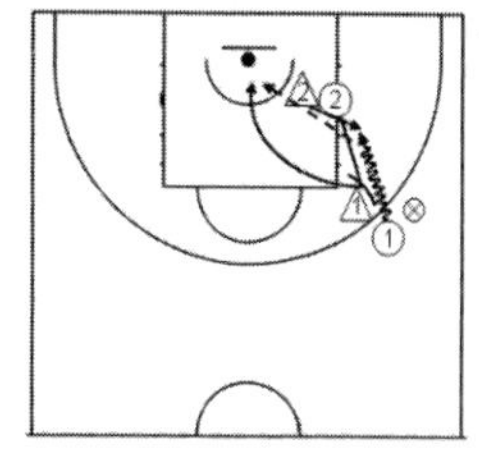
图 5-54　挡拆配合

运用提示：①掩护时不能有推、拉、顶、拽等不合法动作，与对方队员发生身体接触时不能再用跨步等动作去阻挡；②如果掩护建立在静立对手的视野之外，掩护队员必须允许对手向他迈出正常的一步而不发生接触；③掩护队员动作要突然，被掩护队员要用假动作吸引防守自己的队员，不让对方发现同伴的掩护意图；④注意同伴间的配合时机，过早或过迟行动都会使掩护失败或导致掩护质量下降；⑤动作果断，并根据临场变化，争取第二次机会。

4. 策应配合

策应配合是内线队员背对或侧对球篮接球，并以他作为进攻的枢纽，与同伴配合而形成的一种里应外合的配合形式。

队员①传球给插上策应的②，①用假动作摆脱△1的防守切入篮下要球，②可视情况将球回传①或自己运球进攻篮下，或转身跳投，如图 5-55 所示。

队员①传球给插上策应的②后切入篮下要球或抢篮板球，②接球后准备进攻△2，此时去协防②，②将球传给③进攻投篮，图 5-56 所示。

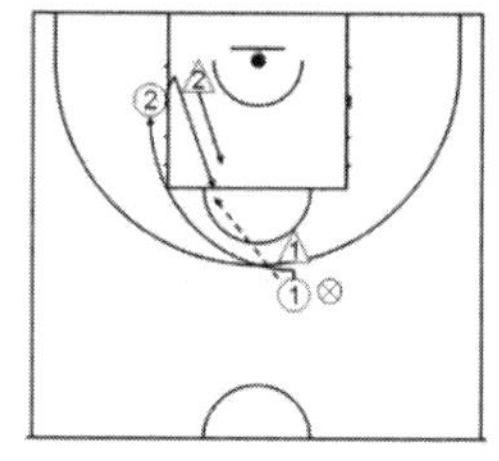
图 5-55　策应配合（1）

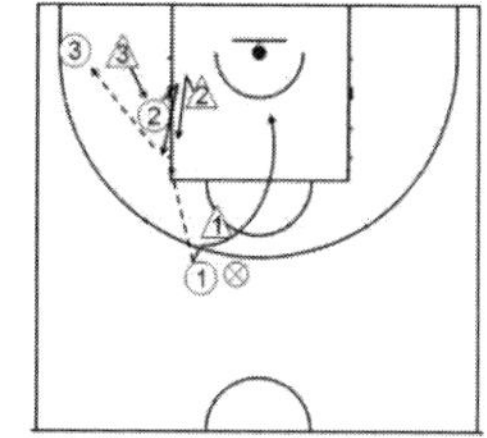
图 5-56　策应配合（2）

运用提示：策应队员要及时抢位要球，接球后持球于胸前，身材较高的策应者可将球持于头顶；接球后结合转身、跨步等动作协助同伴摆脱防守或个人进行攻击。外围传球队员要根据策应者的位置和机会，准确地传给策应队员，传球后迅速摆脱切入篮下，创造进攻机会。

（二）防守战术基础配合

防守战术基础配合是防守队员两三人之间为破坏对方的进攻配合或当同伴防守出现困难时及时地给予协助所组成的配合方法，包括挤过、穿过、绕过、交换、关门、补防、夹击和围守中锋等。防守战术基础配合是组成全队整体防守战术配合的基础。

1. 挤过配合

挤过配合是一种积极的带有攻击性破坏对方掩护配合的防守方法。当对手企图实施掩护时，防守队员抢步贴紧自己防守的对手，并从两个进攻者之间侧身挤过去，继续防住自己的对手所采用的一种配合方法。这种方法一般是在对手接近篮下或有投篮威胁的情况下使用。

①传球给②后给③做掩护。△3在①靠近自己的一刹那，迅速抢前一步贴近③，并从①和③中间挤过去继续防守③，如图 5-57 所示。

运用提示：不要过早暴露挤过配合意图，以防止对方反方向切入；在两个进攻队员身体靠近之前，果断抢步贴近对手，快速侧身挤过；防守掩护者的队员应站在能够兼顾防守两个进攻队员的位置上，及时提醒同伴注意对方的掩护意图，随时做好可能换防的准备。

2. 穿过配合

穿过配合是指当对方进行掩护配合时，防守掩护者的队友及时提醒同伴并主动后撤一步，让其及时从自己和掩护队员之间穿过去，继续防守自己对手的一种配合方法。

②传球给①后去给④做掩护。△2要及时提醒同伴，当②掩护到位前一刹那△4主动撤后一步，从②和△2中间穿过去，继续防守④，如图 5-58 所示。

运用提示：防守掩护队员要及时提醒同伴，并主动后撤一步，留出同伴穿过的通道；当对方掩护时，防守被掩护者的队员要撤步侧身，避开掩护队员，使其及时穿过。

3. 交换配合

交换配合是指当进攻队员进行掩护配合时，防守掩护者的队员与防守被掩护者的队员及时主动地交换各自所防对手的配合方法。只要换防后的新对手在身高和技术上没有明显差别，运用交换配合可有效遏制和破坏对方的掩护配合，通常在对方进行横向掩护时采用。

②去给①做掩护，△2要主动给同伴发出换人的信号，及时堵截①向篮下突破的路线。此时△1应及时调整自己的防守位置，防止②向篮下空切，如图 5-59 所示。

运用提示：防守掩护者的队员应及时发出换人信号提醒同伴，相互换防堵截进攻队员的进攻路线；防守被掩护者的队员应及时撤步，在掩护队员转身切入前抢占有利的防守位置。

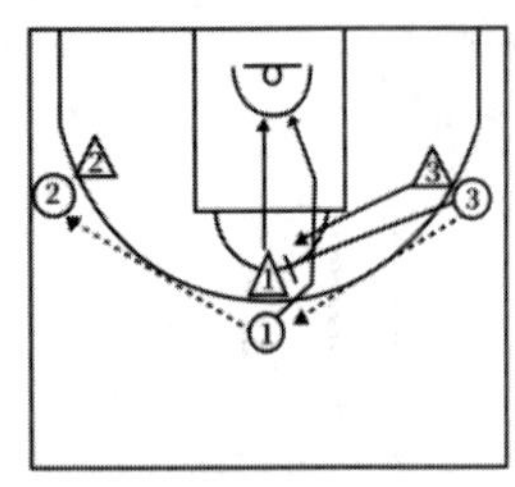

图 5-57 挤过配合

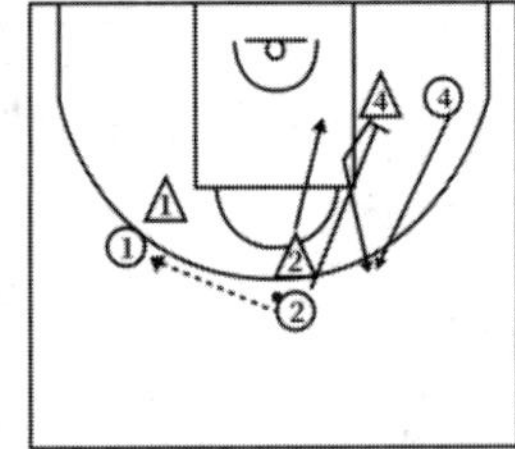

图 5-58 穿过配合

图 5-59 交换配合

4. 夹击配合

夹击配合是指两个及以上的防守队员利用对手在场地边角运球或运球停止时，突然快速上前协同防守一个进攻队员的一种防守配合方法。它是一种主动性、攻击性很强的配合防守方法，能有效地限制持球队员的活动迫使对手失误，以此创造断球反击的机会。通常在人盯人防守紧逼、区域紧逼防守或对位联防战术中应用。

②从底线突破，△2封堵底线，迫使②停球，△1同时迅速向底线跑去与△2协同夹击②，封堵其传球路线，迫使其违例或停球，如图 5-60 所示。

运用提示：当对手沿边线运球或在场地边角、中线附近和限制区内停止运球时，是夹击的最好时机；夹击时，两个防守队员的身体要靠近，两臂垂直上举，随对方的球摆动，封堵其传球；夹击的目的不是从持球队员手中抢球，而是迫使持球队员传球失误，给同伴创造抢断球的机会，因此运用夹击时，贴近对方身体应适度，不能推、顶，以免犯规；其他队员应积极配合夹击队员的行动，及时封堵近球队员，迫使持球队员传出远高球。

5. 补防配合

补防配合是指当防守队员被对手突破后出现漏防，被漏防队员处于最有威胁进攻区域时，临近的同伴果断放弃自己的对手，及时快速地进行补漏防守的一种协同配合方法。

①传球给②后，突然摆脱△1的防守直插篮下，此时，△4放弃对④的防守而补防①，△1去补防④，如图 5-61 所示。

运用提示：防守队员应全面观察场上出现的漏防情况，补防意识要强，补防时应果断、迅速地抢占有利位置，避免犯规；补防后要及时调整防守位置，仍然保持人球兼顾的位置。

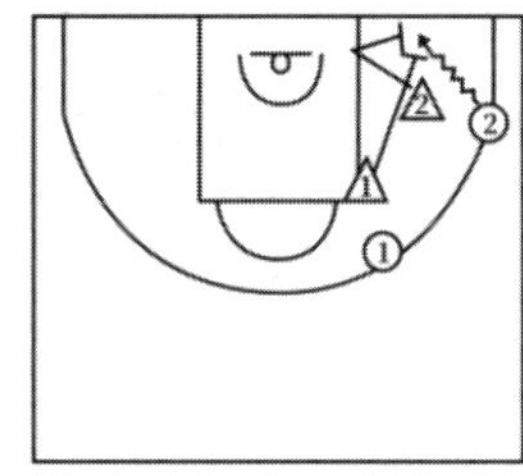

图 5-60 夹击配合

图 5-61 补防配合

（三）区域联防与进攻区域联防

1. 区域联防

区域联防是由进攻转为防守时，根据球场上的转移变化，防守队员迅速退回后场，每个队员分工负责防守一定区域，严密防守进入该区域的球和进攻对手，并与同伴协同防守，通过移动补位，封锁内线，把各个防守区域有机地联系起来而组成的一种集体防守战术。其特点是在每个队员防守一定区域的基础上，随球的转移和进攻对手的穿插移动而不断调整防守位置和队形，重点防守有球区域和篮下。这种防守战术的位置固定、分工明确、重点突出，有利于内线防守、组织抢后场篮板球和发动快攻。但受区域分工限制，各种形式的区域联防都存在薄弱区域，容易被对方在局部区域以多打少。

（1）区域联防的站位阵型。依据防守队员的站位形式，区域联防常被分为“2-1-2”联防（见图 5-62）、“2-3”联防（见图 5-63）、“3-2”联防（见图 5-64）、“1-3-1”联防（见图 5-65）及对位联防等。其中，“2-1-2”联防是最基本的区域联防形式。

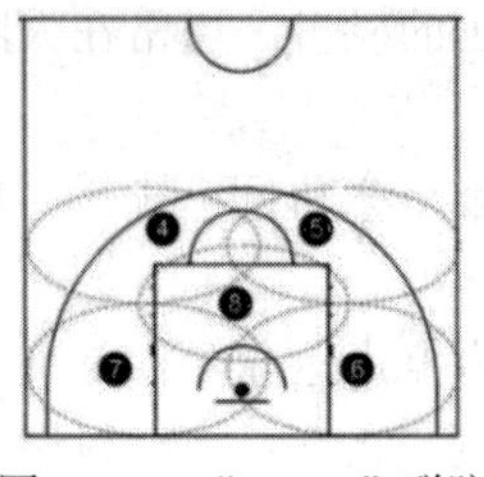
图 5-62　“2-1-2”联防

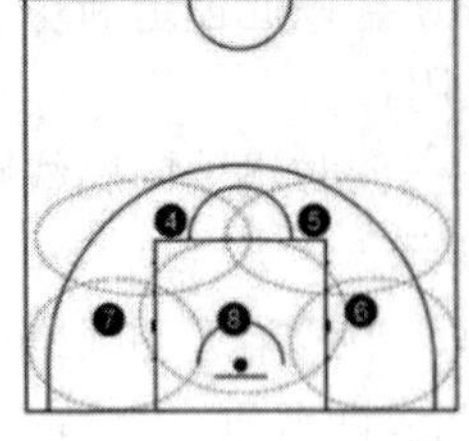
图 5-63　“2-3”联防

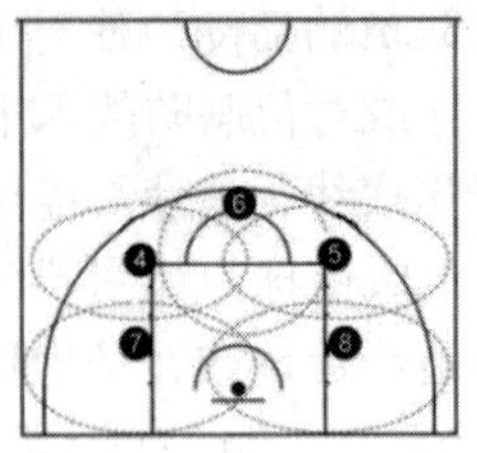
图 5-64　“3-2”联防

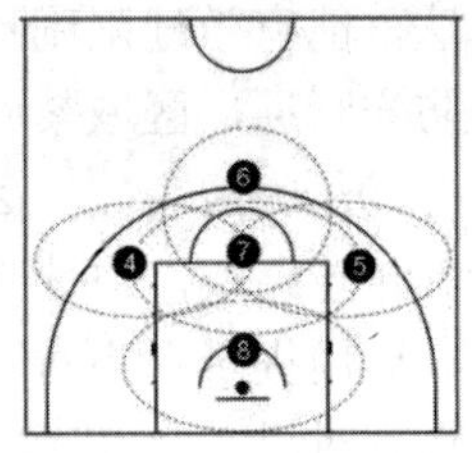
图 5-65　“1-3-1”联防

（2）区域联防的方法（以“2-1-2”防守阵型为例）。“2-1-2”阵型中，队员分布均衡，移动距离近，有利于协防和调整阵型，便于控制限制区和篮下的防守，但防守两腰共管区域和弧顶的投篮较困难。

① 球在弧顶时的防守移动配合方法：❺上前防守持球队员④，❹、❼分别防守⑦和⑥，并随时准备与❺做“关门”配合或抢断④的传球，❻防守⑤，❽错位防守⑧，严防其接球，如图 5-66 所示。

② 防守中锋策应时的配合方法：当中锋⑤接球时，❻上前防守，❺、❹回缩协防⑤，❼防堵⑦篮下空切，❽防堵⑧横切和溜底线，如图 5-67 所示。

图 5-66　“2-1-2”联防（1）

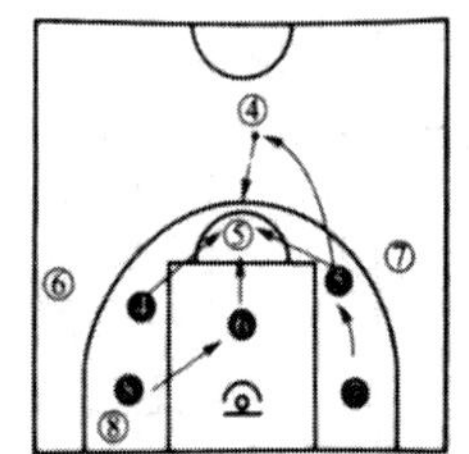
图 5-67　“2-1-2”联防（2）

③ 球在左侧时的配合方法：❹防守持球队员⑦，❽侧前防守⑧，❼回撤篮下防高吊球和堵截⑥的空切，❻防⑤接球和纵切，❺移至弧顶协防中锋⑤，如图 5-68 所示。

④ 球在右侧时的移动配合方法：❼防守持球队员⑥，❺随球移动准备协防，❻错位防守⑧，防止接球和纵切，❹回缩防⑦横切并随时准备抢断球，❽移至篮下防⑧横切和准备补防，如图 5-69 所示。

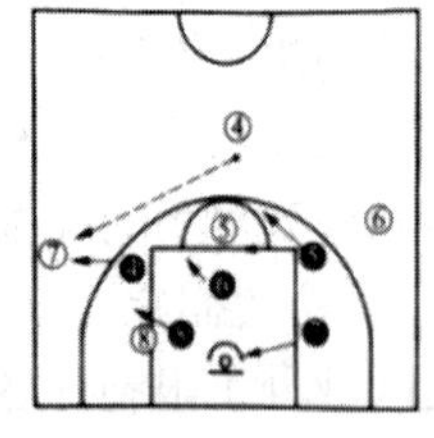
图 5-68　“2-1-2”联防（3）

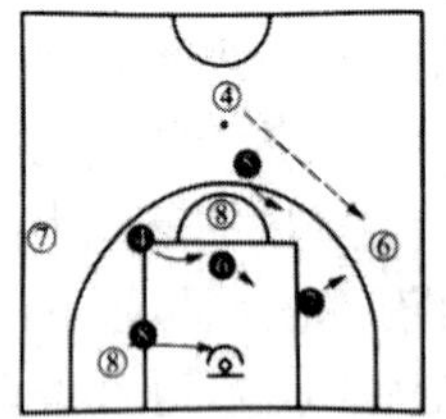
图 5-69　“2-1-2”联防（4）

⑤ 围守底线中锋的配合方法：当⑦传球给⑧时，❹立即与❻、❽围夹⑧，迫使其将球传出，❺、❼向限制区内移动，防止⑤、⑥向篮下空切，如图 5-70 所示。

⑥ 底角夹击的配合方法：当⑥在底角停球时，❺、❼对其夹击，❻防堵⑤向篮下空切，❽保护篮下并防守⑧横切，❹准备抢断⑥的传球，如图 5-71 所示。

图 5-70 “2-1-2”联防（5）

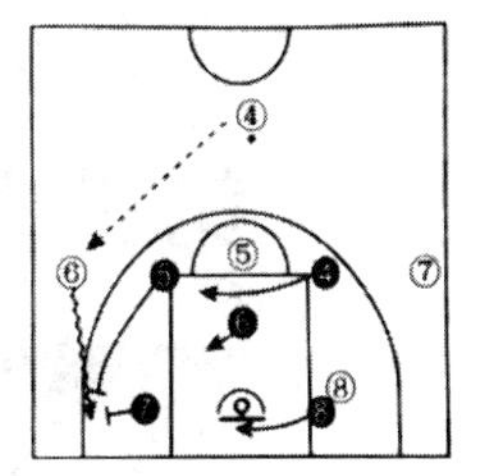
图 5-71 “2-1-2”联防（6）

2. 进攻区域联防

进攻区域联防是指针对区域联防的阵型和变化采用的相应的进攻战术。确定阵型的原则是根据进攻的点、面，合理部署队员占据联防的薄弱地区，避免与防守队员形成一对一的局面，在局部区域形成以多打少的优势，并始终保持攻守平衡。

（1）进攻区域联防的落位阵型。常用的落位阵型有“1-2-2”阵型、“1-3-1”阵型、“2-1-2”阵型、“2-3”阵型等。

（2）进攻区域联防的方法（以“1-3-1”阵型进攻“2-1-2”联防为例）。

① “1-3-1”阵型落位特点。队员分布面广，④、⑤、⑥、⑦都占据防守的薄弱地区，攻击点多，内外结合，在局部形成以多打少的有利局面，保持攻守平衡，如图 5-72 所示。

② “1-3-1”阵型进攻方法。组织背插、溜底线进攻：外线队员④、⑤、⑦在传球过程中调动防守，组织中远距离投篮，迫使对方扩大防区。如果没有机会，当⑤接球时，⑦背插至右侧底角，接⑤的传球后，可传给⑥或⑧。可以远投或回传给⑤重新组织进攻，如图 5-73 所示。组织中锋策应进攻：外围队员将球传给中锋⑥，⑥接球后，除个人攻击外有三个传球点，第一点传给横切队员⑧，第二点传给空切篮下球员⑦或⑤，第三点传给后卫队员④，在策应过程中也可个人进攻，如图 5-74 所示。

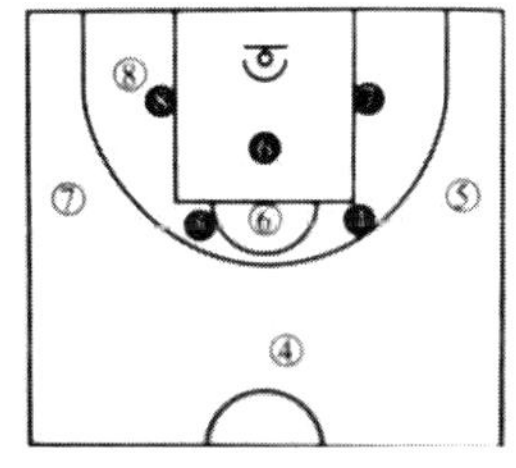
图 5-72 “1-3-1”阵型落位

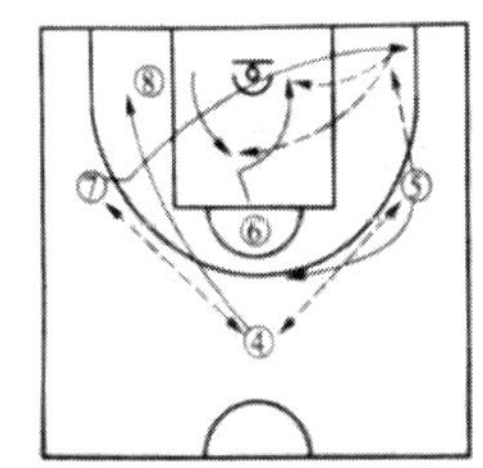
图 5-73 组织背插、溜底线进攻

图 5-74 组织中锋策应进攻

四、篮球竞赛规则简介

本部分简要介绍篮球比赛主要规则，请扫下方二维码获知。

篮球竞赛规则简介

第三节 排 球

排球运动是参与者以身体的任何部位（手、手臂为主）在空中击球，使球不落地，既可隔网进行集体的攻防对抗性的比赛，也可不设球网相互进行击球游戏的一种体育运动项目，是广大群众和青少年所喜爱的运动项目之一。

一、排球运动概述

（一）排球运动发展史

排球运动是1895年美国马萨诸塞州霍利奥克市基督教青年会干事威廉·莫根发明的，开始是用篮球胆在网球场两边拍来拍去并使球不落地的一种游戏，打法上采用网球和手球的技术和类似棒球的规则。之后，美国的传教士和军队将排球运动带到世界各地。1896年，美国普林菲尔德基督教青年会在体育指导大会上进行了首次表演赛，特哈尔斯戴博士发现这种打法和网球有些相似，运动参与者是在来回不断地“Volley（截击）”，于是建议把这种运动命名为“volleyball”，意为“空中截球”，从此“volleyball”的名称一直沿用至今。

排球运动于1900年传入亚洲，1905年传入我国广州市和香港地区，随后传至上海市、浙江省、湖北省等地。最初的名称按谐音叫“华利波”，后改为“队球”，最终改为“排球”。排球运动传入我国后，经历了16人制、12人制和9人制的演变过程。1917年排球传入欧洲后，立即按6人制被列入正式比赛项目。由于欧洲和亚洲的排球参赛人数不同，规则也不尽相同，所以排球始终被局限在不同地域的小范围内发展。1947年4月，国际排球联合会（FIVB）在巴黎成立，统一了排球比赛规则，开始举行世界性排球比赛。1949年和1952年开始举办世界男、女排球锦标赛。在1964年第18届奥运会上，排球被正式列入比赛项目。1965年和1973年分别举办了首届世界杯男、女排球赛。发展至今，FIVB已成为拥有200多个国家和地区会员的世界上最大的单项体育运动联合会之一。排球运动已成为当今世界仅次于足球、篮球的广为普及的运动项目，深受各国人民喜爱。

中国女排具有光荣的历史。从1981年的世界杯到1986年的世锦赛，中国女排获得了“五连冠”，成为世界排球史上第一支连续5次夺冠的队伍，在国际排坛上创造了辉煌的纪录，开创了中国现代排球运动的新纪元。进入21世纪后，中国女排又夺得了2003年、2015年世界杯和2004年、2016年奥运会冠军，为祖国争得了荣誉。

女排精神

中国女排之所以为人称道，不仅在于她们的精湛技术，更在于她们为中华民族崛起于世界体育之林而拼搏的精神。中国女排在世界性比赛中所表现出来的一往无前的气概，被誉为“女排精神”。

女排精神代表着一个时代的精神，喊出了为中华崛起而拼搏的时代最强音。在那个国门刚刚打开的时代，中国女排以她们无畏的拼搏精神跨上巅峰，向世界证明了“中国人能行”。在改革开放大幕初启、中国奋力追赶的时代，女排精神如同一面旗帜，让世人看到中国的集体主义、爱国精神、自强意志能达到怎样的高度，能创造怎样的奇迹。40 多年来，中国女排有过成功登顶的辉煌，也有过跌入低谷的挫折，但她们胜不骄、败不馁，始终保有一股不服输的拼劲、打不垮的韧劲，其所形成的女排精神成为中华民族的宝贵精神财富，激励和影响着一代又一代中国人投身改革开放和中国特色社会主义伟大事业。

（二）排球运动的特点与锻炼价值

排球运动是一项隔网对抗的技能主导类的集体球类运动项目，以网为隔，双方队员之间没有身体接触。其对抗表现在双方各自运用网上封堵、全场扑救等技术手段，瓦解对方的进攻，及时调整、组织本方的进攻，最后达到取胜的目的。

排球运动便于开展，不受年龄、性别的限制，既可竞技，又可娱乐健身、丰富业余文化生活。它既是“弹跳运动”又是“速度运动”。经常参加排球运动，可以增强人体的神经、呼吸、血液循环等系统的机能，提高人体的力量、速度、灵敏、耐力、弹跳、柔韧等素质，培养机智果断、勇敢顽强的拼搏精神和团结协作、密切配合的集体主义精神。

（三）排球运动的家族

排球运动诞生一百多年来，随着人们生产生活、文化娱乐、休闲健身的需要不断变化，排球活动的形式、内容也发生了不少的变化，衍生出不同球质、不同场地、不同规则、不同参加对象和相近打法的排球家族系列，如图 5-75 所示。

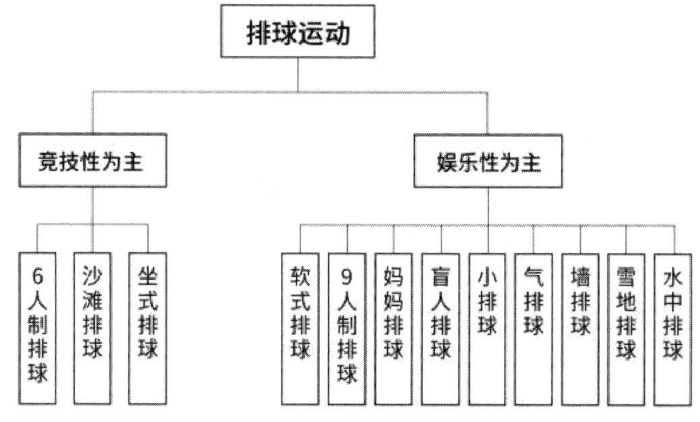

图 5-75　排球运动家族

在排球运动家族中，除 6 人制排球外，沙滩排球、气排球、残疾人坐式排球最为常见。

二、排球基本技术

排球技术是指运动员在排球比赛中所采用的合理击球动作和完成动作必不可少的其他配合动作的总称。排球技术分为无球技术和有球技术，其基本技术有准备姿势和移动、发球、垫球、传球、扣球、拦网等。

（一）准备姿势和移动

准备姿势与移动是排球基本技术之一，属无球技术，是完成发球、垫球、传球、扣球和拦网等各项有球技术的前提和基础，并对各项有球技术的应用起串联和纽带作用。准备姿势和移动相辅相成，准备姿势主要是为了移动，而要快速移动，又必须做好准备姿势。

1. 准备姿势

在进行移动和各种击球动作前所做的合理的准备动作称为准备姿势。准备姿势是完成各种技术和组成战术的基础，可以为更快捷地移动和准确击球创造条件。按照身体重心的高低，准备姿势可分为半蹲准备姿势、低蹲准备姿势和稍蹲准备姿势三种。

（1）半蹲准备姿势：两脚开立，略比肩宽，两膝弯曲，脚跟自然提起，上体前倾，重心靠前，膝部的垂直线应在脚尖前面，两臂放松，自然弯曲置于腹前，如图 5-76 所示。

（2）稍蹲准备姿势：两脚开立，与肩同宽，一脚在前，两膝微屈，身体重心位于两脚之间并稍靠近前脚，后脚跟稍提起，上体前倾，两臂放松，自然弯曲置于腹前，如图 5-77 所示。

（3）低蹲准备姿势：身体重心比半蹲准备姿势更低、更靠前，两脚左右、前后的距离更宽一些，膝部弯曲的程度大于半蹲准备姿势，肩部垂直线过膝，膝部垂直线超过脚尖，两手臂置于胸腹之间，如图 5-78 所示。

图 5-76　半蹲准备姿势

图 5-77　稍蹲准备姿势

图 5-78　低蹲准备姿势

2. 移动步法

从起动到制动的过程称为移动。移动的主要目的是及时接近球，保持好人与球的位置关系，以便击球。启动后要根据技战术的需要，灵活地运用各种步法进行移动。

（1）并步：两脚前后站立，与肩同宽，两膝微屈，上体稍前倾，两手自然放松置于腰腹。并步时，前脚向来球方向跨出一步，后脚迅速蹬地跟上，并做好击球前的姿势。并步的特点是容易保持身体平衡，便于做击球动作。滑步与并步是同一类动作，并步是短距离脚步的并列移动，滑步是连续的并步移动。来球较远时，使用滑步移动。

（2）跨步：利用后腿蹬地力量，向来球方向跨出一大步，膝部弯曲，上体前倾，身体重心移至前腿上，后腿留在原处，上体前倾，准备击球，如图 5-79 所示。跨步主要用于接体侧、体前低且速度快的来球。

（3）交叉步：交叉步是指以腿部交叉的方法进行移动的技术动作。以右交叉步为例，两脚开立，向右侧交叉步移动时上体稍向右转，左脚从右脚前向右交叉迈出一步，然后右脚向右侧方向跨出一大步，同时重心移至右脚，身体转向来球方向，保持击球前的姿势，如图 5-80 所示。

图 5-79　跨步

图 5-80　交叉步

（4）跑步：跑步是指跑动击远距离的球的技术动作。跑步时一脚蹬地起动，另一脚迅速向前迈出，两脚交替进行，两臂配合摆动。跑步到位后，控制身体平衡，成准备姿势。

（5）综合步：是以上步法的综合应用，跑步后可接滑步、滑步后可接跨步移动等。

（6）制动：由快速移动转为突停状态的过程称为制动。制动是移动的结束，也是击球动作的开始。制动时，在移动最后跨出一大步，同时降低重心，膝部和脚尖适当内转，全脚掌横向蹬地，以抵住身体重心继续移动的惯性。

（二）发球

微视频 5-7
排球–发球和拦网

发球指的是队员在发球区用一只手将自己抛起的球直接击入对方场区的技术动作。发球是排球的基本技术之一，也是排球比赛中一项重要的进攻性技术。

1. 发球技术要领

发球技术包括站位和持球准备，抛球和击球前的摆臂，全身发力和挥臂轨迹，击球手型、击球点、击球部位，击球后的动作等。当然这些动作是在瞬间连贯完成的。

（1）发球技术要点：①抛球要稳；②击球要准；③手法要正确；④用力要适当。

（2）发球技术五要素：①站位距离固定；②抛球动作固定；③挥臂轨迹固定；④击球手型固定；⑤击球部位固定。

2. 发球技术介绍

发球技术的分类有多种。根据击球点的高低可分为上手发球和下手发球；根据发球的性能可分为飘球和旋转球；根据发球时的朝向可分为正面发球和侧面（勾手）发球、原地发球和跳起发球。

（1）正面上手发球。正面上手发球是指发球队员面对球网站立，利用收腹转体动作带动手臂加速挥动，在头的右前上方用全手掌击球过网的发球方法。这种发球击球点高，可充分利用胸腹和上肢爆发力，加之运用手掌的推压动作使球呈上旋飞行，不易出界，因此具有较大攻击性和准确性。

① 准备姿势：面对球网，两脚自然开立，左脚在前，左手托球于体前。

② 抛球与引臂：左手将球平稳地抛于右肩的前上方，高度适中，同时右臂抬起，屈肘后引，肘与肩平，上体稍向右侧转动，抬头，挺胸，展腹，手掌自然张开。

③ 挥臂击球：利用蹬地使上体向左转动，同时收腹，带动手臂向前上方快速挥动。在右

肩前上方伸直手臂到最高点，用全掌击球的后中下部。击球时，手指和手掌要张开与球吻合，手腕迅速做推压动作，使击出的球呈上旋飞行。击球后，随着重心前移，迅速入场比赛。

正面上手发球的动作过程如图 5-81 所示。

动作要点：转体收腹带收臂，弧形鞭甩应加速，全掌击中球下部，手腕推压球上旋。

（2）正面下手发球。正面下手发球是指发球队员面对球网，手臂由后下方向前摆动，在体前腹部高度击球过网的一种发球方法。其特点是动作简单、容易掌握、准确性大，但击球点低、球速慢，所以攻击性不强。这种发球方法适合初学者。

① 准备姿势：面对球网，两脚前后开立，左脚在前，两膝弯曲，上体前倾，左手持球置于腹前。

② 抛球：左手抛球于体前右侧，高度为离手一球左右，同时右臂伸直，以肩为轴向后摆。

③ 击球：右脚蹬地，身体重心随着右臂由后向前摆动而前移，在腹前以全手掌击球后下部。击球后，击球动作重心前移，迅速进场比赛。

正面下手发球的动作过程如图 5-82 所示。

动作要点：“一低、二直、三跟进”，即抛球的高度低，挥臂击球时手臂要伸直，身体重心随向前摆臂而跟进前移并顺势入场。

图 5-81　正面上手发球

图 5-82　正面下手发球

（3）侧面下手发球。侧面下手发球是指发球队员侧对球网站立，转体带动手臂由体侧后下方向前挥动，在体前肩部以下击球过网的一种发球方法。这种发球动作简单，容易掌握。发球失误少，但攻击性不强。

① 准备姿势：左肩对网，两脚左右开立，约与肩同宽，两膝微屈，上体稍前倾，重心落在两脚之间，左手持球置于腹前。

② 抛球：左手将球平稳上抛于胸前，距身体约一臂远，球离手高度约一个半球。抛球同时，右臂摆至右侧后下方。

③ 挥臂击球：利用右脚蹬地向左转体的力量，带动右臂向前上方摆动，在腹前用全掌、虎口或掌根击球后下方。击球后，身体转向球网，并顺势进场。

侧面下手发球的动作过程如图 5-83 所示。

（4）正面上手发飘球。采用近似正面上手发球的形式，击球力量通过球体重心，使发出的球不旋转而不规则地飘晃飞行。这种球使接发球队员难以判断其飞行路线和落点。发球队员面对球网站立，便于观察对方和瞄准目标，攻击性和准确性较高。

① 准备姿势：近似正面上手发球，但左手持球的位置较高，约在胸前。站位离端线的距离变化较大，可站在靠近端线处，也可站在离端线 8 米左右处。

② 抛球与引臂：左手将球平稳地抛在右肩前上方，高度应稍低于正面上手发球，并稍靠前些。抛球同时，右臂上举后引，肘部适当弯曲并高于肩，两眼盯住球的击球部位。

③ 挥臂击球：与正面上手发球一样做鞭甩动作，但击球前手臂的挥动轨迹不呈弧形，而是自后向前做直线运动。击球时，五指并拢，手腕稍后仰，用掌根的坚实平面击球的中下部，使作用力通过球体重心。击球用力要快速，击球面积要小，触球瞬间，手指、手腕要紧张，不加推压动作。击球结束，手臂要有突停动作。

正面上手发飘球的动作过程如图 5-84 所示。

图 5-83 侧面下手发球

图 5-84 正面上手发飘球

（5）勾手发飘球。勾手发飘球是指发球队员侧对球网站立，利用转体带动手臂挥摆，使发出的球不旋转而飘晃不定地向前飞行的一种发球方法。这种发球，由于发球队员侧面站立，可充分利用腰部扭转带动手臂加速挥摆，便于发力，攻击性强，适合于各种距离的发球。

① 准备姿势：侧对球网站立，两脚自然开立，左手持球于胸前。

② 抛球与摇臂：左手采用托送动作，将球平稳地抛至左肩前上方，略高于击球高度。在抛球的同时，右臂放松向体侧后下方摆动，身体重心稍向右移。

③ 挥臂击球：击球时，右脚蹬地，上体向左转动发力，带动手臂挥动。挥动时，手臂要伸直，在左肩的前上方，用掌根、半握拳或拇指根部等部位击球的后中下部，并使身体重心移至左脚。在击球前，手臂挥动的轨迹应有一段直线运动。手触球瞬间，五指并拢，手腕后仰，并保持紧张。击球后，手臂挥动有突停动作，使球与手很快分离。

勾手发飘球的动作过程如图 5-85 所示。

图 5-85 勾手发飘球

（三）垫球

微视频 5-8
排球-垫球和传球

垫球是通过手臂或身体其他部位的迎击动作使来球从垫击面反弹出去的击球动作。垫球在比赛中主要用于接发球、接扣球、接拦回球以及防守、处理各种困难球。有时还可用垫球来组织进攻。总的来说，垫球起着弥补传球的不足、辅佐进攻的作用。

垫球按动作方法可分为正面双手垫球、体侧双手垫球、跨步垫球、背垫、跪垫、让垫、挡球、单手垫球、滚翻垫球、前扑垫球、侧卧垫球、鱼跃垫球、其他部位垫球等。

1. 正面双手垫球

正面双手垫球是双手在腹前垫击来球的一种垫球方法，是各种垫球技术的基础，也是最基本的垫球方法。正面双手垫球的基本手型有抱拳式、叠掌式和互靠式（见图 5-86），无论哪种手型都应该注意手腕下压、两臂外翻。

（1）准备姿势：面对来球，呈半蹲或稍蹲姿势站立，双手呈垫球手型。

（2）垫球动作：当球飞到腹前约一臂距离时，两臂夹紧前伸，插入球下，同时配合蹬地、跟腰、提肩、顶肘、压腕、抬臂等全身协调动作迎向来球，身体重心随击球动作向前上方移动。

（3）击球点：保持在腹前高度。

（4）球触手臂部位和击球部位：用前臂的手腕关节以上 10 厘米左右的两小臂桡骨内侧所构成的平面击球的后下部，如图 5-87 所示。

（5）击球后动作：击球瞬间，两臂要保持稳定。垫击动作结束后，立即松开双臂并做好进行下一个动作的准备。

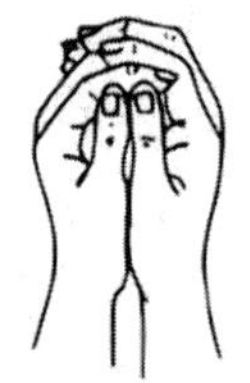
（a）抱拳式

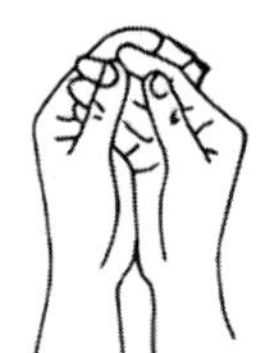
（b）叠掌式

（c）互靠式

图 5-86 正手双面垫球基本手型

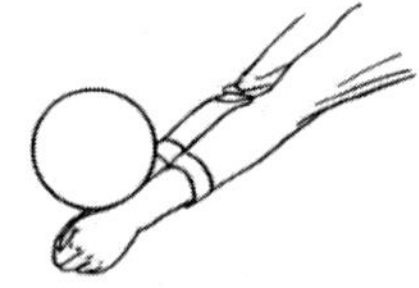
图 5-87 击球部位

2. 体侧双手垫球

在身体侧面用双手垫球称为体侧双手垫球。当来球飞向体侧，来不及移动对正来球时，可采用此垫球方法。其特点是伸臂动作快、控制范围大，但不易控制垫球方向，准确性不及正面垫球。左侧垫球时，先以右脚前脚掌内侧蹬地，左脚向左跨出一步，重心移至左脚，保持两膝弯曲，同时，两臂向左侧伸出，左臂高于右臂，右肩微向下倾斜。击球时，用右转体和收腹的动作，配合提肩在身体左侧稍前的位置截住球，用两前臂垫击球的后下部。来球在右侧时，以相反方向的动作击球。

体侧双手垫球的动作过程如图 5-88 所示。

3. 跨步垫球

向前或向侧跨一步垫球的动作称为跨步垫球。当来球离身体前方或斜前方较远而低、队员来不及移动对正球时采用，是各种低姿垫球动作的基础。跨步垫球时，在判断来球落点后，同侧脚迅速向来球方向跨出一大步，上体顺势前倾下压，身体重心落在跨出脚上，同时两臂前伸插入球下，蹬地、提肩、抬臂，击球的后下部，如图 5-89 所示。

4. 背垫

背对出球方向的垫球方法称为背垫，多用双手。其特点是垫击点较高，也不便于观察目标和控制击球的方向及落点，准确性稍差。

背垫球时，要判断好来球方向，快速移动到球的落点处，背对出球的方向，两臂夹紧伸直，插到球下。击球时，用蹬地、抬头挺胸、展腹和上体后仰的动作带动两臂向后上方摆动抬送，以前臂触球的前下方，将球向后上方击出，如图 5-90 所示。

5. 跪垫

以半跪姿势击球的垫球方法称为跪垫。当来球低、速度快且落点离身体较远时，宜采用跪垫。垫球时，在低蹲准备姿势的基础上，向来球方向跨出一步，跨出腿的膝关节外展，后腿的脚内侧和膝关节内侧着地，取得稳定的支撑，犹如半跪，上体尽量前倾，塌腰塌肩，屈肘，使两臂贴近地面插入球下，用翘腕动作以及双手虎口部位将球垫起，如图 5-91 所示。

6. 让垫

击球前身体先退让的垫球方法称为让垫。当来球弧度平、速度快、前冲而追胸时，多采用让垫。让开身体的同时，用体侧垫球的方法截住来球，进行垫击；或向侧后跨出一步，让开身体，使球飞向体侧，用体侧垫球的方法垫击来球，如图 5-92 所示。

图 5-88 体侧双手垫球

图 5-89 跨步垫球

图 5-90 背垫

图 5-91 跪垫

图 5-92 让垫

7. 挡球

当来球高、速度快、力量大，或来不及后退传球和垫球时，可用双手或单手在胸部以上挡击来球称为挡球。其特点是伸手动作快，挡击胸、肩部以上高度的来球较方便。挡球有双手挡球和单手挡球两种。

（1）双手挡球。多用于挡击胸部以上力量大、速度快的来球。手型有抱拳式（见图 5-93）和并掌式（见图 5-94）两种。

挡球时，手臂屈肘上举，肘部朝前，手腕后伸，以手掌外侧和掌根所组成的平面挡击球的后下部。击球瞬间，手腕要紧张，用适度的力量将球向前上方挡起，击球点一般在脸额或两肩的前上方，如图 5-95 所示。

（2）单手挡球。击球点高，便于挡头部上方或侧上方的高球。手臂屈肘上举，肘部向前，手腕后仰，用掌根或拳心平面击球的后下部。如球较高，可跳起挡球，如图 5-96 所示。

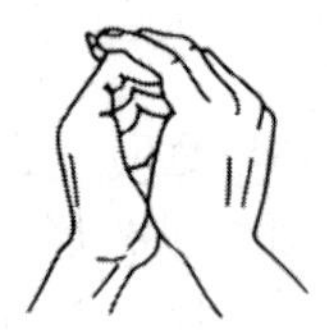

图 5-93　抱拳式

图 5-94　并掌式

图 5-95　双手挡球

图 5-96　单手挡球

（四）传球

传球是排球基本技术之一，是组织进攻战术的基础。根据传球方向，传球动作可分为正面传球、背向传球和侧向传球等。

1. 正面传球

面对目标的传球称为正面传球。正面传球是传球中最基本的方法。

（1）准备姿势：采用稍蹲姿势，上体稍挺起，仰头看球，两手自然放松置于额前。

（2）迎球动作：当来球接近额前时，开始蹬地、伸膝、伸臂，手指微张，从脸前向前上方迎出。全身各部位动作应协调一致。

（3）击球点：在额前上方约一球距离处。

（4）手型：手触球时，十指应自然张开使两手呈半球状，手腕稍后仰，以拇指内侧、食指全部和中指的第二、第三指节触球的后下部，无名指和小指在球两侧辅助控制球的方向，两拇指相对近一字形。

（5）用力方法：在迎球动作的基础上，当手和球即将接触时，手腕和手指要有前屈迎球的动作；当手和球接触时，各大关节应继续伸展，最后用手指手腕的弹力将球击出。

正面传球的动作过程如图 5-97 所示。

2. 背向传球

背对目标的传球称为背向传球，是传球技术中的一种基本方法，动作方法如图 5-98 所示。

（1）准备姿势：上体比正面传球时稍后仰，双手自然抬起置于脸前。

（2）迎球动作：抬上臂，挺胸，上体后屈。

（3）击球点：在头上方，比正面传球略偏后。

（4）手型：与正面传球相同，但触球时手腕要稍后仰，掌心向上，拇指托在球下，击球的下部。

（5）用力方法：利用蹬腿、展体、抬臂、伸肘动作和手指、手腕的弹力，把球向后上方传出。

3. 侧向传球

身体侧对传球目标，身体不转动，靠双臂向身体侧方传球的方法称为侧向传球。

侧向传球的准备姿势、手型及迎球动作同正面传球，但击球点应偏向传出方向一侧。迎球时，通过下肢蹬地使身体重心向上伸展，上体和双臂向传球方向一侧伸展。异侧手臂动作的幅度要大些，伸展的速度也应快些，以双臂和上体侧屈的协调动作将球传出。

侧向传球的动作过程如图 5-99 所示。

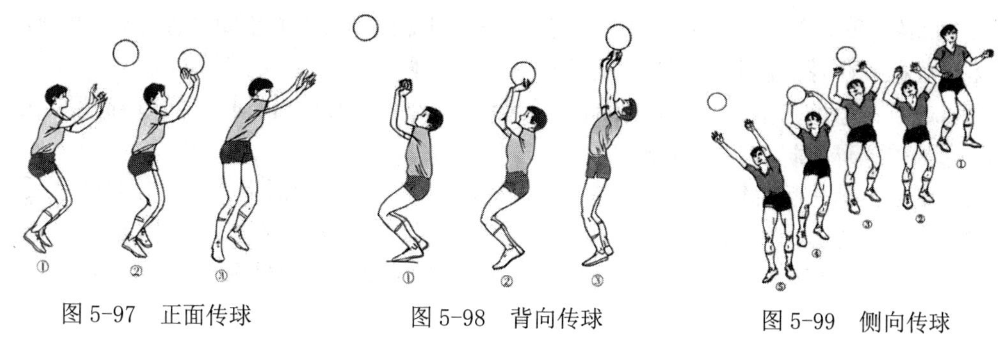

图 5-97 正面传球　　图 5-98 背向传球　　图 5-99 侧向传球

4. 跳传

跳起在空中进行单、双手传球称为跳传。跳传击球点较高，能有效缩短传球和扣球之间的时间间隔，保持快速进攻战术的实施。当身体上升到最高点时，靠迅速伸臂以及加大指腕弹力将球传出。跳传可以正传、背传和侧传，其传球手型、击球点分别与正传、背传、侧传的手型和击球点基本相同。

跳传的动作过程如图 5-100 所示。

图 5-100 跳传

（五）扣球

扣球指队员跳起在空中用一只手或手臂将本方场区上空高于球网上沿的球击入对方场区的一种击球方法。

扣球是排球技术中攻击性最强的一项技术，是争得发球权和得分的主要手段；是一个队争取主动摆脱被动，鼓舞士气，抑制对方的最有效武器。扣球击球点高、速度快、力量大、变化多，而各种不同性能、不同时间、不同角度、不同落点的变化球，使扣球更具进攻威力。扣球是一项动作结构复杂、难度较大的技术。每一次扣球需要经过助跑、起跳、空中击球和落地四个相互衔接的过程。

扣球按动作可分为正面扣球、勾手扣球等。

微视频 5-9
排球–扣球

1. 正面扣球

正面扣球是扣球技术中最基本的一种方法。由于面对球网，便于观察，准确性较高，而且正面扣球挥臂动作灵活，能根据对方防守情况随时改变扣球的路线和力量、控制落点，因而进攻效果较好。现以右手扣一般高球为例介绍正面扣球技术。

（1）准备姿势：扣球助跑前采用稍蹲姿势，两臂自然下垂，站在离网 3 米左右处，身体转向来球方向，观察来球，做好向各个方向助跑起跳的准备。

（2）助跑：助跑的目的是接近球，选择适宜的起跳地点，同时增加弹跳高度。助跑步法力求灵活，根据二传球情况和个人特点确定采用一步、两步、三步或多步助跑。

（3）起跳：助跑最后一步脚的落地就是起跳的开始。起跳不仅是为了获得高度，还是为了选择适当的扣球时机和击球位置。

（4）空中击球：起跳后，挺胸展腹，上体稍向右转，右臂向后上方抬起，身体呈反弓形。挥臂时，以迅速转体、收腹动作发力，依次带动肩、肘、腕各部位关节向前上方呈鞭甩动作挥动。击球时，五指微张，以掌心为主，全掌包满球，在手臂伸直的最高点的前上方击球的后中部，同时主动用力屈腕、屈指向前推压，使扣出的球呈上旋飞行。

（5）落地：两脚前脚掌先着地，再过渡到全脚掌着地，同时顺势屈膝、收腹，以缓冲下落的力量，做好进行下一个动作的准备。

正面扣球的动作过程如图 5-101、图 5-102 所示。

图 5-101　正面扣球（1）

图 5-102　正面扣球（2）

2. 勾手扣球

勾手扣球是起跳后，左肩对网，通过转体动作带动右臂向左上方挥动击球的一种扣球方法。这种扣球方法适合于远网扣球或由后排调整过来的球。它可以扩大击球范围，并能弥补起跳过早或冲在球前起跳的缺陷。

勾手扣球助跑的最后一步，两脚平行于中线，左肩对网完成起跳动作或起跳后在空中使左肩转向球网。跳起后，上体稍后仰或稍向右转，右肩下沉，当右臂随着起跳动作摆至脸前时，迅速引至体侧，手臂伸直，掌心向上，五指微张，手呈勺形，同时挺胸展腹。击球时，利用向左转体及收腹动作带动伸直的手臂，由下经体侧向上划弧挥动，在头的前上方最高点，用全手掌击球的后中部，如图 5-103 所示。整个动作与勾手大力发球相似。

图 5-103　勾手扣球

3. 扣球技术的几种变化

（1）转体扣球：击球前通过突然改变上体原来的方向而改变扣球路线的扣球为转体扣球。击球时，利用向左转体和收腹的动作，带动手臂向左挥动，以全手掌击球的右上部从而改变扣球方向。

（2）转腕扣球：击球瞬间，通过转腕动作改变扣球路线，有向外转腕扣球、向内转腕扣球等。这种球力量不大，但突然性高，路线变化大，易避开对方拦网。

（3）打手出界：打手出界是扣球队员有意识地使球触击拦网队员的手后飞向场外的一种扣球方法，是扣球时的一种变被动为主动的技巧。一般在二传近网，落点在标志杆附近时运用较多。打手出界的扣球方法，主要是通过撇臂、转腕和平扣球等方法来实现。

（4）轻打：轻打是队员做大力扣球动作，但在击球瞬间突然减慢手臂挥动速度，将球轻打在对方空当，以此打乱对方防守布阵的一种扣球方法。

（5）吊球：吊球是运动员在起跳后挥臂到最高点时，突然减速，以手指、手腕用力，使用传球、拨球、压球、搓球等手法，把球吊入对方空当的进攻方法。有高压吊球、轻吊球等。

（六）拦网

拦网是指队员靠近球网，将手伸向高于球网处阻拦对方来球的动作。拦网是排球比赛中的第一道防线，也是第一道进攻线。拦网不仅可以将对方的扣球拦回、拦起，减轻后排防守压力，还可直接将球拦死，使之成为得分的重要手段。

拦网技术可分为单人拦网和集体拦网，集体拦网又可分为双人拦网和三人拦网。

1. 单人拦网

（1）准备姿势：面对球网，两脚左右开立，约与肩同宽，距网 30～40 厘米，两膝微屈，重心落在两脚之间和两前脚掌上，两臂屈肘置于胸前，如图 5-104 所示。

（2）移动：常用的步法有并步、滑步、交叉步、跑步等。无论采用哪种移动步法，都要做好制动动作，以保证向上起跳，避免触网和冲撞同队队员。

（3）起跳：原地起跳时，两腿屈膝，重心降低，随即用力蹬地，两臂以肩发力，在体侧近身处做划弧前后摆动，帮助身体迅速跳起。移动后的起跳，其起跳动作与原地起跳一样，但要注意制动并使移动与起跳动作紧密衔接，如图 5-105 所示。

（4）空中动作：起跳时，两手从额前沿球网向上方伸出，两臂伸直并保持平行，两肩上提，如图 5-106 所示。拦网时，两臂应尽量伸直并过网去接近球。两手自然张开，屈指、屈腕呈半球状。两手间距离不大于球体直径，以防止球从两手之间或两臂之间漏过。当手触球时，两手要突然紧张，手腕下压盖在球的前上方。

（5）落地：拦网后自然落下，双脚落地，屈膝缓冲，并迅速准备下一动作。

图 5-104 准备姿势

图 5-105 起跳

图 5-106 空中动作

2. 双人拦网

由前排两个队员互相靠近，同时起跳并相互配合组成的拦网，称为双人拦网，如图 5-107 所示。一般为一人原地或并步拦网，另一人采用交叉步移动组织双人拦网。其技术要点如下。

（1）准备姿势与单人拦网相同。

（2）移动时，一人根据对方二传球的情况确定拦网起跳位置；另一人以交叉步或滑步移动，向定位队员靠拢。

（3）起跳时，通常定位队员原地正面起跳，移动队员移动侧向起跳，起跳时间一致。

（4）起跳后，外侧拦网队员用外侧手向内包球，同时身体向内转，以协助双手将球拦回场内，另一拦网队员动作方法同单人拦网。

（5）落地时屈膝缓冲，外侧队员迅速转体，面向场内，并准备下一个动作。

双人拦网时，应以一人为主拦队员，另一人为配合队员。起跳时，两人要防止互相碰撞或干扰，手臂在空中既不能重叠，造成拦击面缩小，又不能间隔太宽，造成中间漏球。扣球靠近边线时，靠边线近的拦网队员外侧的手应适当内转，以防打手出界。

3. 三人拦网

三人拦网（见图 5-108）是指三人同时起跳相互配合的拦网技术。三人拦网多在对方高点强攻情况下运用。组成三人拦网时，不论对方从哪个位置进攻，都应以本方中间位队员为主拦者，两侧队员主动配合，集体起跳拦网。其技术要点如下。

（1）准备姿势与单人拦网相同。

（2）移动时，一人根据对方二传球的情况确定拦网起跳位置，另两人以交叉步或滑步移动，向定位队员靠拢。

（3）起跳时，通常定位队员原地正面起跳，移动队员移动侧面起跳，起跳时间一致。

（4）起跳后，外侧拦网队员用外侧手向内包球，同时身体向内转，以协助双手将球拦回场内；中间拦网队员动作方法与单人拦网相同。

（5）落地时屈膝缓冲，两外侧队员迅速转体，面向场内，并准备下一个动作。

图 5-107　双人拦网

图 5-108　三人拦网

三、排球基本战术

排球战术是指排球比赛中根据双方的具体情况和临场变化，有效地运用技术及所采取的有预见、有目的、有组织的一种配合行动。排球战术分个人战术和集体战术两部分。

（一）阵容配备

阵容配备就是合理地安排场上队员技术力量的组织形式。

（1）“四二”配备：指场上队员有 4 个进攻队员和 2 个二传队员。4 个进攻队员又分为 2 个主攻、2 个副攻，他们都站在对角位置上。其优点是无论怎样轮转，前后排都能保持 1 个二传队员和 2 个进攻队员，便于组织多种战术配合和发挥本队的攻击力量，给对方拦网及防守造成困难。但该阵容对 2 个二传队员的进攻和拦网能力要求较高，否则会影响进攻效果。

（2）“五一”配备：指场上队员有 5 个进攻队员和 1 个二传队员。这种阵容配备的优点是拦网和进攻力量得到加强，全队只需要适应 1 个二传队员的打法，相互之间容易建立默契。但二传队员轮转到前排时，有三轮前排只有两名进攻队员，影响了前排整体进攻的威力。要充分利用两次攻、吊球及后排扣球等战术变化突袭对方，以弥补“五一”配备的不足。

（二）个人战术

个人战术是队员根据临场比赛的情况，有目的、有针对性地运用的个人技术动作。个人战术包括发球、一传、二传、扣球、拦网、防守等战术。

1. 发球个人战术

发球个人战术主要有：①把球发给对方接球技术较差的队员；②把球发给插上准备二传的队员；③把球发给接球连续失误而表现紧张、急躁的队员；④把球发给技术发挥不好而情绪低落的队员；⑤把球发给刚上场队员；⑥把球发给最强的进攻队员或打快攻的队员，使其难以参与进攻；⑦把球发到几人之间的空当，造成对方让球或抢球的现象；⑧把球发到进攻线前面的 2 号或 4 号区，使队员接球后难于跑动进攻；⑨把球发到底线附近或两侧死角，使对方难以到位；⑩把球发在插上队员附近，破坏对方预期战术配合；⑪把球发到二传不便于组织战术的地方；⑫时而发到对方后场区，时而发到对方前场区；⑬时而发大力旋转球，时而发飘球；⑭时而发重球，时而发轻球；⑯时而以进攻性发球为主，时而以准确性发球为主。

2. 一传个人战术

一传个人战术是为了组织本队的进攻战术而采取的有目的垫击和传球。组织快攻战术时，一传弧度要平，速度稍快。组织两次球战术打法时，一传弧度要高，接近垂直下落。因为各种进攻战术对一传的要求不同，所以　传的方向、弧度、速度、落点和节奏也各有特点。

3. 二传个人战术

二传个人战术的基本任务是利用空间、时间和动作上的变化，有效地组织进攻战术，给扣球队员创造有利的条件，使对方难以防御。一般采用隐蔽传球或假动作，使对方难以判断传球的方向。先以传球动作麻痹对方，然后突然改传为扣，根据场上的情况控制比赛的节奏。

4. 扣球个人战术

扣球个人战术是扣球队员根据比赛中对的方拦网和防守情况，选择合理有效的扣球方向和路线，以突破防守进行有效进攻的形式，具体采用扣球路线变化、轻扣重扣有机结合、高跳超手、造成拦网出界扣球、扣吊结合以及左右手开弓式扣球。

5. 拦网个人战术

拦网个人战术是通过准确的起跳时机、空中的拦网高度和拦击面、手型动作的变化等因素来实现的攻击行为，具体运用包括假动作、变换手型、撤手、“踞跳”拦网等。

6. 防守个人战术

防守垫击与接发球相比，具有更大的随机性和突然性，难度较大。防守队员要选择有利的位置，采用合理的击球动作，将球有效地接起来，组织各种进攻。

（三）集体战术

集体战术是指两个或两个以上队员之间有目的、有组织的集体协同配合，包括集体进攻战术和集体防守战术。

1. 集体进攻战术

进攻战术是指在接对方发过来、扣过来、拦过来、传过来、垫过来的球后，全队所采取的有目的、有组织的配合进攻行动。

（1）进攻战术形式。无论是接发球、接扣球、接拦回球还是接对方传、垫过来的球之后，组织进攻的形式都是一样的，都可以采用“中一二”“边一二”或“插上”进攻形式。

① “中一二”进攻形式：前排中间的 3 号位队员做二传，把球传给两边的 2、4 号位队员进攻，如图 5-109 所示。这是进攻战术中最基本、最简单的战术形式。

如果二传队员轮转到 2、4 号位，在对方发球后换到 3 号位（见图 5-110），称为边换中。

“中一二”进攻形式的优点是一传向网中 3 号位垫球比较容易，因而有利于组织进攻；二传队员在网前接应一传的移动距离近，向 2、4 号位传球的距离较短，容易传准。缺点是战术变化少，对方容易识破进攻意图。

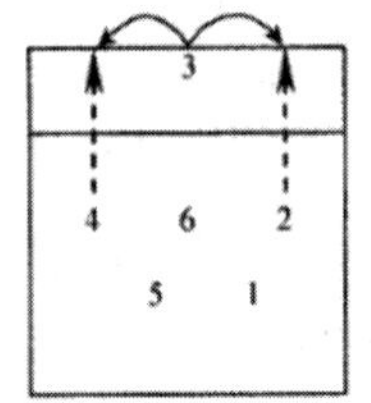

图 5-109　“中一二”进攻形式

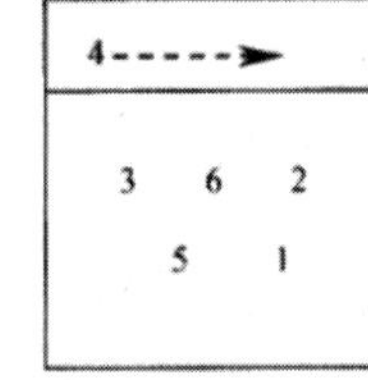

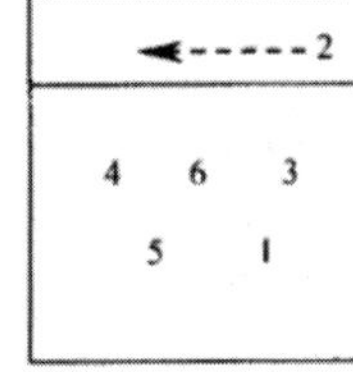

图 5-110　边换中

② “边一二”进攻形式：前排边 2 号位队员做二传，把球传给 3、4 号位队员进攻，如图 5-111 所示。

“边一二”进攻形式的优点是右手扣球者在 3、4 号位扣球都比较顺手，战术变化也多。缺点是 5 号位接一传时，向 2 号位垫球不方便；一传偏 4 号位时，二传接应较困难。

③ 后排“插上”进攻形式：对方发球后，后排一个队员插上到前排做二传把球传给前排 4、3、2 号队员进攻。例如，二传队员在 1 号位时，插上后向前排三个位置做二传，如图 5-112 所示。这种进攻形式的特点是可组成多种快速多变的战术配合，造成对方拦网判断困难。

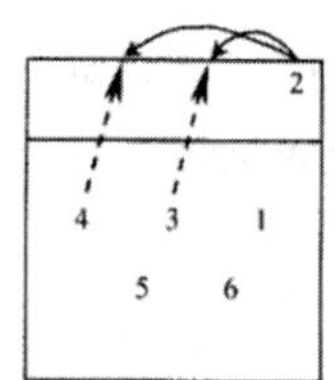

图 5-111　“边一二”进攻

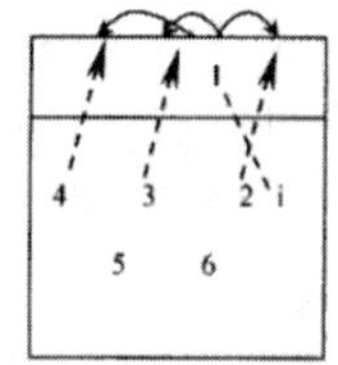

图 5-112　后排“插上”进攻

（2）进攻打法。进攻打法是指进攻队员之间组成的各种配合，包括强攻、快攻和两次球进攻三种基本打法。每种打法中又有若干不同战术配合。

① 强攻：强攻是在无掩护或掩护较小以及对方有准备的情况下，队员凭借个人的身高和

弹跳力，利用扣球的力量和个人扣球战术，强行突破对方的防御。例如，集中对 4 号或 2 号位的进攻；网边标志杆附近拉开进攻以避开拦网，打手出界；围绕某一特长扣球队员的进攻及一传不到位时进行调整进攻和后排进攻；等等。

② 快攻：各种快球及以快攻作为掩护，由队友或本人所进行的进攻，均称为快攻。其特点是速度快、突破性大、掩护作用强，有利于争取时间、空间和组织多变战术。快攻是现代排球战术的核心。快球战术，主要靠二传队员与扣球队员的密切配合。二传队员要了解扣球队员的特点，主动配合传球；扣球队员也应根据一传、二传特点，主动加以配合。

③ 二次球进攻：当一传来球较高，又在网前适合扣球的位置，前排队员可跳起直接扣球，如遇拦网，就在空中改做二传将球转移给其他前排队员进攻，这种打法就叫二次球进攻。

2. 集体防守战术

（1）接发球的战术要求。

① 正确判断。注意力高度集中，根据对方发球的动作、性能、力量及速度，迅速做出正确的判断，及时移动取位，对准来球路线，运用合理的垫球技术将球垫给二传队员。

② 合理取位。以前排靠近边线的队员为基准取位，同列队员之间不要重叠站位，同排队员保持适当距离。根据射出角的原理，快速有力的平直球发不到 A、B 两区。所以，取位时不要位于这两个区域内，2、4 号队员的取位距边线 1 米左右即可，如图 5-113 所示。

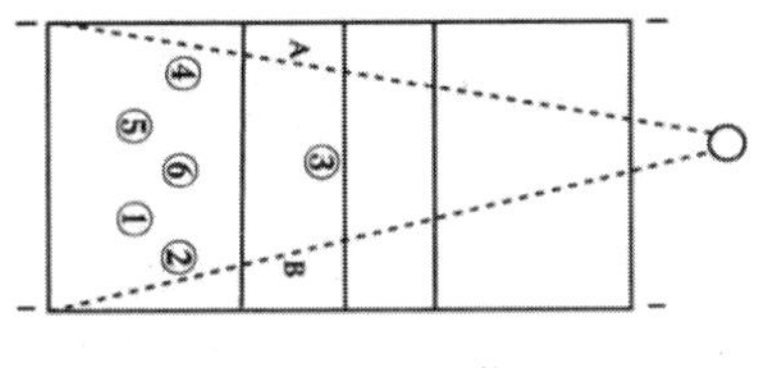

图 5-113 取位

③ 分工与配合。每一个接发球队员都应明确接发球防守的范围，既不互争互抢，也不互让。要特别注意两人之间的中间地带和三人之间的三角地带。队员之间应既有分工，又有配合。不接发球的队员要注意随时弥补队友的一传，尤其是后排队员接发球时，前排队员应转身注视接球队员，随时准备快速移动弥补垫不到位的球。

（2）接发球阵型。

① 5 人接发球阵型及变化。除 1 名二传队员站在网前或从后排插上准备二传不接发球外，其余 5 名队员都担负一传任务的接发球站位阵型。

"W"形站位阵型，也称为"一三二"站位阵型。5 名队员分布均衡，前面 3 名队员接前场区的球，后排 2 名队员接后场区的球，如图 5-114 所示。缺点是队员间的"接合部"增多，容易出现三角地带难接区，产生互抢或互让的现象，且不利于接对方发到边角上的球。

"M"形站位阵型，也称为"一二一二"站位阵型。队员站位分散而均匀，分工明确，如图 5-115 所示。适合接落点分散、弧度高、速度慢的下沉飘球，不利于接大力球和平飘球。

一字形站位阵型，5 名队员呈一字形排开，左右距离较近，每人防一条线，互不干扰，如图 5-116 所示。这是对付跳发球、大力发球、平冲飘球的有效站位阵型。

5 人接发球阵型的优点是每人接一传的范围相对较小，并在接发球时已站成基本的进攻阵型，组织战术比较方便。但队员之间"接合部"增多，队员间的配合要求较高；二传队员组织进攻有一定的难度；当主攻队员在 2 号位与插位时，换位不便，经常导致卡轮现象。

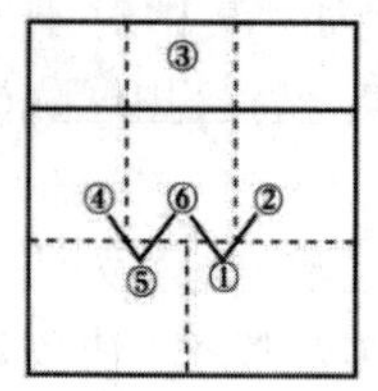

图 5-114 “W”形站位阵型

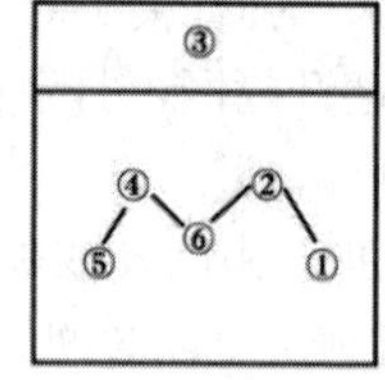

图 5-115 “M”形站位阵型

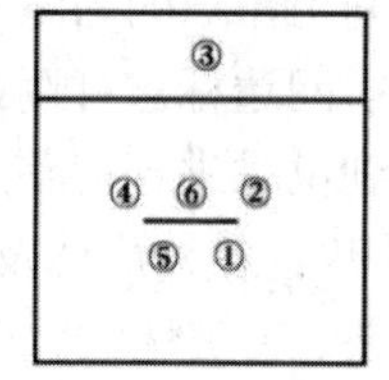

图 5-116 一字形站位阵型

② 4 人接发球阵型。4 人接发球通常是在后排插上进攻战术中运用，为了缩短插上时间，插上队员可与前排同列队员站在网前不接发球，其余 4 人站成弧形接发球。

浅盆形站位阵型：主要是接对方落点靠后或速度平快的发球，如图 5-117 所示。

深盆形站位阵型：主要接对方的下沉球及长距离飘球，如图 5-118 所示。

一字形站位阵型：主要是接对方的跳发球、大力球及平冲球，如图 5-119 所示。

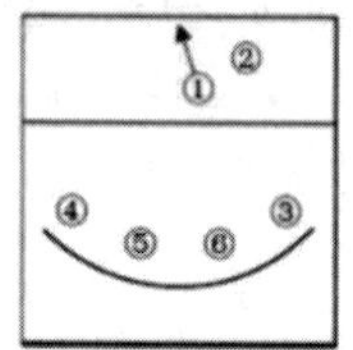

图 5-117 浅盆形站位阵型

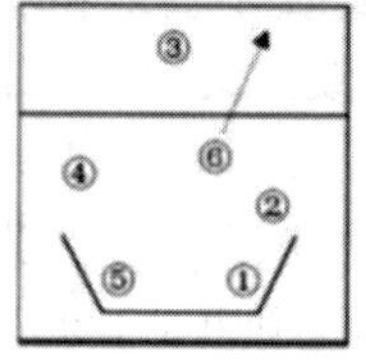

图 5-118 深盆形站位阵型

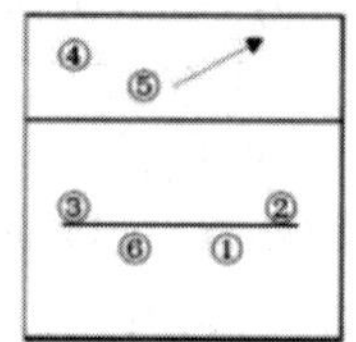

图 5-119 一字形站位阵型

（3）防守战术要求。防守战术包括拦网、后排防守两个环节。

① 拦网。拦网分为单人拦网和集体拦网两种形式。集体拦网时，要确定主拦网员，如拦对方两翼进攻，本方分别以 2、4 号位队员为主拦，其他队员协同配合。起跳时，相互间保持一定的间隔，避免互相干扰和冲撞。拦网时，队员手与手之间的距离不能太大，以免漏球。

② 后排防守。后排防守主要包括“边跟进”防守阵型和“心跟进”防守阵型。

“边跟进”防守阵型：本方的 1 号位或者 5 号位队员（后排 3 个队员的“边”）向前跟进防守，所以也称为“1、5 号位跟进”。例如，对方 4 号位进攻，本方 2、3 号位队员拦网，4 号位队员后撤 4 米左右，1 号位队员就做跟进防守，如图 5-120 所示。“边跟进”防守阵型多在对方进攻力量较强、吊球较少时采用，便于组织反攻。

“心跟进”防守阵型：本方的 6 号位队员（后排 3 个队员的“心”）在防守时跟上前面的拦网队员防守吊球，所以也称为“6 号位跟进”。仍以对方 4 号位进攻为例，本方 2、3 号位队员拦网，4 号位队员后撤防守，6 号位队员就做向前跟进防守，1、5 号位队员则在后场防守，如图 5-121 所示。“心跟进”防守阵型一般在对方吊球频繁并较多地吊至本方场地中心时采用。

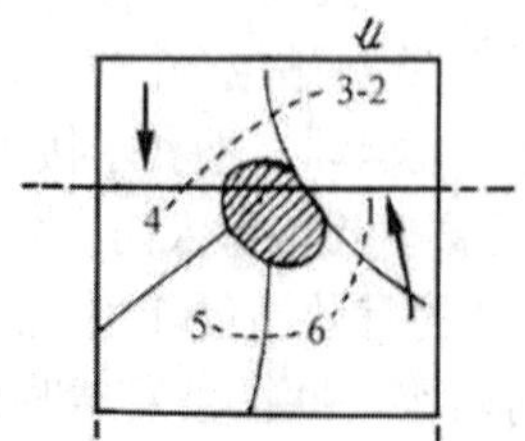

图 5-120 “边跟进”防守阵型

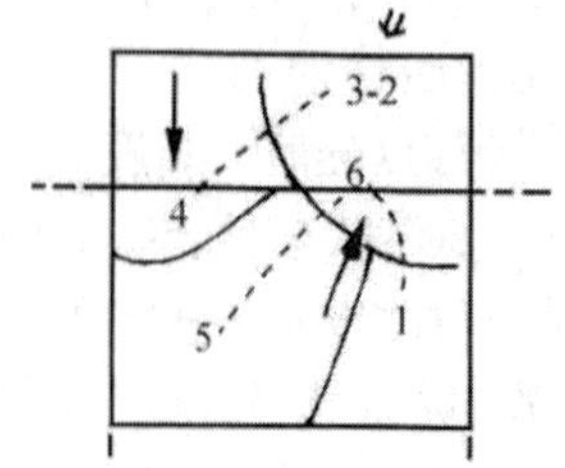

图 5-121 “心跟进”防守阵型

自　由　人

国际排联为了加强竞赛中的防守，于1996年世界女排大奖赛中试行一项新规则，即球队增设“自由人”。合理地选择并运用自由人是战术运用的一个方面。自由人专司接发球和后排的防守。其上下场之间只需经过一次发球比赛过程。换人不计为正规换人次数，且次数不限。自由人又可在当前排进攻、拦网队员体力下降需要休息并轮到后排时替换而上，所以，合理运用自由人能大大提高全队的进攻水平。

四、排球竞赛规则简介

本部分简要介绍排球比赛主要规则，请扫下方二维码获知。

排球竞赛规则简介

第四节　乒　乓　球

乒乓球运动是两人或两对选手用手持拍，站在球台两端，按照一定规则进行比赛的一项运动项目。这个19世纪的“宫廷游戏”，经过世界各国教练员、运动员和爱好者的革新、改造，已发展成为世界普及的一项运动。乒乓球是我国的“国球”，是中国体育在世界上称雄最早、夺魁最多、保持优势最久的一项运动。

一、乒乓球运动概述

（一）乒乓球运动发展史

从19世纪到21世纪，乒乓球运动的发展经历了欧洲的起源与全盛，日本的称霸，中国的崛起以及现在的世界研究中国、世界打中国等阶段。

起源于19世纪末英国的乒乓球运动，其出现与网球有密切关系。19世纪末，欧洲网球运动十分盛行，英国有些大学生便把网球“移植”到室内，以餐桌为球台，以书本作球网，采用软木做的球，用羊皮纸做球拍，在餐桌上打来打去，这种室内游戏逐渐流行起来，有了“Gossima”“Whiff Waff”“Clip-Clap”等不同的名字。

1890年左右，英格兰著名越野跑运动员詹姆斯·吉布从美国带回了作为玩具的赛璐珞球，由于当时普遍使用羔皮纸球拍，击球和球碰球台后发出“乒乓（ping pong）”的声音，人们便模拟其声音将其称为“乒乓球”。之后，也称其为“桌子上的网球（table tennis）”。

1900年，英国正式成立了世界上第一个乒乓球协会，并在皇后大厅举办了乒乓球比赛，开创了乒乓球正式比赛的先河。

20世纪初，乒乓球运动在欧洲和亚洲蓬勃开展起来。1926年12月，在英国伦敦举行了第1届欧洲乒乓球邀请锦标赛，因印度的参加，后被认为是第1届世界乒乓球锦标赛。同时成立了国际乒乓球联合会，由此开创了现代乒乓球的新纪元。

随着乒乓球运动的广泛开展，奥运会乒乓球比赛、世界乒乓球锦标赛、世界杯乒乓球赛、国际乒联职业巡回赛、世界乒乓球职业大联盟系列赛事等世界性重大赛事逐渐出现，这些赛事极大地促进了乒乓球运动的发展。

1904年，上海市四马路一家文具店的经理从日本买来10套乒乓球器材摆设在店中，并亲自表演打乒乓球，介绍在日本看到的打乒乓球的情况。从此，我国开始有了乒乓球运动。

中华人民共和国成立后，1955年成立了中国乒乓球协会。1952年，中国乒乓球国家队成立。1959年，在第25届世界乒乓球锦标赛中，容国团为我国夺得了第一个男子单打世界冠军。几十年来，中国乒乓球队驰骋赛场，在千锤百炼中把小小银球技术锤炼得炉火纯青、演绎得出神入化，在各项国际赛事上共夺取了100多个世界冠军，为国家获得了无数荣誉，创造了世界体坛罕见的长盛不衰的历史，也让乒乓球有了“国球”之誉。中国乒乓球队在1996年、2000年、2008年、2012年、2016年奥运会中，包揽了所有金牌。在2021年奥运会中，中国乒乓球队再次将男单、女单、男团和女团的4枚金牌收入囊中。

当前世界各强队普遍朝着打法多样、技术全面、战术灵活、能攻能防、能近能远、特长突出、加强主动进攻的方向发展。

体育文化之窗

中国乒乓球队何以长盛不衰？

中国乒乓球队长期保持在世界乒坛领先地位，主要原因在于以下几点。

（1）过硬的思想素质。大到一个团队，小到一名运动员、教练、陪练、科研人员、普通的工作人员等，都焕发着团结、拼搏、刻苦、向上的精神。思想和技战术素养兼修的育人方法，培养了一批又一批修养好、素质高、技战术优秀、理想远大的运动员。

（2）不断创新的技战术。中国的乒乓球史堪称一部创新史。技术打法的创新，不断创造乒坛“中国特色”，这是中国队克敌制胜的重要法宝，也极大地丰富了世界乒乓球运动的宝库。

（3）精诚团结的领导核心。乒坛长期存在着一个有经验、有胆略、有权威的领导核心，正确把握着中国乒乓球运动的发展方向，相当程度上促进了乒乓球事业健康发展。

（4）“举国体制”的有力保障。“举国体制”从社会大环境上为中国乒乓球运动的发展提供了良好的氛围，是其良好发展的根本保障。

（5）党和国家领导人的关怀。中国乒乓球运动的崛起和长盛不衰，一直以来与党中央领导的极大关怀和鼓励是分不开的。

（二）乒乓球运动的特点与锻炼价值

乒乓球运动球小、速度快、变化多、旋转性强，击球技巧性强。它是智能、技能、体能三者兼容，集健身性、娱乐性、竞技性于一体的健身锻炼项目。乒乓球的技术动作可简可繁，动作范围可大可小、速度可快可慢、力量可大可小，适合男女老幼、体强体弱者参与。

乒乓球运动是一项以敏捷为核心要素的运动。经常参加乒乓球运动，能够提高视神经的灵敏度，改善眼手联动能力；改善人体的心血管系统的机能，使人反应加快、思维敏捷；提高全身各部位，尤其是上、下肢与腰部协调活动的能力；培养沉着冷静、机智果断的心理素质和顽强不屈、敢于拼搏、团结友爱、互帮互助的优良品质，增强变化和适应变化的能力等。

二、乒乓球基本技术

（一）握拍法

乒乓球的握拍法，基本上分为直拍握法和横拍握法两种。不同的握拍方法有不同的优缺点，各人可以根据各自不同的技术特点选择不同的握拍方法和打法。

1. 直拍握法

直拍握法是以食指第二指节和拇指第一指节扣住拍肩，拍柄贴住虎口，其余三指自然弯曲贴住拍后上端。拇指和食指调整拍形、转换击球方式，其余三指起辅助和支撑作用。

（1）特点。手腕比较灵活，出手较快，正手攻球快速有力，攻斜线、直线时拍面变化不大，对手不易判断；手腕、手指的运用空间较广泛，在发球变化和处理台内球和小球方面相对有利。但反手攻球因受身体阻碍，较难掌握，防守时照顾面积较小。

（2）直拍握法的种类。

① 直拍快攻握拍法，如图 5-122 所示。

拍前：以食指第二指节和拇指第一指节扣拍，拇指与食指之间的距离要适中。

拍后：其余三指自然弯曲，中指第一指节贴于拍的背面。

② 直拍弧圈球握拍法，如图 5-123 所示。

拍前：拇指紧贴在拍柄的左侧，食指扣住拍柄，形成一个小环状，紧握拍柄。

拍后：其余三指自然伸直，中指第一指节顶住拍后的中部。

图 5-122 直拍快攻型握拍法　　图 5-123 弧圈球型握拍法

③ 直拍横打握拍法，如图 5-124 所示。

拍前：拇指往里握得深一点，食指移至球拍边缘处，球拍不能握得太紧。

拍后：其余三指略伸开一些。

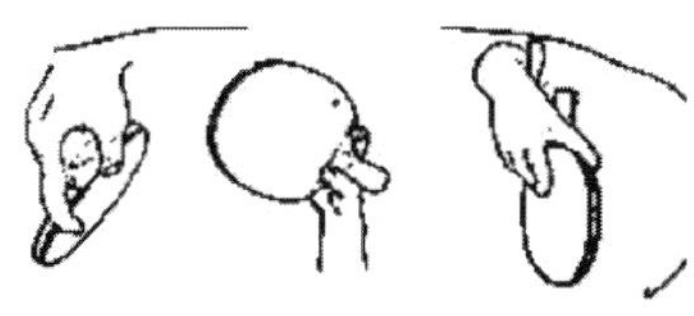

图 5-124 直拍横打握拍法

2. 横拍握法

横拍的一般握法如握手一样，中指、无名指和小指自然握住拍柄，虎口贴住拍右上肩，大拇指在球拍的正面轻贴于中指旁边，食指自然伸直斜放于球拍背面。握柄不宜过紧或过松。

（1）横拍握法的特点。手指、手掌与球拍的接触面积较大，握拍较为稳定，左右控球范围较大，正反手攻球力量大；攻球和削球的手法变化不大，反手攻球便于发力，也便于拉弧圈球。但还击左右两面来球时，需要转动拍面，动作较大，给出手速度带来一定影响；攻直线时动作变化明显，易被对手识破；正手处理台内球不及直拍灵活，发球的变化也不如直拍；处理追身球亦有一定难度。

（2）横拍握法的种类。

① 深握。虎口贴紧球拍（见图 5-125），拍形稳定，发力集中，扣杀比较有力；削球时容易控制拍形。但由于虎口贴近球拍，手腕不够灵活，对攻时左右结合的灵活性稍逊；处理台内球和搓、削中路偏右的近网球较为困难；削转与不转的动作易被对方识破。

② 浅握。虎口轻微贴拍（见图 5-126），手腕灵活，处理台内球的方法更加多样化；利于创造旋转变化；进攻低球较为容易；左右结合更富协调性。

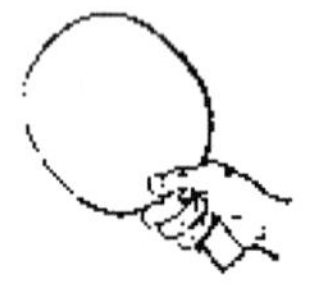

图 5-125 深握

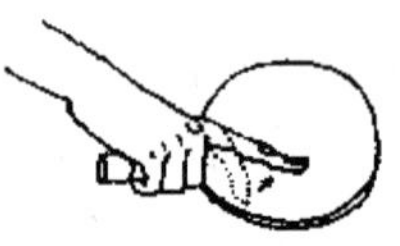

图 5-126 浅握

（二）基本站位和准备姿势

1. 站位

基本站位是指击球者在击球前相对于球台所处的一个较为固定的位置。不同类型的打法，其基本站位略有不同。

（1）进攻型打法的基本站位：应根据个人技术调整位置。左推右攻打法者站位在近台（离端线 50 厘米左右）、中线偏左处（见图 5-127）；两面攻打法的站位在近台、中线附近；弧圈球打法为主的站位在中近台（离端线 70 厘米左右）、中线偏左处，如图 5-128 所示。

图 5-127 左推右攻打法站位

图 5-128 弧圈球打法为主站位

（2）削球型打法的基本站位：削攻结合打法的基本站位在中台附近（见图 5-129）；以削为主打法的基本站位在中远台附近（离球台端线 100～150 厘米），如图 5-130 所示。

图 5-129 削攻结合打法站位

图 5-130 削球打法站位

2. 基本姿势

两脚平行开立，与肩同宽或比肩稍宽，两膝微屈内扣，前脚掌着地（主要以脚内侧蹬地），脚趾轻微用力压地，脚跟微离地面，以前脚掌着地，身体重心置于两脚之间，上体略前倾，收腹含胸，以便加快起动，持拍手臂自然弯曲，注视来球方向。直握拍的肘部略向外张，球拍置于腹部右前方，手腕自然放松，拍头指向右斜前方；横握拍的肘部向下，前臂自然平举，手腕自然放松，拍头指向上方，非持拍手臂自然弯曲于身体左侧，加强对来球的判断。

（三）基本步法

步法移动是乒乓球运动的“灵魂”，“每球必动”才能打出高质量的球。乒乓球的基本步法主要有五种。

（1）单步：以一只脚为轴，另一只脚向前、后、左、右不同方向移动，重心跟上。单步移动简单、灵活、重心平稳，一般用于来球离身体较近时的小范围移动，如图 5-131 所示。

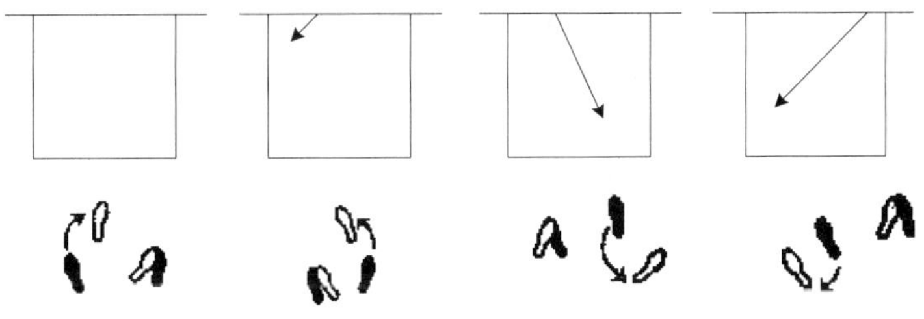
图 5-131 单步

（2）跨步：一脚蹬地，另一只脚向移动方向跨一大步，如图 5-132 所示。多用于进攻型选手左右移动击球。为防止跨步后失去重心，蹬地脚应随后跟上半步或一小步。跨步移动速度快，比单步移动范围大。实践中，常用来对付离身体稍远的来球。

（3）并步：一脚先向另一只脚移（或称并）半步或一小步，另一只脚在并步脚落地后即向同方向移动，如图 5-133 所示。其特点是身体不腾空，重心起伏小，很稳定。并步经常被进攻型选手或削球选手在左右移动时运用。

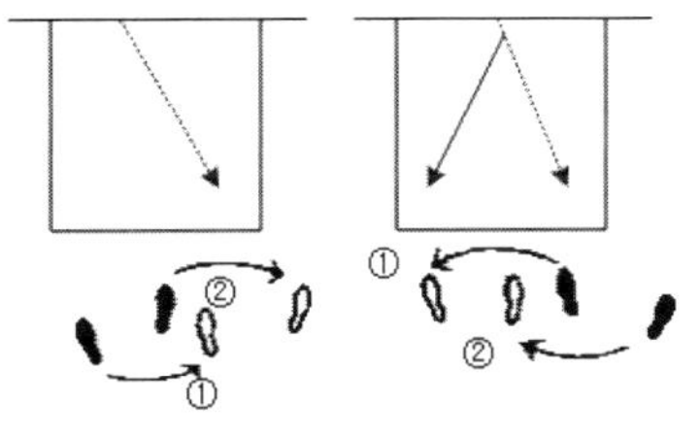

图 5-132 跨步

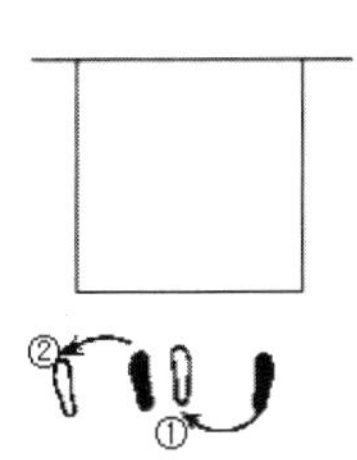

图 5-133 并步

（4）跳步：以来球异侧脚用力蹬地，两脚同时或几乎同时离地向来球方向跳动，在空中完成转腰动作和引拍动作，如图 5-134 所示。其特点是移动范围比跨步大，有利于发力，但有短暂的腾空时间，对于保持身体重心的稳定有一定影响。

（5）交叉步：先以靠近来球方向的脚作为支撑脚，使远离来球的脚迅速向前或左、右不同的方向跨出一大步，而原作为支撑的脚跟着前脚的移动方向再迈一步。后交叉步相反，如图 5-135 所示。交叉步移动范围大，主要用于对付距离较远的来球。侧身攻后扑打右方空当或再从右大角回到反手攻球时常用，削球选手在前后移动时也经常使用。

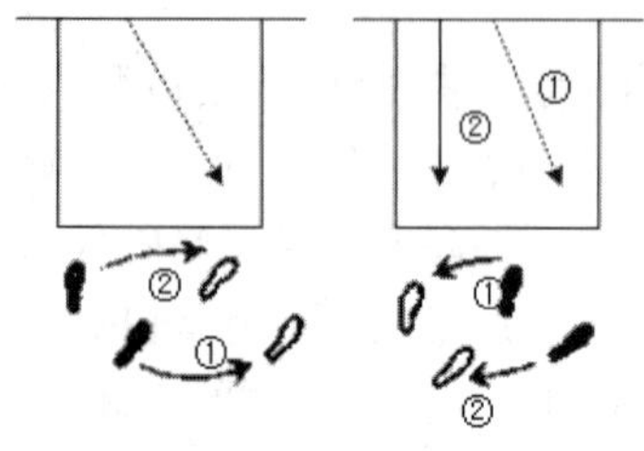

图 5-134　跳步

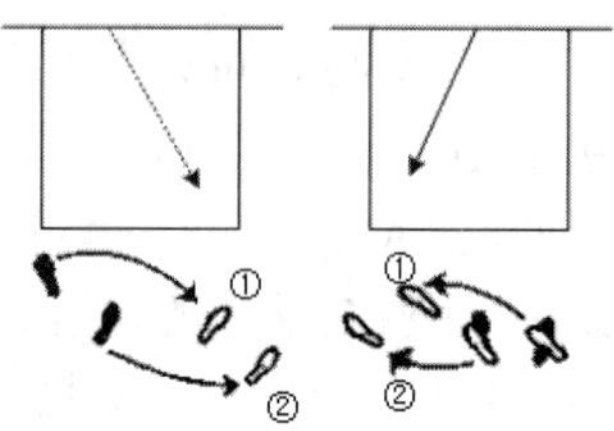

图 5-135　交叉步

（四）发球

微视频 5-10
乒乓球-发球和接发球

发球是乒乓球比赛中每一个回合的开始，是力争主动、先发制人的第一个环节，它是乒乓球技术中唯一不受对方制约的技术，可最大限度地满足自己的战术意图。比赛中可用于直接得分；可用于为抢攻创造条件，有利于自己技术和特长的发挥；可用于破坏对方的战术意图，造成对方的心理压力。由于发球的主动性、隐蔽性和威胁性，规则中对发球做了很多限制。常用的发球技术包括正手发急长球、正手逆侧上下旋发球、正手发转球与不转球、勾手发球、正手发左侧上（下）旋球、反手发右侧上（下）旋球、下蹲发球、正手高抛发球等。

1. 正手发急长球

特点：球速急、落点长、冲力大，发至对方右大角或中左位置，对对方威胁较大。

动作方法：右脚稍后，身体稍向右转，右手执拍于身体右侧；球向上抛起，执拍手随即向右后方引拍，待球下落时前臂快速由后方向左前方挥动，拇指压拍，拍面稍前倾并略向左偏斜，球拍触球的右侧中部；击球后，前臂和手腕随势向前挥动，如图 5-136 所示。

图 5-136　正手发急长球

2. 正手逆侧上下旋发球

特点：近年来出现的新技术，具有一定的迷惑性和良好的实战效果。

动作方法：左脚在前，身体侧向球台，降低身体重心。抛球时，大臂抬起，肘关节向外上方提起引拍，手腕内收，拍头下垂，身体略向后转动；发球时，拍面后仰（立起），前臂以肘关节为发力点，由身体内侧向身体外侧前下方（前方）挥拍，用球拍中下部摩擦球下侧（中）

部；击球时，前臂带动手腕快速发力；击球后，球拍随挥并还原，如图 5-137 所示。

（a）上旋　　　　（b）下旋

图 5-137　正手逆侧上下旋发球

3. 正手发转球与不转球

特点：球的旋转反差比较大，球速较慢，前冲力小，用相似的发球动作制造旋转变化去迷惑对方，造成对方接发球失误或为自己抢攻创造机会。

动作方法：右脚在后，身体稍向右转，前臂向后上方引拍，拍柄朝下（手腕外展）；击球时，前臂快速向前下方挥动并略外旋，手腕内收发力，摩擦球的中下部。发转球时，拍面稍后仰，切球的中下部，旋转程度越强，越应注意手臂的前送动作（见图 5-138）；发不转球时，击球瞬间减小拍面后仰角度，增加前推的力量，如图 5-139 所示。

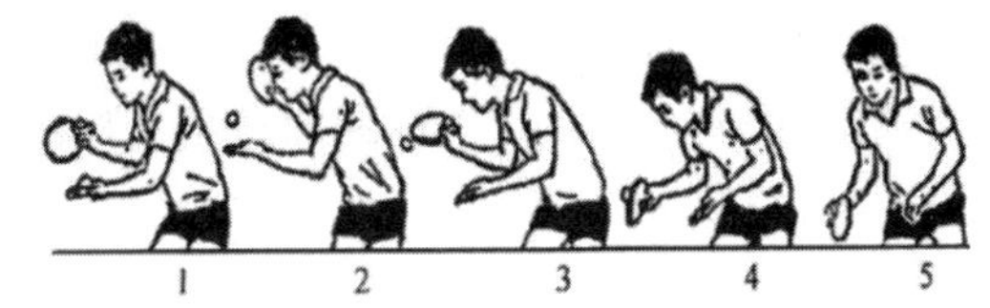

图 5-138　正手发转球

图 5-139　正手发不转球

4. 勾手发球

特点：逆旋转，隐蔽性强。

动作方法：左肩对球台，两脚左右开立，抛球同时重心向右转动；击球时，右脚用力蹬地，身体向左转动带动手臂沿弧形轨迹挥动，在右肩前上方击球，手掌手指呈勺状击球后中（下）部，向下（前）摩擦球，如图 5-140 所示。

图 5-140　勾手发球

5. 正手发左侧上（下）旋球

特点：动作幅度小且手法相似，却能发出两种旋转。左侧上（下）旋转力较强，对方挡球时向其右侧上（下）方反弹。

动作方法：右脚在后，持拍手向右上方引拍，手腕略外展，拍面稍向左；击球时，手臂带动手腕迅速由右向左挥动，如图 5-141 所示。尽量加大挥动的弧线和幅度，增强侧旋强度。发左侧上旋球时，击球瞬间手腕快速内收，球拍从球的正中向左上方摩擦；发左侧下旋球时，拍面稍后仰，球拍从球的中下部向左下方摩擦。

图 5-141　正手发左侧上（下）旋球

6. 反手发右侧上（下）旋球

特点：特点同正手。右侧上（下）旋转力较强，对方挡住后，向其左侧上（下）反弹。

动作方法：右脚在前，身体向左转，持拍手向左上方引拍，拍柄略向下，拍面稍后仰；击球时，前臂带动手腕从左向右挥动，如图 5-142 所示。注意收腹和转腰动作；充分利用手腕转动配合前臂发力。发右侧上旋球时，击球瞬间球拍从球的中部向右上方摩擦，手腕有一上勾动作；发右侧下旋球时，手腕向右下方转动，击球瞬间球拍从球的中下部向右侧下摩擦。

图 5-142　反手发右侧上（下）旋球

7. 下蹲发球

特点：发球具有强烈的旋转变化。可以发出左侧旋和右侧旋，在对方不适应的情况下，威胁很大，关键时候发出高质量的球往往能直接得分。

动作方法：站位一般在左半台。抛球举拍同时，两膝弯曲呈半蹲或深蹲状，拍柄朝下，当球下降到比网稍高时，用力摩擦球，如图 5-143 所示。发下蹲右侧上、下旋球时，左脚稍前，身体略向右转，从左后方向右前方挥拍。触球中部向右侧上摩擦为右侧上旋；从球中下部向右侧下摩擦为右侧下旋。发下蹲左侧上、下旋球时，身体基本正对球台，从右后方向左前方挥拍。触球右中部向左上方摩擦为左侧上旋；从球中部向左下部摩擦为左侧下旋。

8. 正手高抛发球

特点：抛球高，球下降时对拍的正压力增大，球速快、冲力大、旋转变化多。

动作方法：站位偏于左半台。左脚稍前，右脚稍后，两脚与肩同宽，身体与球台端线约成 60 度。抛球前，持球手臂微贴身体，两膝微屈；抛球时，手腕固定，前臂垂直向上抛，腰和膝同时顺势向上延伸，重心在左脚，同时向右后上方引拍，手腕充分外展，挥拍击球，球拍从右后上方向左前上方快速摆动，腕关节内收发力，腰向左转以配合用力，如图 5-144 所示。

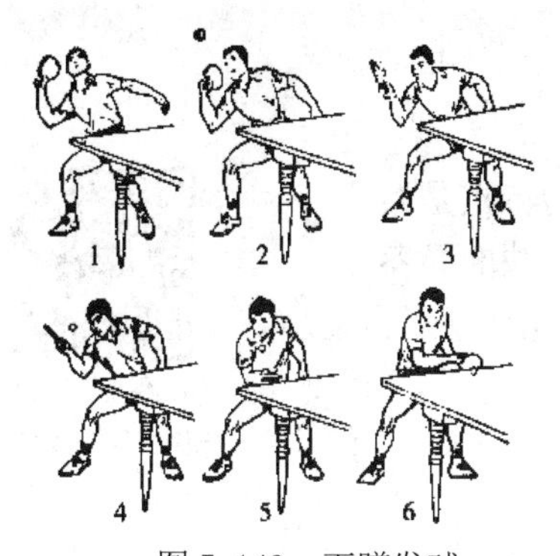

图 5-143 下蹲发球

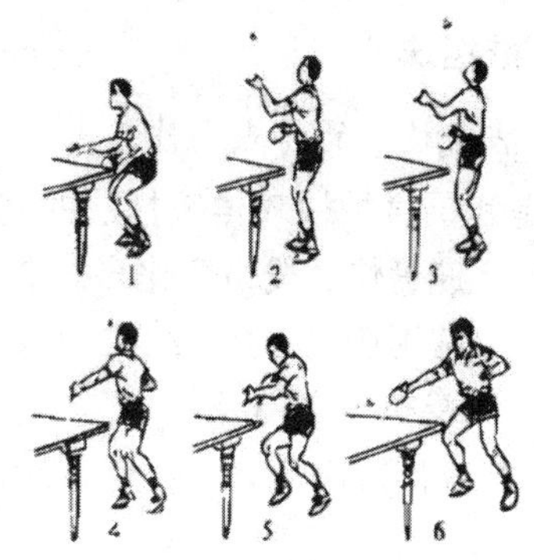

图 5-144 正手高抛发球

（五）接发球

1. 接发球的特点

接发球是比赛中每一回合的第二板，也是接发球方开始比赛的第一板，因而是一项反控制、求主动的技术。它不仅要求掌握多种基本技术，具备良好的判断能力和灵活多变的接发球意识，还必须积极主动，为下板创造机会，以解决发球抢攻的问题。

2. 接发球的作用

高质量的接发球可以限制对方特长技术的发挥，破坏对方的发球抢攻，并直接为自己抢攻和技术、战术的发挥创造条件，甚至可直接得分。接发球不好，不仅会直接失分或给对方更多的抢攻机会，导致自己处于被动局面，甚至产生挫败感，失去信心。

3. 接发球时应注意的三个问题

（1）站位选择：要根据对方发球时所站位置和发球的具体方式，结合自己的打法特点决定。能通过最快和最简单的步法回击本方台面任何落点的来球，就是好的站位。

（2）准确判断：对来球的线路、旋转和落点进行准确及时的判断是接好球的前提。注意力高度集中，紧盯对方球拍触球瞬间的触拍部位、用力方向，不被对方的假动作所迷惑。

（3）果断还击：对方发球一旦出手，迅速决定还击方法。能攻则攻，能拉则拉。

4. 接发球技术的具体运用

接发球的基本方法是由点、拨、带、拉、攻、推、搓、削、摆短、撇等各种技术组合而成的。

（1）接上旋球、正反手攻球或推挡回接，拍面适当前倾，击球的中上部，调节好向前的力量。

（2）接下旋长球用搓球、削球、提拉球回接，搓球或削球时多向前用力。

（3）接左侧上（下）旋球可采用攻球和推挡（搓球或拉球）回接，拍面稍前倾（后仰）并略向左偏斜，击球偏右中上（中下）部位，以抵消来球的左侧上（下）旋力。

（4）接右侧上（下）旋球可采用攻球或推挡（搓球或拉球）回击，拍面稍前倾（后仰）并向右偏斜，击球偏左中上（中下）部位。回接要点和方法与接左侧上（下）旋球相同。

（5）接近网短球用快搓、快点或台内突击回接，主要靠手腕和前臂的力量。

（6）若判断不准球转还是不转，可轻轻地托一板或撇一板，但要注意弧线和落点。

（7）接高抛发球时，如果球着台后拐弯的程度大，应向拐弯方向提前引拍。

（六）推挡球

1. 推挡球技术的特点和作用

推挡是我国直拍快攻传统打法的基本技术之一，它的特点是站位近、动作小、速度快、线路变化多。推挡球是左推右攻打法的必备技术，在比赛中常用快速推压，结合力量、落点、节奏的变化调动对方，为正手攻和侧身抢攻创造条件。

微视频 5-11
乒乓球-推挡球和攻球

2. 常用的推挡球技术

（1）挡球。

特点：球速慢，力量轻，动作简单，容易掌握。

动作方法：两脚平行站立或右脚稍后，身体靠近球台，前臂与台面平行，引拍至身体左前侧，球拍呈半横状，拍面与台面近乎垂直；击球时，前臂前伸近球，在上升期后段触球中部，借对方来球的反弹力将球挡回；击球后放松还原，准备下一次击球。

（2）快推。

特点：站位近、动作小、借力还击、回球速度快、线路变化多而灵活，命中率高，适用于回击一般的拉球、推挡球和中等力量的攻球。在相持中能发挥回球速度快的优势，推压两大角或袭击对方空当，使对方左顾右盼、应接不暇，为自己的进攻创造条件。快推是推挡球最常用的一项技术。

动作方法：站位近台，两脚平行站立或左脚稍前。引拍时，持拍手肘关节靠近身体前臂略外旋；击球时，前臂主动向前推送，拍面稍前倾，在来球上升期触球中上部，并配合转腕动作，借力将球推出，如图 5-145 所示。

（3）加力推。

特点：回球力量重、速度快，击球点较高，充分发挥手臂的推压力量，加之落点变化，可迫使对方离台，造成其处于被动局面。加力推与减力挡配合运用，能更有效地控制对方，争取主动。适用于对付速度较慢、旋转较弱的上旋球或力量较轻、着台后弹起比网稍高的来球。

动作方法：击球前，身体重心升高，前臂上提，球拍后引略高于来球，拍面前倾；击球时，上臂带动前臂用力向前下方推压，在球的上升期后段或最高点时击球的中上部；触球时，手腕相对固定，手指在拍后用力顶拍；在加力推的过程中，腰随手臂的伸展向左转动，身体重心前移；击球后，持拍手臂随势伸直，如图 5-146 所示。

图 5-145　快推　　　　图 5-146　加力推

（4）减力挡。

特点：回球弧线低、落点低、力量轻。多在加力推或正手发力攻迫使对方离台后使用，可调动对手使其前后奔跑，为抢攻创造机会。

动作方法：站位与挡球相同，击球前身体重心略升高，持拍手臂先向前迎球，但球拍触球瞬间，手臂前移动作骤然停止，有意识地做手臂和手腕后收动作，将球拍适度后缩，以缓冲来球的反弹力，借来球的力量将球挡过，如图 5-147 所示。

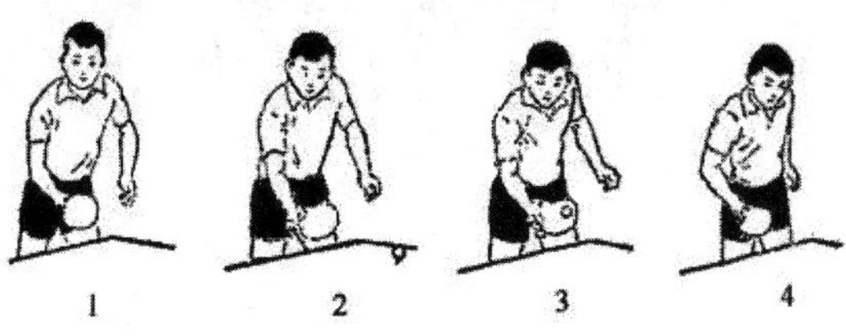

图 5-147　减力挡

（七）攻球

攻球技术是进攻型选手主要运用的技术，是各种类型打法选手必备的得分手段，其特点是速度快、力量大、应用范围广。攻球技术首先是先发制人，争取主动；其次，攻球技术能灵活处理各种不同来球，能攻时可发力打，不能攻时抢攻亦可拉一板，可近台快攻，也可在中远台打相持战；最后，正手侧身位攻球弥补了反手位进攻能力的不足。

1. 正手近台攻球

特点：站位近台，击球时间早、动作幅度小，球的速度快，能借来球反弹力还击，是近台快攻打法的主要技术之一。常用于还击正手位的发球、推挡球、一般的上旋球等，使对方措手不及，在对攻中将线路与落点变化相结合，调动对方，伺机扣杀。

直拍握法和横拍握法的正手近台攻球的动作方法如下。

（1）直拍：身体靠近球台，右脚稍后，两膝微屈，上体稍前倾，含胸收腹；击球前，引拍至身体右侧，球拍呈半横状，拍面稍前倾，上臂与身体约成 60 度，前臂与台面基本平行；当球从台面弹起时，手臂由右侧向左前上方挥动，前臂加速内收，拇指压拍、食指放松，击球瞬间配合手腕内转发力，在来球上升期击球的中上部；击球后，随势挥拍至头部左侧，如图 5-148 所示。

（2）横拍：手臂和手腕成直线并与台面接近平行，拍柄略朝下，击球时前臂和手腕稍向前上方用力，其他基本上与直拍攻球相似，如图 5-149 所示。

图 5-148　直拍握法的正手近台攻球

图 5-149　横拍握法的正手近台攻球

2. 正手中远台攻球

特点：站位稍远，动作幅度大、力量重，进攻性强。多用于对攻中，以力量配合落点变化直接得分或为扣杀创造条件，防御时可用作过渡球，伺机反攻。

动作方法：击球前，右脚在后，身体向右转动，增大向右后引拍的幅度，重心在右脚；击球时，用力蹬地、转腰，上臂带动前臂和手腕向左前上方发力，在来球下降期击球的中部或稍偏下；击球后，重心前移，如图 5-150 所示。

图 5-150　正手中远台攻球

3. 正手扣杀

特点：力量重、球速快、攻击性强，动作幅度大，是比赛中得分的重要手段。

动作方法：两脚开立，右脚在后，重心在右脚。扣杀前，执拍手臂随身体向右转，向右后上方引拍，引拍幅度要大，手臂较充分伸展，球拍与击球点之间保持足够的加速距离；当球弹起到最高点时，大臂带动小臂由后向前用力挥击，触球瞬间小臂加速向左前方发力，手腕前转，拍面稍前倾，击球的中上部；击球后，球拍随势挥至左胸前，上体左转，重心由后脚移至前脚，如图 5-151 所示。

图 5-151　正手扣杀

4. 正手台内突击

特点：站位近、动作幅度小、速度快、突击性强、力量大，是处理近网球的一项重要技术。常用于还击不出台的下旋球，或在对搓中突击起板。在对付削球时利用这一技术可以直接得分，亦可为扣杀创造机会。

动作方法：站位靠近球台，接右方近网短球时，右脚迅速向右前上方跨出一步，上体稍前倾，贴近球台，同时执拍手臂伸向台内，插到来球下方；待球弹起至最高点时，前臂内旋结合手腕转动进行击球；触球瞬间，手腕有一个明显向上摩擦球的动作，帮助制造弧线和控制落点。根据来球的高低、旋转强度和性质，调节拍面角度和发力方向。

5. 正手杀高球

特点：动作幅度大、力量重、击球点高，是回击高球的一种有效技术。

动作方法：根据对方来球选择自己的站位。两脚开立，右脚稍后，身体右转，执拍手臂向右后方充分拉开，重心放在右脚；击球时，上臂从上向下挥动，前臂和手腕向前下方发力，拍面前倾，在头与肩之间的高度击球的中上部，如图 5-152 所示。击球后，球拍随势挥至身体左侧，上身配合左转，重心移至左脚。

6. 反手攻球

特点：击球的速度比较快，控制性好，能加强攻势、取得主动权。

直拍握法和横拍握法的反手攻球的动作方法如下。

（1）直拍：近台站位，两脚平行站立（或右脚稍后），双膝微屈，前臂自然弯曲，手腕略内扣与下垂，球拍略向胸腹前引，腰带动前臂及手腕向前，在球的上升期击球的中上部，如图 5-153 所示。

（2）横拍：两脚平行开立，上体稍前倾，击球前，略向左后侧引拍，前臂与手腕几乎成直线，前臂外旋，手腕稍后屈，食指用力控制拍形；击球时，前臂向前右方发力，手腕外转用力，在上升期击球的中上部，如图 5-154 所示。

图 5-152　正手杀高球

图 5-153　直拍握法的反手攻球

图 5-154　横拍握法的反手攻球

（八）搓球

1. 搓球技术的特点及作用

搓球是一项过渡技术，也是对付下旋球比较保险、稳健的一项技术。搓球多用于接发球。在对搓中通过速度、旋转、落点的变化等为自己的抢拉或者抢攻创造机会。同时它也是掌握削球的入门技术，俗称“小削板”。初学者应掌握此技术。

在对搓中一般会出现三种情况：①来球为加转球，则搓回球为相对上旋球；②来球为不转球，则搓回球为下旋球；③双方搓球的旋转程度基本抵消，搓回球为相对不转的飘球。

了解搓球中的这几种变化可以在相持中掌握主动。搓球多在台内进行，动作不宜过大，要多用前臂和手腕，要做到每球必动，保证搓球的质量。

2. 常用的搓球技术

搓球分为慢搓与快搓两种。

微视频 5-12
乒乓球-搓球

（1）慢搓。特点：动作幅度大，回球速度慢，在来球的下降期击球，有利于增加搓球的旋转强度。慢搓一般适用于回接线路稍长、旋转较强的来球。

① 反手慢搓动作方法：两脚开立，身体离台稍远，击球前，执拍手向左上方引拍；击球时，前臂和手腕向前下方用力切球，前臂内旋并配合转腕动作向前下方用力，在球的下降期摩擦球的中下部；击球后，前臂随势前送，如图 5-155 所示。横拍搓球时，拍面略竖一些，击球后前臂向右下方挥摆。

② 正手慢搓动作方法：两脚开立，左脚稍前，身体稍向右转，离台稍远。击球前，向右上方引拍；击球时，前臂和手腕向左前下方用力，在来球下降期摩擦球的中下部，如图 5-156 所示。

图 5-155　反手慢搓

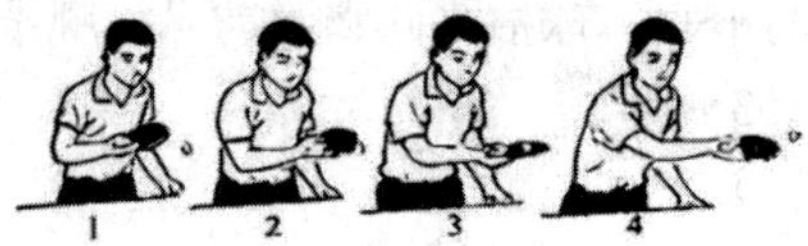

图 5-156　正手慢搓

（2）快搓。特点：动作幅度小、回球速度快，借来球的前进力将球搓回，常用于接发球或削过来的近网下旋球。在对搓中，利用快搓变化击球节奏，以缩短对方回球的准备时间。

① 反手快搓动作方法：两脚开立，身体靠近球台，右脚稍前；击球前，稍向左前上方引拍；击球时，前臂主动前伸迎球，在来球上升期摩擦球的中下部，如图 5-157 所示。

② 正手快搓动作方法：两脚平行或右脚稍前，两膝微屈，身体靠近球台，身体稍向右转，击球前，向右上方引拍；击球时，前臂带动手腕向左前下方用力，在来球上升期摩擦球的中下部，将球搓出，如图 5-158 所示。

图 5-157　反手快搓

图 5-158　正手快搓

（九）弧圈球

弧圈球技术是乒乓球技术中比较先进的技术，其优势体现在把击球的速度和旋转比较好地结合起来。它既能作为具有强大杀伤力的进攻技术，有效地得分，也能作为过渡性技术，有效地控制来球，是对付搓球、削球、推挡、发球以及拉球的有效技术。弧圈球具有强烈的上旋，攻击力强、威力大。弧线运行较慢，但下坠快、球反弹冲力大。按击球方法区分，有正手弧圈球、反手弧圈球、侧身弧圈球；按旋转特点区分，有加转弧圈球、前冲弧圈球。

1. 正手前冲弧圈球

特点：击出的球上旋强烈，飞行弧线低而长，速度快，弧线下坠比加转弧圈球更低、更快，急剧前冲向下滑落，杀伤力大，是得分的撒手锏。通常在对付削球、搓球、中等力量攻球、接发球及半高球时运用，对方弧圈相持时也用以对拉、对冲。

动作方法：两脚开立，右脚稍后，重心放在右脚上，身体略向右转，自然引拍至右后方，球拍与来球同高或稍低于来球，拍面前倾角度较大；击球时，腰部由右向左转动，前臂在上臂带动下向左前方发力，手腕略微转动；直拍的中指附加一个顶拍动作，横拍食指有一个向前甩的动作，在球上升期或高点期摩擦球的中上部；击球后重心移至左脚，如图 5-159 所示。

2. 正手加转弧圈球

特点：又称高吊弧圈球。上旋强烈，飞行弧线较高，速度较慢；弧线反弹下坠，着台后向下滑落快。通常在接发球，对付削球、搓球、挡球、攻球及接出台的下旋球时运用。

动作方法：两脚开立，右脚稍后，身体略向右转，右肩稍低于左肩，重心放在右脚上，手臂自然下垂向右后下方引拍，使球拍引至身后，拍面稍前倾并使拍面固定，手腕后伸；击球时，右脚掌内侧蹬地，手臂向前上方挥动，击球瞬间快速收缩前臂，在下降期摩擦球的中部或中上部，并结合伸膝及腰向左上方转动和右脚蹬地的力量；击球后，手臂随势挥至前额，重心移至左脚，如图 5-160 所示。

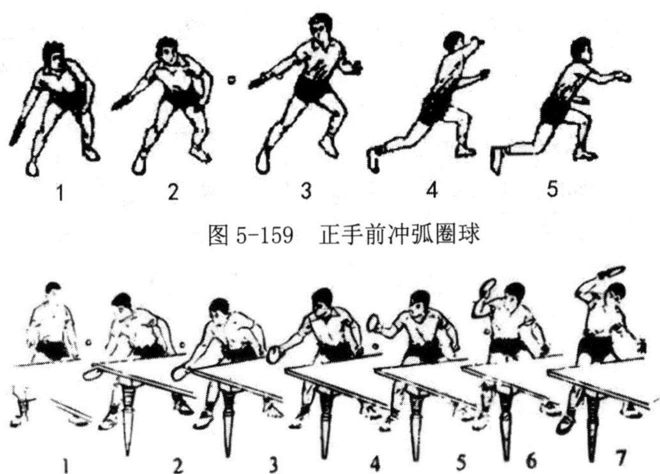

图 5-159　正手前冲弧圈球

图 5-160　正手加转弧圈球

3. 反手拉弧圈球

特点：反手拉弧圈球是横拍握法的优势之一。拉球的速度比正手稍快，力量和旋转稍微逊于正手，落点变化隐蔽。主要用于发球抢攻、接发球、搓中转拉以及对付一般的对攻和中台对拉，运用得当可直接得分，也能为正手的冲杀创造机会。

动作方法：判断来球，选好控球位置，两脚基本平行，间距略宽于肩，双膝微屈，含胸收腹，腰、髋略向左转，前臂自然弯曲。引拍动作为向左后方划一小弧；击球时，两脚用力蹬地，伸膝，展腹，身体向右转，前臂带动手腕向右前上方发力；触球时，从球的中部向中上部摩擦，用大拇指调节击球的弧线；球出手后，球拍挥至右前侧，手臂放松，还原成基本姿势，如图 5-161 所示。

图 5-161　反手拉弧圈球

三、乒乓球基本战术

比赛中，运动员根据对手的打法特点，结合场上比赛形势的需要，充分发挥自己的特点，限制对方的长处，为赢得比赛胜利而采取各种合理有效的手段方法，这就形成了战术。乒乓球战术是乒乓球技术的综合运用，是乒乓球技术在实际比赛中的完美体现。

（一）近台快攻型打法的基本战术

“快速、准确、凶狠、旋转、多变”充分体现了近台快攻型打法的技术风格。

1. 左推右攻打法基本战术

（1）发球抢攻：反手发右侧上、下旋球至对方中路靠正手近网处，伺机攻对方左角；正手发左侧上、下旋球至对方底线长球与左角短球（角度越大越好），配合发右方急球进行抢攻；正手发转与不转球至对方左、右角底线长球，配合两边近网短球，伺机抢攻。

（2）推挡侧身抢攻：在对推中比力量、比速度、比落点，伺机侧身抢攻。如推挡技术比对方强，可推压对方反手，伺机侧身抢攻。

（3）左推右攻：当推挡略占上风时，或在侧身抢攻成功后，对方往往会变线到正手，此时应以正手攻球进行回击。有时可佯装侧身，诱使对方变线，给自己创造正手回击的机会。

（4）推挡变线：用推挡压住对方左角取得主动时，变推直线袭击其右手。遇连续打侧身抢攻的对手时，以推直线加以牵制。

2. 两面攻打法的基本战术

（1）发球抢攻：用左推右攻的打法。

（2）反手攻结合侧身攻：以反手攻球压住对方反手和中路，伺机侧身扣杀斜线球、直线球。如发现对方侧身，可用反手轻滑直线球击其空当位置。

（3）反手攻直线：在连续用反手攻对方反手后，穿插反手攻直线，再攻斜线；当对方侧身进攻时，用反手攻或推挡变直线反袭对方正手空当，然后用正手扣杀。

（4）接发球抢攻：积极利用接发球抢攻去争取主动。

（5）正反手连续进攻：以正反手连续攻对手较弱的一方，然后伺机重扣，或以正反手连续攻对方左右两角，伺机扣杀。

（二）弧圈型打法的基本战术

弧圈型打法的作战方针是以旋转变化来控制和攻击对方。

（1）发球抢位：正手（或侧身）发强烈下旋球至对方左侧近网处，迫使对方以搓球回击，然后拉加转（高吊）弧圈球到对方反手或者弱点处；反手发右侧上、下旋球至对方中路偏右或偏左处，然后拉加转弧圈球或者前冲弧圈球至对方两大角。

（2）接发球抢位：对方发侧上旋球和不太转的球时，用前冲弧圈球回击；对方发侧下旋或强烈下旋球时，用加转弧圈球回击。

（3）搓中拉弧圈球：在对搓中，利用搓球的旋转和落点来控制对方，力争抢先拉高吊或前冲弧圈球。

四、乒乓球竞赛规则简介

本部分简要介绍乒乓球比赛主要规则，请扫下方二维码获知。

乒乓球竞赛规则简介

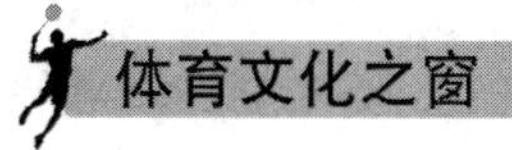

乒坛三大赛事与“大满贯”选手

世界乒乓球锦标赛是由国际乒联主办的国际乒乓球赛事，是最早的、规模最大的世界性乒乓球比赛，截至2022年共举办了56届。世界乒乓球锦标赛包括七个项目：男子团体、女子团体、男子单打、女子单打、男子双打、女子双打、混合双打。

1988年第24届奥运会将乒乓球列为正式比赛项目，设男子单打、女子单打、男子双打、女子双打四项。在2008年第29届奥运会上，男子双打和女子双打变更为男子团体和女子团体。

从1980年起，国际乒联每年举办一届世界杯男子单打比赛，1990年开始增加世界杯男、女团体比赛，1996年开始举办世界杯女子单打比赛。

在上述国际乒坛三大赛事中均获得单打冠军，即可称为“大满贯”得主。截至2021年，世界乒坛一共有十位大满贯得主（中国队占据了九位），他们是中国运动员邓亚萍、刘国梁、孔令辉、王楠、张怡宁、张继科、李晓霞、丁宁、马龙，以及瑞典运动员瓦尔德内尔。

第五节 羽 毛 球

羽毛球是一项隔网对抗的球类运动，它与网球、乒乓球合称为三小球。比赛时，一人或两人为一方，中间隔一网，用球拍经网上往返挥击羽毛球，使球落在对方场地上或使对方击球失误而得分。羽毛球运动因为运动的量和活动的强度可以由参与者自由控制，器械轻巧，设备简单，容易上手，场地要求不是很高，老少均可参与，羽毛球虽小但球速快，变化莫测，充满乐趣，所以深受广大运动爱好者的青睐。

体育文化之窗

中国竞技羽毛球运动的技战术创新

在步法上，创新了并步和蹬跳步，有效地扩大了选手在场上的移动控制范围，提高了移动速度，形成了一套中国式独特的步法训练和实战理论方法。在手法上，中国选手突破了过去过大且缓慢的手法动作，强调了击球动作在一致性和突变性的前提下，做到出手动作小而快、击球点高、爆发力强，逐步形成独特的快速、多变的手法训练和比赛方法。确定了“快、狠、准、活”的技术风格和“以我为主、以攻为主、以快为主”的发展方向。

一、羽毛球运动概述

（一）羽毛球运动发展史

据《大不列颠百科全书》记载，2 000 多年前，原始羽毛球游戏就在一些地区流行了。14 世纪末，日本出现了把樱桃插上美丽的羽毛当球，两个人用木板来回对打的运动，这便是羽毛球运动的雏形。19 世纪中期，在印度的蒲那（Poona）城，出现了类似今日羽毛球运动的游戏：以绒线编织成球，上插羽毛，参与者手持木拍，隔网将球在空中对击。之后，英国人从印度把这种类似毽子的游戏带入英国，作为茶余饭后的消遣娱乐。1873 年，英国公爵鲍弗特在格拉斯哥郡的伯明顿庄园里进行了世界上第一次羽毛球游戏，这是世界上第一次羽毛球比赛。“伯明顿（Badminton）”也就此作为羽毛球的英文名称。1893 年，英国成立了世界上第一个羽毛球协会，进一步修订了规则，规定了统一的场地标准。现代羽毛球运动由此拉开帷幕。

羽毛球在英国诞生以后，很快就扩展到其他地区。1934 年，国际羽毛球联合会（简称“国际羽联”）成立，总部设在伦敦。国际羽联于 1948 年至 1949 年间举办了第 1 届世界男子团体赛，又于 1956 年举办了第 1 届世界女子团体赛。1978 年 2 月，由亚非国家组成的世界羽毛球联合会（简称“世界羽联”）于香港成立，并于同年 11 月举办了第 1 届世界羽毛球锦标赛。国际羽联和世界羽联于 1981 年 5 月 26 日合并，依然名为国际羽毛球联合会（于 2006 年更名为羽毛球世界联合会，后文无论时间如何，都简称为“世界羽联”）。其管辖的比赛有汤姆斯杯——世界男子团体锦标赛、尤伯杯赛——世界女子团体锦标赛、世界羽毛球锦标赛——世界男女单项羽毛球锦标赛、世界杯赛、全英羽毛球锦标赛和世界羽毛球系列大奖赛等。羽毛球从 1992 年巴塞罗那奥运会开始被列入奥运会比赛项目包括男女单打、男女双打、混合双打。

20 世纪初，羽毛球运动传入我国，并在中华人民共和国成立后得到迅速发展。1981 年，世界羽联恢复了中国在世界羽联的合法席位，从此进入了中国羽毛球选手称雄国际羽坛的辉煌时期。中国羽毛球技术处于世界领先地位，在世界大赛中多次获得男子单打、男子双打、男子团体、女子单打、女子双打、女子团体冠军称号。中国羽毛球运动员独特的技战术，推动了世界羽毛球运动的发展。

体育文化之窗

中国羽毛球队的“超级丹”

林丹，羽毛球男单运动员，在 2000—2020 年的 20 年内共获得 20 个世界冠军。他不仅 2 次夺得奥运会男单金牌、5 次夺得世锦赛男单冠军、2 次斩获世界杯男单冠军，还是中国队获得 6 届汤姆斯杯冠军和 5 届苏迪曼杯冠军的主力队员，世界羽毛球历史上唯一一位“双圈全满贯”得主。这些意味着林丹一人把奥运会、世锦赛、亚运会、汤姆斯杯、苏迪曼杯、全运会、世界杯、全英赛等所有大赛的金牌都拿过两遍以上。林丹在羽毛球项目上体现出无与伦比的统治力，被世界羽联和媒体称为“超级丹”。林丹在世界羽坛的影响力不仅体现在他辉煌的运动成绩上，更在于他在比赛中、在与对手的竞争中所展现出的永不言弃、勇敢无畏的拼搏精神。

（二）羽毛球运动的特点与锻炼价值

羽毛球运动是一项全身性的球类运动项目，集技巧性、对抗性于一体，具有速度快、变化多、灵活性强等技术特点。经常参加羽毛球运动，可以发展力量、速度、耐力、柔韧、灵敏等身体素质和改善内脏器官的功能，使身体得到全面发展。此外，参加羽毛球运动还可以培养勇敢顽强、不甘落后、灵活机智、沉着冷静等优良品质。

二、羽毛球基本技术

（一）握拍法

微视频 5-13
羽毛球-握拍法

羽毛球的球拍是选手手臂的延伸。正确的握拍法可使球拍与手有机地融为一体，使运动员随心所欲地迎击场上不同方向、不同速度的来球，并根据自己的意愿，将球击到对手场地的任意一点，达到手与拍完美的结合。羽毛球技术中的握拍方法是多种多样的，但是基本的握拍法有两种，即正手握拍法和反手握拍法。以下各技术动作介绍均以右手持拍为例。

1. 正手握拍法

左手托住拍杆，拍面与地面垂直，张开右手，虎口对准拍柄的内侧小棱边，右手的小鱼际肌靠在拍柄底托处，小指、无名指和中指自然并拢握住拍柄，小指和无名指在拍柄的末端应稍紧，食指与中指稍分开，食指和拇指轻轻扣住拍柄，掌心和虎口要空，如图 5-162 所示。

2. 反手握拍法

在正手握拍法的基础上，拍柄稍向外旋，食指收拢，拇指上提且第二指节顶贴在拍柄内侧宽面上，其余四指并拢握住拍柄，手心与拍柄之间应留有一个明显空隙，如图 5-163 所示。

图 5-162 正手握拍法

图 5-163 反手握拍法

（二）基本步法

羽毛球运动中有“三分技术，七分步法”的说法。羽毛球多变和不确定的运动特点要求在极短的时间里运用交叉步、垫步、跨步、蹬跨步、蹬跳步、起跳等各种步法向来球方向迅速移动。

羽毛球步法大致分为上网步法、后退步法、两侧移动步法和起跳腾空步伐。

1. 上网步法

上网步法是指从场地中心位置向网前移动的步法。准备姿势应为两脚左右开立，稍有前后，膝关节略微弯曲，身体重心在前脚掌并在两脚间轮流移动，以便随时调整身体的重心，快速启动。上网步法可采用交叉步、并步、垫步或蹬跨步。

（1）右侧场区上网步法。可采用两步或三步交叉步加蹬跨步移动的方法，也可采用垫一步再跨一大步移动的方法上网，如图 5-164 所示。

（2）左侧场区上网步法。同右边场区上网步法，只是移动上网是朝左边网前，如两步跨步上网，如图 5-165 所示。

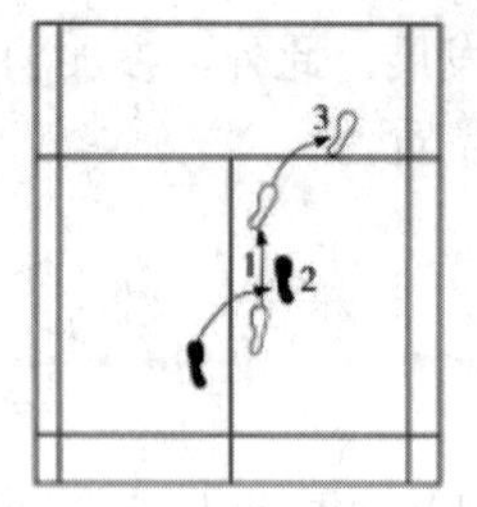

图 5-164　右侧上网步伐

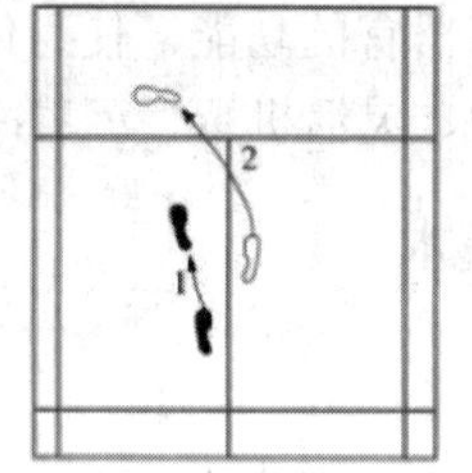

图 5-165　左侧上网步伐

2. 后退步法

后退步法是指从中心位置后退到后场端线的步法。后退步法有两种，即正手击球后退和反手击球后退步法。

（1）正手击球后退步法，如三步并步后退、三步交叉步后退等，如图 5-166 所示。

动作方法：在对方击球刹那间，判断来球落点，迅速调整重心至右脚；接着右脚蹬地，快速向右后撤一小步，上体右转侧身对网，以交叉步或并步移动到接近击球点的位置；移动的同时完成举拍准备动作，最后一步利用右脚（或双脚）蹬地起跳并在空中转体；击球后，左脚后撤落地缓冲，右脚前跨以利于迅速回动。

（2）反手击球后退步法，如三步后交叉后退、两步后退等，如图 5-167 所示。

动作方法：调整重心后，右脚后撤一步，上体左转，左脚随即向左后退一步，同时上体左转，右脚再向左后方跨出一步，背对球网，做底线反手击球。反手击球后退步法应根据来球距离的远近调整步法。如离来球较近，可采用两步后退步法：上体向左后转，左脚同时后撤一步，右脚再向左后跨一步，做底线反手击球。如距来球较远，则采用三步或五步后退步法：右脚先垫一步，而后左脚向后方跨一步，再按右、左、右向后退。击球后迅速回位至球场中心位置。无论是几步，反手击球后退步法的最后一步都应右脚在后，重心在右脚上。

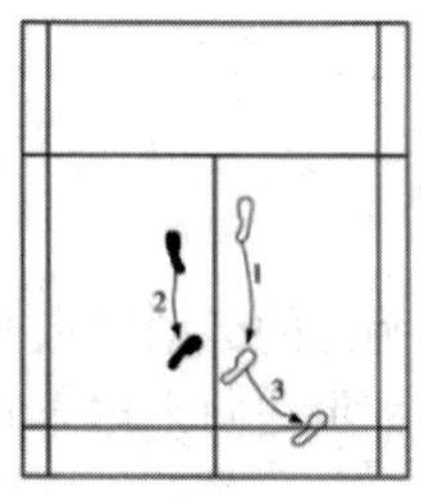

（a）三步并步后退

（b）三步交叉步后退

图 5-166　正手击球后退步法

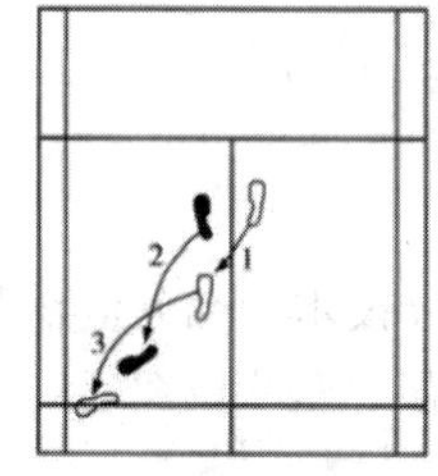

（a）三步后交叉后退

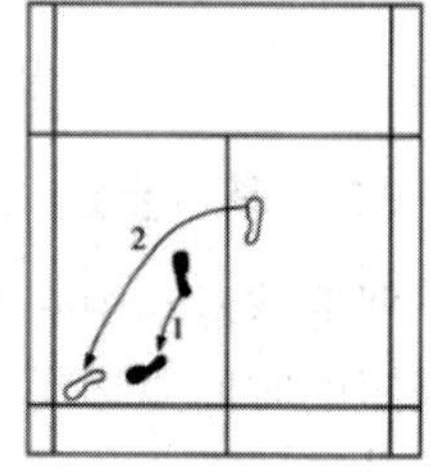

（b）两步后退

图 5-167　反手击球后退步法

3. 两侧移动步法

两侧移动步法多用于接对方的扣杀和打来的半场低平球。其站位和准备姿势与上网步法基本相同。

（1）向右侧移动步法。两脚左右开立，脚跟稍提起，根据来球，调整重心，以左脚前脚掌为轴，左脚掌内侧用力起蹬，右脚同时向右侧转跨大步，重心落在右脚上。如距来球较远，左脚向右垫一小步再起蹬，右脚同时向右侧转跨大步，如图 5-168 所示。

（2）向左侧移动步法。判断准来球后，调整重心，上体稍倒并向右侧，右脚掌内侧用力起蹬，左脚同时向左侧转跨大步。若来球较远，左脚先向左侧移动一小步，上体向左转身的同时右脚向左前交叉跨大步，如图 5-169 所示。

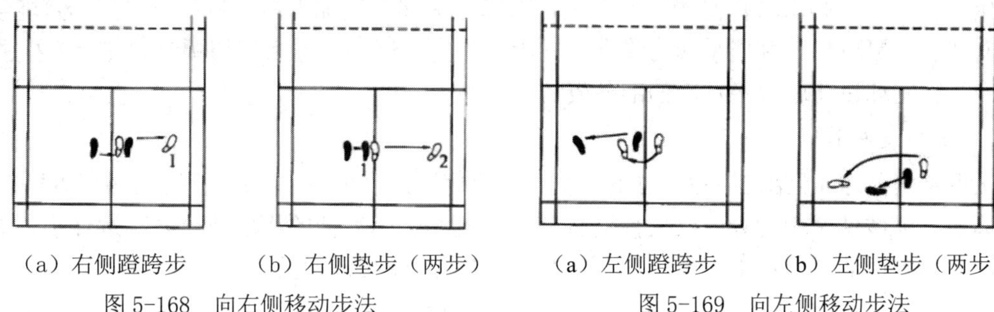

（a）右侧蹬跨步　（b）右侧垫步（两步）

图 5-168　向右侧移动步法

（a）左侧蹬跨步　（b）左侧垫步（两步）

图 5-169　向左侧移动步法

4. 起跳腾空步法

移动步法到位后，为争取战机和更高的击球点，用单脚或双脚起跳，居高临下，凌空一击，称为起跳腾空击球。上网、后退、两侧移动都可运用腾跳步。

动作方法：当对方打平高球（弧线较低）、球从右侧上空飞向底线时，用左脚向右侧蹬地，右脚起跳，上体向右侧上空窜出截住来球，突击扣杀对方空当；从左侧上空飞向底线时，则右脚向左侧蹬地，左脚起跳，用头顶击球法突击。在正手与头顶后退步法中，步子到位后，也可以右脚起跳腾空击球。击球后，左脚后摆在身体重心的后面着地；一经制动缓冲，便应立即回动至中心位置，如图 5-170 所示。

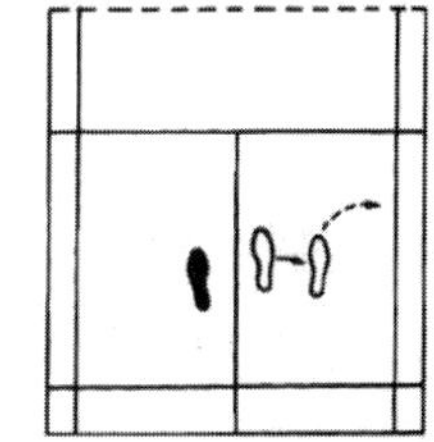

图 5-170　右侧腾跳出击

（三）发球

根据握拍方法和发球姿势，可分为正手发球和反手发球；根据球的飞行弧度，又可以分为高远球、平高球、平快球、网前球。在此主要介绍正手发高远球、正手发网前球和反手发网前球的方法。

1. 正手发高远球

正手发高远球的动作方法如图 5-171 所示。

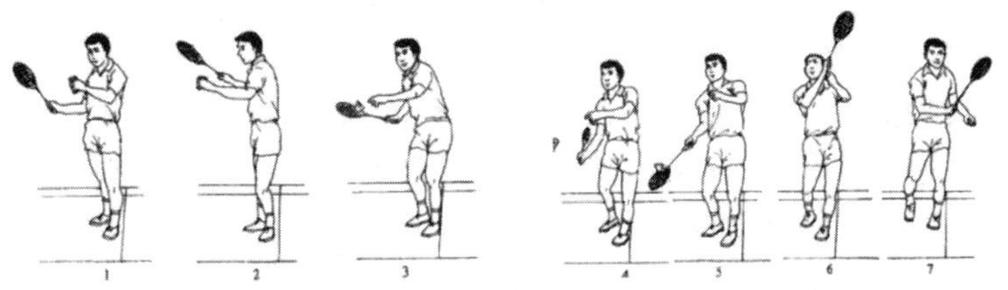

图 5-171　正手发高远球

（1）发球站位：在中线附近距离前发球线大约 1 米处站立。有时也可站在靠近前发球线处，发球后再退至中心位置。

（2）准备姿势：左脚正对球网，右脚朝向右斜前方 45 度左右，左脚在前，右脚在后，重心放在右脚上。

（3）击球动作：身体稍向左转，左肩侧对球网，用左手的拇指、食指及中指夹住球托中部，自然举于胸前。右手握拍向右后方侧举，肘部稍弯曲；左手将球举于身体靠右前方并放下，使球下落，同时右手由上臂带动前臂，从右后方向前挥动至左肩上方完成引拍动作；上臂开始挥动时，重心由右脚慢慢移到左脚，右脚跟提起。当球下落到右手臂自然伸直能触到的一刹那，握紧球拍，利用手腕力量向左前上方用力击球，击球后球拍顺势向左上方挥去。

（4）击完球后还原成接发球的准备姿势。

2. 正手发网前球

正手发网前球（见图 5-172）与正手发高远球动作大致相同，但站位稍前。由于网前球飞行距离短、弧线低、用力轻，因此前臂挥动的幅度和手腕后伸的程度要比发高远球小。球拍触球时，斜拍面从右向左斜切击球托，控制好球飞行过网的弧度及落点。

图 5-172　正手发网前球

3. 反手发网前球

反手发网前球的动作方法如图 5-173 所示。

图 5-173　反手发网前球

（1）站位：靠近前发球线，左脚或右脚在前均可，身体重心在前脚，上体前倾，后脚跟提起。

（2）准备姿势：右手反握在拍柄稍前部位，肘关节部位提起，手腕稍前屈，球拍低于腰部，斜放在小腹前，左手持球在拍面前方。

（3）击球：发球高度不能超过地面以上 1.15 米。手腕由内收至外展，捻动发力，球拍由后向前轻巧推送击球托后侧部，使球的最高弧线略高于网顶，通过拍面的切削动作使球落到对方场区的前发球线附近。

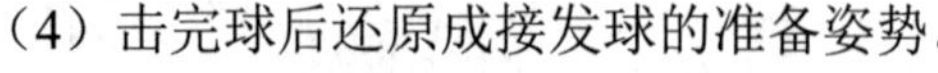

（4）击完球后还原成接发球的准备姿势。

图 5-174
接发球准备姿势

（四）接发球

1. 准备姿势

单打接发球准备姿势应左脚在前、右脚在后，侧身对网，重心在前脚，后脚脚跟稍提起，收腹含胸，持拍于身前，两眼注视对方发球的动作，如图 5-174 所示。双打接发球准备姿势基本与单打相同，膝关节弯曲的程度更大一些，以便直接进行后蹬起跳，重心可放在任何一只脚上。

2. 站位

单打接发球应站在离前发球线约 1.5 米处，在右发球区时应靠近中线位置站立，在左发球区时则站在中线与边线的中间位置。双打接发球一般应站于前发球线附近。

（五）击球

1. 后场击球技术

后场击球具有击球点高、速度快、力量大、主动性强等优点，是进攻打法最基本的技术。后场高空击球包括正手击球、反手击球和头顶击球等。在此主要介绍正手发高远球、反手击高远球、头顶击高远球、正手吊球、正手杀球等技术。

（1）正手击高远球。判断来球后，侧身后退使球在自己右肩稍前上方的位置，左肩对网，左脚在前，右脚在后，重心在右脚，左臂屈肘，左手自然高举，右手持拍举在右肩上方；击球前，大臂以肩关节为轴向前转动，肘关节上抬，将球拍后引至头后，使躯干呈微微的反弓形，手腕放松，使拍头自然下垂；击球时，在蹬地、转体、收腹的协调用力下，大臂带动小臂快速向前上方甩动手腕，在手臂伸直的最高点击球；击球后，持拍手臂随惯性往前下方挥动并收拍至体前，如图 5-175 所示。

微视频 5-14
羽毛球–后场击球技术

图 5-175　正手击高远球

（2）反手击高远球。当对方击来反侧球，迅速将身体转向左后方，步法到位后，右脚前交叉跨到左侧底线，背对球网，身体重心移到右脚上，使球在身体的右肩上方；击球前，由正手握拍迅速转换为反手握拍，并持拍于左胸前，拍面朝上；击球时，以上臂带动前臂，通过手腕的闪动自上而下地甩臂将球击出，如图 5-176 所示。

（3）头顶击高远球。击球前的准备姿势以及击球动作与正手击高远球基本一致，不同的是头顶击高远球的击球点在左肩或头顶左后上方。准备击球时，侧身（左肩对网）稍向左后仰；击球时，上臂带动前臂使球绕过头顶，从左上方向前加速挥动击球，如图 5-177 所示。击球时，注意发挥手腕的爆发力和充分利用蹬地、收腹的力量。

图 5-176　反手击高远球　　图 5-177　头顶击高远球

（4）正手吊球。击球前期动作与正手击高远球类似，区别在于击球力量略小。击球时，拍面正面向内倾斜，手腕做快速包切下压动作。若劈吊斜线球，则球拍包切球托的右侧，并向左下方发力；若劈吊直线，则拍面正对前方，向前下方包切，如图 5-178 所示。

图 5-178　正手吊球

（5）正手杀球。正手杀球是各种扣杀球的基础。击球前的准备姿势和击球动作与正手击高远球基本一致，不同的是最后用力的方向朝下，而且要充分利用蹬地、转体、收腹以及手臂和手腕的爆发力，全力地将球向下击出，如图 5-179 所示。

图 5-179　正手杀球

2. 前场击球技术

微视频 5-15
羽毛球-前场击球技术

前场击球技术包括网前的放、搓、推、勾、挑球等，其中搓、推、勾、挑属进攻技术，威胁性大，常能直接得分或创造下一拍进攻的机会。

准备姿势：侧身对网，右脚跨步成弓箭步，左脚在后自然拉开，上体略有前倾，右手持拍前伸约与肩平，肘关节微屈。

（1）搓球：搓球是指从距网顶三分之一处或更高点，利用手腕和手指的力量向前切削球托底部或向后提拉，使球击出后向右侧或左侧旋转或滚动过网。搓球一般在对方来球较靠近球网时运用。正反手搓球除握拍不同外，其他要领相同，如图 5-180、图 5-181 所示。

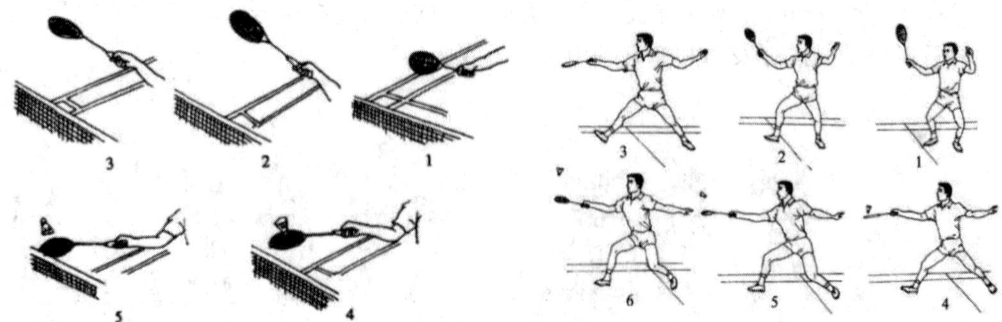

图 5-180　正手搓球

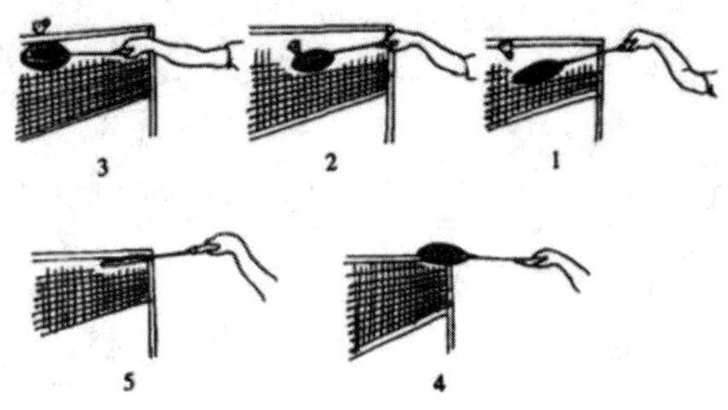

图 5-181 反手搓球

（2）勾球：把对方从两边击来的网前球用勾的动作回击到对方对角网前区称为勾球。击球时，拍面斜向对方右（左）网前。正手勾对角球时击球托右侧，手腕和手指带动球拍向左内勾动，如图 5-182 所示。反手勾对角球时，击球托左侧，同时向右内勾动，如图 5-183 所示。

（3）推球：在网上将来球用较平的弧线快速推到对方场区底线称为推球。击球时，拍面前倾，几乎与网平行，利用前臂带动手腕和手指的快速闪动将球击出。正手推球多用食指的力量，动作如图 5-184 所示。反手推球多用拇指的力量，动作如图 5-185 所示。

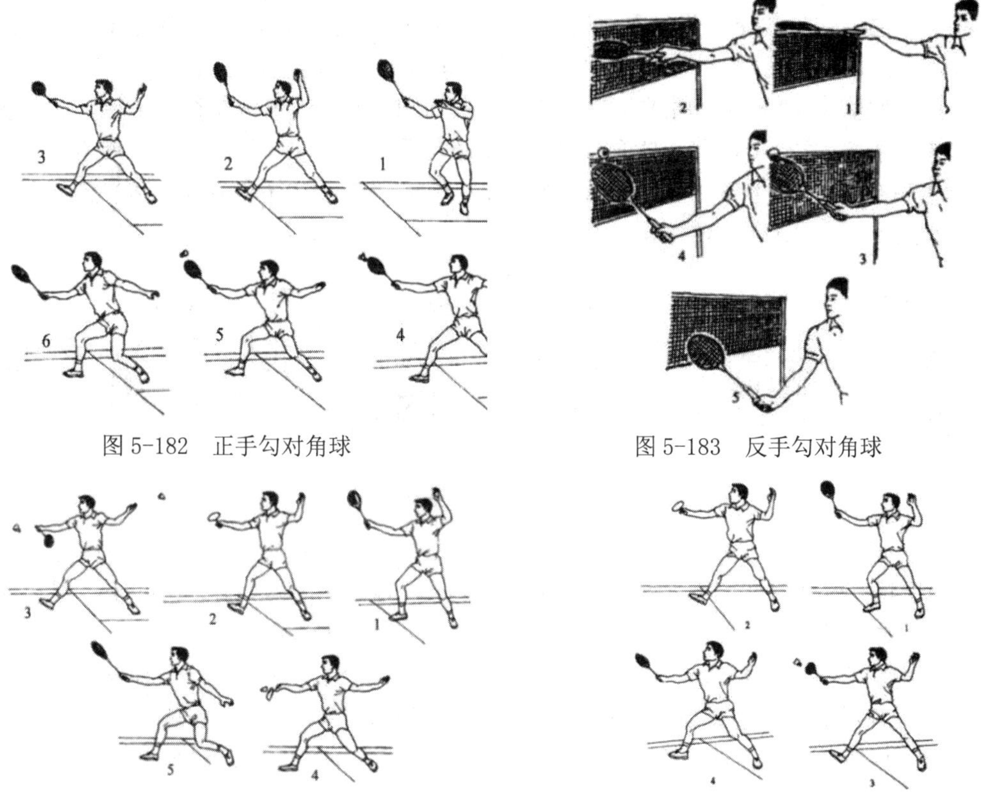

图 5-182 正手勾对角球

图 5-183 反手勾对角球

图 5-184 正手推球

图 5-185 反手推球

（4）挑球：把对方打来的吊球或网前球还击到对方后场区称为挑球。正手挑球时，以肘关节为轴，伸拍向前并以前臂带动手腕由下向上挥动，动作如图 5-186 所示。反手挑球时，以反手握拍，肘关节稍抬高，以肘关节为轴，前臂带动手腕由下向上挥动，动作如图 5-187 所示。

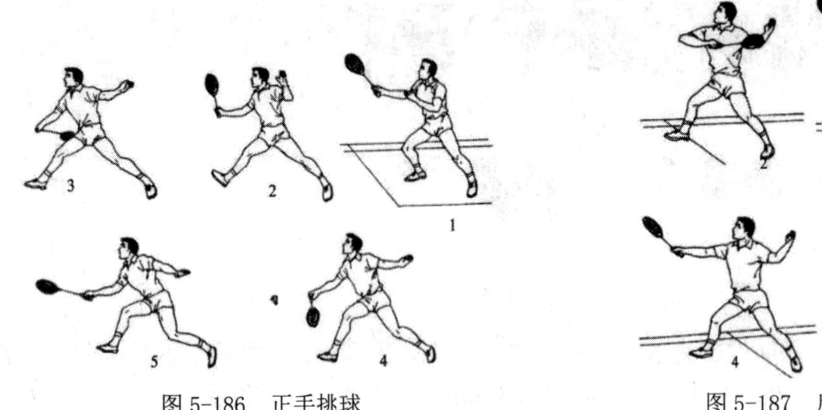

图 5-186　正手挑球　　　　图 5-187　反手挑球

3. 中场击球技术

中场击球技术大致有挡网前球技术、抽球技术、快打技术等。

（1）挡网前球：该技术多用于接对方杀球。接球前移至右场边线，身体右倾，手臂右提，前臂外旋，手腕外展。击球时，前臂内旋稍翻腕带动球拍由右下向前上方推送击球，把球挡向直线网前，也可以在击球时前臂由外旋到内收，带动球拍由右向前切送挡直线网前球。击球后，身体左转，正面对网，然后右脚上前一步，球拍随身体向左转收至体前。

（2）正手平抽球：两脚平行站立，右脚稍向右侧迈出一小步，上体稍往右侧倾，右臂向右侧上摆，球拍随着上举；击球前，肘关节前摆，前臂向后经外旋回环带动手腕伸展引拍；击球时，前臂快速内旋，手腕伸直闪动，手指抓紧拍柄，球拍由右后方往右前方高速平扫来球，如图 5-188 所示。

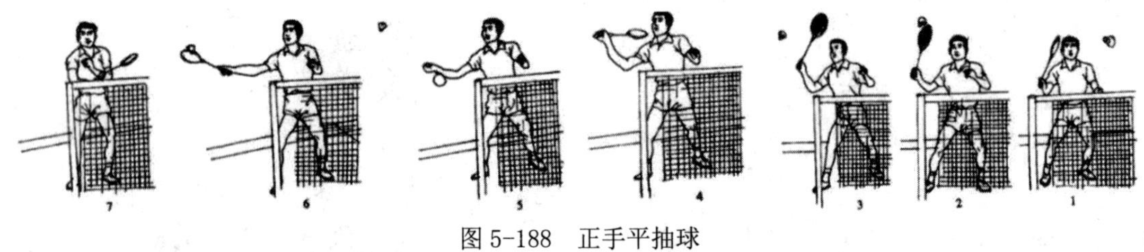

图 5-188　正手平抽球

（3）反手平抽球：右脚前交叉在左侧前，重心在左脚上，右手反手握拍在左侧前。击球前，肘部稍上抬，前臂内旋，手腕外展，引拍至左侧；击球时，前臂外旋，手腕由外展至伸直闪动，挥拍击球托的底部；击球后，球拍随身体的回动收回到右侧前。

（4）正手快打：两脚分开，右脚稍前，左脚在后，两膝弯曲呈半蹲式，右前臂上举，持拍于右肩上方。当判断来球是在头项上方时，身体稍往前移，同时左脚往前跨一小步，右脚稍微伸直，呈左弓箭步，把击球点选在右肩的前上方。上臂向前上方抬起时弯曲，前臂稍后摆带有外旋，引拍于头后。击球时，前臂向前，手腕由后伸至前屈闪动，挥拍击球托的后部，使球平直、急速地飞向对方中场区附近；击球后球拍随势前盖，右脚往左前方迈一步，站在中线两侧稍偏后的位置上，球拍由左下方回举至前上方，以便迎击下一次来球。

（5）反手快打：右脚前交叉在左侧前，重心在左脚上，右手反手握拍在左侧前。击球前，肘部稍上抬，前臂内旋，手腕外展，引拍至左侧；击球时，在髋的右转带动下，前臂外旋，手腕由外展至伸直闪动，挥拍击球托的底部；击球后，球拍随身体的回动收回到右侧前。

什么是高质量的击球？

高质量的击球表现为球速快、落点准、线路巧、变化多。协调处理好这些因素，就能提高击球质量，最大限度地调动对手，迫使对手处于被动状态而出现漏洞，或是跟不上节奏被迫失误。

三、羽毛球基本战术

（一）单打战术

1. 发球抢攻战术

发球抢攻战术中有发高远球、平高球、平快球、网前球等多种形式，应根据场上的具体情况灵活运用。发球抢攻战术应注意争取前三拍的主动进攻。

2. 攻后场战术

此战术是通过击高球，把球发到对方场地的端线或两底角处，特别是反手后场区域，给对方后退进攻击球制造难度，造成对方被动，然后寻找机会进攻其前场空当。

3. 攻前场战术

对网前技术较差的对手，可先将其吸引到网前，然后攻击其后场。采用攻前场战术，自己首先要有较好的网前击球技术。

4. 打四方球战术

若对手的移动速度较慢、体力较差、技术不全面，可以用快速、准确的落点攻击对方场区的 四个角落，寻找机会向空当进攻。此战术的主要目的是通过攻击角落迫使对方最大限度地移动，在其回球质量下降或偏离中心位置露出破绽时进攻得分。

5. 杀、吊上网战术

利用快速的平高球、吊球、杀球和网前搓、推、勾球，准确地将球击到对方场区的后场底线两角和前场网前两角 4 个点上。这种战术的特点是快速拉开，多拍调动对方，迫使对方前、后、左、右来回奔跑移动。

6. 打对角线战术

若对方的灵活性较差、转体较慢，不论是进攻还是防守，均应以打对角线球为主。这样可以造成对方因移动困难而被动回球，为本方创造好的进攻机会。

（二）双打战术

1. 攻人战术（二打一）

集中优势攻击对方两人中技术水平稍差且有明显弱点的人，不让其有喘息的机会，并伺机突击另一人因疏忽而露出的空当，或对此人偷袭。

2. 攻中路战术

当对方采取一左一右分边站位防守时，尽可能地将球攻击到两人之间的空当区域，造成对方因争抢回击球而发生碰撞或因相互让球而出现漏接失误；当对方前后站位时，可将球回击到对方两人前后之间靠近边线位置的半场区域，造成对方抢接或漏接。

3. 后攻前封战术

当本方处于主动进攻地位时，站在后场的队员见高球就大力杀球或吊网前球，迫使对方接挡网前球，为本方前场队员创造封网扑杀的机会。前场队员要积极封锁前场，迫使对方被动挑高球。一旦对方挑高球达不到后场，就为本方创造了再次进攻的好机会。

四、羽毛球竞赛规则简介

本部分简要介绍羽毛球比赛主要规则，请扫下方二维码获知。

羽毛球竞赛规则简介

第六节 网　　球

网球是一项 2 人或 4 人在中间隔一道网的场地上用球拍往返击打一个有弹性的橡皮小球的球类运动。网球运动优雅而又不乏激烈，是当今世界体坛中颇具影响且受人青睐和喜爱的一项体育项目，与高尔夫球、保龄球、桌球并称为“世界四大绅士运动”。在世界各种球类运动中，其地位仅次于足球，素有世界“第二大球类运动”之称。

一、网球运动概述

（一）网球运动发展史

网球运动孕育在法国，诞生在英国，发展在美国，现盛行在世界。

12—13 世纪，法国的传教士们常常在教堂回廊里用手掌击打一种类似小球的物体，以此来调剂刻板的教堂生活。渐渐地，这种活动传入法国宫廷。人们开始玩这种游戏的时候是用手掌击球，因此将其称为“掌球戏”。当时的球外面是用布包住的，里面塞满了头发。裹球的布以埃及坦尼斯镇所产的布最为著名，网球的英文“tennis”便是由此而来。

1358—1360 年，这种古式网球活动从法国传入英国。15 世纪，人们发明了穿线的球拍。1845 年，用鳔胶制成的网球的出现给网球运动带来了一次革命。1873 年，被誉为“近代网球之父”的英国人沃尔特·克洛普顿·温菲尔德少校出版了《草地网球》一书，完善了草地网球运动的规则，为现代网球运动发展奠定了雏形。1875 年，英国板球俱乐部制定了网球比赛规则。1877 年，英国全英网球运动俱乐部举办了第 1 届全英草地网球男子单打锦标赛，这标志着现代网球的诞生。1881 年，美国成立了世界上第一个全国性网球协会。1896 年，在雅典举行的第 1 届现代奥运会上，网球的男子单打与双打项目便被列为正式比赛项目。1900 年，美国网球运动员戴维斯为推动现代网球运动的发展，捐赠了一只黄金衬里的纯银大杯，名为“戴维斯杯”。它后来成为国际网坛声望最高的男子团体锦标赛的永久性流动奖杯。1913 年，国际网球联合会（简称“国际网联”）在巴黎成立，这标志着世界网球运动进入了新的发展阶段。后来，由于国际奥委会和国际网联在职业运动员和业余运动员的定义上有分歧，已连续举行了 7 届的奥运会网球比赛被取消。1968 年，国际网联宣布允许职业网球运动员参加比赛并设立奖金，这极大地促进了网球项目的发展。网球从此进入公开赛时代，职业网球逐渐形成以四大满贯赛事和不同级别巡回赛构成的职业网球赛事体系。1984 年的洛杉矶奥运会上，网球被列为表演项目。1988 年的汉城奥运会上，网球重新被列为正式比赛项目。

19 世纪后期，网球运动被英、美、法等国的商人、传教士和士兵带入我国，并逐渐在上海市、广州市、北京市等地传播开来。中华人民共和国成立后，网球运动得到空前发展。20 世纪 80 年代，随着改革开放的深入，越来越多的人开始喜爱网球运动。2003 年，孙晋芳（中国女排“五连冠”时期的队长、主力队员和核心人物）任国家体育总局网管中心主任，力推改革创新，尝试网球职业化发展的路径。2008 年北京奥运会之后，国家允许部分球员试水单飞，于是培养出李娜等一批高水平选手，极大地促进了中国女子职业网球运动的发展，并取得了一系列的骄人成绩。李婷、孙甜甜勇夺雅典奥运的女子双打桂冠（2004 年）。李娜历史性地进入澳网四强（2010 年），获得法国网球公开赛女单冠军（2011 年），这也中国乃至亚洲在网球四大满贯赛事上夺得的第一个单打冠军，同时世界排名上升至第 4 位。2014 年 2 月 17 日，李娜排名世界第二，成为亚洲网坛排名最高的选手，无愧于“中国网坛一姐”的美誉。

体育文化之窗

中国网球书写新历史！中国女双集齐“金满贯”

2021 年 9 月 13 日，张帅携手澳大利亚搭档斯托瑟夺得 2021 美网女双冠军。随着张帅在美网取得成功，中国女网也实现了在四大满贯和奥运会均夺冠的女双“金满贯”壮举。

2004 雅典奥运会：李婷、孙甜甜。

2006 澳网女双：郑洁、晏紫。

2006 温网女双：郑洁、晏紫。

2008 澳网混双：孙甜甜、泽蒙季奇。

2011 法网女单：李娜。

2013 温网女双：彭帅、谢淑薇。

2014 澳网女单：李娜。

2014 法网女双：彭帅、谢淑薇。

2019 澳网女双：张帅、斯托瑟。

2021 美网女双：张帅、斯托瑟。

（二）网球运动的特点及锻炼价值

网球运动既是一种消遣、一种增进健康的手段，也是一种艺术追求和享受，还是一种扣人心弦的竞赛项目。每击出一次好球，打出弦音，都使人感觉兴奋异常、愉快无比。

网球运动可以使人动作迅速、反应敏捷，并能提高速度、力量、耐力、灵敏等素质。因为手握网球拍击球，在球拍与球撞击时，需要根据来球的具体情况，随时挥拍应变处理，所以网球运动对调节肌肉用力的紧张度与肌肉感觉有良好影响，对发展协调性有积极作用。

网球运动是一项男女老少皆宜的运动，具有明显的健身健美价值。长期坚持网球活动，青年人能保持青春活力和健美形态，老年人能保持旺盛精力、饱满情绪，延迟衰老、延年益寿。此外，打网球可以增进友谊、加强团结、交流球艺、开展社交活动。

二、网球基本技术

本部分关于握拍、击球技术方法的说明均以右手握拍为例。

（一）握拍技术

握拍是学习网球最基本的技术环节。网球拍是击球者手臂的延伸和手掌的扩大，每个击球动作都是由手臂、手腕、手指相互配合用力来完成的，所以握拍技术对技术的提高和全面发展有较大的影响。

握拍的基本方法有东方式握拍法、大陆式握拍法、西方式握拍法、半西方式握拍法、超西方握拍法、双手反手握拍法等。握拍方法各有其优缺点，重要的是握拍要感到舒适，要根据自己的特点与习惯选择不同的握拍方法。初学者比较适合东方式握拍法，等有一定基础后，可采用半西方式或西方式握拍法。

1. 东方式握拍法

握拍时，拍面与地面垂直，正手握拍，虎口中央对准拍柄右上斜面，与握手姿势相似，故也称为“握手式”握拍法，如图 5-189 所示。反手握拍，虎口中央对准拍柄左上斜面握紧。

2. 大陆式握拍法

大陆式握拍法介于东方式正手握拍法和反手握拍法之间，也称为“榔头式”握拍法。与东方式握拍法不同，大陆式握拍法在进行正、反拍击球时都不必变换握法。握拍时用手掌根贴住拍柄上部的平面，食指与其余三指稍微分开，食指上关节紧贴着拍柄的右上斜面，拇指垫贴在拍柄的左垂直面上，如图 5-190 所示。使用这种握拍法时，手腕的活动范围较大，可以使运动员在打球或打过顶球时手臂自然下压，达到良好的攻击，并且这样给手臂的压力也最小。但这种握拍法较难处理反弹较高的球，也很难打出带上旋的击球。

3. 西方式握拍法

西方式正手握拍时，手掌心朝下，手掌的大部分放在拍柄的底部，手掌根贴在拍柄的右下斜面上，拇指压在拍柄的上部斜面，食指的下关节握住拍柄右下斜面，如图 5-191 所示。拇指与食指的“V”形对准握柄的右垂直面，握拍形状好似“一把抓”。使用这种握拍法击出的球旋转较强，用于进攻和破网时威力较大。这种握拍法的弱点是回击低球，且很难打出平快球。

图 5-189　东方式握拍

图 5-190　大陆式握拍

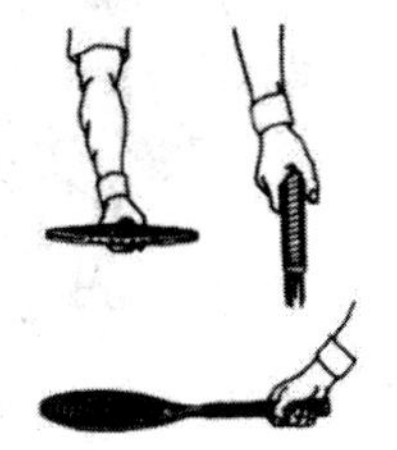

图 5-191　西方式握拍

4. 超西方握拍法

左手持拍，使拍面与地面平等，右手握住上面棱与右侧棱之间的部位。由于右手虎口的“角”对正的位置已超过了西方式握拍法的位置，故称为超西方握拍法。这种握法的正反手击球都使用网拍同一个面，在软式网球中多采用这种握法，用这种握法处理高球最为有效。在打反弹球时，正手能打出强劲的上旋球，反手多打斜球，特别适合打跳球和齐腰高球。但这种握法和西方式正手一样，在处理低球方面稍显逊色。

5. 双手握拍法

此握拍法通常以东方式正手握拍法为主，另一只手辅助，握拍方式介于大陆式和东方式反拍握法之间，如图 5-192 所示。双手握拍常用于反手击球，其变化多、力量大，对于力量小的人可以增加力量，便于打出上旋球，但它对步法要求高，步法移动慢的人到位率低，不易掌握，而且对两只手臂的协调配合及用力均匀程度要求高，协调能力差的人不易掌握。

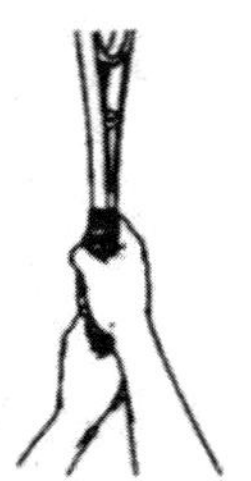

（a）双手正手握拍法

（b）双手反手握拍法

图 5-192　双手握拍

（1）双手正手击球握拍法。右手是东方式握拍法，握在拍柄的后（上）方；左手是东方式反手击球握拍法，握住拍柄的前（下）方。

（2）双手反手击球握拍法。右手是东方式反手击球握拍法，握在拍柄端部；左手为东方式正手击球握拍法，握住右手的上方。

（二）正手击球

正手击球是网球技术中最基本、最常用的击球方法，是初学者最先学习的击球技术。

微视频 5-16
网球-正手击球

1. 正手击球基本技术

正手击球动作由四个技术环节组成（见图 5-193）：准备姿势、后摆引拍、挥拍击球、随挥跟进。

（a）准备姿势　（b）后摆引拍　（c）挥拍击球　（d）随挥跟进

图 5-193　正手击球基本技术

（1）准备姿势：面对球网，两脚分开，与肩同宽，身体前倾，双膝微屈，重心落在前脚掌上，右手握拍，左手轻托拍颈，拍头翘起，置于胸腹之间的高度，拍面垂直地面并指向对方，注意力集中，准备迎击来球。

（2）后摆引拍：对方击球朝正拍来时，转髋，球拍向后、向上弧线引拍，重心后移，左脚前踏，左肩对网，尽量保持侧身迎击球，同时左手向前伸出指向来球，保持身体平衡。

（3）挥拍击球：当球拍由后摆向前挥动，借助髋和腰的快速短促扭转，利用离心力摆动身体并挥拍击球；击球时，轻握球拍，固定手腕，大臂挥动带动小臂，肘关节微屈，击球点在轴心脚侧前方，击球的水平轴的后部或后中上部。

（4）随挥跟进：击球后，球拍沿着球飞行的方向继续挥动，肘关节向前上方跟进前伸，转体动作也由后摆时的侧身对网转向正面对网，拍子随挥至左肩上方结束，同时还原到准备回击下一来球的状态。

2. 正手击球种类

（1）正手平击球。借助腰部扭转和腿部蹬伸力量，水平拉拍挥拍击球，击打球的后中部。用同样的力量击球，平击球的球速最快，球落地后前冲力大，球的飞行路线较平直，但其准确性和控制力较差，容易出现失误。

（2）正手上旋击球法。球拍自后下方向前上方挥动，在球弹起的高点或下降期摩擦球的后上部，使球由后下方朝前上方转动。击球时要加大向上提拉挥动的幅度，使球急剧上旋。上旋球的特点是飞行弧度低，下降快，落地弹起的反射角度较小，前冲力较大。打上旋球最大的优点是便于加力控制，正拍击中球既能发出力量，又能控制球进入场区、减少失误。

（3）正手下旋击球法（正手切削球）。与上旋球方向相反，在球弹起后的上升期，注视来球，球拍稍向后倾斜，由后上方至前下方挥拍，击球的后下部，从而产生下旋转，球由前上方向后下方旋转并向前飞行，过网时很低，落地后弹起较低并伴有回弹现象。下旋球落地容易控制，可以打对方的深区，常用于击球上网，利用球的飞行时间和深而准的落点冲至网前截击；也可作为变换旋转和节奏的打法，扰乱对方节奏，使其失误。

（三）反手击球

反手击球是网球基本技术中最常见的击球方法，包括单手反手击球和双手反手击球。

微视频 5-17
网球–反手击球

1. 单手反手击球技术

单手反手击球的动作方法如图 5-194 所示。

（1）准备姿势：反手击球的准备姿势与正手击球相同。

（2）后摆引拍：当判断来球向左侧方向飞来时，左手迅速协助右手快速完成反手握拍，同时向左转肩转体，右脚向左前方迈出，同时向左后引拍，左手扶住拍颈，肘关节自然弯曲，拍头翘起，指向后上方，右肩对着球网，重心移到左脚。整个动作要连贯、协调。

（3）挥拍击球：球拍由后向前挥出，前挥时手臂仍保持弯曲，直到随挥结束后才伸直；击球点在右脚左侧前方，高度在膝与腰之间（比正手击球稍低）；拍触球时手腕紧绷，拍面与地面垂直，击球的中部，用转体和转肩的力量使重心前移至右脚上。

（4）随挥：击球后手臂应自然向前上方挥到尽头，随着腰部的转动，面部重新转过来朝着球网的方向，此时球拍大致停于右侧高处，随挥动作结束，然后迅速准备做下一次击球。

图 5-194　单手反手击球

2. 双手反手击球技术

双手反手击球（见图 5-195）时，不论来球高低，都便于使球上旋，发力击球也比较容易，能够补充单手反拍稳定性差的弱点，易于初学者学习和掌握。

（1）握拍方法：双手反手握拍击球，两手都是东方式握拍法，右手掌根靠近球拍柄的端部，左手在转肩引拍的同时，顺着拍柄下滑至双手相接，成双手反手握拍。

（2）后摆引拍：侧身转肩，引拍应尽量向后拉，转动上体使右肩前探，侧身对网。球拍稍低于击球点，手腕固定，手臂放松，手臂向后伸，以便获得更大的击球力量。右脚向前跨出，身体重心移到右脚。

（3）挥拍击球：击球时双手紧握球拍，击球点约同腰高，比单手反手击球点略靠后，约在右膝前，球拍由下向前上方挥出，重心前移，眼睛始终盯住球。

（4）随挥：随挥要允分，随着上体转动，将球拍挥向右前方，拍头朝上，面向球网。

图 5-195　双手反手击球

（四）发球

发球是唯一由自己掌握、不完全受对方影响的技术，也是评价运动水平高低的指标之一。

发球的技术环节包括握拍法、准备姿势、抛球、后摆动作、击球动作和随挥动作，动作如图 5-196 所示。

微视频 5-18
网球-发球

图 5-196　发球动作

1. 动作方法

（1）握拍法：通常采用大陆式或东方式反拍握拍法。初学者可先采用东方式握拍法，当手腕力量增强且动作熟练后采用大陆式握拍法。

（2）准备姿势：侧对球网，站立在端线外中场标记旁边（单打）；两脚分开与肩同宽，左脚与端线约成45度角，右脚约与端线平行，重心在左脚上；左手掌心托球，右手持拍置于腰部高度，拍头指向前方。

（3）抛球与后摆：持球手拇指、食指和中指轻轻托住球，掌心向上。当球拍向下向后引拍时，持球手同时下降至右腿处，紧接着当球拍从身后向头上方做大弧度摆动，身体做转体、屈膝、展肩时，持球手在身前左脚前上举，直至伸到头顶上方。抛球动作要协调、平稳，球送至最高点再离开手指抛向空中。此时右肘向后外展约同肩高，拍头指向天空，左侧腰、胯呈弓形，身体重心随着抛球先移向右脚，然后平稳地前移。

（4）挥拍击球：当左手抛出球时，球拍继续向上摆起，这时握拍手的肘关节放松；当球下降至击球点时，右臂迅速向上挥拍击球，左脚上蹬，使手臂和身体充分伸展；当身体向前上方伸展击球时，肩、手臂已经回转，双肩与球网平行；挥拍击球时，持拍手腕带动小臂有一个内旋的“鞭打”动作，用力扣腕击球，这是发球发力的关键动作。

（5）随挥动作：击球后，身体向场内倾斜，保持连续的、完整的、向前上方伸展的随挥动作，球拍挥至身体的左侧，左手在左膝侧面扶住球拍，重心移向前方，做到完全自然地跟进并保持身体平衡。

2. 发球的分类及其方法

发球基本分三种：平击发球、切削发球和上旋发球，每一种发球都有其特点和用途。

（1）平击发球。平击发球是一种几乎不带旋转的大力发球，是发球中球速最快的发球法，也称“炮弹式”发球。这种发球不但力量大、球速快，而且反弹低、威胁大，但失误较多。

发平击球时的击球点应在右眼前上方，以拍面中心平直对准球，击球的后中上部。因此，手、腕的向前甩和前臂的内旋“鞭打”非常重要，身体还要充分向上、向前伸展，以获得最高击球点，提高发球命中率。

（2）切削发球。这是一种以右侧旋转（略带下旋）为主的发球法，就是由球的右上方往左下方切削击球，也被称为“削击发球”。发球时把球抛到右侧斜上方，球拍快速从右侧中上方向左下方挥动，击球的中部偏右，使球产生右侧旋转。切削发球的飞行轨迹及弹跳方向由发球的切削程度所定。这种发球与平击球相比要慢，但安全实用、容易掌握、准确性高。

（3）上旋发球。这是一种以上旋为主、侧旋为辅的发球法。由于球的上旋成分多于切削发球，会使球产生一个明显的从上向下的弧形飞行轨迹过网，发力越强，旋转成分越多，弧形就越大，命中率也就越高。落地后球反弹到对方的左侧，迫使对方离位接球，给对方造成很大压力，同时为发球上网争取足够的时间。

发上旋球时，把球抛到头后偏左的位置，击球时身体尽量后仰，利用杠杆力量对球加旋转，球拍快速从左向右上方挥动，从下向上摩擦球的背面，并向右带出，使球产生右侧上旋。

（五）接发球

在现代网球运动中，接发球既是非常重要的基本技术，也是最复杂、多变的击球技术。接发球时，不但要根据对手的发球速度、力量、旋转角度、发球站位等来判断和预测球的落点，还要根据对手发球后的站位选择击球方式、回球线路等。

1. 接发球的技术环节

（1）正确的握拍法：应根据习惯的握拍法来决定。对于大陆式握拍法，正、反拍击球不必换握拍；对于东方式、西方式或混合式握拍法，正、反拍击球需换握拍，当球一离开对方的球拍，就应该决定是否要转变握拍法。

（2）准备姿势及站位：当对方发球前，屈膝重心降低，两脚平行分开或前后开立；当对方抛球准备击球时，重心适当升高，两脚快速交替跳动，并判断来球方向和球的落点，迅速移动接发球。接发球站位一般位于端线附近，要根据对方的发球水平和自己的接发球水平、习惯、场地动作快慢和战术需要来确定。一般应站在对方能发到接发球一方内外角的中角线上，接第一发球时站位稍后些，接第二发球时站位略前。

（3）击球动作：根据对方发球好坏、力量大小、速度快慢而定。对于发球差的选手，可用自己的底线正、反拍动作来接对方的发球；对于发球好、力量大、速度快的对手，可用网前截击球的动作来顶接对方的发球，这样接出的球很有威胁。

2. 接发球的种类

接发球分为正手接发球和反手接发球两种。根据战术需要，除了回击力量不同和落点变化外，还可直接放小球或挑高球，也可接发球上网和接发球破网。

（六）截击球

截击球是指在网球落地前进行凌空拦击，将球击回到对方场区的技术，可以在网前截击，也可以在场内任何地方截击空中球。截击球的特点是缩短击球距离、扩大击球角度、加快回球速度，在网球比赛中成为一种主要打法和进攻武器，也是网球比赛中重要的得分手段。

1. 基本技术

截击球的技术环节包括握拍法、准备姿势与站位和击球动作。击球动作又包括正手截击球、反手截击球、截击高球、截击低球、截击近身球、中场截击球等。

（1）握拍法：初学网球者刚开始时，用一般的东方式正手和反手握拍来进行网前截击，但当水平有了一定提高时，就会发现在网前短兵相接时是没有时间变换正反握拍方法的。用大陆式握拍法就能自如地解决各种凌空截击，不需要换握拍方法。

（2）准备姿势与站位：两脚自然开立，约与肩同宽，双膝微屈，脚跟提起，重心落在前脚掌上，上体前倾，球拍放在身体前面，略高于正反拍底线击球的准备姿势，拍头高于握拍手，左手轻托拍颈，眼睛注视来球。当对手击球的一刹那，就应通过对手的击球位置、挥拍动作判断出来球的方向、高度和路线，以便及早起步并快速移动。

（3）击球动作：手腕紧固，以短促而有力的动作向前向下迎击球，触球的中下部。

2. 正手截击球

判明对方来球方向后，立即转胯转肩带动球拍后摆，后摆动作不超过右肩，有时间的话，左脚向侧前方 45 度跨步，以增加击球力量。拍头要高于握拍手，握紧球拍，绷紧手腕，在身体前面迎击球（前腿前 15～30 厘米处）；截击球的动作是挡击或撞击，在拍子短促地向前撞击的同时微微向下，有点像切削球；击球时拍头上翘，拍面稍向后斜，如图 5-197（a）所示。击球后有一幅度较小的随挥动作，拍子对着球击出的方向挥出去，随即恢复到准备状态。

网前截击球分为进攻型和防守型两种打法。当截击高于网的来球时，就采用进攻型打法，这是得分机会球；如截击的是低于网高的球，就处于防守地位。

3. 反手截击球

当球来到反拍一边时，用扶拍手向后拉球拍，同时转肩，球拍开始做短短的后摆，拍头高于握拍手，眼睛看球，有时间的话，右脚向侧前方 45 度上步击球以增加力量，向前向下截击来球。球与球拍接触时，握紧球拍，手腕绷紧，在身体前面 15～30 厘米处撞击球；向前撞击球时，两只手的动作就好像在拉一个长的橡皮筋，以保持身体的平衡，如图 5-197（b）所示。击球后球拍对着球撞击方向送出，随挥动作要短，以便能迅速恢复到准备状态。

（a）正手截击球　　（b）反手截击球

图 5-197　截击球

4. 截击高球

如果对方来球高度较高但又不能回击高压球时，就必须在身体前面截击。截击高球要有一定的后摆，触球时要握紧球拍，手腕绷紧并朝上；击球时球拍对准球，重心向前，然后用简短的随挥动作对着球推击并向前下方送出，准备下次回击。

反手截击高球时，扶拍手帮助球向后摆，同时控制好拍面不要太大，拍头朝上；击球挥拍时扶拍手放开，球拍从高到低击球并随挥出去。

5. 截击低球

截击低球比截击高球的难度要大一些。截击低于网的来球，首先应降低身体重心，屈膝至适当的高度。在采用弓步击球时，有时后面的膝盖可触及地面，拍头要略低于手腕，拍面放开些，在身体前面击球，击球时最好加上旋或侧旋，尽量要把球回击向深处以迫使对手向上击球。击球后，球拍随着球出去的方向做短促的随挥动作。

6. 截击近身球

网前截击时，常会遇到朝身体快速飞来的球，即“追身球”。这时没有时间往一侧跨步去打正规的正拍截击或反拍截击，对付这种“追身球”的最好办法是把球拍放在身体前面用反拍截击，保持手腕笔直和绷紧，拍面在体前正对着球截击。如果要加力截击，则身体向左转，不加后摆动作直接把球击出。击球后，身体前倾，球拍对准球落地的方向随挥出去。

7. 中场截击球

指在本方发球线附近的截击球。中场截击球大部分是在腰部以下的部位击球，要注意精确的击球点和拍面的角度，尽量回击到对方深区的空当，以便及时抢占网前有利位置。

（七）高压球

高压球是指在头上用扣压的动作完成的一种击球方法。高压球是对付对方挑高球的一种进攻技术，良好的高压球技术能增强上网截击的威力。

高压球的动作和握拍方式均与发球相似，如图 5-198 所示。当对方挑高球时，应立即侧身转体并用短促的垫步向后退，持拍手上举至头部，然后向后引拍，重心在两脚前脚掌上，后腿弯曲，随时准备扣杀。准备击球时，非持拍手上举指向来球的方向和高度，击球点在右眼前上方。如果跳起高压，用后脚起跳，转体、收腹，击球后用左脚着地，同时右脚向前跨，准备再次上网截击。近网高压球的击球点可偏前，便于下扣动作的完成；后场高压的击球点可稍后些，击球动作向前下方挥击，以防下网。

图 5-198 高压球

（八）基本步法

灵活的步法可以抢占有利的击球位置，从而有效地回击来球。

1. 正手击球步法

正手击球步法如图 5-199 所示。正手击球要利用身体重心的前后移动击球，因此要保证向前迈步击球的步法。移动时，右脚跨出最后一步并向右转动，然后左脚向前交叉，形成关闭式步法，侧身对球，重心前移击球。

2. 反手击球步法

反手击球步法与正手击球动作相同，方向相反，如图 5-200 所示。在端线外站位，跨出一两步，到达适当的击球位置，左脚跨出最后一步并向左转动，然后右脚向左前方跨交叉步，侧身对球，重心前移并击球。

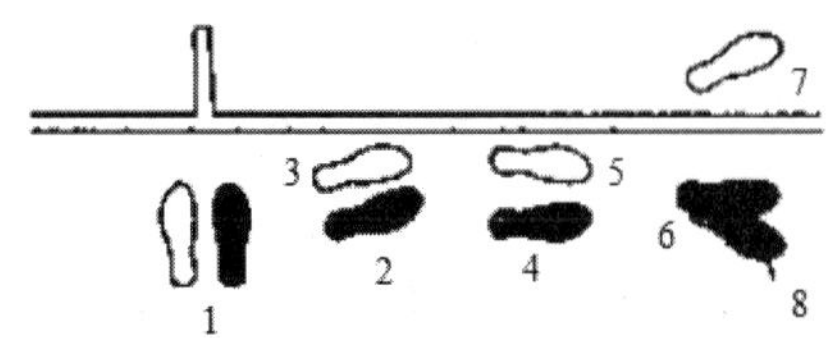

图 5-199 正手击球步法

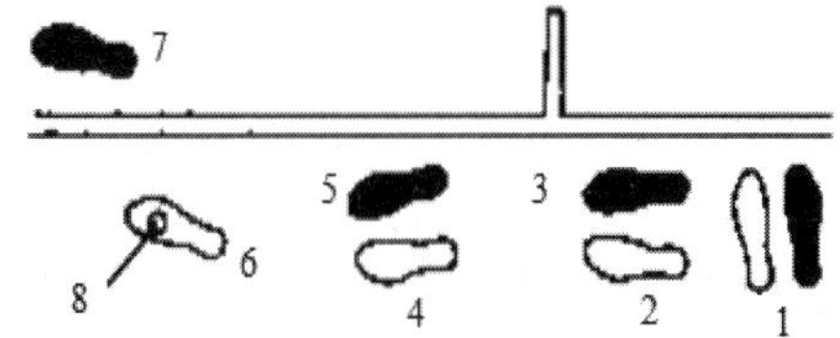

图 5-200 反手击球步法

3. 前进步法

比赛中，要打好每一个球，不仅需要左右移动，也需要前后移动。上网截击、打随击球和对方放短球时，都需要迅速准确判断，向前移动到位，如图 5-201 所示。

4. 后退步法

对方挑高球时，往往需要快速后退至来球后面，以便回击球。后退步法与前进步法动作相同，方向相反，如图 5-202 所示。

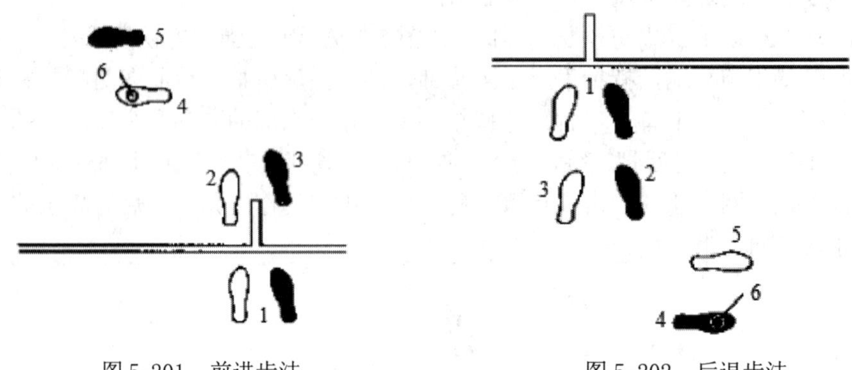

图 5-201　前进步法　　　　图 5-202　后退步法

三、网球基本战术

网球战术是指在比赛中根据对方的打法类型及技术特点而采用的各种技术手段和方法。网球比赛中的战术分为单打战术和双打战术两大类。

（一）单打战术

一般分为发球战术、接发球战术、上网战术、底线结合上网战术和底线战术五种。

1. 发球战术

发球不受对方约束和控制，可通过力量、速度和准确性达到得分目的。针对对方弱点，攻其薄弱环节；采取不同的发球方式，创造上网截击的机会；运用相似手法发不同性能的球，增加对方接发球的难度。

（1）发球站位。发第一区时，尽量接近中线，发直线球逼对方反拍；发第二区时，站位可离中线稍远，便于以更大的斜角发到对方反拍区，扩大自己的正拍防守区域。

（2）第一次发球。因第一发球失误不失分，应多用大力平击发球，以使对方接发球失误；或用切削发球、上旋发球打落点，将球发至对方防守较弱的区域。

（3）第二次发球。判断准确，发球快而狠，打落点，多用切削发球或上旋发球。

2. 接发球战术

接发球一般处于被动地位，需做一些战术上的准备，以求减少被动、争取主动。

（1）接发球站位。对方发旋转球时，要靠近旋转方向一点。为利于左右回击和主动上网，应在对方发球夹角的分角线上站位，且尽量站在底线内半米左右处，压制对方，自己上网。

（2）接发球击球方法。一般采用平击抽球，将球回击到底线两角；也可使球旋向两边线，造成对方左右大范围跑动；或运用切削球打到近网两角；或运用挑高球挑过发球上网者头顶等。

3. 上网战术

上网战术是指在发球或接发球后，冲到离网较近的位置，不等对方回击的球落地便进行空中截击或高压击球的一种积极主动的战术打法。

（1）上网时机。多用于第一次发球。如果发上旋球，借球在空中飞行时间长、对方难于回击之机快速上网截击。若采取抽击球后上网，则出球要斜、要深、要重，或接近中央地带。

（2）上网站位。尽可能站到离网约 2 米处。近网，则进攻威胁性大、封网角度小、防守控制面积大。此时，站位应在对方可能的击球角度的角平分线上。

（3）上网击球。积极主动击球，进行强有力的击球和具有明确战术意图的击球，避免非主动击球，主要采用截击球或高压球，并根据对手的站位决定上网击球的方向和落点。

4. 底线结合上网战术

（1）底线正反拍必须具有进攻性和较大威胁。

（2）利用大力的抽击球（如上旋球）拉开对方，伺机上网。

（3）具有较好的预测、判断能力，击球果断、有力，随之上网。

（4）底线抽击球在斜、深、重的情况下造成对方被动，紧跟着上步进行抽杀。

（5）既考虑积极上网，又要提防对方的破网打法。

（6）上网击球主要采用截击球和高压球，此外还要熟练掌握反弹球。在被动的情况下可以运用反弹球过渡一下，把球打到对方难以回击的地方，争取第二次主动截击的机会。

5. 底线战术

以进攻型打法为前提，用速度、力量、准确和凶狠取胜对方，使看似防守性的打法具有攻击性。常用的战术有逼右攻左、逼左攻右、攻击对方弱点或打对方不喜欢的球。

（二）双打战术

双打战术是指两名队友相互配合，彼此间取长补短、密切合作，为取得比赛胜利所采取的配合作战的方法、策略。

1. 发球战术

（1）发球站位。发球者站在底线后、中点线与边线延长线的中间位置，比单打站位稍靠边线，因为另一边有同伴防守，同时可使发出的斜线球角度更大。

（2）第一发球。大力、凶狠、准确击球，提高发球成功率和质量，掌握上网主动权。常用大力上旋球发对方反手区，压制其进攻力量和回击角度；也可用大力平击发球，迫使对方打过渡球回击高球，以便上网扣杀。

（3）同伴站在距离网 2～3 米、距离边线约 3 米处，把守半边场区，伺机截击或高压击球。

2. 接发球战术

（1）接发球站位。为便于接发球后的上网，通常站在对方可能的击球角度的分角线上。

（2）回击方法。平击、切削、旋转三种方法交替运用，使对方捉摸不定。球要过网低、角度斜、落点深，压制对方上网，利用时机自己上网。

（3）同伴站位。站在发球线附近，比发球者站得稍后一些，随时注意场上变化。

3. 网前比赛战术

当四人均上网时，短兵相接，要求反应灵敏、动作迅速，有较高的技术水平。

（1）站位。上网位置在离网 2～3 米处，两人各站半场中间稍靠中线的位置，这样的站位便于进退和防“中间球”。

（2）同伴之间配合原则。同伴之间要形成默契。来球在两人之间时，由正手击球者回击；来球在两人之间且是斜线球时，由距离近的运动员迎击；挑高球在两人之间时，由正手击球者进行高压；对方接发球回击过来的中场球，由上网运动员争取截击，发球运动员随时准备补漏；上网运动员左右移动时，底线同伴要移动补位。接发球同伴注意不要移动过早，以免被对方发现而回击直线球造成被动。

4. 底线比赛战术

双打应争取机会上网，一旦被压在底线，只能考虑防守，然后伺机反攻。可用挑高球回击短而低的球，以改变对方的击球节奏，变被动为主动。

四、网球竞赛规则简介

本部分简要介绍网球比赛主要规则，请扫下方二维码获知。

网球竞赛规则简介

世界重大网球赛事

1. 四大网球公开赛

温布尔登网球锦标赛：这是“四大满贯”中历史最为悠久的赛事，也是当今最为著名的网球赛事之一。它创办于 1877 年，在每年的 6 月底～7 月初举行，比赛场地为草地，地点为伦敦西南部的温布尔登。

美国网球公开赛：创办于 1881 年，在每年的 8 月底～9 月初举行，比赛场地为硬地场，地点为纽约法拉盛公园。

法国网球公开赛：创办于 1891 年，在每年的 5 月底～6 月初举行，比赛场地为红土场，地点为巴黎西部的罗兰•加罗斯球场。

澳大利亚网球公开赛：创办于 1905 年，在每年的 1 月底～2 月初举行，比赛场地为硬地场，地点为墨尔本公园。

2. 国际团体锦标赛

戴维斯杯赛：世界男子网球团体锦标赛，于 1900 年创办，比赛采用 4 单 1 双、5 盘 3 胜制。

联合会杯赛：世界女子网球团体锦标赛，于 1963 年创办，比赛采用 4 单 1 双、3 盘 2 胜制。

3. 大师杯年终总决赛

由全年成绩最好的前 8 名男选手参加年终总决赛，于每年的 11 月举行。

4. WTA 年终总决赛

由全年成绩最好的前 8 名女选手参加年终总决赛，于每年的 11 月举行。

第六章　体育艺术类

教学目标

1. 知识目标

了解体育艺术类运动项目的特点及练习方法。

2. 技能目标

掌握一项体育艺术类运动项目。

3. 课程思政目标

（1）通过了解体育艺术类运动的服饰、配乐，学生可以提升美学审美能力。

（2）进行技术的讲解与练习，培养学生不拘一格、善于总结、敢于创新的意识和能力。

（3）帮助学生在运动实践中感悟团队协作的重要性。

体育艺术类项目是体育与艺术两种不同的文化在各自领域发展过程中相互靠近、汇合并逐渐融合的新型产物，是以有规范、有组织、有节律性的身体运动为表现形式和手段，集爆发性、连续性和优美性于一体，将技术和艺术表现相结合，向观众展现形体美、线条美、健康美、艺术美等诸多美的因素，具有健身性、教育性、文化性、竞赛性、技能性、娱乐性的体育文化活动项目。健美操、啦啦操、体育舞蹈、瑜伽等都属于体育艺术类项目。体育艺术类项目的诞生和发展，不仅拓宽了体育的发展领域，给体育增加了无穷魅力，也为娱乐欣赏、竞技比赛、课程教学等提供了更广泛的选择。

第一节　健　美　操

健美操是集音乐、舞蹈、体操、美学于一体的新型体育项目。作为一项追求时尚的运动，健美操以其自身固有的价值和独特的魅力风靡世界，深受广大青年学生及群众的喜爱，并成为高校体育教学的主要内容之一。

一、健美操运动概述

健美操是在音乐伴奏下，以健、力、美为特征，以有氧运动为基础，以身体练习为基本手段，达到增进健康、塑造形体、陶冶情操、愉悦身心等目的的一项体育运动。它将体操、舞蹈、音乐有机地结合在一起，既是一种锻炼方式，又是一项竞技运动项目。

（一）健美操运动发展史

健美操源自生活及人们对形体健美的追求，是形体训练、体操、舞蹈、音乐等逐步结合发展的产物。

健身性健美操起源于1968年，最早是美国太空总署为太空人所设计的体能训练内容。医学博士库珀专门创编了一些动作并选配了音乐，创造了一种新的运动方式——“Aerobics”（译为有氧运动或有氧健美操），还发表了《新有氧体操》《有氧体操有益于大众》等著作。他因此被人们称为“健美操之父”。1969年，杰姬·索伦森结合了体操和现代舞创编了健美操。

图6-1 简·方达健身术

美国的健美操发展史上还有一位重要人物，她就是好莱坞电影明星简·方达。简·方达并没有天生的好身材，长到十二三岁时依然又矮又胖。为了苗条，她采用节食，呕吐，服用可卡因、利尿剂等方法来减肥，但是这些方法后来被证实对身体十分有害。她在痛苦的失败中吸取教训，认识到“健康的美才是真正的美”。从此，简·方达走上了体育锻炼的道路，通过练习健美操来保持身体的健康和体态的苗条。1981年，简·方达根据自己从事健美操锻炼获得健美形体的成功体验，撰写了《简·方达健身术》（见图6-1）。此书出版后，先后被译成20多种文字，畅销于世界30多个国家。在简·方达的感召和影响下，健美操迅速风靡世界。简·方达为健美操在世界的推广作出了杰出的贡献。

20世纪80年代初，健美操运动传入我国。1984年，北京体育学院成立了健美操研究组。后来，由健美操研究组编排并推出的“青年韵律操”传遍全国各大专院校，健美操因此迅速在各大专院校得到普及。1992年，中国健美操协会在北京成立。同年，中国大学生体协健美操、艺术体操分会成立。这些都标志着我国健美操运动已进入一个崭新的发展阶段。2010年至今，我国健美操运动的竞技水平已达国际前列，健美操、健美舞等运动已风靡全国。

（二）健美操运动的分类

按照不同的目的和任务，健美操运动可以分为健身性健美操和竞技性健美操两大类。

健身性健美操即大众性健美操，是以锻炼身体、增进健康为主要目的的健美操，根据练习的形式可分为传统有氧健美操、搏击健美操、拉丁健美操、街舞健美操、踏板健美操、健身球健美操、皮筋健美操、哑铃健美操、水中健美操等。

竞技性健美操是一项在音乐伴奏下表现连续、复杂、高强度健美操操化动作能力的运动项目。运动员在成套动作中需展示健美操七种基本步伐的综合使用、过渡与连接动作以及力量、柔韧与平衡的能力。它以竞技为目的，动作难度、运动强度和密度较大。

（三）健美操运动的特点与锻炼价值

健美操运动集健身、健美和健心于一体，有其独特的健、力、美的项目特征与价值。

健美操以有氧运动为基础，所以从动作的设计到成套的练习，均要确保练习者在运动过程中充分摄取氧气，发展和提高练习者的心肺功能；健美操运动强调动作的协调性和多样性，练习内容丰富，包括身体各部位的关节、韧带、肌肉，还强调动作力度和弹性，具有针对性、对称性，既能增强体质、塑造形体，又能提高协调性和韵律感，使人体和谐发展，愉悦身心。

二、健美操基本技术和基本动作

（一）健美操的基本技术

1. 弹动技术

弹动技术是健美操的核心技术，也是健美操动作韵律感的基本表现形式，依靠踝关节、膝关节、髋关节的屈伸缓冲而产生。

2. 半蹲技术

在做腿部弯曲的动作时，膝关节一定是朝着脚尖的方向弯曲，半蹲时还要求大小腿夹角不得小于 90 度，膝关节不超过脚尖，避免脚尖或膝关节过度外开或内扣。半蹲技术的关键是髋关节的主动弯曲。

3. 落地技术

落地时，由前脚掌过渡到全脚掌，或由脚跟过渡到全脚掌，然后迅速屈膝、屈髋缓冲。脚步向前移动时，通常是脚跟先落地；脚步向后移动时，通常是前脚掌落地。落地技术与弹动技术和半蹲技术是紧密联系在一起的。

4. 身体控制技术

健美操动作应给人以有控制而不僵硬之感。运动中，除对某些动作的特殊要求外，正常情况下躯干应保持正常的生理弯曲，即挺胸、收腹、立腰，下颚稍抬起，四肢无论在什么位置上都应有所控制，避免过度伸展，以免对身体造成伤害。

以上技术彼此之间相互支撑、相互渗透，每一个动作的构成，动作与动作的转换、连接都应做到自然、流畅、合理，动作的位置、路线、位移均通过这几种技术来完成。

（二）健美操的基本动作

基本动作是健美操运动的基础，是最小的动作元素。健美操是由若干个健美操基本动作组成的，这些基本动作是健美操的主要表现手段。

微视频 6-1
健美操-基本动作

1. 常用手型

常用手型包括掌型、拳、指等，如图 6-2 所示。

（1）掌型。

① 并掌：五指伸直并拢。

② 开掌：五指伸直，用力分开，手腕保持一定的紧张度。

③ 立掌：五指伸直并拢，腕关节上翘。

④ 花掌：五指伸直，用力分开，小拇指和无名指内旋，拇指、食指和中指外展。

（2）拳：五指伸开，拇指之外四指向里屈曲卷握，拇指紧压于食指和中指的第二指节上。

（3）指。

① 单指：握拳，食指或拇指伸直。

② 剑指：握拳，食指和中指并拢。

图 6-2　常用手型

2. 头、颈部动作

头、颈部动作由屈、转、绕和绕环等动作组成，如图 6-3 所示。

（1）屈：指头颈关节角度的弯曲，包括前、后、左、右屈。

（2）转：指头颈部绕身体垂直轴的转动，包括左、右转。

（3）绕和绕环：指头以颈为轴心的弧形和圆形运动，包括左、右绕和左、右绕环。

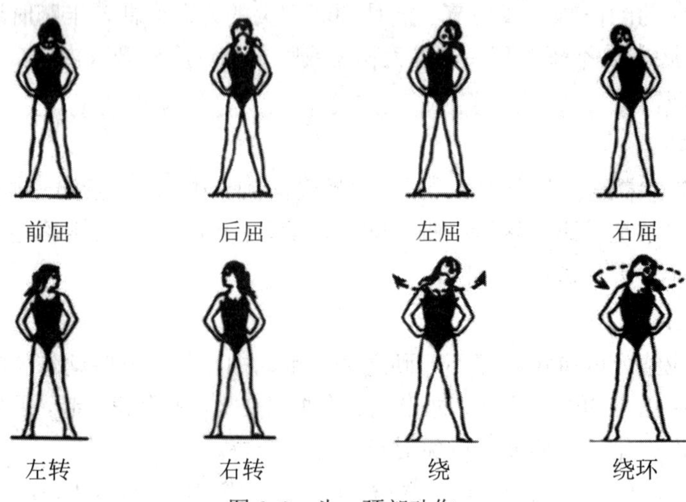

图 6-3　头、颈部动作

3. 肩部动作

肩部动作由提肩、沉肩、绕肩、肩绕环等动作组成，如图 6-4 所示。

（1）提肩：指肩胛骨做向上的运动，包括单肩的依次提和双肩的同时提。

（2）沉肩：指肩胛骨做向下的运动，包括单肩的依次沉和双肩的同时沉。

（3）绕肩：指以肩关节为轴做小于 360 度的弧形运动，包括单肩向前、向后绕，双肩同时或依次向前、向后绕。

（4）肩绕环：指以肩关节为轴做 360 度及 360 度以上的圆形运动，包括单肩向前、后绕环，双肩同时或依次向前、后绕环。

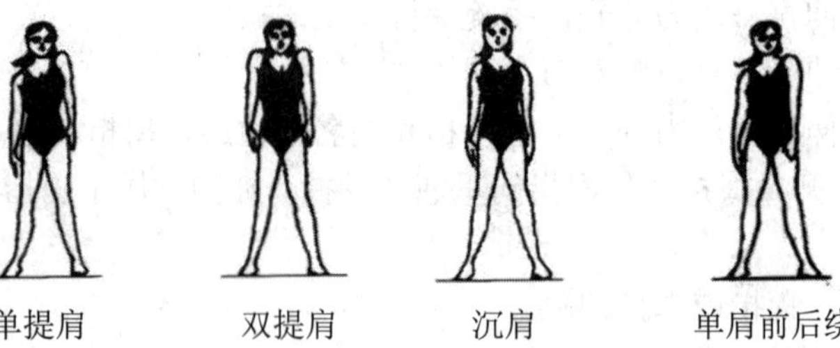

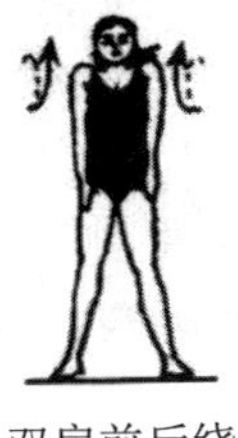

双肩前后绕

单肩绕环

双肩绕环

图 6-4 肩部动作

4. 上肢（手臂）动作

上肢（手臂）动作由举、屈、摆、绕、绕环、振和旋等动作组成。

（1）举：指以肩为轴，臂的活动不超过 180 度而停止在某一部位的动作，包括单臂和双臂的前举、后举、上举、下举、侧举，以及中间方向的举，如侧上举、侧下举、斜上举、斜下举、前上举、后上举、前下举、后下举、斜前举等，如图 6-5 所示。

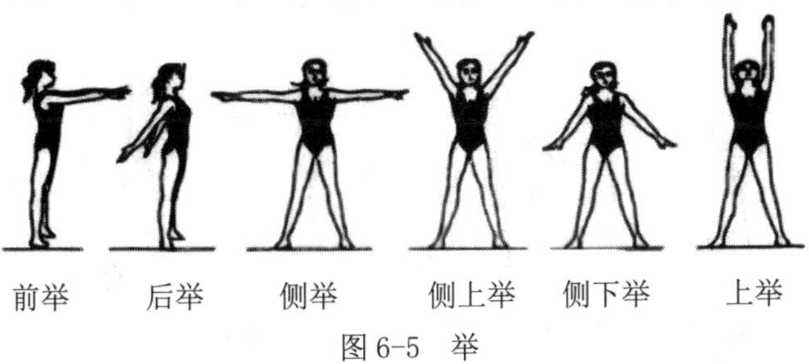

图 6-5 举

（2）屈：指肘关节产生了一定的弯曲角度，包括胸前屈、胸前平屈、肩侧屈、肩上侧屈、肩下侧屈、肩上前屈、腰间屈、背后屈、头上屈、头后屈等，如图 6-6 所示。

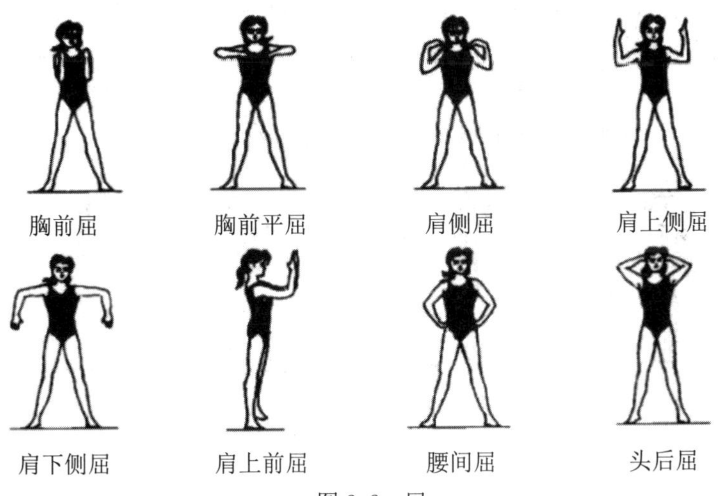

图 6-6 屈

（3）摆：指以肩或肘关节为轴向身体各方向做钟摆式运动，包括单臂和双臂同时或依次向前、后、左、右摆。

（4）绕：指双臂或单臂向内、外、前、后做 180 度以上、360 度以下的弧形运动。如图 6-7

所示。

（5）绕环：以肩关节或肘关节为轴，双臂或单臂做 360 度及 360 度以上的圆形运动，包括向前、向后、向内、向外的绕环，如图 6-8 所示。

单臂向内外绕

双臂向内外绕

图 6-7 绕

单臂前后绕环

双臂前后绕环

图 6-8 绕环

（6）振：指以肩关节为轴，手臂用力摆至最大幅度，包括上举后振、下举后振、侧举后振等，如图 6-9 所示。

（7）旋：指以肩关节或肘关节为轴做臂的旋内或旋外动作，如图 6-10 所示。

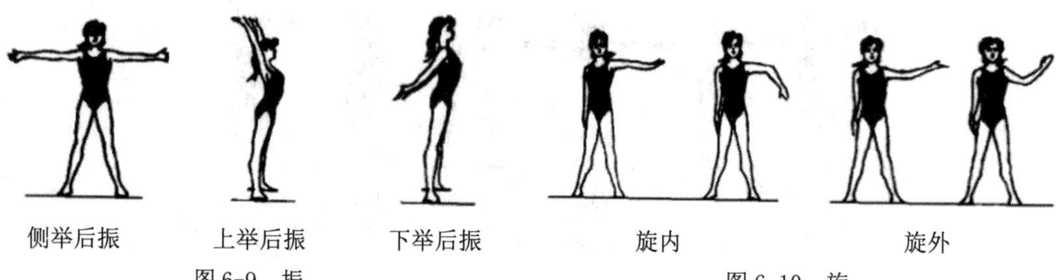

侧举后振　上举后振　下举后振

图 6-9 振

旋内　旋外

图 6-10 旋

5. 胸部动作

胸部动作包括含胸、展胸和移胸等动作，如图 6-11 所示。

（1）含胸：指胸椎骨和脊柱骨主动向后移动，使两肩内合、胸腔缩小。

（2）展胸：指胸椎骨和脊柱骨主动向前挺出，使两肩外展、胸腔扩大。

（3）移胸：指髋关节固定，胸部向左、右水平的移动。

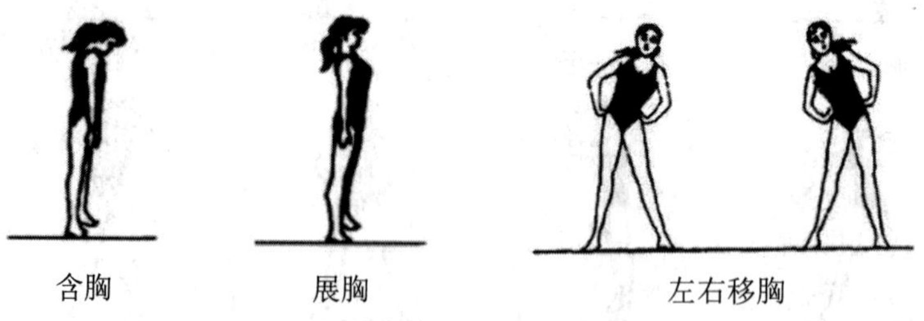

含胸　展胸　左右移胸

图 6-11 胸部动作

6. 腰部动作

腰部动作由屈腰、转腰、绕腰和腰绕环等动作组成，如图 6-12 所示。

（1）屈腰：下肢固定，上体沿矢状轴和水平轴的运动，包括前、后、左、右屈。

（2）转腰：指下肢固定，上体沿垂直轴的扭转，包括左、右转。

（3）绕腰：指下肢固定，上体沿垂直轴做弧形运动，包括向左、右绕腰。

（4）腰绕环：指下肢固定，上体沿垂直轴做圆形运动。

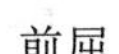

前屈　左侧屈　右侧屈　左转　右转　绕腰　腰绕环

图 6-12　腰部动作

7. 髋部动作

髋部动作由顶髋、提髋、摆髋、绕髋和髋绕环等动作组成，如图 6-13 所示。

（1）顶髋：指躯干固定，髋关节做急速的水平移动，包括前、后、左、右顶髋。

（2）提髋：指躯干固定，髋关节急速向一侧上提的动作，包括左、右提髋和后提髋。

（3）摆髋：指躯干固定，髋关节做钟摆式的连续移动动作，包括左、右摆和前、后摆。

（4）绕髋：指躯干固定，髋关节沿垂直轴做弧形运动，包括向左、右绕髋。

（5）髋绕环：指躯干固定，髋关节沿垂直轴做圆形运动。

左顶　右顶　后顶　前顶　左提　右提　绕髋　髋绕环

图 6-13　髋部动作

8. 下肢动作

下肢动作主要是通过健美操的步伐来体现的，它们是健美操基本动作的核心内容。根据人体运动时对地面的冲击力大小，健美操步伐可分为低冲击力步伐（一脚腾空）、高冲击力步伐（两脚同时腾空）和无冲击力步伐（无腾空）三大类。

（1）低冲击力步伐：指有一只脚始终接触地面的动作，属于低冲击力的步伐，是健身健美操运用最多的步伐。常用的低冲击力步伐主要包括以下几种。

① 原地踏步：两腿交替做屈膝上提，两脚交替腾空然后交替落地的动作。抬起时，脚离地面大约 15 厘米，落地时以前脚掌过渡到全脚掌。

② 走步：迈步向前或向后走步。

③ “1”字步：由两脚并立开始，右脚向前或向后迈一步，左脚向前或向后并于右脚，然后右脚、左脚依次还原，在地面上画出一个“1”字，如图 6-14 所示。反之亦然。

④ “V”字步：由两脚并立开始，右脚向右前方迈一步，左脚随之向左前方迈一步，呈两脚开立姿势，屈膝缓冲，然后依次还原，如图 6-15 所示。反之亦然。

⑤ 曼步：以右脚开始做动作为例，由两脚并立开始，右脚向前迈一步，屈膝缓冲，重心移至右脚，左脚原地踏一步，重心移至左脚；右脚向后迈一步（在初始位置后），重心移至右脚，左脚原地踏一步，重心移至左脚，如图 6-16 所示。

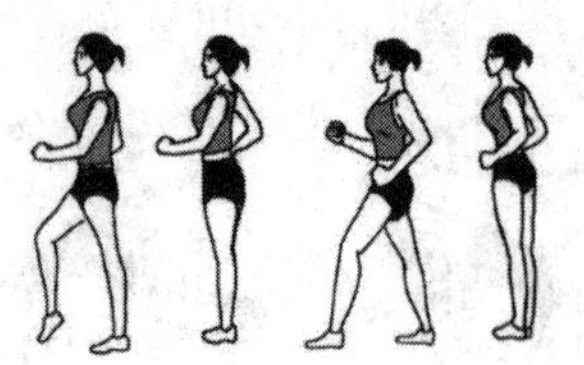
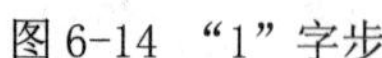
图 6-14 “1”字步

图 6-15 “V”字步

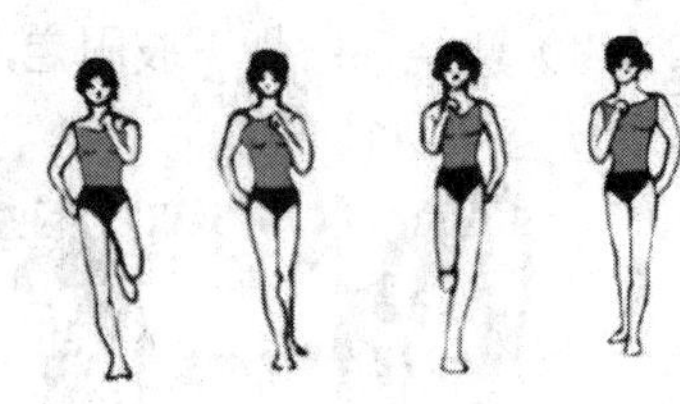
图 6-16 曼步

⑥ 并步：两脚并立，右脚向右侧迈一步，左脚前脚掌并于右脚，屈膝点地。反之亦然。

⑦ 迈步点地：一脚原地踏步或向侧迈一步，经屈膝将重心移至踏步或向侧迈出一步的脚上，另一腿在前、侧、后或斜方向用脚尖或脚跟点地，然后换脚做相同动作。

⑧ 迈步吸腿：一腿向前或侧迈步，另一腿向前、侧做吸腿的动作，然后还原，如图 6-17 所示。

⑨ 迈步后屈腿：一脚迈出一步，另一腿后屈，然后换脚做相同动作，如图 6-18 所示。

⑩ 侧交叉步：一脚向另一脚前或后交叉行进，如图 6-19 所示。

图 6-17 迈步吸腿

图 6-18 迈步后屈腿

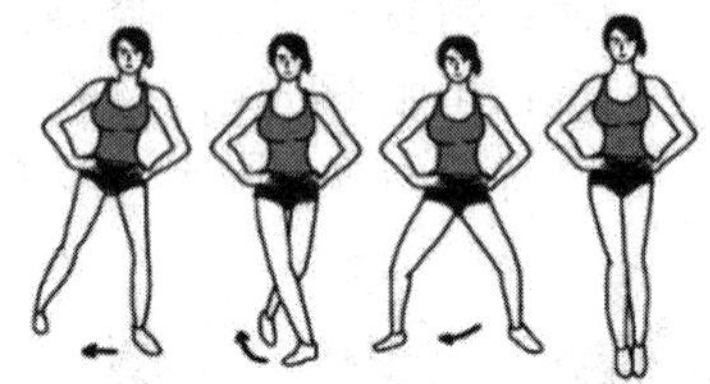
图 6-19 侧交叉步

⑪ 拖步：右脚向侧跨一步成弓步，左腿伸直，脚尖点地并顺势向右拖移，左脚、右脚依次落地，重心在两腿之间。反之亦然。

⑫ 恰恰步：右脚向前、侧、后迈一步，左脚向前、侧、后并于右脚，然后右脚再向前、侧、右迈步，二拍完成这三个动作。反之亦然。

⑬ 脚尖点地：一腿屈膝站立，另一腿伸出，然后还原到并腿姿态，可做前、后、侧、斜前、斜后点地，如图 6-20 所示。

⑭ 脚跟点地：一腿屈膝站立，另一腿伸出，脚跟点地，然后还原到并腿姿势，如图 6-21 所示。只可做向前、向侧的脚跟点地。

⑮ 吸腿：一腿支撑，另一腿屈膝向上抬起，然后落下还原，如图 6-22 所示。

⑯ 摆腿：一腿稍屈膝站立，另一腿稍抬起，向侧方向摆腿，然后还原，如图 6-23 所示。摆腿时要有控制，上体保持正直。

⑰ 踢腿：一腿稍屈膝站立，另一腿直腿踢起，然后还原，如图 6-24 所示。踢起的高度不限，但必须有控制，保持上体正直，可向前、侧、后踢起。

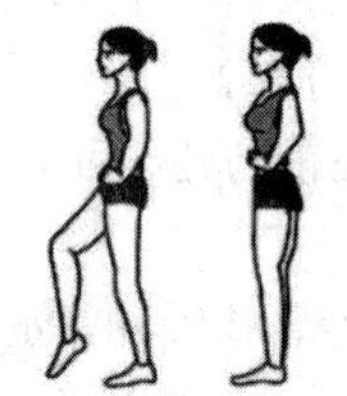
图 6-20 脚尖点地

图 6-21 脚跟点地

图 6-22 吸腿

图 6-23 摆腿

图 6-24 踢腿

（2）高冲击力步伐：指两只脚同时腾空的步伐。常见的高冲击力步伐主要包括以下几种。

① 吸腿跳：一腿向上跳起，同时另一腿屈膝抬至水平，随后两腿并拢落地，如图 6-25 所示。

② 踢腿跳：一腿向前、侧直腿踢起的同时，另一腿跳起，如图 6-26 所示。

③ 弹踢腿跳：包括前弹踢腿跳、侧弹踢腿跳和后弹踢腿跳。

前弹踢腿跳：右腿抬起后屈，膝关节朝前，左脚跳起的同时右腿向前下方踢出，然后右腿落地的同时左腿后屈，做反方向的动作。反之亦然。

侧弹踢腿跳：右腿抬起后屈，膝关节朝右，髋关节外开，左脚跳起的同时右腿向侧下方踢出（见图 6-27），右腿落地的同时左腿后屈，膝关节朝左，髋关节外开，然后做反方向的动作。反之亦然。

后弹踢腿跳：左脚跳起的同时右腿向后踢出，然后右腿落地的同时左腿抬起，做反方向的动作。反之亦然。

④ 开合跳：两脚并拢跳起，分腿屈膝落地，再由分腿跳起，两脚并拢屈膝落地，如图 6-28 所示。

图 6-25 吸腿跳

图 6-25 踢腿跳

图 6-27 弹踢腿跳

图 6-28 开合跳

⑤ 弓步跳：两脚并拢跳起，呈前后或左右弓步姿势落地，然后向上跳起，两脚并拢落地，如图 6-29 所示。

⑥ 后踢腿跑：两腿交替蹬离地面做后踢腿，两脚依次落地，如图 6-30 所示。后踢腿时脚跟尽量靠近臀部，大腿在髋关节与地面的垂直线以后。

⑦ 摆腿跳：右腿直腿向侧摆起的同时左脚落地，下落时，右脚着地的同时左脚向侧摆起，两腿像钟摆一样来回摆动，如图 6-31 所示。

⑧ 小马跳：由并立姿势开始，右脚向右跨出的同时左脚蹬离地面，右、左脚依次落地，呈两脚并拢、右腿站立、左脚前脚掌点地的姿势。反之亦然。

⑨ 并腿跳：两脚并拢，经屈膝跳起，腾空时两腿伸直，然后两脚并拢同时落地，屈膝缓冲，可原地跳起，也可左右跳，如图 6-32 所示。

图 6-29 弓步跳

图 6-30 后踢腿跑

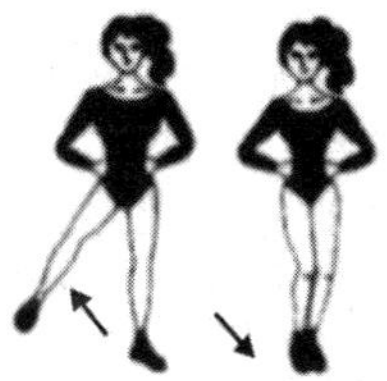
图 6-31 摆腿跳

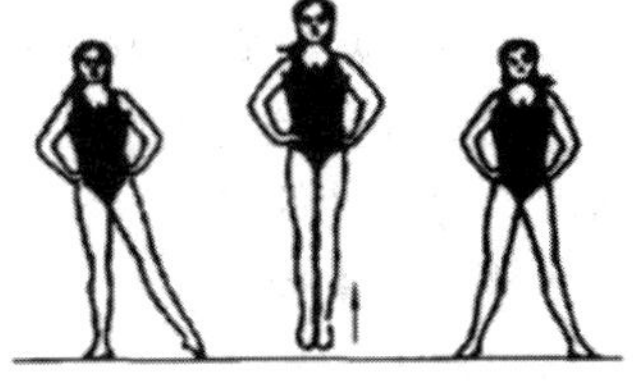
图 6-32 并腿跳

（3）无冲击力步伐：指两脚都没有腾空的步伐。常见的无冲击力步伐主要包括以下几种。

① 屈膝弹动：膝关节有弹性地屈伸，即膝关节由弯曲到还原，还原时膝关节微屈。

② 半蹲：屈膝下蹲时，膝关节角度不小于 90 度，屈髋，上体前倾，臀部向后 45 度方向

下蹲，膝关节不超过脚尖，如图 6-33 所示。分为并立和开立下蹲。

③ 弓步，如图 6-34 所示。

前弓步：两腿前后分开一大步，前腿屈膝、后腿伸直，前腿膝关节不超过脚尖，重心在两腿之间。

侧弓步：两腿左右分开一大步，两脚脚尖稍外开，一腿屈膝，膝关节指向侧方不超过脚尖，另一腿伸直，重心在两腿之间。

图 6-33 半蹲

图 6-34 弓步

三、竞技健美操竞赛规则简介

本部分简要介绍竞技健美操比赛主要规则，请扫下方二维码获知。

竞技健美操竞赛规则简介

第二节 啦 啦 操

啦啦操是在音乐或口号的衬托下，借助标语、道具等表达手段，以徒手或手持轻器械的技巧动作或舞蹈动作作为基本载体，以团队表演为主要呈现形式，通过展示各种具有强烈鼓动性、感染性的身体动作，体现团队意识与集体主义精神，反映朝气蓬勃的精神面貌，具有竞技性、观赏性与表演性的一项体育运动。在众多的新兴体育运动中，啦啦操运动以其特殊的技术风格和热情奔放的表演，受到世界上很多国家人们的青睐。

一、啦啦操概述

（一）啦啦操运动发展史

啦啦操的英文名字为“cheerleading”，即“口号、振奋精神”的意思。它来源于美国早期部落社会的仪式，是为了激励外出打仗或打猎的战士们而举行的一种仪式。仪式中，族人用欢呼、手舞足蹈的表演来激励战士们，希望他们能凯旋。19 世纪后半叶，啦啦操在美国开始发展成为比赛中呐喊、助威的活动，遍布美国的篮球、橄榄球、棒球、游泳、田径等比赛现场，后来逐渐发展成为一项体育运动，至今已经有 100 多年的历史。

19 世纪 60 年代，啦啦操的运动形式被记载于“常春藤联盟”的体育活动中。1898 年，明尼苏达大学的学生约翰尼・坎贝尔从座位上跳入美式橄榄球比赛的场地内，开始带领观众喊口号、欢呼，并成功地烘托了比赛氛围，他因此成了有史以来第一位啦啦操运动员。啦啦操运动也就从此诞生了。此后几十年，啦啦操运动的概念及其赛事文化传播到美国其他大学和高中的体育活动中，同时增加了标语牌、旗帜、扩音器、花球等道具，也开始做手位动作、托举和翻腾技巧。20 世纪 30 年代，传统的啦啦操与美国军队中行军的高踢腿风格及音乐游行乐队相结合，由此诞生了一种新的娱乐观众的啦啦操，即舞蹈啦啦操。20 世纪 40 年代，啦啦操进一步发展并增加了花球风格，后来在 70 年代又加入了街舞与爵士风格。

啦啦操在美国诞生之后，很快风靡世界各地。2021 年 7 月，经国际奥委会投票通过，啦啦操运动成为奥运会正式比赛项目。

20 世纪 90 年代，啦啦操运动随着 NBA 的转播进入我国大众的视野，让人们初步认识了啦啦操。近些年，在国家体育总局和教育部的大力支持下，啦啦操运动在大、中、小学和幼儿园得到了大力推广和迅速发展，并深受学生的喜爱。

（二）啦啦操的特点与锻炼价值

啦啦操运动集体操、舞蹈、音乐、健身、娱乐于一体，具有时尚潮流、活力动感、团队合作等特点。啦啦操队员必须拥有青春的形象、健康的体魄和健美的体形，具有当代青少年的青春美和健康美。啦啦操成套动作表演中，动作高度的协调一致，层次和队形的不断变换，跳跃与翻腾、托举与抛接动作的展现，口号的运用，富有激情的舞蹈表演，都能有效地活跃气氛、调动赛场互动情绪，引起观众的强烈共鸣。

通过长期的啦啦操练习，练习者可形成优美的体态，表现出一种良好的气质与修养。啦啦操动作优美、协调，同时有节奏强烈的音乐伴奏，是缓解精神压力的一剂良方。在啦啦操运动中，不同的手势代表力量、胜利、自信张扬、勇往直前等不同的含义。经常参加啦啦操运动，可培养参与者奋斗拼搏、积极进取的精神。啦啦操是团队项目，很多动作需要配合完成，托举、抛接、金字塔组合等可以彰显队员的团结协作能力，有助于培养团队协作意识。

（三）啦啦操的分类

按照表演场地划分，啦啦操可分为场地啦啦操和看台啦啦操；依据动作表现划分，啦啦操可分为技巧啦啦操和舞蹈啦啦操两大类；根据练习对象划分，啦啦操可分为校园啦啦操、职工啦啦操、社区啦啦操、亲子啦啦操、残疾人啦啦操等。

二、啦啦操基本技术和基本动作

（一）基本手位与手型

1. 花球舞蹈啦啦操基本手位

花球舞蹈啦啦操共有 36 个基本手位。运动员需运用短杠杆的发力方法，锁肩并制动于体前来掌握和运用这些基本手位。

（1）加油：两臂胸前上屈，拳心相对并拢，小拳眼向前，肘关节朝下，大臂夹住肋骨，拳位于锁骨下方，如图 6-35 所示。

（2）上 A：两臂上举，拳心相对并拢，小拳眼向前，如图 6-36 所示。

（3）下 A：两臂体前斜下举，拳心相对并拢，大拳眼向前，如图 6-37 所示。

（4）上 V：两臂斜上举，双臂夹角 60～90 度，拳心向外，大拳眼向前，如图 6-38 所示。

图 6-35　加油

图 6-36　上 A

图 6-37　下 A

图 6-38　上 V

（5）下 V：两臂斜下举，双臂夹角成 60～90 度，拳心相对，大拳眼向前，如图 6-39 所示。

（6）T：两臂侧平举，拳心向下，大拳眼向前，如图 6-40 所示。

（7）短 T：两臂胸前平屈，拳心朝下，小拳眼向前，如图 6-41 所示。

（8）W：两臂肩侧上屈，前臂与上臂夹角成 90 度，拳心相对，小拳眼向前，如图 6-42 所示。

图 6-39　下 V

图 6-40　T

图 6-41　短 T

图 6-42　W

（9）上 L：一臂上举贴紧近头部，拳心向内，小拳眼向前；另一臂侧平举，拳心向下，大拳眼向前，如图 6-43 所示。

（10）下 L：一臂前下举贴紧躯干，拳心向内，大拳眼向前；另一臂侧平举，拳心向下，大拳眼朝前，如图 6-44 所示。

（11）斜线：一臂侧上举 30 度，拳心向下，大拳眼向前；另一臂侧下举 30 度，拳心向下，大拳眼向前，双臂成一条斜线，如图 6-45 所示。

（12）K：一臂前上举，另一臂前下举，双臂夹角 90 度，两拳拳心向下，如图 6-46 所示。

图 6-43　上 L

图 6-44　下 L

图 6-45　斜线

图 6-46　K

（13）侧 K：一臂斜上举，拳心向外，大拳眼向前；另一臂斜前下举，拳心向下，小拳眼向前，如图 6-47 所示。

（14）上 H：两臂体前上举，与肩同宽，拳心相对，小拳眼向前，如图 6-48 所示。

（15）前 H（持烛式）：两臂前平举，与肩同宽，拳心相对，大拳眼向上，如图 6-49 所示。

前 H（提桶式）：两臂前平举，与肩同宽，拳心向下，大拳眼相对，如图 6-50 所示。

图 6-47 侧 K

图 6-48 上 H

图 6-49 前 H（持烛式）

图 6-50 前 H（提桶式）

（16）下 H：双臂前下举，与肩同宽，拳心相对，大拳眼朝前，如图 6-51 所示。

（17）小 H：一臂体前上举，另一臂胸前上屈，前臂垂直于地面，两拳拳心向内，小拳眼向前，如图 6-52 所示。

（18）屈臂 H：两臂胸前上屈，前臂垂直于地面，拳心相对，小拳眼向前，如图 6-53 所示。

（19）X：两臂肩上后屈，拳心向内，拳心向内贴于头后部，肘关节外开，如图 6-54 所示。

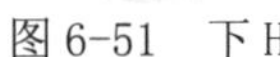
图 6-51 下 H

图 6-52 小 H

图 6-53 屈臂 H

图 6-54 X

（20）上 X：两臂前上举，前臂交叉，小拳眼向前，如图 6-55 所示。

（21）前 X：两臂前平举，前臂交叉，拳心向下，如图 6-56 所示。

（22）下 X：两臂前下举，前臂交叉，大拳眼向前，如图 6-57 所示。

（23）屈臂 X：两臂交叉于胸前，小拳眼朝前，如图 6-58 所示。

图 6-55 上 X

图 6-56 前 X

图 6-57 下 X

图 6-58 屈臂 X

（24）上 M：两臂肩侧上屈，两拳触肩，肘关节外开，拳心向下，小拳眼向前，如图 6-59 所示。

（25）下 M：两臂叉腰，拳面贴于腰侧，拳心向下，小拳眼向前，如图 6-60 所示。

（26）后 M：两臂体侧后屈，两拳小拳眼贴于腰侧，两肘朝后，向内夹紧，拳心向上，如图 6-61 所示。

（27）弓箭：一臂体侧平屈，前臂与上臂夹角为 30 度；另一臂侧平举，两拳拳心向下，如图 6-62 所示。

图 6-59　上 M

图 6-60　下 M

图 6-61　后 M

图 6-62　弓箭

（28）小弓箭：一臂胸前上屈，前臂垂直于地面，拳心向内，小拳眼向前；另一臂侧平举，拳心向下，大拳眼向前，如图 6-63 所示。

（29）短剑：一臂胸前上屈，前臂垂直于地面，拳心向内，小拳眼向前；另一臂叉腰，拳面贴于腰侧，拳心向下，小拳眼向前，如图 6-64 所示。

（30）高冲拳：一臂体前上举，拳心向内，小拳眼向前；另一臂叉腰，拳面贴于腰侧，拳心向下，小拳眼向前，如图 6-65 所示。

（31）侧上冲拳：一臂斜上举，拳心向下，大拳眼向前；另一臂叉腰，拳面贴于腰侧，拳心向下，小拳眼向前，如图 6-66 所示。

图 6-63　小弓箭

图 6-64　短剑

图 6-65　高冲拳

图 6-66　侧上冲拳

（32）侧下冲拳：一臂斜下举，拳心向下，大拳眼向前；另一臂叉腰，拳面贴于腰侧，拳心向下，小拳眼向前，如图 6-67 所示。

（33）斜上冲拳：一臂左（右）斜前上举，拳心向下，小拳眼向前；另一臂叉腰，拳面贴于腰侧，拳心向下，小拳眼向前，如图 6-68 所示。

（34）斜下冲拳：一臂左（右）斜前下举，拳心向下，小拳眼向前；另一臂叉腰，拳面贴于腰侧，拳心向下，小拳眼向前，如图 6-69 所示。

（35）R：一臂左（右）斜前下举，拳心向下，小拳眼向前；另一臂肩上后屈，拳心向内贴于头后部，如图 6-70 所示。

（36）O：两臂头上举，两拳拳面并拢，曲肘，肘关节外开，在头上形成“O”形，拳心向下，小拳眼向前，如图 6-71 所示。

图 6-67　侧下冲拳

图 6-68　斜上冲拳

图 6-69　斜下冲拳

图 6-70　R

图 6-71　O

花球舞蹈啦啦操的动作技术要求手臂快速定位、路径直接、动作清晰，身体重心稳定。练习时，两手应握拳；所有手位都应在体前最大幅度的伸展。

2. 爵士舞蹈啦啦操基本手型

四指并拢，大拇指与四指分开，虎口打开，力量贯穿到指尖。爵士舞蹈啦啦操包括芭蕾爵士、现代爵士、百老汇爵士、新潮爵士、街头爵士、拉丁爵士、力量型爵士等风格，注重手臂的力度、定位、控制和延展性及气息的运用。

另外，街舞中的嘻哈舞（hiphop）、霹雳舞（breaking）、个性化舞蹈（freestyle）、锁舞（locking）、机械舞（popping）、甩手舞（punking）等强调每个舞种的服饰、音乐、动作因素的协调配合，以展现街舞的身体控制技术、模仿性技术和单动作技术。

（二）常用下肢动作

1. 常用的站立动作

微视频 6-2
啦啦操-基本动作

（1）立正站：直立，两脚并拢，脚尖朝前。

（2）开立站：直立，两脚分开，与肩同宽。

（3）弓步站：一腿屈膝，另一腿伸直或屈膝，身体重心在两腿之间。可分为前弓步、侧弓步。

（4）锁步站：两腿弯曲，一腿交叉于另一腿前。

2. 常用的跳步动作

（1）分腿跳：双脚起跳，腾空后两腿向侧分开，脚背朝前，两腿夹角大于 90 度，空中手臂呈上“V”姿态；落地时，两脚并拢，屈膝缓冲。

（2）C 跳：双脚起跳，躯干在空中呈弓状，膝关节弯曲，双腿延伸到身体后方呈“C”形；落地时，两脚自然分开，屈膝缓冲。

（3）跨栏跳：双脚起跳，一腿直腿向前或向侧踢起约 45 度，另一腿屈膝后踢；双脚依次落地，屈膝缓冲。

（4）屈体分腿跳：双脚起跳，直腿侧前踢至水平面以上，脚背向上；落地时，快速收腿，两脚并拢，屈膝缓冲。

（5）跨跳：一种行进间跳跃技巧。一脚起跳，另一腿向前踢起做跨的动作，起跳腿后踢；双腿经纵劈腿姿态后，动力腿落地，屈膝缓冲。

3. 常用的转体动作

（1）立转：双脚四位开立下蹲，抬起动力腿，完成转体。

（2）平转：一种行进间的转体类动作。双脚立踵交替上步向行进方向移动转体，每次转体 180 度或 360 度。转体时双脚直立。

（3）搬腿转：保持搬腿姿态完成的转体类动作。

（4）控腿转：保持控腿姿态完成的转体类动作。

4. 常用的翻腾动作

（1）前滚翻：下蹲，双手撑地，双脚蹬离地面经倒置姿态向前翻转。翻转时，抬起髋部使其高过头部与双肩，同时弯曲脊柱，做出类似球在地面滚动的动作。

（2）后滚翻：下蹲，双手撑地后经倒置姿态向后翻转。翻转时，抬起髋部使其高过头部与双肩，同时弯曲脊柱，做出类似球在地面滚动的动作。

（3）鱼跃前滚翻：双脚起跳向前跃起，双手触地，屈臂缓冲完成前滚翻的动作。

（4）前软翻：用单手或双手支撑，一条腿蹬地，另一条腿向后摆动，使髋部高于头，在空中经纵劈腿倒立向前翻转，使身体呈拱形，双脚依次落地。

（5）侧手翻：在进行向侧翻转 90 度分腿倒立时用单手或双手依次支撑身体的重量，经推手后双脚依次落地成直立姿态。

三、啦啦操竞赛规则简介

本部分简要介绍啦啦操比赛主要规则，请扫下方二维码获知。

啦啦操竞赛规则简介

第三节　体 育 舞 蹈

体育舞蹈也称国际标准交谊舞，简称“国标舞”，它是一种由男、女双人（或多对男、女组成的团队）在规定的音乐节奏范围内，运用身体技术与技巧并结合艺术表现力来完成的具有一定规范性的体育运动项目。体育舞蹈既有体育运动的竞技特征，又有浓郁的舞蹈风格，是集合了不同国家、地域和民族特色的国际型舞蹈。

一、体育舞蹈概述

（一）体育舞蹈的发展

体育舞蹈一词产生于 20 世纪 90 年代，在此之前它被称为国际标准交际舞，也称“国际标准舞”和“国标”。国际标准舞已经有上百年的发展历史，它经历了原始舞、公众舞、民间舞、宫廷舞、舞厅舞（交际舞）等发展阶段。

19 世纪初，英国的“舞厅舞”取得了较快的发展。1924 年，英国皇家教师学会和国际舞蹈教师协会汇集各国著名教师和专家，将各舞种中最优秀的舞姿、舞步、技法进行了规范，统一了标准，形成了当时的国际标准舞。1925 年，第一批规范了的国际舞舞种包括华尔兹、探戈、狐步舞、快步舞四种摩登舞，随后又增加了维也纳华尔兹。20 世纪 60 年代，国际舞增加了伦巴、恰恰、桑巴、牛仔舞和斗牛舞五项。至此，十个舞种全部进入了国际标准舞比赛，现在被称为“体育舞蹈”。

体育舞蹈的根本属性是竞技性，它的本体是舞蹈，是通过竞技来表现不同民族和地域特色的舞蹈组合。因此，在欣赏体育舞蹈时，既要看它是否符合舞蹈艺术规律，又要看它是否遵循竞技体育的比赛原则，从竞技水平和艺术表现力两个方面进行欣赏。

（二）体育舞蹈的分类

按舞蹈的风格和技术结构，体育舞蹈可分为标准舞（摩登舞）和拉丁舞两大类。每个舞种均有各自的舞曲、舞步及风格。根据各舞种的乐曲和动作要求，组编成各自的成套动作。

1. 标准舞

标准舞起源于欧洲，具有端庄、含蓄、稳重、典雅的风格。舞步流畅、轻柔、洒脱，舞姿优美、起伏有序，音乐节奏清晰、抒情优美，服饰雍容华贵（一般男着燕尾服，女着过膝蓬松长裙，梳宴会正式发型），舞蹈富于技巧性，是老少皆宜的舞系。标准舞包括华尔兹、探戈、狐步舞、快步舞和维也纳华尔兹。

（1）华尔兹（waltz）：用 W 表示，也称“慢三步”。华尔兹的风格是音乐袅娜、舞态雍容、步法婉转、曼妙大方，是维也纳华尔兹的变化舞种。节奏为 3/4 的中慢板，每分钟 27～30 小节。

（2）探戈（tango）：用 T 表示。探戈的音乐华丽，舞态刚劲，舞步顿挫有力、潇洒豪放，身体无起伏、无升降，表情严肃，有左顾右盼的头部闪动动作。2/4 拍节奏，每分钟 33～34 小节。

（3）狐步舞（foxtrot）：用 F 表示，也称“福克斯”。音乐恬愉抒情，舞态优雅潇洒，舞步轻柔、圆滑、流畅，方位多变且不并步，在动作衔接中呈现出降中有升、升中有降的线形流动状，除具有华尔兹舞的典雅、舒展、轻盈、飘逸的特点外，更具有平稳大方、悠闲自在、从容恬适的韵味。节奏为 4/4 拍，速度中庸，每分钟 29～30 小节。

（4）快步舞（quick step）：用 Q 表示。舞曲明亮欢快、富于激情，舞步轻快灵活、洒脱自由，饱含动力感和表现力。节奏为 4/4 拍，每分钟 50～52 小节。

（5）维也纳华尔兹（Viennese waltz）：用 V 表示，也称“快三步”。舞曲旋律流畅华丽，节奏轻松明快，舞步平稳轻快、翩跹回旋、连绵起伏、旋转性强，舞姿高雅庄重。节奏为 3/4 拍，每分钟 60 小节。

2. 拉丁舞

拉丁舞起源于非洲和拉丁美洲，具有热情、活泼、奔放、浪漫的风格。舞蹈动作豪放粗犷，速度多变，手势和脚步内容丰富，充满激情，音乐节奏鲜明强烈、缠绵热烈，着装浪漫洒脱（男着上短下长的紧身或宽松装，女着紧身短裙），尤为中、青、少年人所喜爱。拉丁舞包括伦巴、恰恰、桑巴、斗牛舞和牛仔舞。

（1）伦巴（rumba）：用 R 表示。音乐缠绵、浪漫，是表现爱情的舞蹈，具有舒展优美、婀娜多姿、柔媚抒情的风格，尤为凸显了女性的万种风情。伦巴在拉丁舞中历史悠久，因成熟的舞蹈技术和具有异国情调的独特风格，被誉为“拉丁舞之魂”。节奏为 4/4 拍，4 拍走 3 步，每分钟 25～27 小节。

（2）恰恰（cha cha cha）：音乐曲调欢快鲜明，舞步花哨利落，步频较快，诙谐风趣，加之邦法斯鼓和沙锤的咚咚沙沙声与动作相吻合，所以备受欢迎，是拉丁舞中最流行的舞蹈。节奏为 4/4 拍，每分钟 30～32 小节，4 拍跳 5 步，其中第四拍跳两步，即为“恰恰”。

（3）桑巴（samba）：用 S 表示。动作粗犷，起伏强烈，舞曲欢快热烈，舞步奔放、敏捷，富有强烈的感染力。由于它在移动时沿舞程线绕场进行，属游走型舞蹈。节奏为2/4拍，每分钟50～52小节。

（4）斗牛舞（paso doble）：用P表示。音乐旋律高昂雄壮，舞步威猛，步伐悍厉奋张，动静鲜明，力度感强。在舞蹈中，男士象征斗牛士，气宇轩昂、刚劲威猛；女士象征斗牛士手中的斗篷，英姿飒爽、柔美多变。节奏为2/4拍，每分钟60～62小节，一拍跳一步。

（5）牛仔舞（jive）：用J表示。舞曲欢快，有跃动感，舞姿轻松、热情、欢快，舞步丰富多变。其强烈的扭摆和连续、快速的旋转常使人眼花缭乱，情绪亢奋。节奏为4/4拍，每分钟42～44小节。

（三）体育舞蹈的特点与锻炼价值

体育舞蹈是由属于文艺范畴的舞蹈演变而来的体育项目，介于文艺和体育之间，因此具有体育和舞蹈艺术的双重特点。体育舞蹈通过人体的韵律动作构成舞蹈语言来表达音乐中的情感、意境和情节等，与音乐有着不可分割的联系。因此，技巧性、艺术内涵性、竞技性、表演观赏性、具有鲜明舞蹈风格等构成了体育舞蹈的主要特点。

体育舞蹈特有的运动特点、动作内容和竞赛表演方式，使其成为人们锻炼体魄、愉悦身心、交流思想、抒发情感、相互沟通的主要形式之一。

二、体育舞蹈基本技术和基本动作

（一）基本技术

1. 标准舞常见的基本技术

（1）重心移动。在标准舞中，除探戈在移动时重心在后脚，前脚先迈出，其他四种舞蹈在重心移动时都是由身体移动带动腿部移动，用全部身体去摆动才能显示出优雅挺拔的身姿。重心移动技术有三个要点：①要尽量缩短双脚同时承担重心的时间；②必须运用“滚动脚”，即人体重心在脚底部位有程序地移动，由脚跟滚动到脚尖或由脚尖滚动到脚跟，也可以是由脚尖滚动至全脚掌再由全脚掌滚动到前脚掌；③要保持腰胯的稳定，形成以腰胯为中心的整体重心焦点。

（2）上升与下降。上升和下降的外部表现特征是身体重心与中心点的上下位置变化，即在舞步的行进中身体在纵轴上做波浪形起伏变化的动作状态，上升和下降的方式按照舞种的不同而变化。上升是指脚跟抬离地面、膝关节由屈到伸以及身体中轴靠舞者内力向上延伸的过程；下降是指支撑脚脚跟落地延续屈膝动作，便于下一步行进的动作过程。需要注意的是，在探戈中没有上升和下降技术。

（3）摇荡。摇荡就是像摇船一样把身体摇荡起来，是在升降和旋转过程中，身体在横轴上做由高到低或由低到高的弧线运动。摇荡要借助支撑腿的升降运动和重心的移动来实现。

（4）反身动作。反身动作是指一侧肩与胯转向异侧运动脚的运动方向，使身体与舞步形成反向配合的身体动作。反身动作是为了引导旋转，在右、左轴转步中表现最强烈。当移动脚前进使用反身动作时，脚尖会转向外侧；而当移动脚后退时，脚尖则会转向内侧。反身动作是以腰胯作为发力的重要部位，肩部转动完全是被动的。

（5）倾斜。倾斜技术是指足踝以上部位向身体两侧的倾斜。此技术有助于维持平衡，使舞姿更加优美。在身体侧向运动过程中，为了避免身体向运动方向做惯性运动，防止身体倾倒，身体侧面线条应主动延伸，加大身体向相反方向倾斜的角度，即向运动方向的反侧倾斜。

2. 拉丁舞常用的基本技术

（1）转度。在跳拉丁舞时，只有在两脚并拢时，才会平行。脚部通常向外转，全部或部分身体重心落在转动脚上。在跳舞时，脚部的转动与上身的转量多半不同。当跳完某个舞步，脚部的方向和身体所面对的方向不同时，以身体的转度为准，而非脚部。

（2）抑制前进步。在向前移动脚步时，用来停顿的那一步即为抑制前进走步。技术特点：前移之脚可以比上身先定位；只有部分体重移到前脚；支撑（后）腿略为弯曲并靠向移动（前）腿的膝部；前移之脚向外转动约 1/16 周。

（3）延迟走步。某些舞步中，有一种很特别的走步动作，目的是改变上身和脚部的速度，用来突显旋律的美感，这类走步动作被称为延迟走步。在跳延迟走步时，移动脚先抵定位，重心不必随脚移动；当重心移到位时，上身的转动刚好同时完成。该步能屈能伸，不承担身体重量，不过当重心全部移到该脚时，膝部通常随之伸直。

（4）前进转步。当前进走步要以转动来改变下一步前进或后退的方向，并且要维持上身或臀部动作不变时，就要使用前进转步。当使用前进转步变换方向后，前进变成后退。此时上身的最大转度是 3/8 圈，结束时脚的位置应是“在后方，并稍微向侧”。如果这个舞步需要更大的上身转动，则要靠之后的后退舞步来完成。

（5）拉丁交叉步。在拉丁舞中，一脚在另一脚的前方或后方交叉形成的姿态称为拉丁交叉步。例如，当左脚交叉到右脚的后方，双膝弯曲，双臂的高度相同，左脚的脚尖朝外，左膝靠在右膝之后，左脚脚尖距右脚脚跟大约 15 厘米。在拉丁交叉步中，若是右脚在左脚之后，则称为“右脚交叉于左脚之后”；反之则称为“左脚交叉于右脚之后”。

（二）基本动作

1. 华尔兹

华尔兹的基本舞步有两种，即前进并换步和后退并换步，俗称“前进方步”和“后退方步”。它们既是华尔兹重要的基本功，也是标准舞的入门技术。

微视频 6-3
体育舞蹈-华尔兹
基本舞步

两个步法的技术要点如下。

（1）主力腿屈膝，降低重心，完成蓄力。

（2）主力腿伸直，带动移动脚向前或向后移动，完成重心在两脚间的转换。

微视频 6-4
体育舞蹈-华尔兹
组合

（3）当进行到一脚向侧摆时，身体重心从低位升至高位，逐渐完成摆荡过程。在摆荡过程中，两大腿内侧肌群主动收缩，同时支撑脚向地板方向用力，使膝、踝、趾关节上升，促使动作脚向支撑脚横移。摆荡一直持续到重心达到最高点。

（4）两脚并拢后，转移身体重心，使身体向移动方向的反向倾斜，要求外侧身体比内侧身体沿纵轴拉伸得更长，但切忌抬肩膀。

2. 探戈

（1）前进走步。在反身动作位置下，左脚以跨越地板的方式前进。在脚跟着地的同时，右脚脚掌继续推动身体使重心移至左脚。转动左胯，右脚在右肩引导下前进。

（2）后退走步。在反身动作位置下，右脚以脚尖引带后退。在步子结束时，左脚脚掌离地，转动右胯。每次运动至后退位置时，左脚在左肩引导下自地板略微提起并后退。

3. 快步舞

（1）追步。所用步法均是脚尖到脚尖，膝由屈到直，逐渐完成上升。

（2）锁步。所用步法均是脚尖到脚尖。重心移到一脚，另一腿锁在重心脚的前或后时，两膝渐渐伸直，完成上升。

（3）跑步。跑步在快步舞中也是一个非常通用的步子。在跑步中，绝大多数情况会使用侧行位置，移动速度要快，既要跟上节奏，又要使动作不变形。要注意重心移动和摆荡的运用，处理好转换时身体的反身动作。

（4）跳步。跳步是最具有感染力的舞步。做跳步时不要跳离地面过高，足尖刚刚离地即可。跳步的形式丰富多样，可结合跑步形成快步舞独有的跑跳步。

4. 狐步舞

（1）前进与后退。前进时脚步与地面轻轻地摩擦移动，后退时鞋跟不能重重地在地板上拖曳。狐步舞前进与后退均要求步幅大，做不并步的长线条无停顿动作，舞步之间不能间断，要连续、流畅、方位多变。

（2）上升与下降。狐步舞的升降，不仅是膝关节的弹性动作，还结合着脚与踝关节的良好控制，在“1”的后半拍上升，仅用脚掌而不用脚尖。

5. 维也纳华尔

换步左转（右转）：运步时，由脚尖到脚跟、由脚跟到脚尖的不断转换，旋转中包含了升降、反身、倾斜、摆荡等技巧。

6. 伦巴

（1）前进走步。

预备姿势：两脚前后开立，重心放在右脚上，左脚向后延伸。

动作方法：移动脚步之前，让身体上半部先向前移；当身体重心即将失去平衡时，左脚先以脚尖着地前移，再换成脚前掌稍向地板施压继续前移；左脚抵达定位点之前脚跟下降并伸直左膝，全部重心也随之移到左脚。维持的时间要根据此步伐的节拍而定。右脚此时仍维持无重心伸直状态，在重心移动到位之前，其大腿和脚尖约向外转 1/16 圈。在用右脚跳前进走步时，步骤同上。

（2）后退走步。

预备姿势：两脚前后开立，重心放在右脚上，左脚向后延伸。

动作方法：左脚开始向后移动时，按先脚前掌再脚尖的顺序后移，同时对地板略微施压，此时身体重心仍然保持在右脚，右膝要保持平直。左腿膝关节稍微弯曲，但当左脚脚跟下降时，膝关节要伸直并支撑全部的身体重心。维持的时间要根据此步伐的节拍而定。当左脚完成步伐时，无重心的右脚需维持前伸的姿态，其脚跟与地面微微接触或略离地板，而左脚大腿和脚尖约向外转 1/16 圈。在用右脚跳后退走步时，步骤同上。

7. 恰恰

（1）脚掌平伏。恰恰舞所有的前进走步都是以脚尖着地开始，再以脚前掌对地板施压，脚跟在步伐完成之前下降。此种脚底动作称为“脚掌平伏”。后退走步则先以脚前掌着地，随着脚的移动再换成脚尖，脚跟在步伐抵达时下降，重心也移转过来。

（2）前进锁步。

预备姿势：右脚支撑，胯部移至右边，左脚后点，脚尖绷直。

第一步：左脚前进，左膝伸直，胯部移至左边。

第二步：右脚前进，交叉于左脚后面，脚尖着地，右膝靠在左膝膝盖窝处，两膝弯曲，胯部移回中间。

第三步：左脚前进，两膝伸直，胯部移至左边；换右脚做相同动作。节奏与数拍：半拍、半拍、1 拍（4、&、1，即恰、恰、ONE）。

（3）后退锁步。

预备姿势：右脚支撑，胯部移至右边，左脚前点，脚尖绷直。

第一步：左脚后退，脚尖着地并向外开，左膝伸直，胯部移至左边。

第二步：右脚后退，并在左脚前交叉，两膝弯曲，胯部移回中间。

第三步：左脚后退，两膝伸直，胯部移至左边，右脚绷直，脚尖点地；换右脚做相同动作。节奏与数拍：半拍、半拍、1 拍（4、&、1，即恰、恰、ONE）。

（4）合并步。

预备动作：双脚脚踝并拢，腿部肌肉收紧，双手打开。

第一步：左脚向左侧迈出一小步，同时左脚弯曲，左脚尖落地，膝盖和脚踝均关闭向内扣，胯向右打开，右侧身体直立拉起，重心在右脚上，右脚跟落地。

第二步：将左脚迅速用力伸直，右脚贴地向左拉动，右脚脚踝靠近左脚脚踝，右腿屈膝，关闭内扣，右腿胯骨下压，左侧胯骨向上顶起，呈现出恰恰中并脚站立的基本形态。髋部不要向左或右的移动，此时左侧肩部、肋骨、髋部、腿部为直线。

第三步：右脚用力蹬地，将身体向左推，同时左脚左移，并将重心转移到左侧。此时右腿伸直，右脚脚尖向外，脚后跟不落地，右侧线条拉长。节奏与数拍：半拍、半拍、1 拍（4、&、1，即恰、恰、ONE）。

8. 桑巴

桑巴的弹动动作是靠膝关节和脚踝弯曲与伸直的配合来让身体上下摆动，其步伐的时间值为“1&2”。每次弯曲要用 1/2 拍的音乐，每次伸直也是 1/2 拍。弹动动作膝、踝关节伸直的时机是在两个“&”之间，在“1”之后的“&”要接一个 1/4 拍的舞步，此时伸直的动作要保持连续性。

9. 斗牛舞

（1）顿足。顿足是一个预备性的舞步，它用在一个舞步的起头，其目的是打破闭握式的位置。在开始时摆好闭握式，两脚合并，重心落在左脚（女方落在右脚）。顿足的步骤：重心换到右脚，身体猛降，配合适当的领带到下一步。其脚底动作为脚掌、脚跟。

（2）行进步。在西班牙斗牛舞中的基本前进步也称为行进步，可在前进时运用，节奏为 1 拍，而步法为脚跟平伏。舞者的移动脚会在音乐节拍的准点上，伴随着前移的重心同时到达定位，不置重心的脚在推移全部重心后保持收紧状态。

10. 牛仔舞

（1）并合步。掌握好并合步的节奏是非常关键的。并合步的数拍是“3&4”，其中“3”

占 3/4 拍，“&”占 1/4 拍，“4”占 1 拍，整个并合步占 2 拍。跳牛仔舞左右并合步的时候胯是要左右摆动的，如向左的并合步，胯就要向左摆动；向右的并合步，胯就要向右摆动。

（2）左右弹踢腿。在做弹踢动作时，两腿屈膝，重心放在左脚上，脚前掌支撑，然后右脚向前踢出，右腿伸直，小腿后群肌肉收紧，同时左腿伸直；然后收回右脚，此时膝盖弯曲，和踢出前相同。在弹踢的过程中，弹踢一拍，收回一拍，换腿时不占用节拍，即 1 时右腿踢出，2 时右腿收回，3 时换左腿踢出，4 时左腿收回。踢腿时不要用大腿肌肉，而是通过膝盖关节的屈伸来完成这个动作。

动力腿弹腿完成后收回时，小腿的动作要比踢出时快，显示出较强的弹动力，而踢出的时候，自然踢出就可以。

三、体育舞蹈竞赛规则简介

本部分简要介绍体育舞蹈比赛主要规则，请扫下方二维码获知。

体育舞蹈竞赛规则简介

第四节　瑜　　伽

瑜伽是指人在安静或舒缓的音乐伴奏下通过一些身体姿势来改善生理、心理、情感、精神等方面的能力，使人的身体、心灵和精神达到和谐统一，从而充分发挥潜能的一种运动方式。瑜伽锻炼对塑造形体、舒缓情绪、减轻压力都有很好的作用。作为集身心共修于一身的既古老又新颖的时尚健康运动，瑜伽正受到越来越多人的青睐。

一、瑜伽概述

（一）瑜伽运动发展史

瑜伽是东方最古老的强身术之一，起源于印度，但在全世界得到了广泛的传播和发展。“瑜伽”一词来自梵文词根“YUJ”的音译，之后又被翻译成“YOGA”，意为联合、加入、结合和束缚，即把人的注意力集中起来加以引导、运用和实施，也有结合或交融的意思。换句话说，瑜伽是指通过练习达到一种大脑活动和身体机能和谐统一的状态。

瑜伽是印度哲学六大正统体系之一，是一种非常古老的能量知识修炼方法，集哲学、科学、艺术和体育于一身。瑜伽的起源可以追溯到印度河文明时期，也就是公元前3000年以前。关于瑜伽的记载最早出现在《吠陀经》的印度经文中。公元前300年前，印度圣哲帕坦伽利在他的经典著作《瑜伽经》中，对瑜伽进行了系统梳理，使瑜伽修炼变得系统化和规范化，并构成了当代瑜伽修炼的基础。五千年来，瑜伽一直是印度文化的一个重要组成部分，历经时代多次变迁却一直充满活力。

19世纪60年代，在美国芝加哥的一次博览会上，一位名叫维夫卡南达的印度圣人展示了各种瑜伽姿势，首次向西方介绍了瑜伽并引起了人们的浓厚兴趣。自此开始，兴盛于欧美的现代瑜伽是“包括运动体操、心理调节、心智开发、个人卫生、健康饮食在内的极具功效的一整套的健身方法”。现在大多数的人开始接触瑜伽时并没有想研讨瑜伽哲学，而只是将它作为一种时尚的健身方式。瑜伽对人体的各个方面，如生理、心理、精神、情感等，都能起到良好的作用，并已作为一种健康有效的健身运动而风靡全世界。

（二）瑜伽的分类

1. 传统瑜伽

传统瑜伽流派众多，有把体位法、身体洁净和呼吸锻炼结合在一起的在传统体系中最基础、最普及的哈达瑜伽；有以身心的行动无私奉献世人的、提倡在工作中修行的实践派瑜伽；有探讨心性明了、体悟世间无常的哲理派瑜伽；有通过诵经、念咒、祈祷等方法，化烦恼为菩提的祈祷派瑜伽；有通过反复唱诵语音净化身心的语言冥想瑜伽；有控制性能量，探讨、开发人体潜力的坦多罗瑜伽；等等。

2. 现代新兴瑜伽

现代社会又派生出多种瑜伽支流，有以动作与呼吸紧密相连为基础，动作前后连贯，一气呵成，最系统的、难度最高的阿斯汤加瑜伽；有以动作与呼吸紧密相连为基础，动作更为活泼，可穿插很多力量性的体位法，注重意志力和生命内在能量锻炼的力量瑜伽；有动作缓慢而流畅，同时可以穿插快速节拍性练习的流瑜伽（是练习阿斯汤加和力量瑜伽的基础）；有通过外在环境温度的控制而达到减肥、排毒效果的热瑜伽；有因为减肥、健美、塑身而产生的偏重姿态的形体瑜伽；有在优美的音乐和点燃香薰精油的舒适环境中放松身心的香薰瑜伽；有为减肥、健身而在水中做体位法的水中瑜伽；有缓解心理压力、注重内心平和的心灵瑜伽；有张惠兰女士以自己的名字注册的惠兰瑜伽（张蕙兰是将瑜伽引入中国的第一人，被称为“当代中国瑜伽之母”）；等等。

（三）瑜伽的特点与锻炼价值

瑜伽要求练习者在宁静的心境下，排除杂念，放松大脑，释放压力和紧张情绪，使身心产生平衡和安宁，使心灵产生反思、直觉、灵感和创造意识。瑜伽讲求天人合一，要求练习者融入大自然的怀抱中，呼吸自然新鲜的空气。瑜伽姿势要求动作做得缓慢、用力均匀、步骤分明，以自身能承受的角度、幅度、力度进行练习。另外，瑜伽练习不需专门的器械和场地，只需保持空气流通、新鲜，周围安静即可，非常方便。

作为一种古老的能量知识修炼方法，瑜伽并非只是一套流行或时髦的健身运动这么简单。瑜伽可以减肥、塑形、健身、美颜；可以帮助人们在身体上、心理上、精神上都达到最佳的状态，从而焕发活力，使身心得到愉悦；可以帮助人们缓解肌肉的疲劳与疼痛、关节的僵硬，有效改善身体部位和关节的疼痛；可以改善血液环境，促进内分泌平衡。

二、瑜伽基本技术

（一）瑜伽呼吸

瑜伽的精髓是由呼吸来控制身体的放松、稳定、平衡，以达到身心合一的境界。正确的瑜伽练习必须先从呼吸的练习开始，而不是先从体位法开始。正确的瑜伽呼吸主要有以下三种方法。

1. 腹式呼吸

以肺的底部进行呼吸，感觉只是腹部在鼓动，胸部相对不动。

方法：仰卧，双手轻轻放在脐部，不要施加压力。吸气时，小腹隆起，双手被小腹抬起；呼气时，小腹回落。当气将呼尽时双手微向下施压，感觉肚脐内收并上提，彻底呼尽肺底残留气体。

功效：这是所有呼吸技巧的基础，是最安全有效的呼吸练习，可调节神经系统、循环系统和呼吸系统，使所有的腹部器官得到按摩，促进各内脏腺体以正常的方式分泌激素。

2. 胸式呼吸

以肺的中上部进行呼吸，感觉是胸部在张缩鼓动，腹部相对不动。

方法：仰卧或伸直背坐好，将双手放在最下面的肋骨两侧，不要施加压力，保持骨盆中心位。吸气时，收缩腹部，在保证腹腔壁内收的前提下感觉胸廓下部升高并向两侧推出；呼气时，腹腔壁持续内收，感觉胸廓回落。在吸与呼的过程中始终收缩腹部。

功效：加强腹肌力，镇静心脏，净化血液，改善循环。

3. 完全式呼吸

肺的上、中、下三部分都参与呼吸的运动，腹部、胸部乃至全身都有起伏张缩。

方法：仰卧或伸直背坐好，慢慢吸气使小腹隆起，在保持小腹隆起的前提下继续吸气至肋骨扩张，再用胸式呼吸的方法，将吸气延续继续向上，将胸部吸满空气并扩大到最大程度。此时，腹部向内收紧，双肩稍耸；慢慢呼气，肩放平，锁骨下移，肋骨回缩，放松胸部呼出浊气，再以腹部内收的方式将所有浊气排出。

功效：净化血液，强壮肺部组织，从而增强抵抗力、活力、耐力、协调感。

（二）瑜伽体式

1. 初级拜日式

瑜伽体位众多，但拜日式最为著名也最为基本。拜日式又叫太阳致敬式，因为有 12 个体式，所以很多人也叫它拜日 12 式，如图 6-72 所示。

（1）祈祷式

（2）后屈式

（3）前屈式

（4）骑马式

（5）顶峰式　（6）蛇击式　（7）眼镜蛇式　（8）顶峰式

（9）骑马式　（10）前屈式　（11）后屈式　（12）起始姿势

图 6-72　拜日式

拜日式是唤醒身体的最佳姿势，由一系列姿势组成。清晨太阳升起、傍晚落山时，朝着太阳的方向练习，给予大脑以充分的氧气，使身体各系统达到和谐的状态，使体内产生元气，加强脊神经、开阔肺叶、伸展腹部脏器、促进消化、消除多余的脂肪，从而使练习者更好地保持健康、充满活力。初学者每次练习一遍即可，循序渐进，逐步增加到一次练习 12 遍。

（1）祈祷式：双脚自然并拢，身体直立，肩部放松，两臂自然下垂，将双手在胸前合十，保持全身放松，眼睛向前平视，通过几次深长的呼吸让身心都慢慢放松下来。

（2）后屈式：吸气，将双臂平稳向上抬起，上臂紧紧贴在耳后，微微向上抬起下颌；呼气，将胯部前顶，上体和头部要向后稍仰；保持这个姿势，做深呼吸，并在后面吸气时带动身体回正。

（3）前屈式：慢慢呼气，身体前屈，双手握住同侧脚踝，将额头尽量向小腿靠拢，并触碰到小腿胫骨处。保持住这个姿势不动，吸气时要略微抬起并伸展上体，呼气时要更好地向前屈体。

（4）骑马式：吸气，将头部抬起，双掌注意撑住两脚外侧地面，将双膝慢慢弯曲；呼气，重心略微做一下调整，右脚后跨一大步，使整个右腿尽力贴向地面；吸气，抬头，带动上体直立起来，尽可能将胯部向下压；呼气，上体向后仰，保持好身体的平衡，做深呼吸。在后面吸气时，抬头带动身体回正。

（5）顶峰式：呼气，放松背部，双手置于脚的两侧；吸气，双手撑住身体，将左脚后撤与右脚并拢，伸直双膝，脚掌撑地，臀部上顶，肩背下压，尾骨转向天空的方向；呼气，放下脚后跟，双脚踩地，让脚跟尽量触地，双肩下沉，尽量用额头去触碰地板。保持平稳的呼吸，放松颈部。

（6）蛇击式（八体投地式）：吸气，移动重心向前；呼气，双膝放在地面上，手肘弯曲，胸部、下颌贴于地面，胯部和腹部稍微抬离地面；放松全身，保持平稳的呼吸。

（7）眼镜蛇式：慢慢吸气，手臂伸直，头部带动身体向前向上，脚背绷直，臀部夹紧，尽量靠后背的力量使上体一节一节地离开地面，大腿和脚背尽量贴于地面；双臂夹紧，眼睛盯住天花板，头部后仰，带动脊柱后卷，双肩下沉，保持均匀的呼吸。

（8）顶峰式（重复）：吸气，双臂用力，收腹，向后上方抬起臀部，脚跟提起向上；呼气，足跟下压。

（9）骑马式（重复）：右脚向前迈一步，右脚放在两手之间；吸气，脊柱挺直打开胸腔，然后呼气，脊柱后弯，头部后倾。

（10）前屈式（重复）：收回双手在右脚两侧；吸气，左脚向前迈一步，双脚并拢；呼气，将身体下沉，缓慢靠近双腿。

（11）后屈式（重复）：吸气，身体慢慢直立，手臂上举；呼气，脊柱向后弯曲，打开胸腔，头部向后倾。

（12）起始姿势：吸气，身体还原，双手合十于胸前；缓缓呼吸，全身自然放松。

2. 树式

站姿，双脚并拢，弯曲右（左）膝，将右（左）脚脚后跟放在左（右）大腿根部，右（左）脚脚掌紧贴左（右）大腿，注意右（左）膝关节尽量外展与身体在一平面。重心在左（右）脚，双手在胸前合十。吸气，指尖带动手臂向头顶方向伸展，眼睛平视前方的某一点，注意力高度集中，保持身体平衡，避免来回晃动，保持这个姿势做均匀呼吸，如图 6-73 所示。

3. 三角式

站姿，两脚分开两倍半肩宽，左脚向左转 90 度，右脚内收 30 度。吸气，两臂侧平举，掌心向下；呼气，手臂带动上体向正左侧弯腰，左手搭在左腿胫骨上，右手掌心朝前，指尖向天空方向延伸，双膝伸直，眼睛看右手手指的方向，正常呼吸 10～20 秒。吸气，手臂带动身体还原正中；呼气，双手落回体侧，双脚收回，放松身体，然后相反方向做，如图 6-74 所示。

图 6-73　树式

图 6-74　三角式

4. 反三角式

紧接三角式开始练习。吸气时放松，右手撑地，左臂放下，左手撑于右脚外侧；呼气，身体向右扭转，右臂抬起举高，与地面垂直，头部右转，眼睛注视右手指尖方向，注意保持腰背伸直，不要弓背塌腰，保持姿势 3～5 次呼吸的时间。稳住身体，吸气时抬起左臂，从侧面开始将身体慢慢抬起，恢复到基础站姿，舒缓身体，休息片刻，再换边练习，如图 6-75 所示。

5. 侧角伸展式

站姿，两脚分开两倍半肩宽，左脚向左转 90 度，右脚内收 30 度。吸气，两臂侧平举，掌心向下；呼气，弯曲左膝，左小腿垂直于地面，同时手臂带动上体向左侧弯腰，将左手掌放在左脚外侧，右手掌心朝前指向天空的方向；重心在两腿之间，髋部朝正前方，眼睛看右手手指的方向，正常呼吸 10～20 秒，如图 6-76 所示。吸气，手臂带动身体还原正中；呼气，放松双手，落回体侧，然后相反方向做。

6. 战士一式

站姿，两脚分开两倍半肩宽，左脚向左转 90 度，右脚微微内收。吸气，两臂侧平举，掌心朝下；呼气，两臂带动身体水平左转 90 度，同时转动髋部。吸气，手臂向头顶方向延伸双手合十；呼气，弯曲左膝，身体下蹲使小腿与地面垂直，保持正常呼吸，如图 6-77 所示。吸气，伸直左膝，将身体回正；呼气，手臂缓慢落回体侧，双脚内外八字收回，放松身体，然后相反方向做。

7. 战士二式

站姿，两脚分开两倍半肩宽，左脚向左转 90 度，右脚微微内收。吸气，两臂侧平举，掌心朝下；呼气，弯曲左膝，身体下蹲使小腿与地面垂直，头部转向左侧，眼睛看向左手指尖的方向，保持正常呼吸，如图 6-78 所示。吸气，伸直左膝，头回正中；呼气，手臂缓慢落回体侧，双脚内外八字收回，放松身体，然后相反方向做。

8. 幻椅式

站姿，双脚并拢，挺直上半身，手臂垂于体侧。吸气，指尖带动双臂经体前向上伸展，高举过头顶，手臂内侧贴着耳朵，掌心相对，手肘伸直双臂，双手合十；呼气，弯曲双膝，臀部向后、向下放低，想象是坐在一张椅子上，手臂与背部同一平面，尽量使大腿平行于地面，同时收缩肛门和会阴，挺胸，挺直脊柱，腰部挺直，慢慢将重心移至脚后跟，保持均匀呼吸，如图 6-79 所示。吸气，伸直双膝，将身体慢慢立直；呼气，手臂缓慢落回体侧，放松身体。

图 6-75 反三角式　图 6-76 侧角伸展式　图 6-77 战士一式　图 6-78 战士二式　图 6-79 幻椅式

9. 弓式

俯卧，双脚分开与肩同宽，双臂自然放身体两侧，下巴紧贴垫子，弯曲双膝将双脚脚后跟尽量靠近臀部，双手抓住双脚脚踝。吸气，抬头、抬肩、抬背，双手用力抓脚将膝关节向上抬起，抬至自己可控制的范围内停住，保持自然呼吸，眼睛看前上方；呼气，松开双手，将身体慢慢地落回在垫子上，放松身体，如图 6-80 所示。

10. 婴儿式

跪坐在脚跟上，双脚大拇指叠放在一起，双手轻轻放在大腿上，肩部打开，微微下沉。呼气时，双手移至身体两侧，上身自尾椎开始，一节一节往前方放松落下，直至腹部贴近大腿、胸部落在膝盖上、额头贴近地面，闭上双眼，放松身体，均匀地呼吸，如图 6-81 所示。

11. 鱼式

仰卧，双手掌心朝下放于身体两侧，脚尖向前伸直，放松身体，呼吸。吸气，拱起背部，把躯干抬离地面，胸口上顶，抬头，弯曲双臂，肘部贴地，双手紧压臀部外侧，保持姿势不变；呼气，头部后仰，头顶触地，紧贴地面，移动双手放在臀部两侧的地面上，掌心朝下，双腿绷直，如图 6-82 所示。吸气，依次抬升双腿，脚尖朝上，膝盖绷直，双腿并拢，与地面成

30度夹角，臀部紧压地面，以保持双腿姿势稳固，将腿部和躯干的重量放在臀部，抬升双臂向上伸展，手臂绷直，掌心相对，双掌相合。保持这个体式30～60秒，正常地呼吸。呼气，放低双腿和双臂回到地面上，脊柱伸直，放松。

12. 船式

仰卧在垫子上，双臂自然放在身体两侧。吸气，抬头，抬肩，腰部离地，同时将双腿抬离地面，双脚并拢，脚的高度与视线同高，双臂平举，腰背挺直，保持正常呼吸；呼气，将身体慢慢落回地面，放松身体，如图6-83所示。

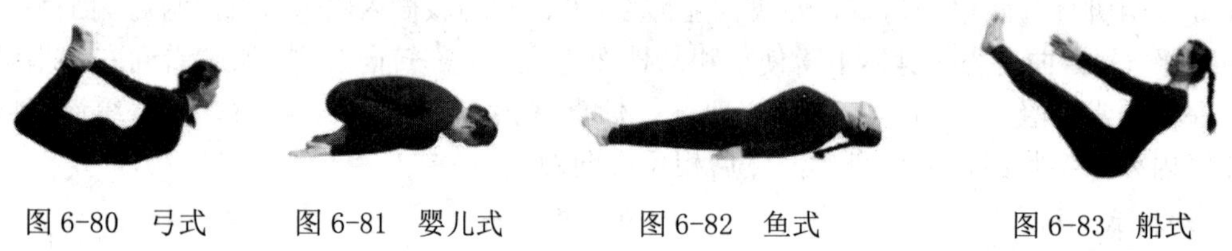

图6-80 弓式　图6-81 婴儿式　图6-82 鱼式　图6-83 船式

（三）冥想

冥想是瑜伽体位练习中特有的休息方式。通过冥想，练习者可以排除一切思想杂念，舒缓紧张的神经，放松大脑皮层，进入完全平静的内心世界，与自然和自我交流，从而起到除烦减压、养心理气、安神助眠的功效。当练习瑜伽体位法时，在每个动作完成后的静止过程中，闭上眼睛，配合缓慢深长的呼吸，用心体会动作刺激身体的所在部位，即从姿势的名称联想相应的图像。例如，练习“树式”姿势时，想象身体像一棵充满生机的树沐浴在阳光下，脚像有力的树根从大地吸取养分，生命变得充满活力和自信；练习“婴儿式”姿势时，想象自己如同母亲肚子里的胎儿一样安宁、舒适、身心自然平和，幸福的感觉也就悠然滋生；等等。

根据练习时身体的不同姿势，冥想主要分为简易坐冥想、半莲花坐冥想、莲花坐冥想、仰卧式冥想等。

1. 简易坐冥想

坐姿，双腿伸直，将左脚脚心贴在右腿大腿内侧，右脚脚心贴在左腿小腿内侧，保持重心平稳；双腿尽量放平于地板上，腰背挺直，头部微低，下颚向下微收，脖颈向上拉伸；双手做莲花指动作，拇指与食指相连，手背放在膝盖上，手心向上；肩膀和手臂放松，闭上双眼，鼻子深呼吸，如图6-84所示。冥想过程中，腰背保持挺直，不能驼背塌腰。

2. 半莲花坐冥想

坐姿，双腿伸直，向内弯曲左腿关节，将左脚放在右大腿上，脚背贴大腿，脚心朝上，再弯曲右小腿放于左小腿下方的空隙后；保持脊柱挺直，双手自然搭在两膝，缓慢均匀地呼气吸气；保持头部、脊椎和上身成一条直线并与地面垂直，下颚微收，如图6-85所示。半莲花坐是冥想的经典坐姿。

3. 莲花坐冥想

坐姿，左腿放于右腿大腿上，右脚放在左腿大腿上，左右腿交叉呈“X”形，腰背挺直；手势为莲花指，手臂、肩膀放松并与简易坐冥想姿势相同，如图6-86所示。莲花坐是一种最古老的瑜伽姿势，它是各种姿势的基石。

图 6-84　简易坐冥想

图 6-85　半莲花坐冥想

图 6-86　莲花坐冥想

4. 仰卧式冥想

仰卧平躺，双腿微微分开，手臂放在身体两侧，手掌心向上，闭上双眼，如图 6-87 所示。头部要摆正，不要向左右两侧倾；脊椎、脖颈要在一条直线上。

初学者很难快速进入冥想状态中，可以借助语音来帮助自己快速进入状态。试着在呼气时发出“O”音，闭嘴时发出“M”音，接着重复吸气呼气；发出的声音要能让自己听见，并把注意力全部放在发音上。

图 6-87　仰卧式冥想

微视频 6-5
瑜伽–成套动作编排（上）

微视频 6-6
瑜伽–成套动作编排（下）

第七章　民族传统体育类

教学目标

1. 知识目标

了解民族传统体育项目的主要形式及文化内涵。

2. 技能目标

掌握一项武术拳法或健身气功套路。

3. 课程思政目标

使学生感悟传统文化、增进对民族文化的认同感及归属感、提升民族自豪感、树立爱国主义思想，以民族精神增强文化自信。

民族传统体育是在本民族中开展的具有浓厚民族传统特色的各种体育活动和文化的总称。作为一种传统文化，民族传统体育负载着一个民族的价值取向，影响着一个民族的生活方式，聚拢着一个民族自我认同的凝聚力。民族传统体育是我国体育事业的重要组成部分，学习中国民族传统体育对于提高人民健康水平、提高国民综合素质、继承民族传统文化、增强民族向心力和凝聚力、促进中华民族团结和社会文化进步起着重要的作用。

第一节　武　　术

武术是以攻防技击为主要技术内容，以套路演练和搏斗对抗为运动形式，注重内外兼修的民族传统体育项目，发展到现在已有几千年的历史。在经过漫长的发展过程后，武术摄取养生之精髓、集技击之大成，形成以中国传统文化为理论基础，以内外兼修、术道并重为鲜明特点的较为系统的技术体系和众多门派。传统武术厚植于中华传统文化的土壤之中，处处体现着“讲仁爱、重民本、守诚信、崇正义、尚和合、求大同”的价值观和道德观，蕴含着丰厚的民族精神、尚武崇德精神、文化自信、规则意识、科学精神、家国情怀。由于中国传统文化的滋养和哺育，武术生生不息、博大精深，成为中国传统文化中一颗璀璨的明珠，不仅为广大群众喜闻乐见，也受到世界上众多国家、地区人们的重视和青睐，成为中华民族独一无二的特色文化品牌和全球代表符号。

一、武术概述

（一）武术发展史

武术的起源可以追溯到原始社会。远古时期，人们处于生产力水平极其低下、自然环境极其恶劣的生存状态下，为了生存，不得不与兽斗。到了原始社会末期，随着生产水平的提高、私有制的萌发，氏族与部落之间开始出现有组织的较大规模的战争。这些战争使得人与兽斗的工具和技能开始用于人与人之间的搏杀格斗，并有力地促进了器械的制作以及搏击技术的产生和发展。

武术发展于封建社会时期。秦汉以来，盛行角力、击剑。明清时期，流派林立、拳种纷现。拳术有长拳、猴拳、少林拳和内家拳等几十家之多，同时形成了太极拳、形意拳和八卦拳等主要的拳种体系。

到了近代，为了适应时代的变化，武术逐步成为中国近代体育的有机组成部分。民国时期，民间出现了很多拳社和武士会等武术组织。1928 年，中央国术馆在南京成立。1936 年，中国武术队赴柏林奥运会参加表演。从此，武术运动在国际范围内传播开来。

中华人民共和国成立后，武术运动得到了蓬勃发展。1952 年，刚成立的国家体委设置了专门机构——民族形式体育研究会，对武术实行领导，这标志着武术被正式列入体育范畴，成为社会主义体育事业的一部分。1958 年，中国武术协会成立，武术成为表演项目，并于次年正式成为国家体育竞赛项目。1987 年，日本横滨举行了第 1 届亚洲武术锦标赛。1990 年，武术首次被列入第 11 届亚运会比赛项目；同年 10 月，国际武术联合会在北京宣告成立，并于 1991 年在北京举办了第 1 届世界武术锦标赛，以后每隔两年举办一次。1994 年，国际武术联合会被世界单项体育联合会正式接纳入会，这进一步确立了武术比赛的国际地位。2008 年，武术成为奥运会的表演项目，为武术运动的进一步发展奠定了基础。如今，“源于中国，属于世界”的武术已经成为沟通世界各国人民的桥梁和发展友谊的纽带。作为优秀的民族文化和良好的运动项目，武术可以促进东西方文化的交流作出贡献，更好地造福全世界爱好和平的人民。

（二）武术的分类

武术运动根深叶茂、内容丰富，按其运动形式可分为两大类：套路运动和搏斗运动。

1. 套路运动

套路运动是以技击动作为基本素材，以攻守进退、动静疾徐、刚柔虚实等矛盾运动的变化规律编成的整套练习形式。其主要内容有拳术、器械、对练、集体表演等。

（1）拳术：徒手练习的套路运动。拳术的种类很多，如长拳、太极拳、南拳、形意拳、八卦掌、通背拳、象形拳等。

（2）器械：手持武术兵器练习的套路运动。器械又可分为刀术、剑术、枪术、棍术、鞭、三节棍、双刀、双剑、双鞭等。

（3）对练：在单练的基础上，两人或两人以上在预定的条件下进行假设性的攻防练习，包括徒手对练、器械对练、徒手与器械对练等。

（4）集体表演：六人以上徒手或手持器械同时进行练习的演练形式。练习时可变换队形，也可采用音乐伴奏，要求队形整齐、动作协调一致。

2. 搏斗运动

搏斗运动是两人在一定条件下按照一定的规则进行斗智较力的对抗性练习形式。目前武术竞赛中正在逐步开展的有散打、推手、短兵三项。

（1）散打：又称散手，古称手搏、白打等。由于比赛以徒手相搏相较的运动形式进行，又称“打擂台”。现在的散打是两人按照一定的规则使用踢、打、摔、拿等方法制胜对方的竞技项目。

（2）推手：两人遵照一定的规则，使用掤、捋、挤、按、采、挒、肘、靠等方法，双方粘连黏随，通过肌肉的感觉来判断对方的用劲，然后借劲发劲将对方推出，以此决定胜负的竞技项目。

（3）短兵：两人手持一种用藤、皮制作的短棒似的器械，在16市尺（约5.33米）直径的圆形场地内，按照一定的规则，使用劈、砍、刺、崩、点、斩等方法进行决胜负的体育竞技项目。

（三）武术的特点与锻炼价值

武术以中国传统文化为理论基础，以徒手和器械的攻防动作为主要锻炼内容。武术的历史悠久、内容丰富、风格独特、形式多样，强调内外兼修、体用兼备、全面发展。

经常参加武术锻炼，可以强健体魄、防身自卫，还能磨炼意志、陶冶情操、愉悦身心，感受内外合一、形神兼备的和谐之美，也能切磋技艺、扩大交往、交流思想、增进友谊。总之，追求真善美是中华民族传统文化的重要特点和价值取向。中国武术有利于参与者求真精神的培养，有利于参与者向善品德的养成，有利于参与者尚美境界的提升。

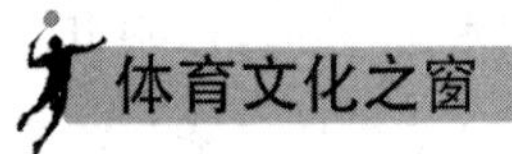

抱拳礼的方法及含义

中国体育文化注重“仁德”“礼让”。中国是礼仪之邦，中国传统武术中最重要的是礼节，讲究未曾学艺先学礼。武术中的“抱拳礼”具有尚武崇德、以武会友、虚心求教和团结奋进等丰厚的精神内涵，既是一种理想武术人格的模式，也为习武之人的精神追求提供了目标典范。

图7-1　抱拳礼

抱拳礼的方法：并步站立，右手成拳；左手四指并拢伸直成掌，拇指屈拢，左掌心掩贴右拳面（左指根线与右拳棱相齐），左指尖与下颌平齐；右掌眼斜对胸窝，置于胸前屈臂成圆；肘尖略下垂，双肘不可扬起；拳掌与胸相距20～30厘米，如图7-1所示。头正、身直，目视受礼者；面容举止大方。

二、武术基本功和基本动作

基本功和基本动作是掌握武术技法的基础功法和武术拳术中最基础、最具代表性的动作，一般包括肩、臂、腰、腿、手、步的基本攻防方法以及跳跃、平衡等动作。

（一）武术基本功

1. 压肩

开步（两脚平行，左右站立）站立，与肩同宽或稍宽，上体前俯，手握把杆，下振压肩。也可两人面对面站立，互相扶按肩部，做体前屈振动压肩动作。

要点：挺胸、塌腰、收髋，两臂、两腿伸直；振幅逐步加大，压力集中于肩部。

2. 压腿

（1）正压腿。右腿直立支撑，将左脚脚跟放在与髋同高或稍高的把杆上，脚尖勾紧，两手扶按在膝关节上（或双手抱脚），立腰、收髋、挺膝，上体前屈，向前、向下做压振动作。左右腿交替练习。

要点：逐渐加大振幅，先以前额、鼻尖触及脚尖，然后过渡到下颚触及脚尖，以提高腿的柔韧性。

（2）侧压腿。身体侧对把杆，右腿伸直支撑脚尖外展。左脚跟放在把杆上，脚尖勾起，右臂上举，左掌附于胸前，立腰、展髋，上体向左侧压振，两腿交替进行。

要点：两腿伸直，压振幅度要逐渐加大，直到右手握左脚，上体能侧倒在左腿上。

（3）后压腿。背对把杆，两手叉腰，右腿支撑站立，左腿后伸，脚背放到把杆上，脚面绷直，上体后仰做压振动作，并逐渐增大压振幅度。两腿交替进行。

要点：两腿伸直，立腰挺胸、展髋，腰后屈。

（4）仆步压腿。右腿屈膝全蹲，全脚着地；左腿向左侧伸直，脚尖内扣。两脚全脚掌着地，两手分别抓住两脚脚背，成左仆步；腰部挺直，左转前压。左右仆步交替进行。

要点：挺胸、塌腰、沉髋，左右移动不宜过快，臀部尽量贴近地面。

3. 劈叉

（1）竖叉。两腿伸直，前后叉开成一直线。左腿后侧着地，脚尖勾起，右腿内侧或前侧着地，脚背扣在地上，两臂立掌侧平举。两腿交替进行。

要点：挺胸、立腰、沉髋、挺膝。

（2）横叉。两臂立掌侧平举或体前扶地，两腿左右分开成一直线，两腿内侧着地。

要点：挺胸、立腰、展髋、挺膝。

（二）基本动作

1. 手型

（1）拳：四指并拢，卷握，拇指紧扣食指、中指第二指节上，如图 7-2 所示。拳眼朝上为立拳，拳心朝下为平拳。

要点：拳握紧、拳面平、直腕。

（2）掌：四指并拢伸直，拇指弯曲紧扣于虎口处，如图 7-3 所示。手腕伸直为直掌，掌指朝上为立掌。

要点：掌心展开、竖指并拢。

（3）勾：五指第一指节捏拢在一起，屈腕成勾，如图 7-4 所示。

要点：五指指尖齐平，腕屈紧。

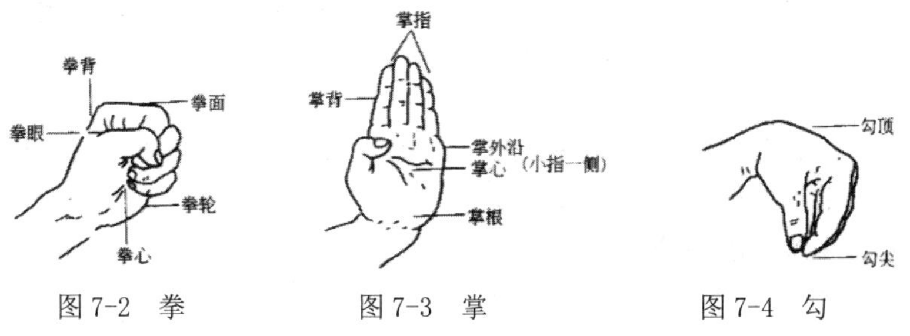

图 7-2 拳　　图 7-3 掌　　图 7-4 勾

2. 手法

（1）冲拳。

预备姿势：原地开步站立，与肩同宽；两拳分别抱于腰侧，拳心向上，肘尖向后，目视前方。

动作说明：右拳从腰间猛力向前冲出，当肘关节过腰后，前臂内旋，拳心朝下，力达于拳面，臂伸直，高与肩平，同时左肘向后牵拉，目视右拳。左右臂交替练习。

要点：挺胸、收腹、拧腰、顺肩，出拳应快速有力且有寸劲（即爆发力）。

（2）推掌。

预备姿势和要点同冲拳。

动作说明：拳变掌，以掌根为力点，立掌（翘掌、沉腕）推出，力达掌外沿。左右臂交替练习。

（3）亮掌。

预备姿势同冲拳。

动作说明：右拳变掌，由腰间经体侧向右、向上划弧至头部前上方时，肘微屈，抖腕翻掌；同时头向左转，目视左方。左右臂交替练习。

要点：挺胸、收腹、立腰，抖腕翻掌与转头要同时完成。

3. 步型

步型如图 7-5 所示。

①弓步　②马步　③虚步　④仆步　⑤歇步　⑥丁步

图 7-5　步型

（1）弓步。

动作说明：前腿大腿接近水平，脚尖微内扣，小腿与地面垂直，后腿绷直，抬头、挺胸、塌腰，眼向前平视，两脚不可站成一线，左右相距约一脚（弓步的横宽）。左脚在前为左弓步，反之为右弓步。

要点：前腿弓，后腿绷；挺胸、塌腰、沉髋、扣足。

（2）马步。

动作说明：两脚左右开立，距离约为两个肩宽，脚尖正对前方，屈膝下蹲至大腿接近水平，膝不超过脚尖，身体重心在两脚中间，挺胸、塌腰，脚跟外蹬，眼向前平视。

要点：挺胸、塌腰、直背，膝微内扣，脚跟外蹬。

（3）虚步。

动作说明：后腿屈膝半蹲，脚尖外展 45 度，前脚脚尖点地，脚面绷直，挺胸、塌腰，眼向前平视。左脚在前为左虚步，反之为右虚步。

要点：挺胸、塌腰，虚实分明。

（4）仆步。

动作说明：腿屈膝全蹲，臀部接近小腿，脚尖和膝关节外展，另一腿挺直平仆，脚尖内扣，挺胸、塌腰、沉臀，眼向前左（右）平视。左腿仆直为左仆步，反之为右仆步。

要点：挺胸、塌腰、沉髋。

（5）歇步。

动作说明：两腿交叉、靠拢并贴紧，全蹲，左腿在上，全脚着地，脚尖外展，右脚前脚掌着地，膝部贴近左腿外侧，臀部坐于右腿接近脚跟处，挺胸、塌腰，眼向左平视。此为左歇步，反之为右歇步。

要点：挺胸、塌腰，两腿靠拢并贴紧。

（6）丁步。

动作说明：两腿并拢半蹲，一脚全脚掌着地支撑（重心落于此腿），另一脚脚面绷直，脚尖内扣并虚点地面，靠于支撑脚的脚弓处，目视前方。左脚尖点地为左丁步，反之为右丁步。

要点：挺胸、塌腰，虚实分明。

4. 步法

（1）插步。

动作说明：开步站立，两手叉腰，右脚向左脚后横插一步，两腿交叉。左右交替练习。

要点：挺胸、塌腰，后腿前脚掌着地。

（2）击步。

动作说明：两脚前后站立，与肩同宽，上体前倾，后脚离地提起，前脚随即蹬地前纵。在空中时，后脚向前碰击前脚；落地时，后脚先落。眼向前平视。

要点：腾空时，上体保持正直并侧对前方。

（3）弧形步。

动作说明：两脚前后站立，略屈，两脚快速、连续向侧前方行步。每步大小略比肩宽，走弧形路线。眼向前平视。顺时针右弧形走时，左脚尖微内扣，右脚尖微外撇；逆时针向左弧形走时，右脚尖微内扣，左脚尖微外撇。

要点：挺胸、塌腰，半蹲，重心平稳移动；落地时脚跟迅速过渡到全脚掌，注意转腰。

5. 腿法

（1）直摆性腿法：包括正踢腿、侧踢腿、里合腿、外摆腿等。

① 正踢腿。

动作说明：预备姿势位，两脚并立，两手成立掌，两臂侧平举，左脚向前上半步，左腿支撑，右脚脚尖勾起向额前方猛踢，两眼向前平视。左右腿交替进行练习。

要点：挺胸、立腰，踢腿时脚尖勾起绷落或勾起勾落；收髋、收腹，踢腿过腰后应加速，要有寸劲。

② 侧踢腿。

动作说明：预备姿势与正踢腿相同，右脚向前上半步，脚尖外展，左脚脚跟稍提起，上体右转 90 度；左臂前伸，右臂后举；随即用左脚脚尖勾紧向左耳侧踢起，同时右臂屈肘上举亮掌，左臂屈肘立掌于右肩前，眼向前平视。踢左腿为左侧踢，踢右腿为右侧踢。

要点：挺胸、立腰、开髋、侧身、猛收腹，踢腿过腰后应加速，要有寸劲。

③ 外摆腿。

动作说明：预备姿势与正踢腿相同，右脚向前方上半步，左脚脚尖勾紧，向右侧上方踢起，经面前向左侧上方外摆，直腿落在右脚旁，眼向前平视；左掌可在左侧上方击响，也可不击响。左右腿交替进行练习。

要点：挺胸、塌腰、松髋、展髋，外摆幅度要大并成扇形。

④ 里合腿。

动作说明：预备姿势与正踢腿相同。右脚向右前方上半步，左脚脚尖勾起向里扣并向左侧上方踢起，经面前向右侧上方直腿里合，落于右脚外侧；右手掌可在右侧上方迎击左脚掌并击响（也可不击响）；眼向前平视。左右腿交替进行练习。

要点：挺胸、立腰、松髋、展髋，里合幅度要大并成扇形。

（2）屈伸性腿法：包括弹腿、蹬腿、侧踹腿等。

① 弹腿。

动作说明：预备姿势为两腿并立，两手叉腰，右腿屈膝提起，大腿与腰平，右腿脚面绷直；提膝接近水平时，迅速猛力挺膝，向前平踢（弹击），力达脚尖，大腿与小腿成一直线，高与腰平，左腿伸直或微屈支撑；两眼平视。左右腿交替进行练习。

要点：挺胸、立腰、收髋，脚面绷直，弹击要有寸劲。

② 蹬腿。

动作说明：预备姿势与弹腿相同，唯脚尖勾起，力达脚跟。

③ 侧踹腿。

动作说明：预备姿势为两脚并立，两手叉腰，两腿左右交叉，右腿在前，稍屈膝；随即右腿伸直支撑，左腿屈膝提起，左脚脚尖内扣，脚跟用力向左侧上方踹出，高于肩平，上体向右侧倒；目视左侧方。左右腿交替进行练习。

要点：挺膝、开髋，猛踹，脚外侧朝上，力达脚跟。

三、武术套路

（一）初级长拳

长拳是在查拳、华拳、花拳、红拳、炮拳、少林拳等传统拳术的基础上，根据其风格特点，综合整理创编而成。主要特点：动作舒展大方、姿势雄壮、精神勇往、力法快长。长拳讲究动迅静定、快速灵活、刚劲勇猛、节奏鲜明；在技击上讲究放长击远，出拳要拧腰送肩，以发挥“一寸长一寸强”的优势。其动作均衡全面，能有效提高人体的柔韧、力量、耐力、协调、灵敏、反应、平衡等身体素质。在此仅对初级长拳（第三路）加以介绍。

初级长拳第三路是当今武术普及套路之一，是根据人们锻炼身体和基础教学的需要而组编的一路内容简短易学的长拳套路。本套动作共 4 段 36 个动作，包括预备动作与结束动作。内容包括拳、掌、勾等 3 种手型，弓步、马步、仆步、虚步、歇步等 7 类步型，冲拳、劈拳、穿掌、挑掌、顶肘、盘肘等 13 种手法，以及 4 种腿法、2 种跳跃、1 种平衡和各种步法。技法特点：手要敏捷、眼要明锐、身要灵活、步要稳固、精要充沛、气要下沉、力要顺达、功要纯清，四击合法（四击指踢、打、摔、拿 4 种技击法则）、以形喻势。

初级长拳动作图解如下。

1. 预备动作

预备动作如图 7-6 所示。

①预备势　②虚步亮掌　③并步对拳

图 7-6　预备动作

2. 第一段

第一段动作如图 7-7 所示。

①弓步冲拳　②弹腿冲拳　③马步冲拳　④弓步冲拳

⑤弹腿冲拳　⑥大跃步前穿

⑦弓步击掌　⑧马步架掌

图 7-7　第一段

3. 第二段

第二段动作如图 7-8 所示。

①虚步栽拳　②提膝穿掌　③仆步穿掌

④虚步挑掌　⑤马步击掌　⑥叉步双摆掌

⑦弓步击掌　⑧ 转身踢腿马步盘肘

图 7-8　第二段

4. 第三段

第三段动作如图 7-9 所示。

①歇步抡砸拳　②仆步亮拳

③弓步劈拳　④换跳步弓步冲拳

⑤马步冲拳　⑥弓步下冲拳　⑦叉步亮掌侧踹腿

⑧虚步挑拳

图 7-9　第三段

5. 第四段

第四段动作如图 7-10 所示。

①弓步顶肘

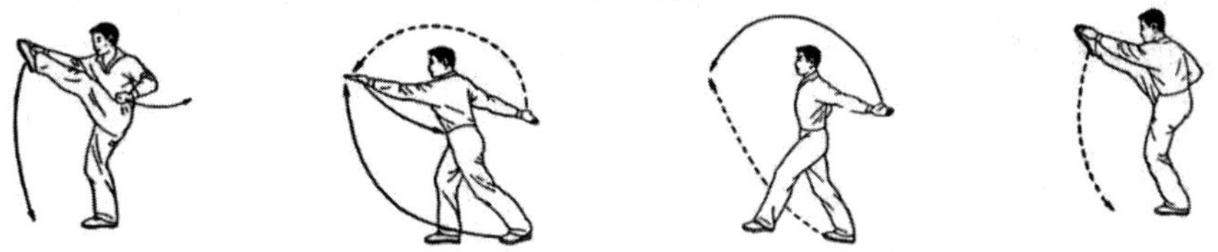

②转身左拍脚　　③右拍脚

④腾空飞脚　　⑤歇步下冲拳

⑥仆步抡劈拳　　⑦提膝挑掌　　⑧提膝劈掌弓步冲拳

图 7-10　第四段

6. 结束动作

结束动作如图 7-11 所示。

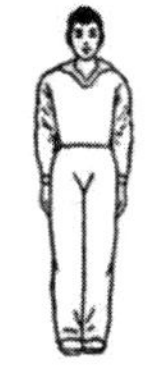

①虚步亮掌　　②并步对拳　　③还原

图 7-11　结束动作

（二）初级剑术

剑是武术短器械中的一种，剑术古称剑道或剑法。剑术以刺、点、崩、挑、削、截、撩、劈、挂、架等技法，配合左手剑指和各种步型、步法、腿法、平衡、跳跃、旋转等动作以及内在的精、气、神而构成套路。

初级剑术是剑术的基础套路，共分四段，每段八动，其剑法、步型、步法、身型、身法，以及各种躲闪、跳、跃、平衡动作均安排得比较全面、细腻、整齐划一。在编排上充分体现了由易到难、由简到繁和曲折、潇洒、灵活、多变、优美、大方的剑术运动风格。练习时要求刚柔相济、吞吐自如，做到“形神兼备、身剑合一”。经常进行初级剑术套路练习，既可增强体质、增进健康、陶冶情操，又能提高攻防意识，并为练习其他剑术套路打下基础。

初级剑术动作图解如下。

1. 预备势

预备势动作如图 7-12 所示。

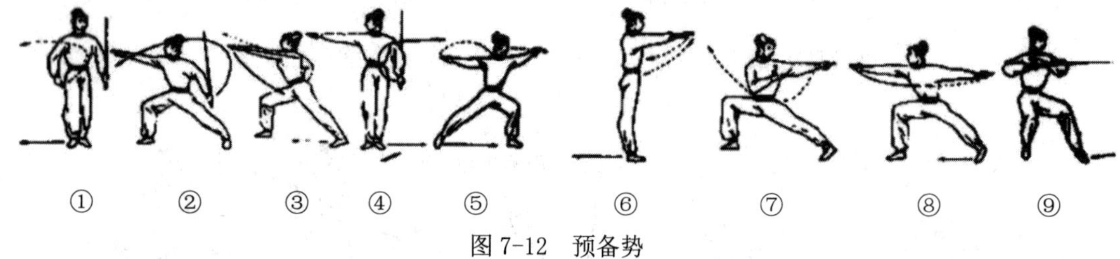

图 7-12　预备势

2. 第一段

第一段动作如图 7-13 所示。

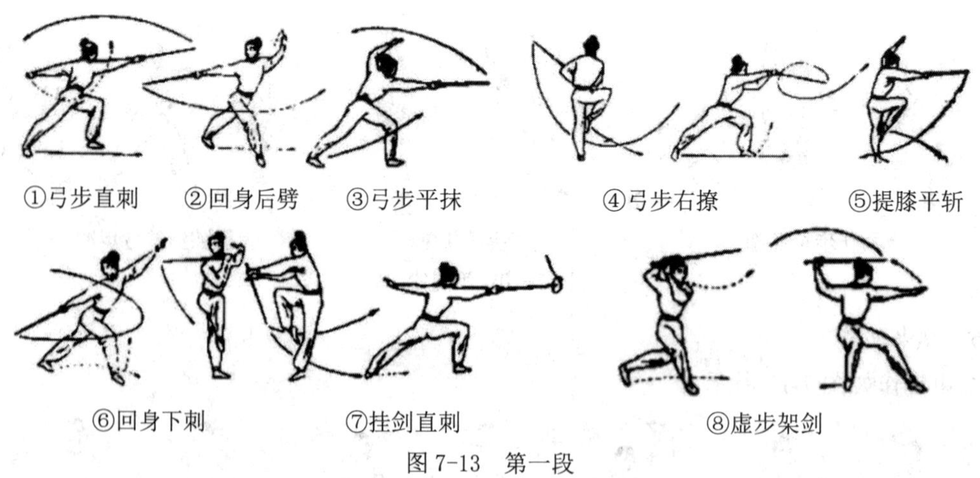

图 7-13　第一段

3. 第二段

第二段动作如图 7-14 所示。

图 7-14　第二段

4. 第三段

第三段动作如图 7-15 所示。

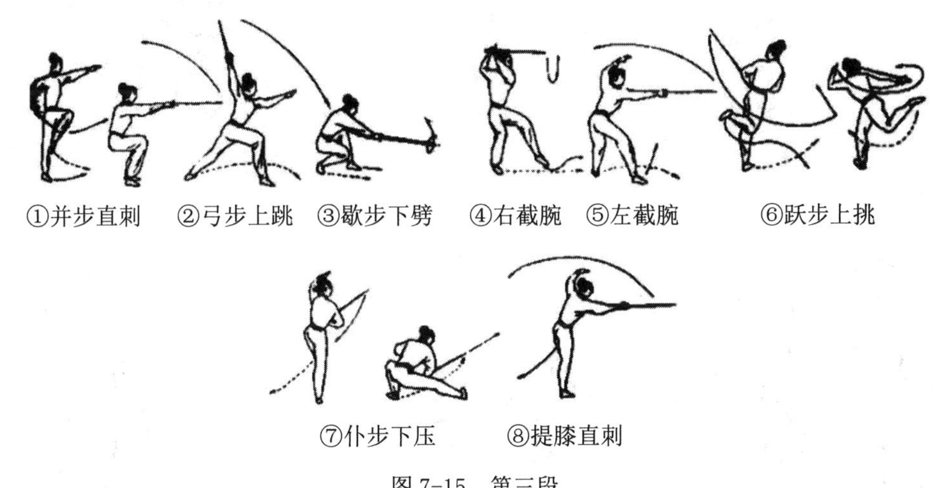

图 7-15　第三段

5. 第四段

第四段动作如图 7-16 所示。

图 7-16　第四段

（三）24 式太极拳

太极拳是我国传统民族体育项目之一。24 式太极拳（又叫简化太极拳）是从传统杨氏大架太极拳中选择动作而组成的，其特点是均匀、柔和、平稳，对调养气血、缓解身心疲劳、改善人体功能、增强体质十分有效。太极拳的外在表现形式虽然是慢练，但其内在精神气质是积极进取、奋发向上的。具有“慢运动”特点的太极拳，可以很好地协调和弥补快节奏的现代生活带来的种种弊端，使练习者体验和感受生命在另一种状态下的放松与存在。

24 式太极拳由简到繁、由易到难，包括“起势”到“收势”共 24 个姿势动作。练习者可连贯演练，也可以选择单式或分组练习。

24 式太极拳动作图解如下。

1. 起势

起势动作如图 7-17 所示。

①左脚开立

②两臂前举

③屈膝按掌

图 7-17　起势

2. 野马分鬃

野马分鬃动作如图 7-18 所示。

左：①抱手收脚

②转体上步

③弓步分手

右：④转体撇脚后坐

⑤抱球收脚

⑥转体上步

⑦弓步分手

左：⑧转体撇脚后坐

⑨抱球收脚

⑩转体上步

⑪弓步分手

图 7-18　野马分鬃

3. 白鹤亮翅

白鹤亮翅动作如图 7-19 所示。

①跟步抱球　②后坐转腰　③虚步分手

图 7-19　白鹤亮翅

4. 左右搂膝拗步

左右搂膝拗步动作如图 7-20 所示。

左：①转腰带臂　②摆臂收脚　③上步屈肘　④弓步搂推

右：⑤转体撇脚　⑥摆臂收脚　⑦上步屈肘　⑧弓步搂推

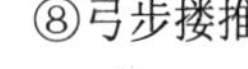

左：⑨转体撇脚　⑩摆臂收脚　⑪上步屈肘　⑫弓步搂推

图 7-20　搂膝拗步

5. 手挥琵琶

手挥琵琶动作如图 7-21 所示。

①跟步抬臂　②后坐引手　③虚步合手

图 7-21　手挥琵琶

6. 倒卷肱

倒卷肱动作如图 7-22 所示。

图 7-22　倒卷肱

7. 左揽雀尾

左揽雀尾动作如图 7-23 所示。

图 7-23　左揽雀尾

8. 右揽雀尾

右揽雀尾动作如图 7-24 所示。

①转体分掌 ②抱手分脚 ③转体上步 ④弓步掤臂

⑤转体摆臂 ⑥转体后捋 ⑦转体搭手 ⑧弓步前挤

⑨后坐引手 ⑩弓步推按

图 7-24 右揽雀尾

9. 单鞭

单鞭动作如图 7-25 所示。

①转体云臂 ②勾手收脚 ③转体上步 ④弓步推掌

图 7-25 单鞭

10. 云手

云手动作如图 7-26 所示。

①转体松勾 ②左云并步 ③右云开步 ④左云并步

⑤右云开步　　⑥左云并步

图 7-26　云手

11. 单鞭

单鞭动作如图 7-27 所示。

①转体勾手

②转体上步

③弓步推掌

图 7-27　单鞭

12. 高探马

高探马动作如图 7-28 所示。

①后坐屈肘

②虚步推掌

图 7-28　高探马

13. 右蹬脚

右蹬脚动作如图 7-29 所示。

①穿手上步

②弓步分手

③抱手收脚

④分手蹬脚

图 7-29　右蹬脚

14. 双峰贯耳

双峰贯耳动作如图 7-30 所示。

①屈膝并手　②上步落手　③弓步贯拳

图 7-30　双峰贯耳

15. 转体左蹬脚

转体左蹬脚动作如图 7-31 所示。

①转体分手　②收脚合抱　③分手蹬脚

图 7-31　转体左蹬脚

16. 左下势独立

左下势独立动作如图 7-32 所示。

①收脚勾手　②屈蹲开步　③仆步穿掌　④弓腿起身　⑤独立挑掌

图 7-32　左下势独立

17. 右下势独立

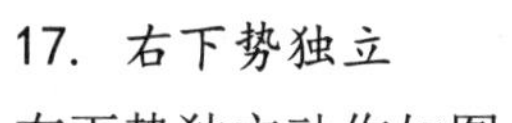

右下势独立动作如图 7-33 所示。

①落脚勾手　②屈蹲开步　③仆步穿掌　④弓腿起身　⑤独立挑掌

图 7-33　右下势独立

18. 左右穿梭

左右穿梭动作如图 7-34 所示。

右：①落脚抱手　②上步架掌　③弓步架推

左：④转体撇脚　⑤抱手收脚　⑥上步架掌　⑦弓步架推

图 7-34　左右穿梭

19. 海底针

海底针动作如图 7-35 所示。

①跟步提手　②虚步插掌

图 7-35　海底针

20. 闪通臂

闪通臂动作如图 7-36 所示。

①提手收脚　②上步分手　③弓步推掌

图 7-36　闪通臂

21. 转体搬拦捶

转体搬拦捶动作如图 7-37 所示。

①转身扣脚

②坐腿握拳（正、反面）

③摆步搬拳（正、反面）

④转身收拳

⑤上步拦拳

⑥弓步打拳

图 7-37　转体搬拦捶

22. 如封似闭

如封似闭动作如图 7-38 所示。

①穿手翻掌

②后坐引收

③弓步推按

图 7-38　如封似闭

23. 十字手

十字手动作如图 7-39 所示。

①转体扣脚

②弓腿分手

③交叉搭手

④收脚合抱

图 7-39　十字手

24. 收势

收势动作如图 7-40 所示。

①翻掌分手

②垂臂落手

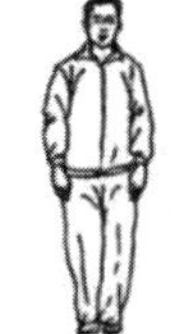
③并步还原

图 7-40　收势

第二节　健 身 气 功

健身气功是以自身形体活动、呼吸吐纳、心理调节相结合为主要运动形式的民族传统体育项目，是中华悠久文化的组成部分。健身气功是我国正式开展的第 62 个体育运动项目，是全民健身活动的重要内容。

一、健身气功概述

（一）健身气功发展史

健身气功由导引术发展而来。导引，又称道引。导、道两字的原义相近，古代均可作疏通、宣导解；“引”有“伸展，引而使之”之意。最早具体描述气功锻炼的要数石刻文的《行气玉佩铭》。西汉时期出现了最早的马王堆导引图，其中包括八段锦等功法。明清时期，古代气功更广泛地被医家掌握、应用，大量著作出版。近代以来，导引气功经过挖掘、整理，主要分为医疗气功和健身气功两大类，分别在疗病治病和健身防病等方面发挥着重要作用。

2000 年，国家体育总局健身气功管理中心遵照党对传统文化应“取其精华、去其糟粕”“古为今用”“推陈出新”的一贯政策，在挖掘、整理优秀传统气功功法的基础上，组织编创了易筋经、五禽戏、六字诀、八段锦等 4 种健身气功。经过十几年的实践和完善，4 种健身气功逐渐成为流行的健身运动方式，受到海内外健身气功爱好者的广泛欢迎。2016 年 10 月，中共中央、国务院印发《“健康中国 2030”规划纲要》，将健身气功列为国家重点推广的体育项目。2020 年，健身气功 • 八段锦功法作为武汉“方舱医院”治疗新型冠状病毒感染患者的辅助疗法，彰显出独特的治病防病功效。

（二）健身气功的特点与锻炼价值

（1）注重整体锻炼。健身气功在理论上以人体生命整体观为指导，注重调身、调息、调心的综合锻炼，体现了中华传统文化智慧，也符合现代养生学理念。

（2）运动风格绵缓。健身气功不但在肢体外形和动作演练上不拘不僵、轻松自如、舒展大方、轻飘徐缓，而且在呼吸调控上要求做到深、细、匀、长，就是在意念的运用上也要求精神放松、意识平静、用意要轻、似有似无。

（3）养生作用明显。健身气功锻炼时，强调放松机体、平衡呼吸、安静大脑，它可直接作用于中枢神经及自主神经系统，缓冲不良情绪对大脑的刺激，降低大脑的应急性反应，从而维持人体内环境的相对稳定。长期习练健身气功，对于改善人的生理功能，增强人的心理素质，提高人的生活质量、道德修养等具有独特的作用。

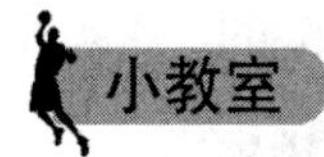

小教室

健身气功之“三调合一”

调身、调息、调心是健身气功锻炼的三大要素，简称“三调”。其中，“调身”指的是对身体姿势、动作的调节；“调息”指的是对呼吸的调节，呼吸快慢、气息深浅、吐气发音等都属于调息的范畴；“调心”是指对思维意识活动的调节，就是使我们的思维意识进入到一种特定的状态。在进行气功锻炼时，仅仅学习三调操作还不够，需要练习者在分别熟练地掌握三调操作的基础上，进一步实现三调的融合（即三调合一），三调合一则构成气功境界。

二、健身气功功法简介

（一）健身气功·五禽戏

五禽戏是东汉名医华佗根据虎、鹿、熊、猿、鸟的活动特点，结合古代导引吐纳之术及中医脏腑、经络、气血理论编成的一套具有民族特色的仿生类功法。对华佗编创五禽戏的记载最早见于《后汉书·方术列传》：“吾有一术，名五禽之戏：一曰虎，二曰鹿，三曰熊，四曰猿，五曰鸟。亦以除疾，兼利蹄足，以当导引。”健身气功·五禽戏继承了传统五禽戏的精华，动作设计与形体美学、现代人体运动学有机结合，充分体现了科学理念和时代特征，既有整体的健身作用，又有每一戏的特定功效。研究表明，健身气功·五禽戏对锻炼者的生理机能、身体素质以及心理状态等方面都有积极影响。

健身气功·五禽戏不拘于象形动作，力求蕴含“五禽”的神韵，仿效虎之威猛、鹿之安舒、熊之沉稳、猿之灵巧、鸟之轻捷；要求做到形神兼备、意气相随、内外合一；动作柔和舒展、协调匀称、美观大方，运动量适中。

1. 基本手型

基本手型如图 7-41 所示。

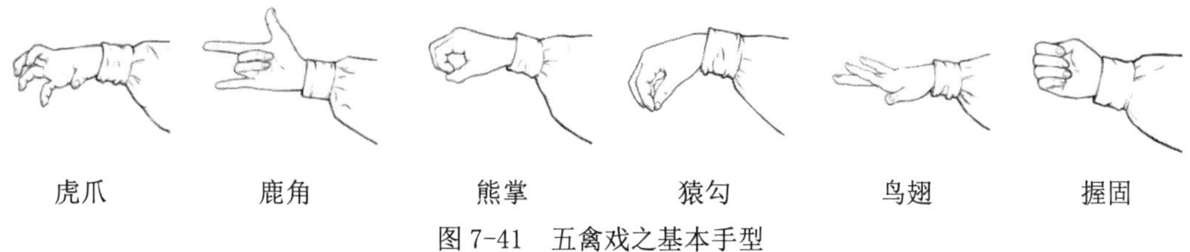

虎爪　鹿角　熊掌　猿勾　鸟翅　握固

图 7-41　五禽戏之基本手型

（1）虎爪：五指张开，虎口撑圆，第一、二指节弯曲内扣。

（2）鹿角：拇指伸直外张，食指、小指伸直，中指、无名指弯曲内扣。

（3）熊掌：拇指压在食指指端上，其余四指并拢弯曲，虎口撑圆。

（4）猿钩：五指指腹捏拢，屈腕。

（5）鸟翅：五指伸直，拇指、食指、小指向上翘起，无名指、中指并拢向下。

（6）握固：拇指抵掐无名指根节内侧，其余四指屈拢收握。

2. 基本步型

基本步型如图 7-42 所示。

弓步

虚步

丁步

提膝平衡

后举腿平衡

图 7-42 五禽戏之基本步型

（1）弓步：两腿前后分开一大步，横向之间保持一定宽度；前腿屈膝前弓，大腿斜向地面，膝与脚尖相对、脚尖微内扣；后腿自然伸直，脚跟蹬地，脚尖稍内扣，全脚掌着地。

（2）虚步：两脚间距约 10 厘米，一脚向前迈出，脚跟着地，脚尖上翘，膝微屈；后腿屈膝下蹲，全脚掌着地，脚尖斜向前方约 30 度，臀部与脚跟上下相对。身体重心落于后腿。

（3）丁步：两脚左右分开，间距 1/2 肩宽；两腿屈膝下蹲，一腿脚跟提起，前脚掌着地，虚点地面置于另一腿脚弓处；另一腿全脚掌着地踏实。

（4）平衡：

① 提膝平衡。一腿直立站稳，上体正直；另一腿屈膝上提，小腿自然下垂，脚尖向下。

② 后举腿平衡。一腿直立站稳，另一腿伸直向后举起，脚面绷平，脚尖向下；挺胸、塌腰。

3. 全套功法图解

（1）预备势：起势调息，如图 7-43 所示。

动作一：两脚并拢，两手垂于体侧，胸腹放松，头项正直，下颌微收，舌抵上腭，目视前方。

动作二：左脚向左平开一步，稍宽于肩，两膝微屈，松静站立；调息数次，意守丹田。

动作三：肘微屈，两臂在体前向上、向前平托，与胸同高。

动作四：两肘下垂外展，两掌向内翻转并缓慢下按，经腹前垂于体侧，目视前方。

动作一

动作二

动作三

动作四

图 7-43 预备势

（2）第一戏——虎戏。

虎戏，要体现虎的威猛。动作变化要做到刚中有柔、柔中生刚、外刚内柔、刚柔相济。虎戏主肝，肝开窍于目，神发于目；肝主筋，其华在爪，威生于爪，伸缩有力。

① 第一式：虎举，如图 7-44 所示。

动作一：两掌十指撑开，再弯曲呈虎爪状。两手外旋，小指开始依次弯曲握拳，目视两拳。

动作二：两手外旋，由小指开始依次弯曲握拳，两拳缓慢上提，胸前翻掌，上举至头上方，目视两掌。

动作三：两掌再弯曲呈虎爪状，外旋握拳，拳心相对，目视两拳。

动作四：两拳下拉至胸前时，变掌下按，目视两掌。

重复动作一至动作四两遍后，两手自然垂于体侧，目视前方。

动作一　　动作二　　动作三　　动作四

图 7-44　虎戏之虎举

动作要点：

第一，十指撑开、弯曲成虎爪和外旋握拳，三个环节均要贯注劲力。

第二，两掌向上如托举重物，提胸收腹，充分拔长躯体；两掌下落如拉双环，含胸松腹，气沉丹田，眼随手动。

第三，动作可配合呼吸，两掌向上时吸气，下落时呼气。

② 第二式：虎扑，如图 7-45 所示。

动作一：接上式。两手握空拳，沿身体两侧上提至胸侧，下肢不动，身体稍后仰。

动作二：两手向上、向前划弧，掌心向下，同时上体前俯，挺胸塌腰，怒视前方。

动作三：屈膝下蹲，两手向下划弧至两膝侧，掌心向下。随后，伸膝、送髋、挺腹、后仰，两掌握空拳，沿体侧向上提至胸侧，目视前上方。

动作四：右脚顺势外展，重心右移，提左脚，两手向上、向前划弧，左脚向前迈步，脚跟着地，右腿屈膝下蹲，成左虚步；同时上体前倾约 45 度，两拳变虎爪扑至膝两侧，掌心向下，怒视前下方。随后上体抬起，左脚收回，开步站立，两手自然下落于体侧，目视前方。

动作五至动作八：同动作一至动作四，唯左右相反。

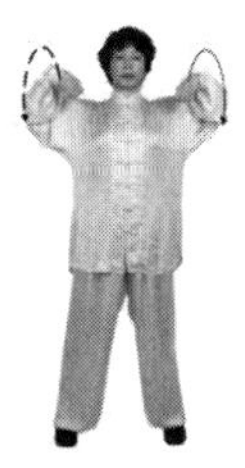
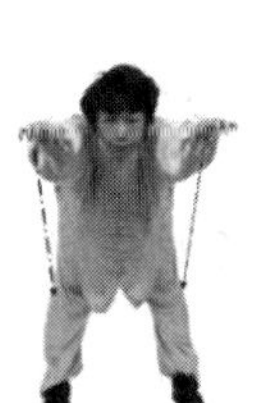

动作一　　动作二　　动作三　　动作四

图 7-45　虎戏之虎扑

动作要点：

第一，上体前俯，两臂前伸，臀部后引，充分伸展脊柱。

第二，屈膝下蹲、收腹含胸要与伸膝、送髋、挺腹、后仰动作过程连贯，使脊柱形成由折叠到展开的蠕动，两掌下按上提要与之配合协调。

第三，虚步下扑时，速度可加快，先柔后刚，配合快速深呼气，以气催力，力达指尖。

（3）第二戏——鹿戏。

鹿喜挺身眺望，好角抵，运转尾闾，通任、督两脉。鹿戏主肾，腰为肾之府，运转尾闾，心肾相交，前弓后撑，含胸收腹，疏通任督，强腰补肾。

① 第一式：鹿抵，如图 7-46 所示。

动作一：两腿微屈，重心右移，左脚向左前方迈步，脚跟着地，同时身体稍右转；两掌握空拳，向右侧摆起，拳心向下，高与肩平；目随手动，视右拳。

动作二：身体重心前移，左腿屈膝，脚尖外展踏实，右腿伸直蹬实；身体左转，两掌呈鹿角状，向上、向左、向后划弧，左臂曲肘，肘抵靠左腰侧；右臂侧举至头前，向左后方伸抵，掌心向外，指尖朝后，目视右脚跟。随后，身体右转，左脚收回，开步站立，同时两手向上、向右、向下划弧，两掌握空拳下落于体前，目视前方。

动作三、四：同动作一、二，唯左右相反。

动作一

动作二

动作二（右式）

图 7-46　鹿戏之鹿抵

动作要点：

第一，腰部侧屈拧转，侧屈的一侧腰部要压紧，另一侧腰部则借助上举手臂后伸，充分拉伸脊柱和后背部肌群。

第二，后脚脚跟要蹬实，固定下肢位置，加大腰、腹部的拧转幅度，运转尾闾。

第三，动作可配合呼吸，两掌向上划弧摆动时吸气，向后伸抵时呼气。

② 第二式：鹿奔，如图 7-47 所示。

动作一：左脚上步，屈膝，成左弓步；两手握空拳，向上、向前划弧至体前，屈腕，高与肩平，与肩同宽，拳心向下；目视前方。

动作二：重心后移；低头、弓背、收腹，两臂内旋前伸，掌变鹿角，目视前下方。

动作三：重心前移，上体抬起成左弓步；松肩沉肘，鹿角变空拳，目视前方。

动作四：左脚收回，开步直立；两拳变掌，回落于体侧；目视前方。

动作五至动作八：同动作一至动作四，唯左右相反。

动作一

动作二

动作二（侧）

动作三

动作四

图 7-47　鹿戏之鹿奔

动作要点：

第一，提腿前迈要有弧度，落步轻灵，体现鹿的安舒神态。

第二，身体后坐时，两臂前伸，胸部内含，靠背，呈“横弓”状；头前伸、背后拱、腹收缩、臀内敛，呈“竖弓”状，使腰、背部得到充分伸展和拔长。

第三，动作可配合呼吸，身体后坐时，配合吸气；重心前移时，配合呼气。

（4）第三戏——熊戏。

熊四肢粗壮有力、蹒跚摇晃、行步沉实、憨态可掬，稳重之中显灵敏，憨厚之中生灵巧。熊戏主脾，脾为气血生化之源，脾胃健则后天之本固，运转腰腹，提髋迈步，拧压挤按气沉丹田，晃动中焦，补中益气，健脾和胃。

① 第一式：熊运，如图 7-48 所示。

动作一：两掌握空拳呈熊掌状，拳眼相对，置于脐两侧，目视两拳。

动作二：以腰腹为轴，上体做顺时针摇晃；两拳随之沿右肋部、上腹部、左肋部、下腹部划圆；目随上体摇晃环视。

动作三、四：同动作一、二，唯左右相反，即上体做逆时针摇晃，两拳随之划圆。

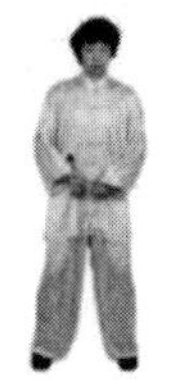

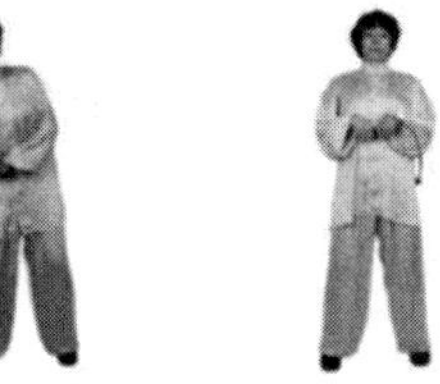

动作一　　动作二

图 7-48　熊戏之熊运

动作要点：

第一，两掌划圆应随腰、腹部的摇晃而被动牵动，要协调自然。

第二，两掌划圆是外导，腰、腹摇晃为内引，意念内气在腹部丹田运行。

第三，动作可配合呼吸，身体上提时吸气，身体前俯时呼气。

② 第二式：熊晃，如图 7-49 所示。

动作一：身体重心右移，左髋上提，左脚离地，两掌握空拳呈熊掌状，目视左前方。

动作二：重心前移，左脚落地，全脚掌踏实，脚尖朝前，右腿伸直；左臂内旋前靠，左拳摆至左膝前上方，拳心朝左；右掌摆至体后，拳心朝后；目视左前方。

动作三：身体右侧压再左转、后坐，拧腰晃肩，带动两臂弧形摆动；右拳摆至左膝前上方，拳心朝右；左拳摆至体后，拳心朝后；目视左后方。

动作四：身体左侧压再右转，重心前移，同时左臂内旋前靠，左拳摆至左膝前上方，拳心朝左，右掌摆至体后，拳心朝后，目视左前方。

动作五至动作八：同动作一至动作四，唯左右相反。

做完最后一个动作，左脚上步，开步站立，同时两手自然垂于体侧。

动作一　动作二　动作三　动作四

图 7-49　熊戏之熊晃

动作要点：

第一，用腰侧肌群收缩来牵动大腿上提，按提髋、起腿、松腰、屈膝的先后顺序进行。

第二，上步时，横向间距稍宽于肩，随身体重心前移，全脚掌踏实，使震动感传至髋关节处，体现熊步的沉稳厚实。

（5）第四戏——猿戏。

猿猴天性好动，左顾右盼，眼观六路，目光似电，善于纵跳、伸展肢体、攀树摘果。猿戏主心，耸肩团背，抓撮按提，十指连心，心主神明，心之所思必行之于指，指之灵动即神之所钟。外练肢体的轻灵敏捷，内练精神的宁静贯注，达到外动内静、动静结合的境界。

① 第一式：猿提，如图 7-50 所示。

动作一：两掌在体前，手指伸直分开，再屈腕撮拢捏紧呈猿钩状。

动作二：两掌上提至胸，耸肩、收腹、提肛，同时提踵，头向左转，目视左后方。

动作三：头转正，两肩下沉，松腹落肛，脚跟着地；猿钩变掌，掌心向下；目视前方。

动作四：两掌沿体前下按落于体侧，目视前方。

动作五至动作八：同动作一至动作四，唯头向右转。

动作一　　动作二　　动作三　　动作四

图 7-50　猿戏之猿提

动作要点：

第一，掌指撮拢变钩，速度稍快。

第二，按耸肩、收腹、提肛、提踵、转头的顺序，上提重心，耸肩、团胸、屈肘、提腕要充分；身体的收紧和放松都是按照从上到下的顺序进行。

第三，动作可配合提肛呼吸，两掌上提吸气时，用意提起会阴部；下按呼气时，放下会阴部。

② 第八式：猿摘，如图 7-51 所示。

动作一：左脚退步，脚尖点地，屈右膝，重心落于右腿；左掌呈猿钩状收至腰侧，右掌向右前方摆起，掌心向下。

动作二：身体重心后移，左腿屈膝下蹲，右脚收回点地，成右丁步；同时，右掌向下经腹前向左上方划弧至头左侧，掌心对太阳穴；目随右掌，再转头注视右前上方。

动作三：右掌下按至左髋侧，目视右掌。右脚向右前方迈步、伸直；左腿蹬伸，脚尖点地；同时，右掌向右上方划弧，举至体侧变猿钩，稍高于肩；左掌向前、向上伸举，屈腕撮钩，呈采摘势；目视左钩。

动作四：身体重心后移；左掌变为握固；右手变掌，回落于体前。随后，左腿屈膝下蹲，右脚收回、点地，成右丁步；同时，左臂屈肘收至左前方，掌指分开，掌心向上，呈托桃状，右掌向左划弧至左肘下捧托，目视左掌。

动作五至动作八：同动作一至动作四，唯左右相反。

做完最后一个动作，左脚向左横开一步，两腿直立；同时，两手自然垂于体侧。

动作一　　动作二　　动作三　　动作四

图 7-51　猿戏之猿摘

动作要点：

第一，眼要随上肢动作变化而左顾右盼，表现出猿猴眼神的灵敏。

第二，屈膝下蹲时，全身呈收紧状。蹬腿迈步，向上采摘，肢体要充分展开。采摘时变猿钩要迅速敏捷；变握固后，呈托桃状时，掌指要及时分开。

第三，动作以神似为主，重在体会其意境，不可太夸张。

（6）第五戏——鸟戏。

鸟戏取形于鹤，要体现仙鹤之展翅翱翔，翘首远望，昂然挺拔，姿态优美。鸟戏主肺，肺有开合，开则真气上引，合则浊气下降，宣发肃降，吐故纳新，含胸松腹，气沉丹田。

① 第九式：鸟伸，如图 7-52 所示。

动作一：两腿微屈下蹲，两掌在腹前相叠，目视前下方。

动作二：两膝伸直，两掌上举至头前上方，掌心向下，指尖向前；身体微前倾，提肩、缩项、挺胸、塌腰，目视前方。

动作三：两腿微屈下蹲，同时两掌相叠下按至腹前，目视两掌。

动作四：身体重心右移，右腿蹬直，左腿向后抬起；同时，两掌分开，呈鸟翅状，向体侧后方摆起，掌心向上；抬头、伸颈、挺胸、塌腰，目视前方。

动作五至动作八：同动作一至动作四，唯左右相反。

做完最后一个动作，左脚下落，两脚开步站立，两手自然垂于体侧，目视前方。

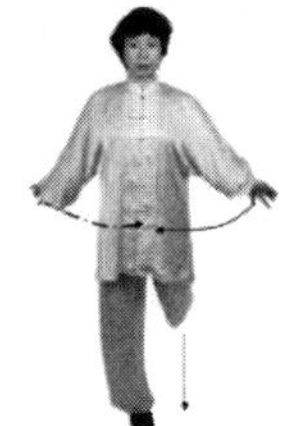

动作一　　动作二　　动作三　　动作四

图 7-52　鸟戏之鸟伸

动作要点：

第一，两掌在体前相叠，上下位置可任选，以舒适自然为宜。

第二，注意动作松紧变化。掌上举时，颈、肩、臀部紧缩；下落时，颈、肩、臀部松沉。

第三，两臂后摆时，身体向上拔伸，并呈向后反弓状。

② 第十式：鸟飞，如图 7-53 所示。

动作一：两腿微屈，两掌合于腹前，掌心斜相对；右腿伸直独立，提左膝，同时两臂成体侧平举，两掌呈鸟翅状，高于耳平，掌心向下；目视前方。

动作二：左脚下落在右脚旁，脚尖着地，两腿微屈；两掌合于腹前，掌心相对。

动作三：右腿伸直独立，提左膝，同时两掌经体侧举至头顶上方，掌背相对，指尖向上，目视前方。

动作四：左脚下落与肩同宽，屈膝下蹲，同时两掌合于腹前，十指相对，目视前下方。

动作五至动作八：同动作一至动作四，唯左右相反。

动作一

动作二

动作三

动作四

图 7-53　鸟戏之鸟飞

动作要点：

第一，两臂侧举，动作舒展，展肩阔胸；两臂下落沉肩落肘，含胸松腹。

第二，手脚变化配合协调，同起同落。

第三，动作可配合呼吸，两掌上提时吸气，下落时呼气。

（7）收势：引气归元，如图 7-54 所示。

动作一：两掌经体侧上举至头顶上方，掌心向下。

动作二：两掌指尖相对，沿体前缓慢下按至腹前，目视前方。

动作三：两手缓慢在体前划平弧，掌心相对，高与脐平，目观前方。

动作四：两手在腹前合拢，虎口交叉，叠掌；调匀呼吸，意守丹田。

动作五：左脚提起向右脚并拢，恢复成预备势，目视前方。

动作一

动作二

动作三

动作四

动作五

图 7-54　五禽戏之收势

动作要点：

第一，两掌由上向下按时，身体各部位要随之放松，直达脚底涌泉穴。

第二，两掌腹前划弧动作，衔接自然、圆活，有向前收拢物体之势，意将气息合抱引入丹田。

（二）健身气功·八段锦

八段锦是我国古代优秀的健身方法之一。八段锦的“八”字，不是单指段、节和八个动作，而是表示其功法有多种要素，相互制约、相互联系、循环运转。古人把这套动作比喻为“锦”，意为五颜六色、美而华贵。

健身气功·八段锦吸纳传统八段锦功法的精髓，按照现代运动生理学规律，对动作次序和运动强度进行了调整，通过动作、意念和呼吸的协调配合，达到强身健体的功效。健身气功·八段锦动静相兼、柔和缓慢，适用于不同人群的健身锻炼需求，长期习练有助于改善呼吸系统、神经系统及循环系统的功能，增强细胞免疫功能和机体抗衰老能力，促进心理健康。

1. 基本手型

基本手型如图 7-55 所示。

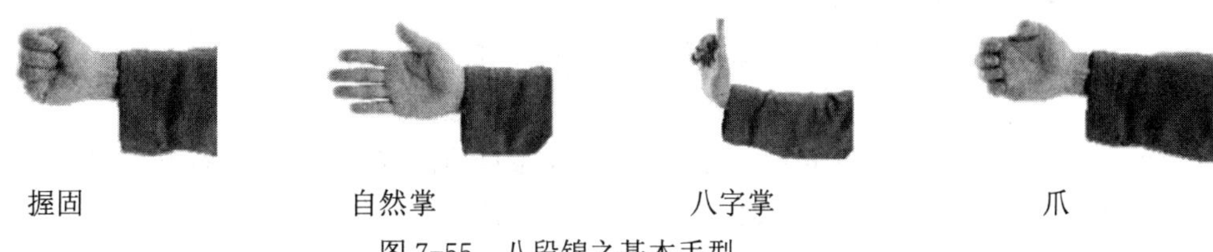

握固 自然掌 八字掌 爪

图 7-55 八段锦之基本手型

（1）握固：拇指抵掐无名指根节内侧，其余四指屈拢收握。

（2）自然掌：五指自然伸直，稍分开，掌心微含。

（3）八字掌：拇指与食指竖直分开，形成八字形，其余三指的第一、二指节屈收，指尖见缝，大小鱼际稍向内收，掌心微含。

（4）爪：五指并拢，拇指的第一指节和其余四指的第一、二指节屈收扣紧，掌心张开。

2. 基本步型

基本步型如图 7-56 所示。

无极桩（并步）

开步

马步

抱球桩

扶按桩

图 7-56 八段锦之基本步型

（1）并步：两脚并拢，身体直立；两臂垂于体侧，头正颈直；目视前方。

（2）开步：横向开步站立，两脚内侧与肩同宽，两脚尖朝前；头正颈直；目视前方。

（3）马步：开步站立，两脚间距约为脚长的三倍，脚尖朝前，两腿屈膝半蹲，大腿略高于水平，膝盖不超过脚尖；上体保持中正，目视前方。

3. 身型

身型指功法对头、躯干与四肢部位基本姿态的规范。基本身型以抱球势为例，要求后顶虚领、立项竖脊、沉肩坠肘、虚胸实腹、松腰敛臀、屈膝下坐、两足平踏、立身中正。

4. 站桩

（1）无极桩：两脚并步站立，两臂自然垂于体侧；提顶立项，下颌微收，舌须平放，齿唇轻闭；沉肩坠肘，腋下虚掩，胸部安舒，腰腹放松；目视前方。

（2）抱球桩：两脚开步站立，与肩同宽，脚尖朝前；两臂内旋，摆至体侧约 45 度外旋，两掌向前合抱于腹前，与脐同高（或在脐乳之间），掌心朝内，指尖相对；屈膝，垂直下坐，膝盖不超过脚背；目视前方或垂帘。

（3）扶按桩：两脚开步站立，宽于肩，脚尖朝前，屈膝下蹲，膝盖不超过脚尖；同时，两臂微屈，两掌扶按于胯旁，掌心朝下，指尖朝前；目视前方。

5. 功法图解

（1）预备势，如图 7-57 所示。

动作一：两脚并步站立，两臂自然垂于体侧，身体中正，目视前方。

动作二：身体重心右移，左脚开步，脚尖朝前，约与肩同宽，目视前方。

动作三：两臂内旋，两掌分别向两侧摆起，约与髋同高，掌心向后，目视前方。

动作四：两膝稍屈，两臂外旋，向前合抱于腹前，与脐同高，掌心向内，指尖相对，目视前方。

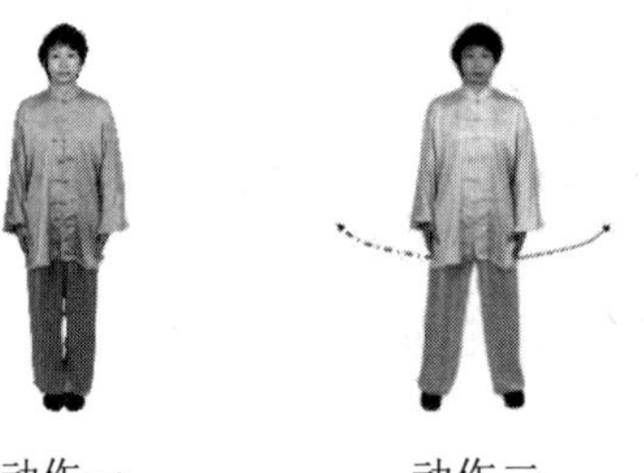

动作一　动作二　动作三　动作四

图 7-57　预备势

动作要点：

第一，头向上顶，下颌微收，舌抵上腭，双唇轻闭；沉肩坠肘，腋下虚掩；胸部宽舒，腹部松沉；收髋敛臂，上体中正。

第二，呼吸徐缓，气沉丹田，调息数次。

（2）第一式：两手托天理三焦，如图 7-58 所示。

动作一：两臂外旋微下落，两掌五指分开在腹前交叉，掌心朝上，目视前方。

动作二：身体重心徐缓升起，两掌向上托起，掌心向上，抬头，目视两掌。

动作三：两臂继续上托，肘关节伸直，下颌内收，动作略停，目视前方。

动作四：身体重心缓缓下降，两膝微屈，十指慢慢分开，两臂两侧下落，两掌捧于腹前，掌心向上，目视前方。

本式托举、下落为一遍，共做三遍。

动作要点：

第一，两掌上托要舒胸展体，略有停顿，保持拉伸。

第二，两掌下落要松腰沉髋，沉肩坠肘，松腕舒指，上体中正。

动作一　　动作二　　动作三　　动作四

图 7-58 两手托天理三焦

（3）第二式：左右开弓似射雕，如图 7-59 所示。

动作一：身体重心右移，左脚向左侧开步站立，两膝自然伸直；同时，两掌向上交叉于胸前，左掌在外，掌心向内，目视前方。

动作二：两腿屈膝半蹲成马步；右掌屈指成龙爪，向右拉至肩前；左掌成八字掌，向左侧推出，与肩同高，坐腕，掌心向左，犹如拉弓射箭之势；动作略停，目视左掌方向。

动作三：身体重心右移；右手伸开成自然掌，向上、向右划弧，腕与肩高，指尖朝上，掌心斜向前；左手指伸开成掌，掌心斜朝前；目视右掌。

动作四：重心继续右移，左脚回收成并步站立；两掌经两侧下落，捧于腹前，指尖相对；目视前方。

动作五至动作八：同动作一至动作四，唯左右相反。

本式左、右各做一遍。最后一个动作时，身体重心继续左移，右脚回收成开步站立，与肩同宽，膝关节微屈；同时，两掌分别由两侧下落，捧于腹前，指尖相对；目视前方。

动作一　　动作二　　动作三　　动作四

图 7-59 左右开弓似射雕

动作要点：

第一，侧拉之手五指要并拢屈紧，肩臂放平。

第二，八字掌侧撑需沉肩坠肘，屈腕，竖指，掌心涵空。

第三，体弱者可自行调整马步的高度。

（4）第三式：调理脾胃须单举，如图 7-60 所示。

动作一：两腿徐缓挺膝伸直；左掌上托、上穿、上举至头上方，掌心向上，掌指向右；右掌微上托，随之臂内旋下按至右髋旁，掌心向下，掌指向前，两臂肘关节微屈，力达掌根；动作略停，目视前方。

动作二：松腰沉胯，身体重心缓缓下降；两膝微屈；左掌经面前下落与腹前，掌心向上；右掌向上捧于腹前，两掌指尖相对，掌心向上；目视前方。

动作三、四：同动作一、二，唯左右相反。

本式左、右各做一遍。最后一个动作时，两腿膝关节微屈；同时，右臂屈肘，右掌下按于右髋旁，掌心向下，掌指向前，目视前方。

动作一　　动作二

图 7-60　调理脾胃须单举

动作要点：

力达掌根，上撑下按，舒胸展体，拔长腰脊。

（5）第四式：五劳七伤往后瞧，如图 7-61 所示。

动作一：两腿徐缓挺膝伸直，两臂伸直，掌心向后，指尖向下，目视前方。两臂充分外旋，掌心向外；头向左后转，动作略停；目视左斜后方。

动作二：松腰沉髋，身体重心缓缓下降，两膝微屈；两臂内旋按于髋旁，掌心向下，指尖向前，目视前方。

动作三：同动作一，唯左右相反。

动作四：同动作二。最后一个动作时，两腿膝关节微屈；同时，两掌捧于腹前，指尖相对，掌心向上；目视前方。

本式左、右各做一遍。

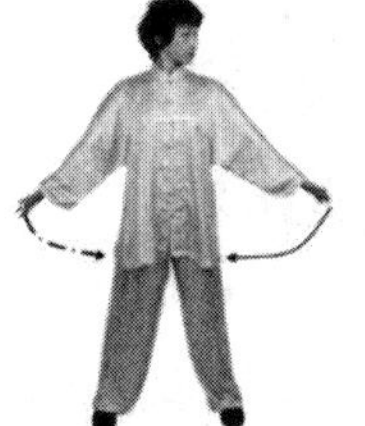
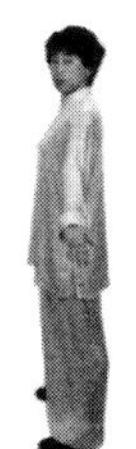

动作一　　动作二

图 7-61　五劳七伤往后瞧

动作要点：

第一，头向上顶，肩向下沉。

第二，转头不转体，旋臂，两肩后张。

（6）第五式：摇头摆尾去心火，如图 7-62 所示。

动作一：身体重心左移，右脚向右开步站立，两腿自然伸直；两掌上托至头上方，肘关节微屈，掌心向上，指尖相对；目视前方。

动作二：两腿屈膝半蹲成马步；两臂从两侧下落，两掌扶于膝关节上方；目视前方。

动作三：身体重心稍升起，而后右移；上体先向右倾，随之俯身；目视右脚。

动作四：上动不停，身体重心左移；同时，上体由右向前，向左旋转；目视右脚。

动作五：身体重心右移，成马步；尾闾向右、前、左、后旋转至正后方；头向左、后旋转至正后方，随之下颌、尾闾同时内收；身体重心下降成马步，目视前方。

动作六至动作八：同动作三至动作五，唯左右相反。

本式左、右各做一遍。最后一个动作时，右脚回收成开步站立，两掌上举，掌心相对，目视前方；随后松腰沉髋，两膝微屈，两掌经面前下按至腹前，掌心向下，指尖相对，目视前方。

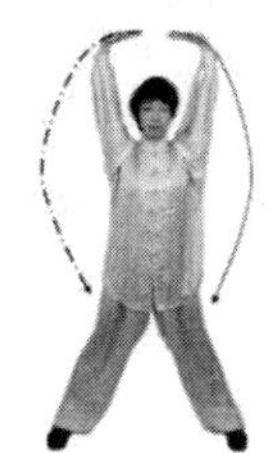
动作一

动作二

动作三

动作四

动作五

图 7-62　摇头摆尾去心火

动作要点：

第一，马步下蹲要收髋敛臀，上体中正。

第二，摇转时，以尾闾旋转为主，速度应柔和缓慢，动作圆活连贯。

（7）第六式：两手攀足固肾腰，如图 7-63 所示。

动作一：两膝伸直，两臂向前、向上举起，肘关节伸直，掌心向前，目视前方。

动作二：两臂外旋至掌心相对，两掌下按于胸前，掌心向下，指尖相对，目视前方。

动作三：两臂外旋，两掌心向上，掌指顺腋下向后反插，目视前方。

动作四：两掌心向内沿脊柱两侧向下摩运至臀部，上体前俯，两掌继续沿腿后下摩运，扶于脚面；塌腰、微抬头，动作略停，目视前下方。

动作五：两掌沿地面前伸，以臂带动上体抬至立起，两臂伸直上举，掌心向前，目视前方。

本式一上一下为一遍，共做三遍。做完三遍后，松腰沉髋，身体重心缓缓下降，两腿膝关节微屈；同时，两掌向前下按至腹前，掌心向下，指尖向前，目视前方。

动作一　　动作二

动作三

动作四

动作五

图 7-63　两手攀足固肾腰

动作要点：

摩运要适当用力，至足背时松腰沉肩，两膝挺直；向上起身时以臂带动上体立起。

（8）第七式：攒拳怒目增气力，如图 7-64 所示。

接上式。身体重心右移，左脚向左开步，两腿徐缓屈膝半蹲成马步；同时，两掌握固，抱于腰侧，拳眼朝上，目视前方。

动作一：左拳缓慢向前冲出，与肩同高，拳眼朝上；瞪目，视左拳冲出方向。

动作二：左臂内旋，左拳变掌，掌心朝外，左掌指向下、右、上、左，再向下旋腕一周，握固；目视左拳。

动作三：屈肘，左拳收至腰侧，拳眼朝上，目视前方。

动作四至动作六：同动作一至动作三，唯左右相反。

本式左、右各做一遍。做完右式，左脚回收成并步站立，两拳变掌，垂于体侧，目视前方。

动作一　　动作二　　动作三

图 7-64　攒拳怒目增气力

动作要点：

第一，攒拳时，前臂与肘要贴胁肋部前送和回收。

第二，攒拳、旋腕、握固，注意眼随手动。

（9）第八式：背后七颠百病消，如图 7-65 所示。

动作一：立项竖脊，收腹提肛，两脚跟提起；动作略停，目视前方。

动作二：两脚跟下落，轻震地面；咬牙、沉肩，目视前方。

本式一起一落为一遍，共做三遍。

动作一　　动作二

图 7-65　背后七颠百病消

动作要点：

第一，上提时脚趾要抓地，收腹提肛，后项上领。

第二，脚跟下落时呼气，咬牙，轻震地面，沉肩舒臂，周身放松。

（10）收势，如图 7-66 所示。

动作一：两臂内旋，向两侧摆起，与髋同高，掌心向后，目视前方。

动作二：两臂屈肘，两掌相叠置于小腹，目视前方。

动作三：两臂自然下落，两掌贴于腿外侧，目视前方。

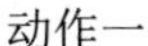

动作一

动作二

动作三

图 7-66　八段锦之收势

动作要点：

体态安详，周身放松，呼吸自然，静养片刻。

第八章　民族民间体育类

教学目标

1. 知识目标

了解蹴球、珍珠球、毽球等民族民间体育项目的特点及历史。

2. 技能目标

熟练掌握一项民族民间体育项目。

3. 课程思政目标

（1）培养学生勇于面对困难和挑战的精神以及精诚团结、永不言弃的良好意志品质。

（2）激发学生热爱传统文化的情感，培养爱国主义精神，铸牢中华民族共同体意识。

在悠久的生产和生活实践历史中，我国各民族创造了多种独具特色的民族民间传统体育项目。因为存在独具特色的文化特质，所以民族民间传统体育既是民族精神的实践体现，也是文化自信的不竭源泉。随着社会的发展，民族民间传统体育运动受到越来越多的关注和喜爱。推动民族民间传统体育运动进校园，对传承和发展民族民间传统体育、丰富校园体育文化、增强学生民族意识和民族凝聚力具有重要意义。

第一节　蹴　　球

蹴球，我国民族传统体育中一项独具特色的运动项目，是20世纪90年代北京市民族传统体育协会根据明、清时期在北京市、河北省等地流行的踢石球游戏挖掘、整理而成的。经过二十几年不断地表演、比赛，蹴球形成了比较完善的规则，已成为同场间接对抗类项目中富有益智性和趣味性的一项中华传统体育运动项目，并进入在群众中推广普及的阶段。

一、蹴球运动概述

（一）蹴球运动发展史

蹴球起源于清代的“踢石球”，是我国古代蹴鞠运动的一种形式，在满、蒙、回等民族中较为流行。蹴鞠原有二十五法，踢石球只是其中一法而已。踢石球均是用脚底“踹”球，不是我们看到的类似足球运动的踢球。踢石球游戏经过挖掘、整理后，在成为正式群众比赛的运动项目时，用了“蹴鞠”的“蹴”字，定名为蹴球。

中华人民共和国成立以后，在党和政府的重视下，此项运动得以挖掘、整理和改造，根据古代蹴鞠运动的发展、演变规律，减少了激烈对抗性的打法，形成具有较高技战术水平与较强观赏性的民族传统体育项目——蹴球。在 1991 年、1995 年的第 4 届、第 5 届全国少数民族传统体育运动会上，蹴球被列为表演项目。随后，通过大量的实践、反复修改，蹴球运动的比赛规则被拟定。在 1999 年第 6 届全国少数民族传统体育运动会上，蹴球被列入正式比赛项目。2003 年 9 月，第 7 届全国少数民族运动会上，蹴球的规则得以修改和完善，这为蹴球运动的进一步普及和开展打下了基础。2006 年 5 月，蹴鞠（蹴球）被列入第一批国家级非物质文化遗产名录。

蹴球比赛是由 2 支队伍的 1 名或 2 名队员，在 10 米×10 米的平整的正方形场地内，根据比赛规则，用脚底“蹴”球，使球通过脚底向前滚动，依据所蹴之球碰击对方或本方球的情况计算得分，以任一方达到或超过所规定的分数而决定比赛胜负。所踢之球为直径 10 厘米的硬塑料实心球，分为红蓝两色。因为蹴球的竞赛规则类似台球，所以蹴球有“地上斯诺克”之称。蹴球项目一经推出，就以其融民族性、健身性、观赏性、智力性、娱乐性等于一体的特点，深受群众的喜爱。

（二）蹴球运动的特点与锻炼价值

蹴球运动融娱乐性、运动性、智力性、竞赛性于一体，是一项文明、高雅、细腻、灵巧的体育运动。蹴球运动器材设置简便，场地面积较小，易于开展，容易普及，男女老幼皆宜。

经常参加蹴球运动，可增强柔韧、力量、耐力等身体素质，强身健体。蹴球比赛以智取胜、以技取胜、以巧取胜的竞赛特点，可以培养参赛者的领悟力和理解力，增强其智力，同时也能培养参赛者机智勇敢、快速果断的良好作风。

二、蹴球基本技术

蹴球技术是指比赛规则允许的条件下采用的各种合理击球动作的总称。蹴球的技术动作包括准备姿势、预瞄准和支撑脚站位、蹴球脚压球与再瞄准、蹴球、维持身体平衡五个部分。

（一）准备姿势

蹴球前的准备姿势是指参赛者从自己的发球区场外步入场内本方球后 50～100 厘米处，面向目标球的进攻方向站立的姿势。要求两脚左右自然开立，或右脚稍前、左脚稍后开立，全身放松，镇定自若，目视对方球，根据临场情况对本次进攻目标与战术布置进行积极的思考，拿出本次进攻的战术方案，用于指导技术应用的选择。

（二）预瞄准和支撑脚站位

一旦确定进攻战术方案，对技术应用迅速做出选择，即先用蹴球脚（以右脚蹴球为例）向前跨一步，离本方球约 5 厘米，上身略微后仰，用视线测量和保障目标球、本方球和脚尖在一条直线上。待瞄准完毕后，支撑脚（左脚）向前靠近蹴球脚（右脚），与之保持适当空隙，脚尖外展，与出球方向成 45 度。

（三）蹴球脚压球与再瞄准

支撑脚站定使身体平衡后，蹴球脚即提起，以脚跟先在球正后方约 15 厘米处着地，脚掌前部在球上方距球 2 厘米左右，再次瞄准进攻方向。方向调正后，即以脚掌轻轻压住球，眼睛转视进攻目标。此时，支撑腿膝关节微屈，支撑全部体重，维持身体平衡；蹴球腿膝关节自然弯曲，脚踝勾起，脚掌压在球上。

（四）蹴球

抬脚蹴球是蹴球技术中最重要和最关键的环节。蹴球动作直接影响出球的准确性和力量，即影响进攻的效果。

根据距离的远近，一般分为 3 米以内的近距离蹴球、3～7 米的中距离蹴球、7 米以上的远距离蹴球。抬脚向前搓动本方球球体的方向应与进攻目标方向完全一致。抬脚速度及脚掌对球面压力直接影响出球力量和速度。所以，要根据攻击目标的距离及其在场上位置的情况，按照战术布局需要，蹴出不同速度和不同滚动方向的球。

抬脚速度越快，本方球滚动速度就越大，击中目标球的力量也就较大。若本方球击中目标球正中部位，则给予目标球的冲击力最大，两球滚动方向多为向前滚动；反之，未能击中目标球正中部位，则力量传递不完全，两球滚动方向呈“Y”型。

（1）蹴一般球：眼视进攻目标，凝神静气，蹴球腿腹肢直肌、髂腰肌等用力收缩使髋关节做屈曲，即大腿向前上方抬腿的动作，同时脚掌压紧球，使之向前滚动，朝进攻目标奔去。

（2）蹴回旋球：适用于两球距离非常靠近（两球球体边缘相距 15 厘米以内）的情况。蹴回旋球时，脚掌触球比蹴一般球稍偏后一些，即以脚趾部位压住球体 1/4 处即可，目视进攻目标，凝神静气，脚掌用力向前下方挤压。随着用力的增大，球以回旋（下旋）的形式向前滚出，在向前移动的过程中保持回旋滚动。撞击目标球后，前移的动能即传给目标球，自身则以回旋的形式滚回，以保持处于理想位置。

（五）维持身体平衡

蹴球后的身体平衡虽然是全过程的结束动作，但也是影响蹴球命中率的重要环节。身体重心要落在支撑腿上，上身自然后仰，重心始终保持在腰腹部位，避免上下起伏。蹴球脚待本方球完全滚过脚后跟后，保持抬脚姿态 1～2 秒后自然落地，注意不要触及场内其他球，目视进攻方向，了解进攻效果，做好下次进攻的准备或离场回到自己的场外位置，身体不能触及其他球。蹴回旋球时，球蹴出后，蹴球脚应迅速提起以防球滚回时碰到脚而犯规，然后自然放下，形成双脚支撑。

三、蹴球基本战术

（一）蹴球战术运用原则

1. 以攻为主、攻守兼备

激烈的进攻性是蹴球的特性，因此蹴球比赛中战术的运用必须以进攻为主。然而，蹴球具有周期性规律，所以战术的运用还必须考虑进攻与防守的转换，做到攻守兼备。

2. 知己知彼、合理布局

在比赛前要了解双方队员的实力以及对方攻防战术的特点，制订本方相应的战术方案。

比赛中要合理布局，攻其短、避其长，以达到克敌制胜的目的。

3. 把握机会、创造连蹴

蹴球规则规定：击中 1 个目标球，可再连蹴 1 次；击中 2 个或 2 个以上目标球，可再连蹴 2 次。其中连蹴 2 次是蹴球比赛中最有效、最具威力的进攻，是本方得分的最有力手段。因此，在战术运用上，必须注重连蹴 2 次机会的创造。

4. 明确利弊、勇于失分

蹴球比赛中，为了使得分最大化，本方有时在战术运用时会选择主动失分战术，给对方较小分值，而使本方获得更大分值，以掌握比赛的主动。

（二）蹴球常用战术

蹴球常用战术有失分发球战术、五分球战术、八分球战术、双球战术、前进一米战术、失分击球战术、回避球战术、犯规战术等。

1. 失分发球战术

比赛开局按 1、2、3、4 号顺序，每人将自己的球从同号发球区蹴入场内。经发球进入场内的球即为有效球，有进攻和被进攻权。由于蹴球比赛按顺序上场进攻的特点，首轮发球后即由首发队的 1 号先进攻，因此首轮发球的战术思想应是①、③号球占据场上有利进攻的位置，❷、❹号球尽可能远离①③号球，发球不经过大圆圈，失去 1～2 分，避开①、③号球的进攻区域，具体布局如图 8-1 所示。

图 8-2 中阴影部分为❷号球的有效发球范围，而此区域已被对方①号球和③号球占据，❷号球发至区内任何位置都易被攻击。此时，可利用发球不过中心圆区的失分战术，将球蹴到离③号球较远的位置，也可轻轻蹴一下，使球几乎不动，给对方加 1 分，以使己方处于不易被攻击的有利位置。

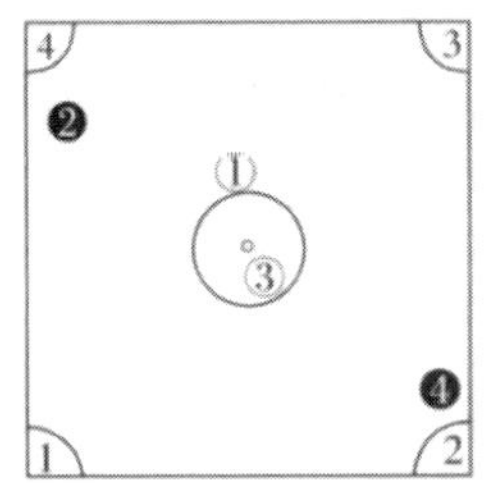

图 8-1　开局失分发球战术示意图

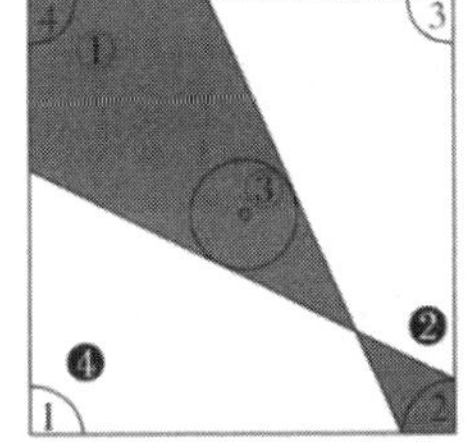

图 8-2　失分发球战术示意图

2. 五分球战术

五分球战术是指根据临场球势，在连蹴也只能攻击对方同一球的情况下，第一蹴不将对方球蹴出界，而在第二蹴时将对方球蹴出界，造成得 1＋4＝5 分的机会。如果第一蹴就将对方蹴出界，连蹴时又无法击到对方另一球，这样只能得 4 分。

图 8-3 中，③号球如果一蹴就将❹号球击出界，这时❷号球处于 7～8 米之外的对角场区，连蹴没有意义，只得 4 分。因此，应选择 5 分球战术，第二蹴再将❹号球蹴出界，可得 5 分。

3. 八分球战术

八分球战术是指在第一蹴和连蹴都能将对方球蹴出界的情况下，果断的第一蹴就将对方一球蹴出界，第二蹴时又将对方另一球蹴出界外，造成得 4 + 4＝8 分的机会。

图 8-4 中，❷号球先将①号球蹴出界外得 4 分，连蹴时再将③号球蹴出界外再得 4 分。此时，①号球放入中心停球区，③号球从 3 号发球区发球，对❷、❹号球不会构成威胁。因此，❷、❹号球既得高分又处于有利球势。

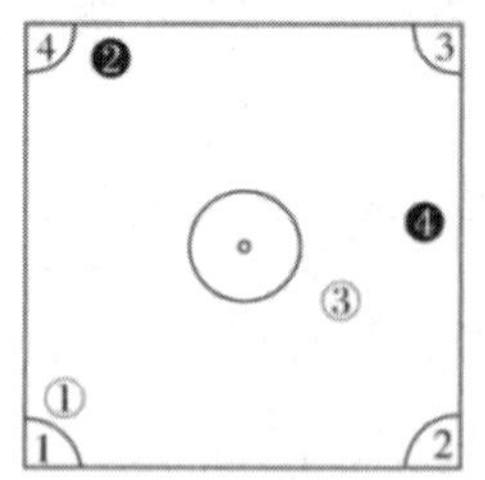

图 8-3　五分球战术示意图

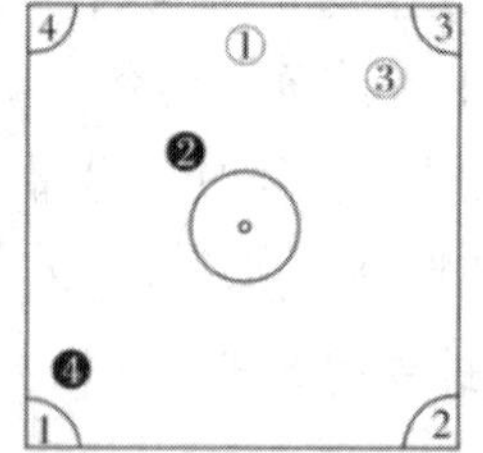

图 8-4　八分球战术示意图

4. 双蹴战术

双蹴是指在一次蹴球过程中，依据对球撞击运行路线的预判，使主球先后连续撞击两个目标球（本方和对方的都可），造成获得连蹴两次的机会。获得两次连蹴权，可大大增强攻击力，因此比赛中都会积极采取双蹴战术。

图 8-5 中，❹号球撞击①号球后，再撞击③号球（或者❹号球撞击①号球，①号球撞到③号球，同样有效），即可得 1 + 1＝2 分，并获两次连蹴权。然后，先将③号球蹴出界外，再将①号球蹴出界外。这样，这一次进攻可得 2 + 4 + 4＝10 分。若其中被击中的一球是本方另外一个球时，双方各得 1 分，但攻方仍获双蹴机会。

5. 前进一米战术

当参赛者无法对远距离目标进行精准蹴击时，可向目标球方向前进不少于 1 米距离，以利于下一次进攻。

图 8-6 中，四个球散居场地四角，轮到①号球进攻时，发现对方❷号球和❹号球都距离本方球很远。这种情形下，强行蹴球可能造成本方球出界，反而失去 2 分。因此，可以任选①号球或③号球，朝着任意目标球前进至少 1 米，但又保持让对方感觉难以有把握的蹴球距离，为自己下一次进攻创造有利条件。

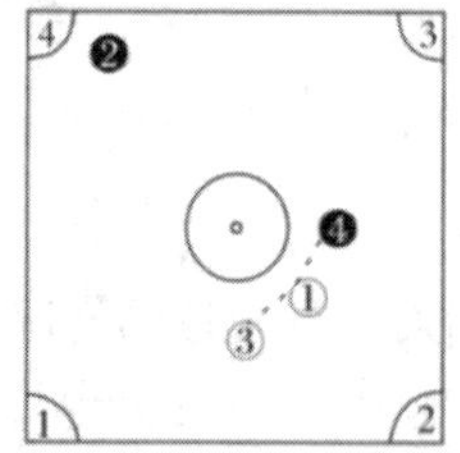

图 8-5　双蹴战术示意图

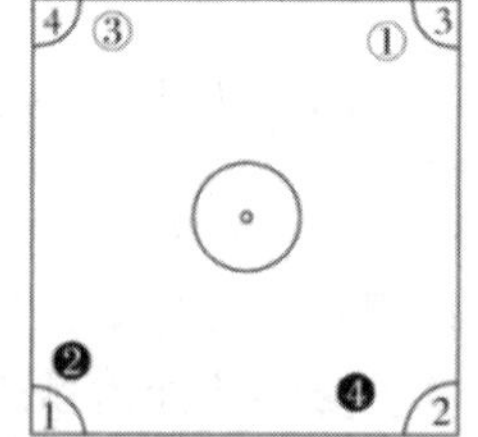

图 8-6　前进一米战术示意图

6. 失分击球战术

当本方两球距离较近且离对方目标球距离较远（通常在 7 米以上）时，直接蹴中的命中率下降，为保证得分，可先蹴击较近的本方球，让对方得 1 分，获得一次蹴球机会，同时将本方的球滚动到命中率较高的范围内，再将对方的球蹴出界，得到 4 分。

图 8-7 钟，①号球进攻时，可以将①号球蹴击③号球，将③号球滚动到❹号球附近，增大命中率，然后用③号球将❹号球蹴出界外得分。

7. 回避战术

当场上的情况不利于本方进攻时，可以向裁判申请一次回避，获准后，将本方球朝任意方向滚动任意距离，以待下一次蹴球（每个半场只有一次机会）。利用规则给予的回避球申请权，实施回避球战术，能调节进攻节奏，变被动为主动，掩饰自己蹴远球技术的不足，给对方制造不利局势，为本方赢得有利形势。

8. 同归于尽战术

同归于尽战术是指将对方球蹴出界的同时，使本方球也出界的战术。该战术具体应用在以下两种情况。

第一种情况：本方得 46 分以上，对方得 47 分以下，此时本方再得 4 分即先达 50 分为胜方。为确保一击即将对方球击出界外，在瞄准无误的情况下，可以用大力量蹴击球，将对方球撞出界。即使本方球出界给对方加 2 分，对方也不足 50 分，本方即取得胜利。

第二种情况：图 8-8 中，阴影部分为①号球的有效发球范围，❷号球先将③号球击出界外，③号被放置在停球区内；❷号球再将①号球击出界外，此时如果❷号球仍停在场内①号球的有效发球范围内，则①号球的队员将①号球发球到❷号球附近，然后由③号球的队员进攻，③号球的队员可用①号球进攻❷号球得 4～5 分。如采用同归于尽战术，❷号球在将①号球击出界外的同时自己也出界，在③号球发球后，再将❷号球发到远离①号球的位置，仅给对方加 2 分，而自己处在远离对方球的位置上。

上例中，如果❷号球（进攻球）不在①号球（第二出界球）的有效发球范围内，则不应选择同归于尽战术。

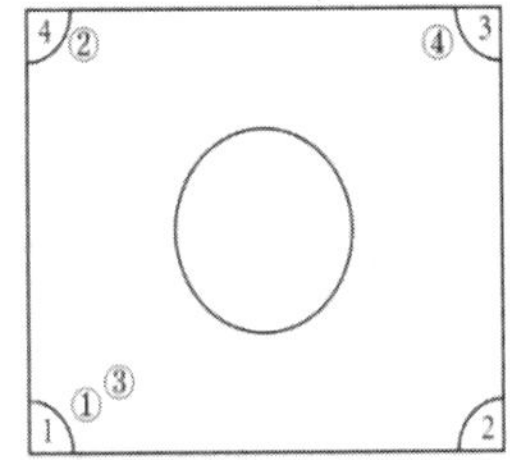

图 8-7　失分击球战术示意图

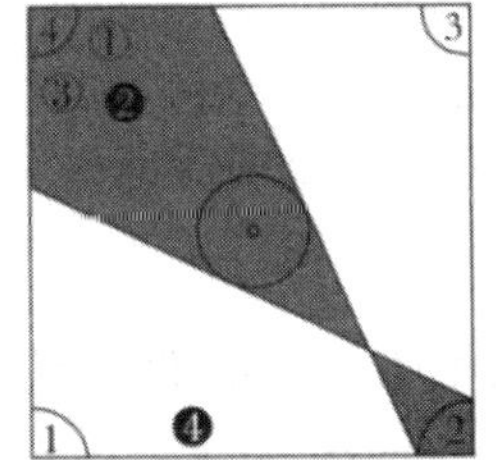

图 8-8　同归于尽战术示意图

四、蹴球竞赛规则简介

本部分简要介绍蹴球比赛主要规则，请扫下方二维码获知。

蹴球竞赛规则简介

第二节　珍　珠　球

珍珠球运动是全国少数民族传统体育运动会的竞赛项目之一。这一运动项目是由人们采珍珠的劳动形式演变而来的，具有激烈的对抗性、协调的配合性、严密的组织性和丰富的趣味性。珍珠球运动以跑、跳、投、传、运等动作为主，类似篮球运动，兼有持拍、抄网等技术动作。

一、珍珠球运动概述

（一）珍珠球运动发展史

“珍珠球”的满族语叫“尼楚赫”。珍珠球作为一种游戏在民间流传，距今已有 300 多年的历史。采珍珠是古代满族的传统生产方式，佩戴珍珠是古代满族人的习俗。满族人以体育游戏的方式在陆地上模仿水中捞取珍珠的情形，满足自己的娱乐需要，创造了采珍珠游戏。16 世纪末期，随着满族人的入关，采珍珠这项游戏被带到了汉族和其他少数民族聚居的地方。

1983 年，北京市民族事务委员会、民族传统体育协会的专家学者们对现代珍珠球运动进行挖掘、整理、加工、修改，参考篮球、手球规则编写出游戏规则的雏形，并将其正式更名为珍珠球。在 1991 年的第 4 届全国少数民族传统体育运动会上，珍珠球被列为正式比赛项目。2008 年，经国务院批准，珍珠球被列入第二批国家级非物质文化遗产名录。目前，珍珠球运动在全国普及，很多大、中、小学也把珍珠球运动作为体育课的教学内容。

（二）珍珠球运动的特点与锻炼价值

珍珠球运动并不像它的名字一样美丽温婉，相反是一项对抗性较强的集体竞赛项目。珍珠球在水区的运动与篮球、手球运动有一定的共性，而在封锁区的持拍防守队员又具有足球守门员和排球拦网队员的特点。参赛者需要不停地运用加速冲刺、急停、转身、变向变速、突破过人等大强度身体动作来配合全场快节奏的攻防战术，这对参赛者的速度、力量、耐力、协调、柔韧等素质的要求都极高，所以珍珠球又具有较强的观赏性。经常参加珍珠球运动，能提高观察能力、判断能力和反应能力，增强体质，培养勇敢顽强的意志和集体主义精神。

二、珍珠球基本技术

（一）移动技术

移动技术是珍珠球各区参赛者应具备的基本技术。各种快速、突然的脚步动作，是达到进攻时摆脱防守、防守时防住对手争取攻防主动的一种手段。

在珍珠球比赛中，由于队员所处区域和分工的不同，其在脚步移动上也存在明显的差异。水区队员的脚步可以采用篮球运动的移动技术及练习方法；得分区和封锁区队员的脚步移动由于受规则和场区的限制，主要采用交叉步、急停急起、急停起跳、侧跨、后仰起跳以及组合脚步移动技术等。

（二）传、接球技术

传球是珍珠球运动中进攻队员之间有目的地转移球的方法，能直接影响比赛的成绩和团队的配合质量。接球是与传球紧密衔接的重要进攻技术。准确熟练的接球技术，不仅能减少传球的失误，还能为顺利完成下一连续进攻动作做好准备。传球与接球是实现战术、组织配合的纽带，传球与接球必须做到快速、隐蔽、及时到位。

传球可分为水区传球与封锁区传球。水区传球方式包括单手胸前传球、单手肩上传球、单手反弹传球、单手体侧传球、单手背后传球、单手低手传球、勾手传球、单手肩上向后传球、侧传球、单手推拨、点拨传球等；封锁区传球方式包括原地夹传、接球与跳夹传接球等。

（三）运球技术

运球是珍珠球技术中很重要的一项基础技术，包括推进性运球和突破性运球。推进性运球是指队员在获得球的基础上，在无人防守的情况下运球推进的一种方法；突破性运球是指队员在获得球的基础上，利用各种脚步动作和运球手法，力求突破防守队员的各种运球过人方法。常用的运球技术有运球急停和体前变向换手运球。

（四）投球技术

投球是珍珠球运动中重要的进攻技术，是得分的唯一手段。因为珍珠球的体积小、抄网队员的活动范围大（得分区、端线及其边线以外的空间），所以水区队员投射球具有范围广泛、方式多样的特点，能创造更多的得分机会。但是，一般有 2 名持拍队员防守 1 名持网队员，所以水区队员投射球的弧度、速度、节奏，球的落点以及抄网队员抄球的时机、角度和抄球点直接关系到比赛的胜负。因此，投球和防投球就成为攻守双方争夺的焦点。比赛中，常见的投球形式有原地投球、行进间投球和急停跳起投球三种。

（五）持拍防守技术

持拍防守技术是指持拍防守队员在封锁区内，利用挡球、夹球和捅球等技术拦截和破坏对方投、射向抄网球的一项专门防守技术，包括双手持拍挡夹技术和单手或双手持拍先挡后夹球技术等。

（六）抄网技术

抄网技术是通过跑、跳、移动以及与进攻队员的默契配合，将球抄入网内的一种最后得分技术。抄网技术的掌握和进攻队员的配合能够直接影响比赛的结果。

（1）抄高抛球技术：采用侧身站位，使抄网面与来球成直角，并抄球的低点。

（2）抄低弧度球技术：若来球是低弧度球或球的落点在得分区时，采用排球扣球技术抄球的高点。

（3）抄平快球技术：抄平快球时，对于时间差和空间差要有较好的把握，向前平伸抄网引导投球队员将球抄中。

（4）抄反弹球技术：应与水区队员建立目光和信号联系，使网面朝下抄反弹球。

三、珍珠球基本战术

（一）个人战术

个人战术是根据本队战术的需要，针对对方攻、守特点以及临场变化的情况采取的有针对性的策略行为，是队员运用身体、技术、战术进行独立作战的行为。水区队员的个人战术行动主要包括以下几种。

（1）水区无球队员的个人战术包括变速摆脱、变向摆脱、转身摆脱、虚晃摆脱与抢位等。

（2）水区有球队员的个人战术包括持球突破、运球突破等。

（3）抄网手的个人战术包括多球多点的抄网、假摆脱跳起抄时差快球、假跳起真摆脱错位抄快球、假摆脱后跨跳接高抛球以及同侧移动反向错位移动抄球等。

（4）持拍队员的个人战术包括多点移动挡球、多点移动夹球、多点移动夹挡球等。

（二）战术基础配合

珍珠球战术基础配合是指比赛中两三个队员之间有目的、有组织、协调行动的简单攻守配合方法，是组成全队战术配合的基础，包括进攻战术基础配合和防守战术基础配合。

1. 进攻战术基础配合

（1）掩护配合：指进攻队员选择正确的位置，运用规则允许的动作对防守同伴的对手的移动线路进行妨碍，帮助同伴摆脱防守获得接球进攻机会的配合方法。

（2）传切配合：指队员之间利用传球和切入技术所组成的简单配合。持球队员传球后，假动作摆脱对手，再切入接球进攻。

（3）突破分球配合：持球队员突破对手后，遇到对方的补防或协防时，及时把球传给进攻时机最佳的同伴的一种配合方法。

2. 防守战术基础配合

防守战术基础配合，是指比赛中两三人之间为破坏对方进攻配合所组成的简单配合。

（1）封锁区防守配合：封锁区两名持拍队员分别站在抄网手两侧，以最大面积控制抄网手的移动范围，形成协调一致、分工明确的配合。

（2）夹击配合：两个防守队员积极防守一个进攻队员的配合。它是一种积极主动、具有强烈攻击性的防守配合。

（3）挤过配合：指对方采用掩护进攻时，防守者为了破坏对方的掩护配合，当掩护者临近的一刹那，防守被掩护者的队员主动靠近对手，并从两个进攻者中间挤过去，继续防住对手。

四、珍珠球竞赛规则简介

本部分简要介绍珍珠球比赛主要规则，请扫下方二维码获知。

珍珠球竞赛规则简介

第三节　毽　　球

毽球运动俗称“踢毽子”，是我国一项流传广泛、历史悠久的民族民间体育活动。现代毽球运动是一种技能主导类隔网相争的体育项目。它集羽毛球的场地、排球的规则、足球的脚法、踢毽子的技巧于一身，以熟练、准确、细腻的技巧性，快速多变、激烈反复的对抗性，一直深受人们的喜爱。

一、毽球运动概述

（一）毽球运动发展史

毽球是从我国古老的、民间广为流传的踢毽子游戏衍生而来的，具有悠久的历史。根据史料记载和出土文物证明，踢毽子起源于中国汉代，唐宋时期开始盛行，在汉族民间流传极广，集市上还出现了专门制作、出售毽子的店铺。《武林旧事》一书中提及，“以经营毽子为食者，则有数十家之多”，可见当时踢毽子的普及范围之广。

明清时代，踢毽子更为普及。著名文学家刘侗在《帝京景物略》中写道：“杨柳儿青，放空钟；杨柳儿死，踢毽子。”这是明代流传甚广的一首童谣，反映了儿童们多在冬季进行踢毽游戏的史实以及踢毽游戏的季节性特征。清代踢毽的技艺已相当高，也为妇女所喜爱。清初著名词人陈维崧曾赞美女子踢毽，说女子踢毽比蹴鞠还巧妙，比下棋还有趣味。

中华人民共和国成立后，踢毽子这一传统运动项目被大力发展与推广。1963 年，踢毽子同跳绳等一起，被列入国家提倡开展的体育活动。1984 年，国家体委正式将踢毽子列为全国比赛项目，并颁布《毽球竞赛规则》，改称踢毽为“毽球”。在 1995 年的全国民族运动会和 1996 年的全国农民运动会上，毽球被列为比赛项目。在 2021 年陕西省西安市举办的第 14 届全国运动会上，毽球被列入群众项目。伴随改革开放，毽类运动跨出国门、走向世界。1999 年 11 月，国际毽球联合会在越南成立，中国为主席国。2000 年，第一届世界毽球锦标赛在匈牙利举行。毽球以崭新的姿态活跃于世界体育舞台。

（二）毽球运动的特点与锻炼价值

毽球运动包括网毽和花毽比赛。花毽比赛项目有计数赛、花样赛、创意赛等；网毽则在花毽的趣味性、观赏性、健身性基础上增加了对抗性。

毽球比赛要求参与者有较强的空间和时间知觉，掌握全面的攻防技术，随时做出各种移动、跑动、跳跃、摔救等动作，有利于培养参与者的灵敏、速度、耐力、力量和柔韧等素质以及勇敢顽强、积极果断等优良品质。毽球运动又是团队集体项目，能培养团结协作的集体主义精神。

二、毽球基本技术

毽球技术是指在规则允许的前提下所采用的各种合理的击球动作以及其他配合动作的总称。毽球运动的基本技术有发球技术、踢球技术、触球技术、接球技术、进攻球技术、防守技术等。

（一）发球技术

发球水平的高低反映一个队伍训练水平的高低。发球动作一般有脚内侧发球、脚正背发球、脚外侧发球、踩发球以及难度较高的凌空发球等。

1. 脚内侧发球

脚内侧发球是指身体正对球网站立，用脚的内侧击球过网的发球动作，如图 8-9 所示。

动作要领：两脚前后站立，踢球脚在后，脚内侧发球的时候要抬大腿带小腿，用内足弓部位向前上方送髋推踢。异侧手臂外展摆臂，以维持身体平衡。

2. 脚正背发球

脚正背发球是指身体正对球网站立，用脚背正面击球过网的发球动作，如图 8-10 所示。

动作要领：两脚前后站立，踢球脚在后（若上步则前），发球腿脚面绷紧，大腿带动小腿发力，用正脚背击球，抖动加力击出球。

3. 脚正面发弧线球

在现代球类比赛中，多数球类都利用球的弧度、旋转性来进行隐蔽性发球或传球，以破坏对方的接发球或直接得分。脚正面发弧线球（俗称“扫发”）正是利用毽球出脚的弧线增加球的隐蔽性，以实现己方的战术意图。

动作要领：右腿用力向前、向左做弧线摆动，脚面绷直把球踢出。触球的刹那间，用力突然、集中、短促，用脚面闪击球，如图 8-11 所示。击球后，脚向左前方向摆出。

图 8-9　脚内侧发球

图 8-10　脚正背发球

图 8-11　脚正面发弧线球

4. 踩发球

踩发球力量大、目的性强、速度快、动作舒展大方、姿势优美，但难度高。

动作要领：两脚前后分立，高抛球后快速上步，踢球腿快速向上摆腿，用脚前掌迅速将高于腰部的球用力击出过网，如图 8-12 所示。踩发球时，抛球要有一定的高度，要注意抛球、上步、击球的连贯性和协调性。

5. 凌空发球

凌空发球能充分利用腰腹力量，发出的球力量大、速度快、高度低平，球过网后，有前冲力、攻击性强、变化多，能直接破坏对方的接发球和战术意图。

动作要领：以右脚发球为例，身体侧对出球方向，脚尖指向出球方向，手持球于体前，离身体一臂远，将球垂直向上抛出。球高过头顶落到腰部高度时，上体侧倒向支撑脚一侧，大腿提起与地面平行，同时大腿带动小腿急速摆动，脚面绷直；击球一瞬间转体，用脚正面击球，把球发入对方场区，如图 8-13 所示。

图 8-12　踩发球

图 8-13　凌空发球

（二）踢球技术

用膝关节以下部位击球称为踢球，主要包括脚内侧踢、脚外侧踢、脚正面踢、膝盖踢和后踢等形式。

1. 盘踢（脚内侧踢）

动作要领：用脚内侧互换踢毽子，膝关节向外张，大腿向外转动，稍有上摆，髋和膝关节放松，小腿向上摆，踢毽子时踝关节发力，如图 8-14 所示。踢起的毽子一般不超过下颌。该踢法主要用在传接球方面，也可用来发球、调整球或推球等。

2. 拐踢（脚外侧踢）

动作要领：用两脚外侧互换踢毽，大腿放松，小腿发力向体后斜上方摆动，勾脚尖，如图 8-15 所示。踢毽子时大腿不得摆到体前，小腿向体后斜上方摆动不要过高；毽子和脚外侧相碰的一刹那，踢毽脚的内侧离地面不要太高，踢起的毽子高度随意。

图 8-14　脚内侧踢

图 8-15　脚外侧踢

3. 绷踢（脚正面踢球）

动作要领：踢球时，膝部尽量伸直，大腿带动小腿，脚面绷直，利用踝关节的力量，用脚背正面击球，也可向侧方向踢出，如图 8-16 所示。

4. 磕踢（膝盖踢）

动作要领：用两腿膝盖互换将毽子磕起（撞起）。髋关节、膝关节放松，小腿自然下垂，膝关节发力，将毽子磕起，大腿不要外张或里扣，踢起的毽子一般不超过下颌。

5. 后踢

动作要领：面对来球方向，球飞过头顶后，上体前倾，大腿后摆，小腿迅速折向大腿，用前脚掌击球，使球飞过头顶，如图 8-17 所示。后踢一般适宜对付高过头顶的球。

图 8-16　脚正面踢

图 8-17　后踢

（三）触球技术

用人体膝关节以上部位踢球都称为触球，也称拦截球。触球技术主要分为大腿触球、腹部触球、胸部触球、头部触球等。

1. 大腿触球

大腿正面触球，主要用来接发球和调整球。

动作要领：身体放松，含胸收腹，球置于身体前方，两臂自然弯曲，置于身体两侧，击球腿大腿带动小腿往上送，大腿中前部触球，如图 8-18 所示。

2. 胸部触球

胸部面积大、有弹性、位置高，能接触高于胸部的球和与胸部等高的球。

动作要领：两脚前后开立或左右开立，两膝微屈，上体略后仰。胸部接触球的瞬间，胸部上挺或双脚轻轻跳起，用胸部将球击出，如图 8-19 所示。

3. 头部触球

头部起球动作可根据来球的高低，原地或跳起于空中完成。

动作要领：判断来球方向，及时移动使身体正对来球方向。当来球飞近额前时，头颈主动迎球。当球快要触击前额的瞬间，及时抬头触击球，顺势把球击起，如图 8-20 所示。整个动作要连贯流畅，使触及前额的球向前上方呈小弧度下落。

图 8-18　大腿触球

图 8-19　胸部触球

图 8-20　头部触球

（四）接球技术

接球是脚、腿、胸、肩、头部位，将球击出的击球技术动作，主要用于接发球、接扣球、吊球及接拦回球，分为脚内侧接球、脚背接球、脚外侧接球、膝接球、胸接球、肩接球等。

1. 脚内侧接球

动作要领：呈稍蹲或半蹲准备姿势，两肘弯曲，自然下垂，两手置于腰腹前。用脚弓对正来球，以左脚支撑，右脚抬起，向外展膝转髋，小腿向上提起，当脚弓触球瞬间，脚弓发力，将球击出，然后做好下一击球准备动作。

2. 正脚背接球

动作要领：呈稍蹲或半蹲准备姿势，两肘弯曲，自然下垂，两手置于腹腰前。左脚支撑，右大腿抬起带动小腿，由后向前用力摆动，在触球瞬间，脚背绷直，踝关节抖动发力，小腿快速弹击，击球脚型用脚趾根部，然后做好下一击球准备动作。

3. 脚外侧接球

动作要领：主要用于身体两侧来球，在未移动情况下，用脚外侧部位击球。身体呈稍蹲或半蹲，两肘弯曲，自然下垂，两手臂置于腰腹前。左脚支撑，右大腿与小腿屈膝内扣，小腿向外，上侧提起，用脚外侧发力击球，然后做好下一击球准备动作。

（五）进攻球技术

1. 踏球技术

（1）直腿踏球。动作要领：面向网站立，左脚向前迈出一步支撑身体或跳起腾空，右腿迅速上摆，当球下落到前下方时，展髋、展腹，脚面绷直，扣脚趾，快速收小腿，用前脚掌击球过网，如图 8-21 所示。

（2）屈腿踏球。动作要领：面向网站立，左脚向前迈出一步支撑身体或跳起腾空，右腿迅速上摆，当球下落到前下方时，大腿带动小腿加速上摆，踝关节放松，小腿带动脚掌快速向下做鞭打动作将球击过网。

图 8-21 正面脚掌前踏技术

2. 倒钩技术

（1）正倒钩攻球。动作要领：背向网平行站立，右腿蹬地起跳，左腿屈膝上摆，摆到最高点时，左腿迅速下摆，同时右腿屈膝，大腿带动小腿用力上摆；当球下落到头前上方时，小腿快速用力摆动，击球瞬间，脚腕抖屈，用脚趾根部以上部位将球击过网，两腿顺势依次缓冲着地，身体平衡，如图 8-22 所示。

图 8-22 正倒钩攻球

（2）外侧倒钩球。动作要领：背向网平行站立，右腿蹬地起跳，左腿屈膝上摆，摆到最高点时，左腿迅速下摆，同时右腿屈膝，大腿带动小腿用力上摆；当球下落到大约头的前上方时，小腿快速用力摆动，击球瞬间，右腿向外侧摆动，同时脚腕抖屈，用脚趾根部以上部位将球在身体外侧击过网，两腿顺势依次缓冲着地，保持身体平衡。

（3）内侧倒钩球。动作要领：背向网平行站立，右腿蹬地起跳，左腿屈膝上摆，摆到最高点时，左腿迅速下摆，同时右腿屈膝，大腿带动小腿用力向内侧斜前上方摆动；当球下落到大约头的斜前上方时，小腿快速用力摆动，击球瞬间，脚腕内翻抖屈，用脚趾根部以上部位将球在身体内侧击过网，两腿顺势依次缓冲着地，保持身体平衡。

3. 头攻球技术

动作要领：身体正对来球，在限制线后原地或者跳起，身体后仰呈反弓状，当球下落到头的前上方时，收腹屈体，上体快速前摆，用额头的正面、侧面或头顶将球击过网，如图 8-23 所示。队员若用头攻球时，必须在限制线以外，但落地时两脚可落在限制线以内。

图 8-23　头攻球技术

（六）防守技术

防守是毽球比赛中反攻的重要环节，掌握好此项技术能在比赛中延缓对方的进攻，有利于创造反击得分的机会。防守技术一般有无人拦网、单人拦网和双人拦网。

1. 无人拦网

对方进攻的来球点离网较远，三人防守时可以站成“马蹄”形，根据对方进攻方式的变化来判断对方攻球的方向；2、3 号位的队员注意防守网前球，1 号位队员防守后排球。

2. 单人拦网

面向球网，距球网约 20 厘米，双脚平行站立，约与肩同宽，稍屈膝，重心落在两脚间，收腹，上体稍前倾，两臂自然屈于体侧，注视来球，准备起跳拦网；当对方攻球时，两脚用力蹬地跳起，两臂收拢自然下垂于体侧，提腰、收腹、挺胸堵击球；击球后，身体下落，两脚掌先着地，屈膝缓冲，衔接下一个动作。

3. 双人拦网

判断好对方击球点，双人在网前滑步选准位，同时起跳，提腰、收腹、挺胸堵击球；击球后，身体下落，两脚掌先着地，屈膝缓冲，衔接下一个动作。

三、毽球基本战术

毽球基本战术包括进攻战术和防守战术两种。在此就网毽中的团体三人赛来简要说明。

（一）进攻战术

在确定一个队伍的基本进攻战术时，首先要根据本方队员的具体情况、具体技术特点进行合理恰当地阵容配备。一般有“一二”配备、“二一”配备和“三三”配备。

（1）“一二”配备：场上 3 名队员中有 1 名主攻手和 2 名传球手的组合形式。它是最基本的阵容配备，适用于最初阶段的比赛战术。

（2）“二一”配备：场上 3 名队员中有 1 名主攻手、1 名副攻手和 1 名传球手的组合形式。这种阵容适用于场上有钩球手、踏球手各 1 名以及 1 名二传手的情况。

（3）“三三”配备：场上 3 名队员都能攻球又能传球的组合形式。这种阵容配备是最先进的进攻战术配备，被现在国内众多高水平队伍采用。

（二）防守战术

防守战术主要有以下三种：

（1）“马蹄”形防守：场上 3 名队员在场上成“马蹄”形站位防守。

（2）“一拦二防”：场上 3 名防守队员中有 1 名队员在网前拦网，另外 2 名队员在其身后两侧站位防守。

（3）“二拦一防”：场上 3 名防守队员中，有 2 名队员在网前拦网，另外 1 名队员在中间后方站位防守。

四、毽球竞赛规则简介

本部分简要介绍毽球比赛主要规则，请扫下方二维码获知。

毽球竞赛规则简介

第九章　时尚休闲体育类

教学目标

1. 知识目标

了解各种时尚休闲体育项目的特点及规则。

2. 技能目标

掌握一项时尚休闲体育项目。

3. 课程思政目标

（1）使学生在自由舒心的运动中改变生活态度、愉悦身心、锻炼意志、陶冶情操。

（2）培养学生坚定信念、不言放弃、超越自我、勇于探索、团队协作的精神和良好的社会适应能力。

新的时代、新的时尚，把现代人爱美的本性推向了大众生活的前台。追求自身的完美、塑造完美的形象、创造优美的环境、净化人们的心灵、营造和谐的社会，已成为现代生活发展的主流。对美的追求、对心理和身体健康的追求、对良好社交的追求使得健身、运动、探险等逐渐成了人们追求时尚的需要。工作学习之余，走进健身房去健美塑形、跳街舞；同学、朋友之间比试比试飞镖技艺；走进江河湖海潜水、冲浪、滑水；去高尔夫球场享受高雅与休闲；走近大自然，去高山攀岩、蹦极、探险、野外生存，享受挑战后的满足与快乐……这些极富时代特征、具有创新性的运动项目，都是“时尚运动”。

第一节　健　　美

健美运动是以表现人体的健、力、美，采用器械或徒手的各种练习手段来发展力量与力量耐力，从而强身健体、塑造优美体形的一项体育运动。随着物质生活水平的不断提高，人们越来越注重自己的形体美，对健美运动的关注度日益增加。健美已经成为当今社会深受大众喜爱的一项时尚运动。

一、健美运动概述

（一）健美运动发展史

健美运动起源于古希腊。在古奥林匹克运动会上，古希腊人进行裸体角逐，以男子粗壮的脖子、发达的胸肌、粗壮的双腿为美，从而显示其身体的健美。公元 130 年，古罗马著名医生盖伦著书立说，倡导健身运动。他将运动分为臂部、躯干和腿部运动，并列举了一些运动项目，如搬动或高举重物、爬绳和锄掘等。到了 18 世纪，德国著名体育活动家艾泽伦开设了培训体育师资的课程，创造了哑铃、杠铃等运动方式，这是现代健美运动的萌芽。19 世纪晚期，德国人欧根·山道首创了通过各种姿态来展示人体美，为现代健美运动的发展奠定了基础，所以他被公认为"国际健美运动的创始人"。20 世纪初期，健美运动在英、美等国得到广泛开展。英国的《体育》《大力士》《健与力》等健身杂志相继出版。1946 年，加拿大人本·魏德和其弟弟健美大师乔·魏德一同发起、创建了国际健美协会。自国际健美协会成立后，世界健美运动进一步向前发展，健美运动的组织机构和竞赛规则得到健全与完善。

20 世纪 30 年代，现代健美运动传入我国，在上海市、广州市等地深受年轻人喜爱。20 世纪 50 年代中期以后，健美运动一度被冷落和停滞，直到 20 世纪 80 年代，我国健美运动开始复兴，再次受到人们的关注。20 世纪 90 年代，健美运动在大学校园里广泛开展起来。进入 21 世纪，我国竞技健美运动和大众健美运动蓬勃发展，健美组织日益壮大，各种类型的健美运动和健美比赛不断丰富并发展，深受人们的喜爱。健美运动之花在全国各地竞相开放，充分体现了现代健美运动的魅力和广阔的发展前景。

（二）健美运动的分类

健美运动按其性质和作用可分为大众健美和竞技健美。大众健美是群众性的以增进健康、塑造形体为目的，包括徒手练习、器械练习、矫正畸形在内的各种锻炼。竞技健美是一项充分展示人体肌肉发达与体格完美程度的运动项目，对运动员有较高要求，比赛中有严格的规则和评分标准。竞技健美比赛包括肌肉健美竞赛、健身小姐竞赛、健身先生竞赛等。

（三）大众健美运动的特点与锻炼价值

健美运动的内容十分丰富，锻炼形式和方法多样，练习动作和方法简单、容易掌握、易于开展。健美运动不仅强调"健"、强调"力"，还强调"美"。经常参加健美运动，可以有效地发展全身肌肉、增长力量；能对心血管系统、呼吸系统等的功能产生良好的影响；能改善体形、体态，使全身各部位的比例匀称、协调，使肌肉具有优美的线条；能调节心理活动、陶冶情操，培养顽强的意志品质。

二、人体健美的标准

从古至今，人们都执着地追求人体美，但是由于所处的时代不同，文化程度、社会经历、职业、性别、年龄、民族等方面存在差异，对什么是人体美有着各不相同的看法。我国体育美学研究人员胡小明根据中国的实际情况提出了如下人体美的标准。

（1）骨骼发育正常，关节不显粗大突出。

（2）肌肉均匀发达，皮下脂肪适当。

（3）五官端正，与头部配合协调。

（4）双肩对称，男宽女圆。

（5）脊柱正视垂直，侧看曲度正常。

（6）胸廓隆起，正背面略呈“V”字形，女性胸廓丰满而有明显曲线。

（7）腰细而结实，微呈圆柱形。

（8）腹部扁平，男子有腹肌垒块隐现。

（9）臀部圆满适度。

（10）腿修长，大腿线条柔和，小腿腓部稍突出，足弓高。

人体美是健、力、美三者的结合与统一，它包含了生长发育健康而又完善的机体、发达有力的肌肉、优美的人体外形和健康向上的精神气质。这就要求我们注重整体的匀称、协调、优美，加强各方面的修养，规范自己的道德行为，陶冶美好的情操，真正把体育和美育、外在美和内在美融合在一起。

三、肌肉健美训练的手段与方法

健美运动作为一种发展肌肉的有效方式，有其严格的科学性。一副令人羡慕的健美体格，必须经过长期、有效的肌肉练习才能获得。为获得良好的训练效果，肌肉健美训练须遵循安全性原则、渐增阻力原则、由大到小原则、专门性原则和合理训练间隔原则，并采取正确的训练手段与方法，针对性地发展人体各部位肌肉群的力量。

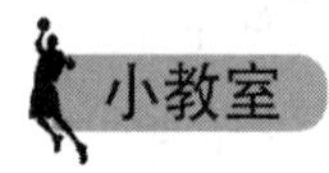

肌肉健美训练的基本原则

1. 安全性原则

肌肉健美训练过程中要时刻注意保护自身安全，确保在安全的范围内进行，一旦超出安全界限，则可能发生损伤或危险。

2. 渐增阻力原则

肌肉力量训练过程中要逐渐增加运动负荷。超负荷训练可以使肌力增加，使原来的超负荷变成已经适应的负荷。只有逐步增加运动负荷量，使负荷重新成为超负荷，才能不断地增进训练效果。

3. 由大到小原则

负重抗阻训练中，先进行主要由大肌肉群参与的练习，然后进行小肌肉群的练习。由大到小原则的生理机制是，当一块肌肉受到训练而增加力量时，身体其他肌肉的力量也会在一定程度上有所增加。先练习大肌肉群，这种相互影响会更加明显，小肌肉群容易疲劳，一块肌肉的疲劳也能在一定程度上对其他肌肉的工作能力产生影响，因此先练习大肌肉群可推迟肌肉疲劳的出现。

4. 专门性原则

专门性原则是指针对不同肌肉力量发展的需要及目的而采用相应的练习手段和方法。专门性原则包括身体部位的专门性和练习动作的专门性。身体部位的专门性和动作结构的专门性练习，有利于促进神经系统的协调、调节能力以及肌肉内一系列适应性生理生化变化。

5. 合理训练间隔原则

训练间隔时间的长短对力量消退速度的影响不同。要想通过力量训练使已获得的力量继续提高、保持或不下降，就必须保持合理的力量训练的时间间隔。有研究表明：通过力量训练使肌肉力量增加后，每 2 周训练一次，力量能保持在原水平；每 6 周训练一次，力量能保持较长时间；不训练，30 周后已获得的力量将完全消失。

（一）臂部肌肉训练

1. 发展肱二头肌的专门性练习

肱二头肌的解剖、生理特性如图 9-1 所示。

部位：位于上臂前侧，有长、短两个头。

起点：长头以长腱起自肩胛骨盂上结节，短头起于肩胛骨喙突。

止点：长、短两头于肱骨中部汇合为肌腹，下行至肱骨下端，肌腱止于桡骨粗隆，腱膜止于前臂筋膜。

机能：①近固定，使上臂在肩关节处屈（长头），使前臂在肘关节处屈和旋外（前臂旋外位时能充分发挥该肌力量）；②远固定，使上臂向前臂靠拢。

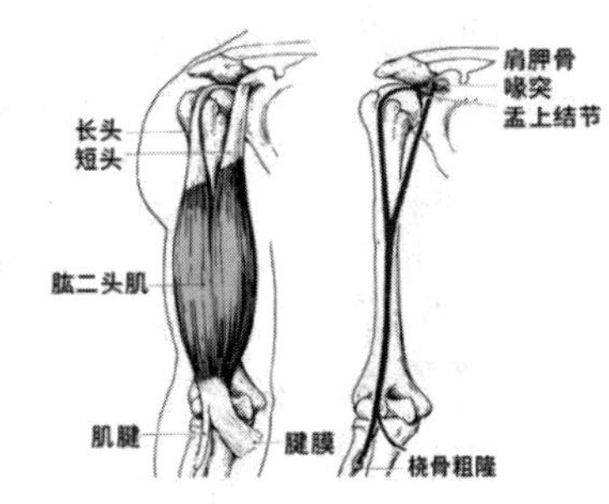

图 9-1　肱二头肌

（1）坐姿臂弯举，如图 9-2 所示。

起始姿势：坐在哑铃凳上，两腿分开，上体稍向前倾，一手（低手）握哑铃，让上臂贴在大腿内侧，伸直肘关节，另一只手扶压在另一大腿上。

动作过程：收缩握哑铃手臂的肱二头肌，将前臂向上弯举（向心收缩），到顶峰收缩位后停顿一秒钟，然后伸展肘关节，让哑铃徐徐还原至起始位置（离心退让）。

呼吸方法：弯举时吸气，还原至起始位置时呼气。

注意要点：让上臂贴靠大腿是为了确保在弯举时不移动肘部；练习时可自行控制练习动作的动作幅度与速度。

（2）斜托臂弯举，如图 9-3 所示。这是锻炼肱二头肌的最佳训练方法之一，对肱桡肌、旋前圆肌也有锻炼作用。

起始姿势：立或坐在斜托后，单或双手握哑铃或杠铃，手心向上（反握），将整个臂部或上臂平贴在斜板上。

动作过程：收缩肱二头肌，将前臂向上弯举，到顶峰收缩位后停顿 1 秒，然后慢慢松展肘关节，让哑铃或杠铃徐徐还原至起始位置。

呼吸方法：弯举时吸气，还原至起始位置时呼气。

注意要点：手臂平贴在斜板上，伸直肘关节；弯举时，肩部不可向后上方移动。

（3）杠铃臂弯举，如图 9-4 所示。

起始姿势：身体站立，两脚与肩同宽，抬头挺胸，双手反手握杠（手心朝前），双肘紧贴躯干。

动作过程：收缩肱二头肌，前臂弯举，到顶峰收缩位后停顿 1 秒，然后慢慢伸展肘关节，让杠铃徐徐还原至起始位置。

呼吸方法：弯举时吸气，还原至起始位置时呼气。

注意要点：弯举杠铃时，需头正颈直、身体直立，臀部、腹部、背部和腿部的肌肉收缩紧绷，避免身体摆动，借力完成弯举动作。同时，可尝试不同的握距进行更有针对性的练习。宽握距（大于肩宽）主要锻炼肱二头肌的短头，窄握距（小于肩宽）主要锻炼肱二头肌的长头。

（4）反握引体向上，如图 9-5 所示。这是肱二头肌典型的远固定近收缩的练习动作，也是背阔肌和大圆肌的主要锻炼动作。

起始姿势：跳上反手握杠（手心朝向身体），握距与肩同宽或窄于肩，身体自然伸直。

动作过程：使用背部肌肉和肱二头肌的力量，屈肘，将身体向上拉起，使上臂向前臂靠拢，下颌超过杠平面时静止 1～2 秒，然后慢慢伸展肘关节至身体自然伸直。

呼吸方法：引体向上时吸气，还原至起始位置时呼气。

注意要点：肩部不要有振浪，身体伸直，核心收紧，尽量减少身体的前后摆动。

图 9-2　坐姿臂弯举

图 9-3　斜托臂弯举

图 9-4　杠铃臂弯举

图 9-5　反握引体向上

2. 发展肱三头肌的专门性练习

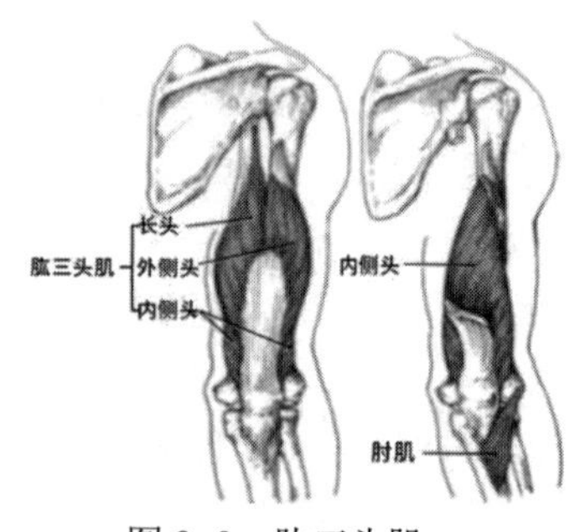

图 9-6　肱三头肌

肱三头肌的解剖、生理特性如图 9-6 所示。

部位：位于上臂肱骨后面，有三个头，即长头、外侧头、内侧头。

起点：长头起自肩胛骨关节盂下结节，外侧头起自肱骨体后面桡神经沟的外上方，内侧头起自桡神经沟内下方。

止点：三头合成一个肌腱，以扁腱止于尺骨鹰嘴。

机能：近固定，拉力向上，使前臂在肘关节处伸，使上臂在肩关节处伸（长头）。

（1）站姿正握下拉，如图 9-7 所示。

起始姿势：身体直立，面向拉力器站立，双手正握拉力器手柄，握距与肩同宽或稍窄或合紧，上臂贴靠两肋，屈肘，弯起前臂。

动作过程：用力下拉至两臂伸直，肘部不能离开体侧，到顶峰收缩位后停顿 1 秒，然后慢慢屈肘关节至起始位置。

呼吸方法：下拉时吸气，还原至起始位置时呼气。

注意要点：该动作是固定器械自由轨迹的练习，下拉时上臂要固定不动，身体不可晃动或向前倾斜；动作结束时肱三头肌继续保持等长收缩 1 秒，以体会其作用。反手抓握可以重点锻炼肱三头肌内侧头。

（2）杠铃直臂后伸，如图 9-8 所示。

起始姿势：身体直立，两手反握或正握杠铃，置于身后。

动作过程：肱三头肌收缩使肘关节伸直，将杠铃尽量向后上方抬起。抬至最远端，向上屈转腕关节，到顶峰收缩位后停顿 1 秒，然后慢慢还原杠铃至起始位置，放松肱三头肌。

呼吸方法：直臂后抬时吸气，还原至起始位置时呼气。

注意要点：抬臂时，身体不可晃动，抬到可能的最高点屈转腕关节才能使肱三头肌顶峰收缩。

（3）双杠：臂屈伸，如图 9-9 所示。

起始姿势：杠端（中）跳上呈支撑状（窄握距），抬头挺胸身体自然伸直，不能塌肩。

动作过程：抬头挺胸，尽可能使身体与地面保持垂直，屈臂呈支撑状，肘关节至少与肩关节齐平，双肘尽量贴近体侧且肘关节始终指向后方。伸直时肱三头肌用力至手臂自然伸直，身体不能前后摆动。

呼吸方法：臂下落时吸气，呈支撑状时呼气。

注意要点：屈臂呈支撑状时，肘关节至少与肩关节齐平，身体不要前后摆动。

（4）坐姿哑铃颈后臂屈伸，如图 9-10 所示。

起始姿势：取坐姿，头正颈直，腰背挺直，核心收紧，双手托握哑铃于颈后。

动作过程：肱三头肌收缩，两肘内夹，伸直双臂，将哑铃举至头部上方，屈肘下落哑铃于颈后。

呼吸方法：伸直双臂时吸气，还原至起始位置时呼气。

注意要点：腰背挺直，核心收紧，避免背部过伸，必要时可用短靠背的椅子做支撑，同时始终保持身体和上臂稳定，防止肘关节超伸。

（5）仰卧反屈伸，如图 9-11 所示。

起始姿势：身体仰卧，两手背后撑（手指朝前）在哑铃凳子上，两脚放在较矮或较高的凳子上，身体其他部分悬空。

动作过程：两肩放松，两臂慢慢屈肘，身体下沉时，动作要平稳，肱三头肌慢慢被动拉长，直至肱三头肌充分伸展。肱三头肌收缩用力时，伸直两臂，撑起身体至起始位置。

呼吸方法：屈臂时吸气，还原至起始位置时呼气。

注意要点：臂屈伸时中速平稳，呈支撑状时身体要尽可能伸直，两肘内夹。脚的高度或腹部负重可提高练习难度，加大负荷刺激。

图 9-7
站姿正握下拉

图 9-8
杠铃直臂后伸

图 9-9
双杠：臂屈伸

图 9-10
坐姿哑铃颈后臂屈伸

图 9-11
仰卧反屈伸

（二）肩部肌肉训练

三角肌的解剖、生理特性如图 9-12 所示。

部位：位于肩部皮下，为多羽肌，肌束分前、中、后三部分。

起点：前部肌束起自锁骨外侧半，中部肌束起自肩峰，后部肌束起自肩胛冈。

止点：止于肱骨三角肌粗隆。

机能：近固定，前部肌纤维收缩使上臂在关节处屈和旋内，中部肌纤维收缩使上臂外展，后部肌纤维收缩使上臂在关节处后伸和

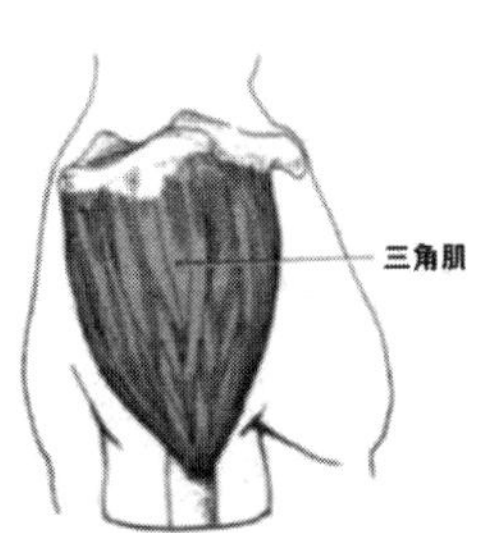

图 9-12　三角肌

旋外，整体收缩可使上臂外展。

（1）直臂前平举，如图 9-13 所示。

起始姿势：身体直立，挺胸收腹。两手正握杠铃或哑铃，握距与肩同宽，两臂伸直放于体前。

动作过程：直臂（肘部稍屈）持杠铃向上举起，至稍高于肩。至顶峰收缩位后停顿 1 秒，再直臂徐徐放下还原至起始位置。如用哑铃，可左右手各 1 次，连续交替做。

呼吸方法：上举时吸气，还原至起始位置时呼气。

注意要点：上举和下落时全身保持直立，两臂保持自然直伸，意念集中在三角肌前束。

（2）杠铃颈前推举，如图 9-14 所示。

起始姿势：正握（全握）杠铃置于上胸部，上身直立（站姿或坐姿）。

动作过程：两臂向上直推至自然伸直，静止 1 秒，然后让杠铃慢慢还原至起始位置。

呼吸方法：上举时吸气，还原至起始位置时呼气。

注意要点：上举和下放杠铃时，身体不要摆动；站姿练习时要防止背部过伸。

动作变化：窄握距，肘部向前，主要锻炼三角肌前部和胸大肌上部；宽握距，肘部外展，主要锻炼三角肌前部和中部。如将杠铃下落到颈后肩上，则对三角肌后部有更大的锻炼作用，称为颈后推举。颈前和颈后的推举，也可坐在凳上做。还可用哑铃，左右两臂同时做交替的上推和下落。

（3）哑铃侧平举，如图 9-15 所示。

起始姿势：两腿开立，与肩同宽，身体直立，抬头挺胸，核心收紧，双手抓握哑铃于身体两侧，肘部微屈，前臂稍向前。

动作过程：三角肌中束发力，上臂慢慢上抬，带动前臂被动上抬至双肩水平，到顶峰收缩位后停顿 1 秒，然后慢慢还原双臂至起始位置。

呼吸方法：双臂上抬时吸气，还原至起始位置时呼气。

注意要点：双臂上抬时肘部一定要微屈，防止肘关节过伸，同时前臂不要高于上臂。不要主动耸肩，尽可能避免斜方肌主动收缩借力；侧平举时肘部不要上抬，两臂主动向远端拉开。

（4）站姿宽握杠铃上提，如图 9-16 所示。

起始姿势：两腿开立，与肩同宽，身体直立，抬头挺胸，核心收紧，正握杠铃，握距略大于肩，两臂伸直，将杠铃置于体前。

动作过程：保持杠铃杆贴身提拉至下颌并尽可能抬高肘部，到顶峰收缩位后停顿 1 秒，然后慢慢还原两臂至起始位置。

呼吸方法：双臂提拉时吸气，还原至起始位置时呼气。

注意要点：要用肩带肌群力量带动双臂贴身向上提拉，上体应保持稳定，不能借用上体前后摆动来助力。

（5）站姿拉力器单臂侧平举，如图 9-17 所示。

起始姿势：两腿开立，与肩同宽，身体直立，抬头挺胸，核心收紧，单手于体侧握紧拉力器手柄，肘部微屈。

动作过程：单臂向体侧平举至侧平举位（肩部水平），手臂自然伸直，至顶峰收缩位后停顿 1 秒，然后慢慢还原手臂至起始位置。

呼吸方法：单臂向体侧平举时吸气，还原至起始位置时呼气。

注意要点：肘部需要微屈，不能将肘关节锁得太紧或超伸，以免肘关节造成运动损伤。单臂侧平举不要高于肩水平位置，以免造成肩关节和韧带等损伤。

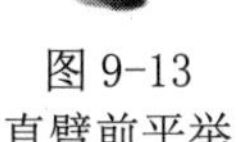
图 9-13
直臂前平举

图 9-14
杠铃颈前推举

图 9-15
哑铃侧平举

图 9-16
站姿宽握杠铃上提

图 9-17
站姿拉力器单臂侧平举

（三）胸部肌肉训练

胸大肌的解剖、生理特性如图 9-18 所示。

部位：位于胸前上部浅层，为扇形扁肌。覆盖整个胸部的胸大肌，按肌纤维走向可分为上、中、下三部分。

起点：锁骨部起自锁骨内侧半，胸肋部起自胸骨前面和第 1～6 根肋软骨，腹部起自腹直肌鞘前壁。

止点：肱骨大结节嵴（锁骨部和腹部肌束上下交叉）。

机能：①近固定，使上臂在肩关节处屈、内收、旋内，引躯干向上臂靠拢；②远固定，上肢上举后固定时，可拉引躯干向上臂靠拢，提肋助吸气。

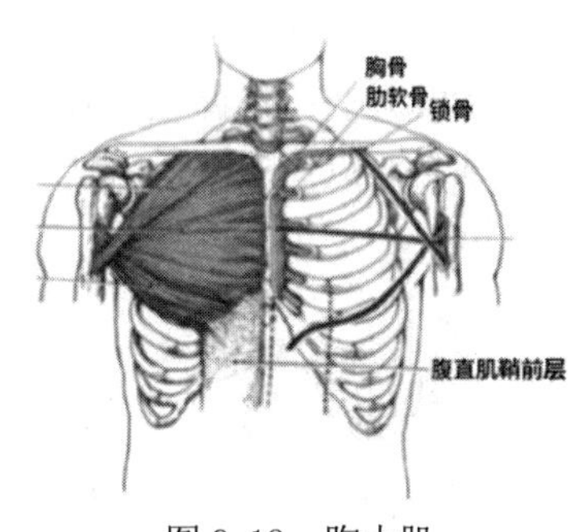

图 9-18　胸大肌

（1）平卧推举，如图 9-19 所示。

起始姿势：仰卧在卧推凳上，眼睛处于杠铃的垂直正下方，头部紧靠凳面，腹部收紧，保持核心稳定，臀部触及凳面，大腿与地面平行，小腿垂直于地面，两脚平放于地面，两手正握杠铃（全握），握距略大于肩，将杠铃推离支撑架至两乳头连线上方的垂直面上（两手食指第二指节正好指向上方），两臂自然伸直。

动作过程：吸气，杠铃缓慢下落，肌肉被动退让；当杠铃下落至胸部两乳头连线处时，头部、两侧肩胛骨及臀部要紧抵凳面，迅速将杠铃垂直向上推举（与身体垂直）至两臂自然伸直并呼气。

呼吸方法：杠铃下落时边吸气边退让，向上推举至两臂自然直伸时呼气。

注意要点：杠铃下落肌肉被动退让时，速度相对较慢，向上推举时速度相对较快；向上推举时，头部、背部、臀部要紧贴凳面，两脚踩紧地面，手臂不能用力伸直以防止过伸。

（2）上斜卧推举，如图 9-20 所示。

起始姿势：仰卧在 45～60 度的上斜板上，两脚平放于地，背部和肩部紧贴长凳，收腹挺胸，两手正握杠铃（全握），握距略大于肩，将杠铃推离支撑架至手臂与地面垂直。

动作过程：吸气，将杠铃下落至颈静脉切迹处（位于上胸部和颈根部之间接近锁骨处），迅速将杠铃垂直向上推举（与地面垂直）至两臂自然伸直并呼气。

呼吸方法：杠铃下落时边吸气边退让，向上推举至两臂自然直伸时呼气。

注意要点：杠铃下落肌肉被动退让时，速度相对较慢，向上推举时速度相对较快；向上推举时，头部、背部、臀部要紧贴凳面，两脚踩紧地面，手臂不能用力伸直以防止过伸。

（3）仰卧飞鸟，如图 9-21 所示。

起始姿势：上身平躺于哑铃凳（窄凳），使肩部可以自由活动，两手持握哑铃，拳心相对，两臂向上自然伸直，肘部微屈以减少肘关节的应力。

动作过程：两臂自然伸直向两侧下落至肘部与肩部同高，肘部微屈，至顶峰收缩位后停顿 1 秒，然后两臂从两侧推举哑铃还原至起始位置。

呼吸方法：两臂张开下落时吸气，推举哑铃还原至起始位置时呼气。

注意要点：两臂向两侧下落时不能用力伸直以防止过伸，同时注意核心收紧。

（4）哑铃仰卧屈臂上提，如图 9-22 所示。

起始姿势：仰卧于长凳上，两脚平放于地，背部和肩部紧贴长凳，收腹挺胸，双手于头顶上方交叉抓握哑铃一端的内侧，掌心向上。

动作过程：吸气，双手持握哑铃慢慢向头后下落，肘部微屈，至上臂与地面平行位置，然后两臂还原至起始位置并呼气。

呼吸方法：持握哑铃慢慢向头后下落时吸气，还原至起始位置时呼气。

注意要点：动作开始时尽量吸气，哑铃下落时控制好速度，切忌过快，易造成肩带损伤。

图 9-19　平卧推举　　图 9-20　上斜卧推举　　图 9-21　仰卧飞鸟　　图 9-22　哑铃仰卧屈臂上提

（四）背部肌肉训练

1. 发展斜方肌的专门性练习

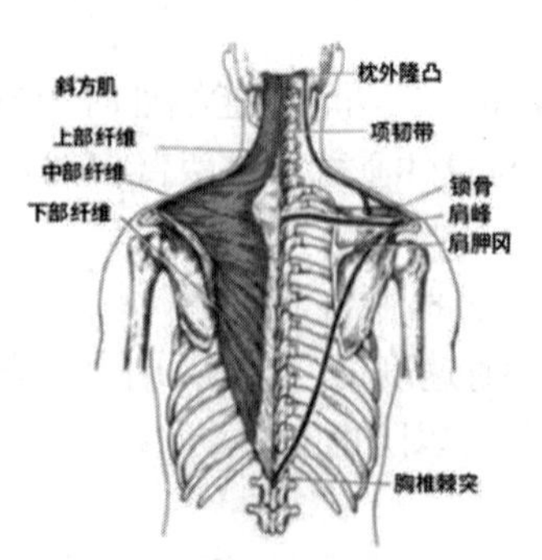

图 9-23　斜方肌

斜方肌的解剖、生理特性如图 9-23 所示。

部位：位于颈部和背上部皮下，一侧呈三角形，两侧组合呈斜方形。

起点：起于枕外隆凸、项韧带第 7 颈椎棘突及全部胸椎棘突。上部的肌束斜向外下方，中部的平行向外，下部的斜向外上方。

止点：上部纤维止于锁骨的外侧端，中部纤维止于肩胛骨的肩峰和肩胛冈上缘，下部纤维止于肩胛冈下缘内侧。

机能：①近固定（脊柱固定），上部肌束收缩，使肩胛骨上提、上回旋、后缩（靠近脊柱）；中部肌束收缩，使肩胛骨后缩；下部肌束收缩，使肩胛骨下降、上回旋。②远固定（肩胛骨固定），一侧上部肌束收缩，使头部向同侧屈和对侧旋转；两侧收缩使头后仰和脊柱伸直。

（1）站姿耸肩提哑铃，如图 9-24 所示。

起始姿势：两脚开立，与肩同宽，挺胸收腹，身体直立，两手掌心朝内各抓握哑铃，手臂自然伸直位于身体两侧。

动作过程：身体直立，两臂伸直，核心收紧，吸气，同时尽力向上、向后耸肩，至顶峰收缩位后停顿 1 秒，然后肩部还原至起始位置并呼气。

呼吸方法：耸起肩部时吸气，还原至起始位置时呼气。

注意要点：耸肩动作要完全靠收缩斜方肌所产生的力量（向后耸肩使肩胛骨内收），肘部不能弯曲，应尽量避免借力和代偿。

（2）窄握杠铃划船，如图 9-25 所示。

起始姿势：两脚开立，与肩同宽，挺胸收腹，身体直立，双手正握杠铃，握距窄于肩，两臂自然伸直位于体前。

动作过程：身体直立，两臂伸直，核心收紧，吸气，同时尽力垂直向上提拉杠铃至下颌，肘部尽可能抬高，至顶峰收缩位后停顿 1 秒，然后杠铃缓慢下落还原至起始位置并呼气。

呼吸方法：垂直向上提拉杠铃时吸气，还原至起始位置时呼气。

注意要点：连续做练习时要避免身体的前后摆动，还要尽量避免借力和代偿。握距越窄对斜方肌练习效果越好，反之对三角肌练习效果越好。

（3）直臂扩胸，如图 9-26 所示。

起始姿势：两脚开立，与肩同宽，挺胸收腹，身体直立，两手拳眼向上抓握哑铃，两臂自然伸直成前平举。

动作过程：吸气斜方肌收缩，两臂同时向侧、向后做扩胸动作至两臂侧平举，至顶峰收缩位后停顿 1 秒，然后还原至起始位置并呼气。

呼吸方法：两臂同时向侧、向后做扩胸动作时吸气，还原至起始位置时呼气。

注意要点：连续做练习时要避免身体的前后摆动，应尽量避免借力和代偿。也可用拉力器和拉力带进行练习。

（4）背后杠铃耸肩，如图 9-27 所示。

起始姿势：两脚开立，与肩同宽，挺胸收腹，身体直立，两手背后正握杠铃（拳眼相对），握距略比肩宽，两臂自然伸直。

动作过程：吸气耸肩斜方肌收缩，至顶峰收缩位后停顿 1 秒，两臂保持自然伸直，然后还原至起始位置并呼气。

呼吸方法：耸肩斜方肌收缩时吸气，还原至起始位置时呼气。

注意要点：两臂要保持自然伸直，避免屈肘提拉杠铃。

图 9-24　站姿耸肩提哑铃

图 9-25　窄握杠铃划船

图 9-26　直臂扩胸

图 9-27　背后杠铃耸肩

2. 发展背阔肌的专门性练习

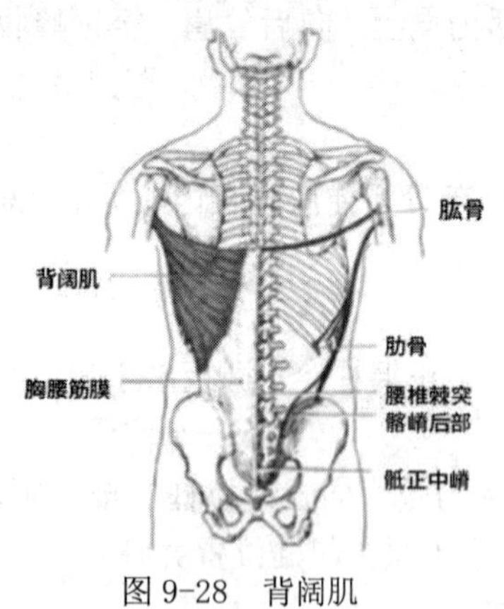

图 9-28　背阔肌

背阔肌的解剖、生理特性如图 9-28 所示。

部位：位于腰背下部皮下。

起点：借胸腰筋膜起于 7～12 胸椎及全部腰椎棘突、骶中嵴，髂嵴后部和第 10～12 肋骨外面。

止点：肱骨小结节嵴。

机能：①近固定，使上臂在肩关节处伸、内收和旋内；②远固定，上肢上举后固定时，拉引躯干向上臂靠拢。

（1）宽握高位下拉，如图 9-29 所示。

起始姿势：面对训练机坐下，两臂伸直，双手宽握距正握拉杆（拳眼相对），挺胸收腹，头部和躯干稍向后倾。

动作过程：吸气下拉拉杆至胸上部，至顶峰收缩位后停顿 1 秒，然后缓慢还原至起始位置并呼气。

呼吸方法：下拉时吸气，还原至起始位置时呼气。

注意要点：下拉时躯干要保持稳定，不要有倒肩动作，至顶峰收缩位后肩胛骨要内收。

（2）直臂下拉，如图 9-30 所示。

起始姿势：站在训练机前，两脚开立，与肩同宽，挺胸收腹，身体直立，两手正握拉杆（拳眼相对），握距略比肩宽，两臂自然伸直。

动作过程：身体保持不动，腹肌收缩，吸气下拉拉杆至大腿前部，至顶峰收缩位后停顿 1 秒，然后缓慢还原至起始位置并呼气。

呼吸方法：下拉时吸气，还原至起始位置时呼气。

注意要点：下拉时躯干要保持稳定，两臂保持自然伸直，防止过伸。

（3）杠铃划船，如图 9-31 所示。

起始姿势：两脚开立，与肩同宽，挺胸、塌腰、屈髋、臀部后移，两膝微屈，身体俯立，背部挺直，两手正握杠铃（拳眼相对），握距略比肩宽，两臂垂直向下自然伸直，身体重心保持在两脚中点连线的垂面上。

动作过程：身体保持不动，腹肌等长收缩，上拉杠铃至胸部，至顶峰收缩位后停顿 1 秒，然后缓慢还原至起始位置。

呼吸方法：上拉时吸气，还原至起始位置时呼气。

注意要点：上拉时躯干要保持稳定，背部挺直；在身体俯立位时，竖脊肌保持等长收缩；变化抓握杠铃的方式及握距、俯立角度，可使背部肌肉得到不同的锻炼。

（4）宽握颈后引体向上，如图 9-32 所示。

起始姿势：两手正握单杠（拳眼相对），双手握距大于肩，身体自然伸直。

动作过程：身体上拉，头部和躯干稍向前倾至后颈部接触单杠，停顿 1 秒，然后缓慢还原至起始位置。

呼吸方法：向上引体时吸气，缓慢还原至起始位置时呼气。

注意要点：后颈部需尽可能靠近单杠，向上引体时肩部不能有振浪动作。

图 9-29　宽握高位下拉

图 9-30　直臂下拉

图 9-31　杠铃划船

图 9-32　宽握颈后引体向上

3. *发展竖脊肌的专门性练习*

竖脊肌的解剖、生理特性如图 9-33 所示。

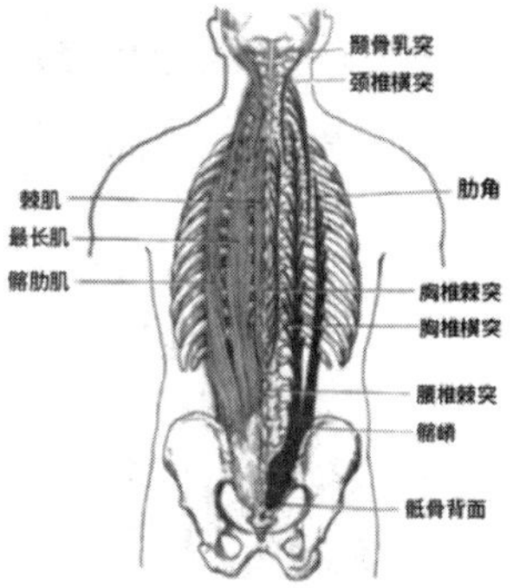

部位：位于脊柱两侧，是躯干背部的深层长肌。由棘肌、最长肌和髂肋肌组成。

起点：骶骨背面、髂嵴、腰椎棘突和胸腰筋膜。

止点：棘肌止于颈、胸椎的棘突，最长肌止于颈、胸椎的横突和颞骨乳突，髂肋肌止于肋骨的肋角。

机能：①下固定（骶部固定），两侧收缩使脊柱后伸并仰头，一侧收缩使脊柱向同侧侧屈；②上固定，使骨盆前倾。

图 9-33　竖脊肌

（1）负重体屈伸，如图 9-34 所示。

起始姿势：两脚开立，与肩同宽或略比肩宽，将杠铃置于颈后斜方肌的后部上方（高杠位），两手从身体两侧正握杠铃（拳眼相对），头正颈直、挺胸直背，两眼平视前方。

动作过程：抬头、挺胸、塌腰、屈髋、臀部向后移，两腿微屈，上体缓慢向前屈至与地面平行，然后伸髋、挺身，缓慢还原至起始位置。

呼吸方法：上体缓慢前屈时吸气，伸髋、挺身，缓慢还原至起始位置时呼气。

注意要点：两腿开立不要太宽，动作过程中要始终抬头挺胸直背。

（2）罗马椅挺身，如图 9-35 所示。

起始姿势：两腿伸直分开，略比肩窄，将脚固定到脚垫上，俯卧在罗马椅上，将罗马椅高度调至髂前上棘处，上体前屈，背部挺直，双手抱头或交叉放于胸前。

动作过程：向上抬伸上体至身体伸直，至顶峰收缩位后停顿 1 秒，然后缓慢还原至起始位置。

呼吸方法：向上抬伸上体时呼气，还原至起始位置时吸气。

注意要点：向上抬伸上体时背部要避免过伸，动作过程要保持慢屈快伸。

（3）屈腿硬拉，如图 9-36 所示。

起始姿势：两脚开立，与肩同宽，抬头挺胸，身体直立，两臂伸直位于体侧，杠铃位于体前两脚中心连线上。屈髋，臀部向后下方移，俯身两手正握杠铃，上体前倾，两眼注视前上方，挺胸、紧腰、直背，臀部稍翘。

动作过程：伸髋、伸膝、直背、直臂提拉杠铃至两腿自然伸直，然后缓慢还原至起始位置。

呼吸方法：提拉杠铃时呼气，还原至起始位置吸气。

注意要点：保持背部挺直，不能弓腰圆背；上体前屈时臀部向后方移；当杠铃下放低于膝关节时，臀部应向后下方移，小腿稍前倾，但膝盖不要超过脚尖。

图 9-34 负重体屈伸

图 9-35 罗马椅挺身

图 9-36 屈腿硬拉

（五）腹部肌肉训练

1. 发展腹直肌的专门性练习

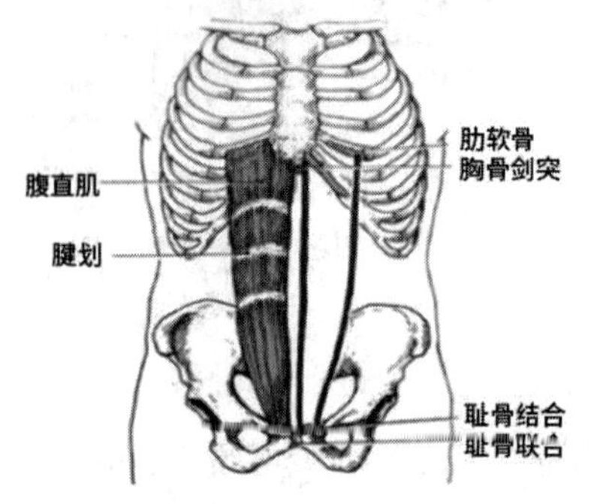

图 9-37 腹直肌

腹直肌的解剖、生理特性如图 9-37 所示。

部位：位于腹前壁正中线两侧的腹直肌鞘中。

起点：第 5～7 肋软骨前面和胸骨剑突。

止点：止于耻骨联合和耻骨结节。

机能：①上固定，使骨盆后倾或保持水平位即收腹。②下固定，一侧收缩，使脊柱侧屈；两侧同时收缩，使脊柱前屈，也可降肋助呼气。

（1）斜板仰卧举腿，如图 9-38 所示。

起始姿势：头朝上仰卧在斜板上，两手握住头后方的把手，身体伸直。

动作过程：收缩腹肌，将保持伸直的两腿向上举起，直到可能的最大程度，停顿 1～2 秒，然后缓慢还原至起始位置。

呼吸方法：向上举起两腿时吸气，缓慢还原至起始位置时呼气。

注意要点：缓慢还原至起始位置时，要控制腹肌被动退让的速度，切忌下落过快。

（2）悬垂举腿练习，如图 9-39 所示。

起始姿势：两手正握单杠（拳眼相对），握距与肩同宽，身体自然伸直。

动作过程：两腿并拢伸直，向上举起至最高点，然后缓慢还原至起始位置。

呼吸方法：向上举起两腿时吸气，缓慢还原至起始位置时呼气。

注意要点：收腹举腿时要尽力把两腿伸直；缓慢还原至起始位置时，要控制腹肌被动退让的速度，切忌下落过快，要降低动作难度，可屈腿上举。

（3）坐姿直腿上举，如图 9-40 所示。

起始姿势：两肘置于肘部托垫上，腰部靠于腰部支撑垫。

动作过程：两腿伸直并拢上举至水平面以上，然后缓慢还原至起始位置。

呼吸方法：两腿伸直上举时吸气，缓慢还原至起始位置时呼气。

注意要点：直腿上举时大腿需至少抬至水平，要想降低动作难度，可屈腿上举。

图 9-38 斜板仰卧举腿

图 9-39 悬垂举腿

图 9-40 坐姿直腿上举

2. 发展腹内斜肌、腹外斜肌的专门性练习

腹外斜肌的解剖、生理特性如图 9-41 所示。

部位：在腹部前外侧面浅层，肌纤维由外上方向内下方斜行。

起点：第 5～12 肋骨外面。

止点：后部止于髂嵴。前部移行为腱膜，参与形成白线。

机能：①上固定，两侧收缩使骨盆后倾或呈水平位（如直角支撑）。②下固定，一侧收缩使脊柱向同侧侧屈和向对侧回旋；两侧收缩可下拉胸廓，使脊柱前屈。

腹内斜肌的解剖、生理特性如图 9-42 所示。

部位：在腹外斜肌深层，肌纤维由外下方向内上方斜行。

起点：胸腰筋膜，髂嵴和腹股沟韧带外侧。

止点：第 10～12 肋骨下缘，前部移行为腱膜，参与形成腹直肌鞘前、后壁和白线。

机能：下固定，一侧收缩使脊柱向同侧侧屈和向同侧回旋（与对侧腹外斜肌协同作用，完成使脊柱向同侧回旋的动作）。

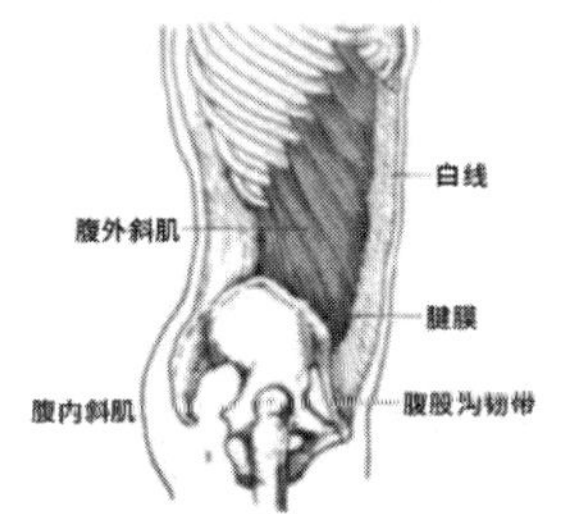

图 9-41 腹外斜肌

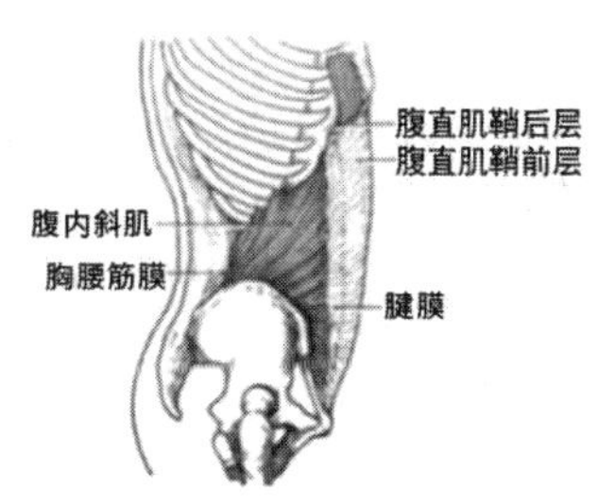

图 9-42 腹内斜肌

（1）杠铃转体，如图 9-43 所示。

起始姿势：两脚开立，与肩同宽，挺胸收腹，身体直立，将杠铃置于颈后斜方肌后部上方（高杠位），两手从身体两侧正握杠铃（拳眼相对），头正颈直抬头挺胸。

动作过程：转动上体，使躯干从一侧转向对侧，骨盆保持不动，至顶峰收缩位后停顿 1～2 秒，然后缓慢还原至起始位置。

呼吸方法：转体时吸气，缓慢还原至起始位置时呼气。

注意要点：转体速度要缓慢，防止肌肉拉伤。

（2）负重体侧屈，如图 9-44 所示。

起始姿势：两脚开立，与肩同宽，挺胸收腹，身体直立，左手抓握哑铃（壶铃或杠铃片），右臂屈臂手掌紧贴头后部。

动作过程：身体直立向右侧屈，然后缓慢还原至起始位置。

呼吸方法：侧屈时吸气，缓慢还原至起始位置时呼气。

注意要点：身体侧屈时上体不要前倾。

图 9-43　杠铃转体　　　　图 9-44　负重体侧屈

（六）腿部肌肉训练

1. 发展小腿三头肌的专门性练习

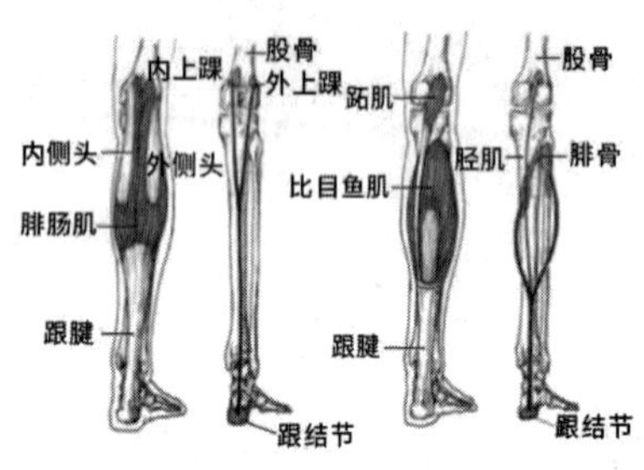

图 9-45　小腿三头肌

小腿三头肌的解剖、生理特性如图 9-45 所示。

部位：小腿后部，包括浅层的腓肠肌和深层的比目鱼肌。

起点：腓肠肌内、外侧头分别起自股骨内、外上髁，比目鱼肌起自胫骨和腓骨后面上部。

止点：腓肠肌止于跟结节，比目鱼肌同腓肠肌合成跟腱止于跟结节。

机能：①近固定，小腿三头肌收缩使足在踝关节处屈（跖屈），腓肠肌收缩使小腿在膝关节处屈；②远固定，拉股骨下端和胫骨、腓骨上端向后方，使膝关节伸直，协同维持人体直立。

练习方式可采用站立杠铃提踵，如图 9-46 所示。

起始姿势：将杠铃置于颈后斜方肌后部上方（高杠位），两手从身体两侧正握杠铃（拳眼相对），头正颈直，挺胸直背，脚尖稍向里扣（腓肠肌外侧头）或外展（腓肠肌内侧头），前脚掌站在垫木上，脚跟露在垫木外。

动作过程：提踵收缩小腿肌肉群，使脚跟尽量提高，至顶峰收缩位后停顿 1～2 秒，然后缓慢还原至起始位置。

呼吸方法：提踵时吸气，缓慢还原至起始位置时呼气。

注意要点：提踵和还原时要注意保持身体重心的稳定。

图 9-46　站立杠铃提踵

2. 发展股四头肌的专门性练习

股四头肌的解剖、生理特性如图 9-47 所示。

部位：位于大腿前面，由四个头，即股直肌、股中肌、股外肌和股内肌组成。

起点：股直肌起于髂前下棘，股中肌起于股骨体前面，股外侧肌起于股骨粗线外侧唇，股内侧肌起于股骨粗线内侧唇。

止点：四头合成一条强有力的肌腱，包绕髌骨前面往下延成髌韧带止于胫骨粗隆。

机能：①近固定，股直肌收缩使大腿在髋关节处屈，整体收缩使小腿在膝关节处伸；②远固定，使大腿在膝关节处伸、牵拉股骨向前，以维持人体直立姿势。

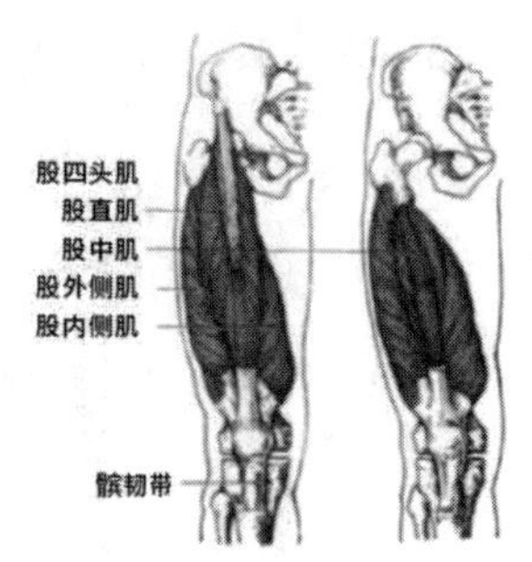

图 9-47　股四头肌

（1）坐姿腿屈伸，如图 9-48 所示。

起始姿势：坐在腿屈伸训练机上，双脚脚面紧贴脚踝垫，足背屈，背部挺直，臀部和下背部紧贴坐垫，抬头挺胸，收腹，双手紧握扶手。

动作过程：伸膝至腿伸直，至顶峰收缩位后停顿 1～2 秒，然后缓慢还原至起始位置。

呼吸方法：伸膝时吸气，缓慢还原至起始位置时呼气。

注意要点：腿部伸直时膝关节不能完全伸直，防止膝关节过伸。

（2）负重半蹲，如图 9-49 所示。

起始姿势：将杠铃放于深蹲架上，下蹲于杠铃下，将杠铃置于颈后斜方肌的后部上方（高杠位），两手从身体两侧正握杠铃（拳眼相对），头正颈直，挺胸直背。蹬腿站立，向前走两步，两脚开立，略宽于肩，足趾稍向外撇，身体挺直。

动作过程：挺胸、塌腰、屈髋，臀部向后下方坐至大腿和地面平行，伸髋、伸膝使身体还原至起始位置。在整个动作过程中身体重心始终在两脚中心连线的垂直面内上下移动。

呼吸方法：屈髋、屈膝下蹲时吸气，动作完成时呼气。

注意要点：在动作过程中，要始终头正颈直、挺胸直背、两眼平视前方，上体勿过分前倾。臀部向后下方坐时，膝盖与脚尖保持同一方向且膝盖不要超过脚尖，身体重心保持稳定。

（3）壶铃深蹲，如图 9-50 所示。

起始姿势：两臂抓握壶铃于体前，双肘内夹，头正颈直，挺胸直背，两眼平视前方，两腿开立略大于肩宽，脚尖略朝外。

动作过程：挺胸、塌腰、屈髋，臀部向后下方坐至大腿与地面平行并稍停顿，伸髋、伸膝使身体还原至起始位置。在整个动作过程中身体重心始终在两脚中心连线的垂直面内上下移动。

呼吸方法：屈髋、屈膝下蹲时吸气，动作完成时呼气。

注意要点：在动作过程中，要始终头正颈直、挺胸直背、两眼平视前方，上体勿过分前倾。臀部向后下方坐时，膝盖与脚尖保持同一方向且膝盖不要超过脚尖，身体重心保持稳定。

图 9-48　坐姿腿屈伸

图 9-49　负重半蹲

图 9-50　壶铃深蹲

3. 发展股二头肌的专门性练习

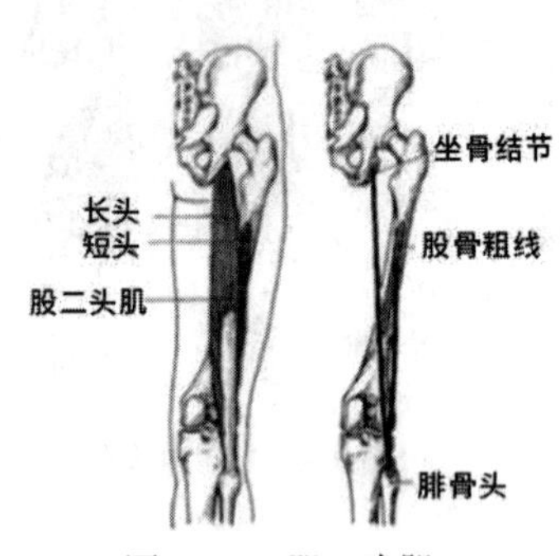

图 9-51　股二头肌

股二头肌的解剖、生理特性如图 9-51 所示。

部位：在大腿后面外侧，有长、短两个头。

起点：长头起自坐骨结节，短头起自股骨粗线外侧唇的下半部。

止点：腓骨头。

机能：①近固定，使小腿在膝关节处屈和旋外，当小腿伸直时，可使小腿后伸；②远固定，两侧收缩，使骨盆后倾。

（1）俯卧腿弯举，如图 9-52 所示。

起始姿势：俯卧在腿弯举训练机上，两手抓握扶手柄，膝盖伸直，两脚后跟部勾于脚托滚轴垫下方。

动作过程：躯干保持平直，小腿弯举，使膝关节弯曲至小腿与地面垂直并稍停顿，然后缓慢还原。

呼吸方法：小腿弯举时吸气，动作还原时呼气。

注意要点：小腿弯举时臀部不要抬起，伸踝可强化腘绳肌，足背屈可强化腓肠肌。

（2）直腿硬拉，如图 9-53 所示。

起始姿势：两脚开立，略比肩窄，两腿自然伸直（微屈），头正颈直，挺胸直背，两手正握杠铃，握距略大于肩。

动作过程：挺胸、塌腰、屈髋，臀部向后上方略微翘起，向前屈体至上体与地面平行，接着下背部肌肉收缩，抬头挺胸，直背上拉杠铃至起始位置。

呼吸方法：向前屈体时吸气，直背上拉时呼气。

注意要点：前屈和上拉时不能含胸、弓腰、圆背，臀部向后上方略微翘起会加大对腘绳肌的刺激强度。

图 9-52　俯卧腿弯举

图 9-53　直腿硬拉

（七）臀部肌肉训练

臀大肌的解剖、生理特性如图 9-54 所示。

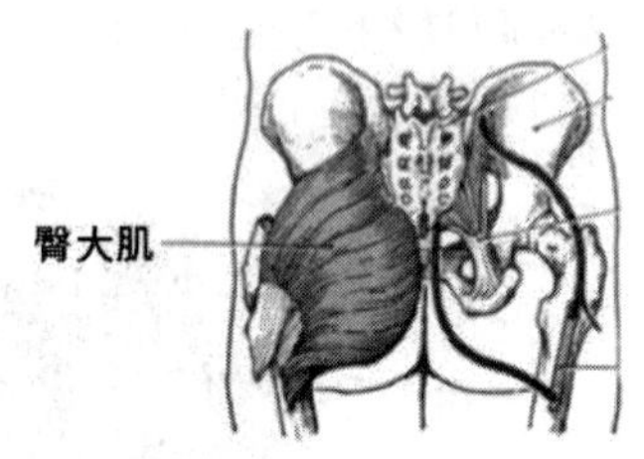

图 9-54　臀大肌

部位：在骨盆后外侧面臀部皮下。

起点：髂骨翼外面，骶、尾骨背面及骶结节韧带。

止点：股骨臀肌粗隆和髂胫束。

机能：①近固定，使大腿在髋关节处伸和旋外，肌肉的上半部收缩可使大腿外展，下半部收缩可使大腿内收。②远固定，一侧收缩使骨盆转向对侧；两侧同时收缩使骨盆后倾，并使躯干后伸，维持身体站立的平衡。

（1）仰卧臀上挺（臀桥），如图 9-55 所示。

起始姿势：仰卧，背部完全与地面接触，两臂平放于身体两侧，手心朝下，屈膝，大腿与小腿的夹角小于 90 度，双脚略分开，全脚掌着地。

动作过程：收缩臀大肌，向上挺起臀部，至膝盖、臀部、肩在一条直线上，脚掌全程着地保持不动，至顶峰收缩位后停顿 1～2 秒，然后缓慢还原。

呼吸方法：向上挺起臀部时吸气，动作还原时呼气。

注意要点：向上挺起臀部时要避免背过伸，动作还原时臀部不要触及地面。

（2）保加利亚箭步蹲，如图 9-56 所示。

起始姿势：两手各抓握一哑铃放于体侧，左腿直立，右腿后伸，将脚背搁于哑铃凳上，左腿与哑铃凳保持一定距离（下蹲时右膝触地，左膝不超过左脚尖为宜，确保伸髋时臀部发力）。

动作过程：头正颈直，挺胸直背，左腿下蹲至右膝触地，臀驱动伸髋，然后缓慢还原。

呼吸方法：下蹲时吸气，动作还原时呼气。

注意要点：下蹲时右膝要轻触地，膝关节要保持稳定，防止身体左右摇晃，必要时可徒手练习，待稳定性提高后再加负荷。

图 9-55　仰卧臀上挺

图 9-56　保加利亚箭步蹲

第二节　拓 展 训 练

拓展训练是利用自然环境及有效资源，通过一些模拟场景的体验和精心设计的活动，使参与者获取积极思维、突破自我的经验，在解决问题、接受挑战的过程中，激发个人潜能，增强团队活力、凝聚力和创造力，从而达到磨炼意志、陶冶情操、完善人格、熔炼团队等训练目的的活动。拓展训练是一项集求生、惊险、刺激、娱乐和教育于一体的休闲体育运动，对个体而言是一种体验式学习，对团体而言是一种有效的培训方式。

一、拓展训练概述

（一）拓展训练发展史

拓展训练在西方被称为“体验式培训”，已有逾八十年的发展历史。其英文为“outward bound”（简称 OB）或“outward development”，中文译为“拓展”或“外展”。“outward bound”在海军用语中为“出港船只”，原意为一艘小船驶离平静的港湾，义无反顾地投向未知的旅程，去迎接一次次挑战，战胜一个个困难。

“outward bound”的雏形源于二战期间的英国。当时大西洋商务船队屡遭德国人的袭击，很多缺乏经验的年轻海员葬身海底，不过每次都有少数人生还。通过对生还者的调查发现，这些生还者并非人们想象中的年轻力壮的、体能最好的人，而是那些求生欲望、求生能力特别强的人，他们都具有坚强的意志、自救的技能和团队合作等素质。

为适应战争需要，库尔特•哈恩等人于 1941 年创办了阿伯德威海上学校，训练年轻海员在海上的生存能力和船触礁后的生存技巧。战争结束后，一些组织行为学家和教育家从这所学校的训练模式里得到启发。他们认为，人类进入工业化社会后，很多管理者在面对飞快的工作节奏和复杂的人际关系时，往往会感到情绪焦虑、精神压抑，甚至很多人承受不了压力而做出极端举动，给企业和个人带来了很大损失。于是，在英国慢慢形成了以培训管理者的心理适应能力和管理技能为培训目标的学校。在这些学校里，拓展训练原型的独特创意和训练方式再次受到人们的重视，并逐渐被推广开来。由于拓展训练具有新颖的培训形式和良好的培训效果，很快就风靡了整个欧洲的管理教育培训领域。1962 年，美国人乔舒亚•迈纳在美国成立科罗拉多 OB 学校，成为真正将拓展训练推广开来的人。1979 年，美国的拓展训练专业机构为了普及拓展训练，开设了专门的讲习班，培养拓展训练专职人员和骨干。从此，拓展训练在美国得到普及，拓展训练机构如雨后春笋般发展起来。

拓展训练于 1995 年进入我国并逐渐流行开来。1996 年，北京成立了大陆第一家拓展训练机构——人众人拓展培训学校。1999 年，拓展训练被引入清华大学工商管理硕士（MBA）课程，成为拓展训练在我国教育领域的开端。2002 年，北京大学率先将拓展训练纳入体育课程，后来将课程定名为“素质拓展”。现今，我国不少高校都开设了拓展训练课程。

（二）拓展训练的特点与锻炼价值

（1）强调在做中学。拓展训练体现了建构主义的教学思想，突出了学生的主体性。其“先行后知”的体验式学习方式打破了传统以“教”为主的教育模式，让学生在愉快、积极的参与中学习知识、领悟道理，挖掘自身潜能，培养创新精神和实践能力，促进果敢、顽强、自信、团结等优良品格的形成。

（2）目标的综合性。拓展训练的多数项目都是以体能活动为手段，融认知活动、情感活动、意志活动和交往活动于一体，要求学生全身心地投入。

（3）凸显集体中的个性。拓展训练让学生在集体中、合作中收获适应社会的知识，领悟做人的道理，并从集体中汲取力量和信心，在集体中显示自己的才能和个性。

（4）注重挑战极限。拓展训练的项目（如图 9-57 所示的“跨越断桥”项目）往往都具有一定的难度，需要学生向自己的能力极限挑战，突破自我，跨越“极限”。

图 9-57 拓展训练项目“跨越断桥”

（5）塑造高峰体验。在克服困难、顺利达到培训项目的要求以后，学生能够体会到发自内心的胜利感和自豪感，获得高峰体验。

拓展训练的持续快速发展，本质上源于拓展训练深厚的教育功能和实践价值。拓展训练的功能主要表现在两个方面：一是能够提高个体的环境适应能力和面对挫折的应变能力；二是能够提高团体的环境适应能力和团队凝聚力，从而培养学生的集体荣誉感。

二、拓展训练的基本流程

美国组织行为学教授大卫·库伯于 20 世纪 80 年代初提出了体验式学习理论。他构建了一个体验式学习模式，即体验学习圈：活动（体验）→发表→反思→理论→应用→活动（体验），依次循环。大卫·库伯提出的体验式学习理论与模式应用于拓展训练，表现为五个既独立又密切联系的标准流程：训练→感受→分享→总结→应用。

（1）体验。体验是拓展训练活动中必不可少的内容。任何一个训练项目的开始都是学生在教师的指导下去经历一种模拟的场景，完成一项任务，并以观察、表达等行动的形式进行，这种初始的体验是整个过程的基础。

（2）感受。学生在拓展训练中置身于模拟的场景时，容易得到最真切的感受。由于自身认识水平的不同，每位同学认识问题的角度或切入点不一致，在活动体验中会产生各种各样的看法。教师没有必要强调活动的成功与失败，但要引导学生从失败逐渐走向成功，要通过“成功”活动的体验，让学生产生正面积极的体验。

（3）分享。采用回顾的方式进行信息交流，让学生把自己的看法、感受与同伴分享。每位同学都把自己的感受与同伴分享，也都能从他人的分享中得到数倍经验。

（4）总结。教师根据学生讨论的结果，结合预定的培训目的和相关理论归纳总结、讲解点评，通过清晰、有理论深度的讲解，帮助学生从感性认识上升到理性认识。

（5）应用。点评结束，教师要启发学生将训练中获得的体验与认识放回到实践中去检验与应用。这个过程是完成认识从实践中来并最终用来指导实践的循环上升的过程。

三、拓展训练的实践内容

拓展训练的项目纷繁复杂、形式众多，人们在实践过程中不断地开发和设计出一些新的项目。根据培训的目的可确定不同的项目作为训练科目。在此仅介绍部分典型的培训项目。

（一）改善心智类

1. 闭目报数

（1）学习目标：破除人际藩篱，重新认识自我，了解彼此的内在特质；使学生认识到“感觉、认知、感情、意志、行动是深层学习的开始”；培养学生捕捉最佳时机的能力。

（2）组织过程：

① 宣讲项目名称、性质、规则、流程及注意事项。

② 组织参训学生带上眼罩，站在原地不动。

③ 由教师将学生随意带到场地的任何地方。

④ 教师宣布报数开始。

⑤ 学生随机由个人开始报数，依次进行，直至参训人员报数完毕，任何一次重复的报数或者是间隔 3 秒以上无人报数都将导致活动挑战重来。

⑥ 分享。

（3）注意事项：

① 报数过程中学生不可发出与报数无关的声音。

② 学生只能站在原地，不能走动。

（4）场地器材：半径为 5 米的空旷场地，眼罩、秒表。

2. 驿站传书

驿站传书如图 9-58 所示。

图 9-58 拓展训练项目“驿站传书”

（1）学习目标：使学生了解沟通的重要性、沟通的过程和要素；培养学生的学习能力和积极参与的态度；增进队员间的信任和理解，强化团队精神。

（2）组织过程：

① 宣讲项目名称、性质、规则、流程及注意事项。

② 组织各组学生排成一列纵队；如果有多个队伍，各队之间应保持适当距离。

③ 队尾的学生将得到一组数字，学生把这组数字通过肢体语言依次向前传递，一直传到最前面的学生，并将数字写在指定的白纸上，看哪个小组传得准、传得快。

④ 分享。

（3）注意事项：

① 注意队形的排列，教师选择便于观察和监控的合适距离。

② 传递中动作不得过重，尤其不得使用敲打头部和掐、捏等动作。

③ 比赛前有 5 分钟讨论；传递过程中不允许说话，后面学生的手臂不能伸到前一个学生的前面，前面学生不能回头看。

（4）场地器材：室内（室外）开阔场地，白纸、笔、秒表。

（二）自我超越类

1. 信任背摔

图 9-59 拓展训练项目“信任背摔”

信任背摔如图 9-59 所示。

（1）学习目标：体会挑战自我、战胜自我、超越自我的过程；体会团队中信任的重要性；感悟责任与义务的区别；培养换位思考的意识。

（2）组织过程：

① 宣讲项目背景、名称、性质、规则、流程及注意事项。

② 教师组织队形并进行示范动作讲解。

③ 组织学生学习动作并逐个、逐组检查及纠正。

④ 项目挑战。

⑤ 分享。

（3）注意事项：

① 挑战开始前，询问学生有无病史（严重外伤、心脏病、高血压等）；所有挑战者去掉身上的手机、手表、戒指等尖锐硬物。

② 保护的同学去掉眼镜，注意头、手掌、胳膊、腰、腿等细节的动作。

③ 教师注意挑战的同学倒下的方位与保护组之间的位置关系。

④ 确定在挑战者倒下的瞬间，所有参与保护的同学注意力高度集中。

⑤ 组织其他不参与两人一组保护的学生做副保护。

⑥ 保护者接到挑战者后，从脚到头将人放下。

（4）场地器材：背摔台、束手绳。

2. 高台演讲

（1）学习目标：锻炼学生在公众面前及时做出反应的心理调控能力，提高其在高压环境下的语言表达能力以及对时间的掌控能力；培养学生学习和倾听的习惯和能力，增强其应对挫折和高压的容忍力、耐受力。

（2）组织过程：

① 宣讲项目背景、名称、性质、规则、流程及注意事项。

② 从站到台上开始，时间 3 分钟。

③ 项目挑战。

④ 分享。

（3）注意事项：

① 准确把握时间，演讲结束而时间未到，可继续留在台上讲些其他话题。

② 上下演讲台注意安全。

（4）场地器材：室外开阔宽敞的开放场地，一个不低于 2 米的高台、秒表、用于简单记录的笔和本。

（三）熔炼团队类

1. 同舟共济

同舟共济如图 9-60 所示。

（1）学习目标：培养学生获取胜利的信心和勇往直前的精神；使学生体会团队协作的重要性，理解个人、小团队、大团队的相互关系。

（2）组织过程：

① 教师宣讲项目名称、性质、规则、流程及注意事项。

② 学生分组进行项目练习。

图 9-60　拓展训练项目“同舟共济”

③ 逐轮竞赛。

④ 分享。

（3）注意事项：

① 有严重外伤史和不适合剧烈运动者，不参与此项目。

② 场地尽量平整。

③ 如果安排拐弯，要提醒防侧滑。

④ 指导老师跟随在队伍侧前方 1.5 米左右密切观察学生，做好防护准备。

（4）场地器材：户外空场地 1 片，大脚板若干组。

2. 击鼓颠球

（1）学习目标：培养学生取长补短、团结协作完成共同任务的能力；培养学生不怕挫折、不断进取的意识。

（2）组织过程：

① 宣讲项目名称、性质、规则、流程及注意事项。

② 组织学生随机分组，注意男女搭配。

③ 分组练习。

④ 项目挑战。从颠起第一个球开始，球不得落地。

⑤ 分享。

（3）注意事项：

① 要有足够大的平坦场地，场地上不要有石头、木棍等硬物。

② 所有绳子都要有学生牵拉，防止绳子落在地上绊倒学生。

③ 可安排 1 名学生负责捡球放球。

（4）场地器材：平整空旷场地 1 块，栓有 18 根 3～4 米长绳的大鼓若干个，排球或同类用球 1 个。

（四）综合类

1. 盲人方阵

（1）学习目标：培养学生的沟通意识、沟通能力；使学生理解团队领导人及其领导风格对完成任务的影响；培养学生形成科学的思维方式，使其理解角色定位和尽职尽责完成本职工作的重要性。

（2）组织过程：

① 宣讲项目背景、名称、性质、规则、流程及注意事项。

② 给学生 5 分钟的时间进行讨论。

③ 项目挑战。

④ 分享。

（3）注意事项：

① 安全要求要讲解清楚。

② 可以适当地运用技巧增加或降低寻找绳子的难度，如教师在学生找绳子时先抱着不放在地上，可以把绳子放在比较沉默的学生面前，或在寻找困难时适当将绳移近学生，一般寻找绳子在 2～4 分钟为佳，最好将绳放在训练场地相对中间的区域。

③ 可适当干扰进程过快的团队，但切忌弄巧成拙破坏了整个活动。

（4）场地器材：边长不小于 25 米的平整开阔场地一块；长 3 米、5 米、15 米左右，粗 1～1.5 厘米的绳子各 1 根，预先打结并揉乱；眼罩若干。

2. 穿越电网

穿越电网如图 9-61 所示。

（1）学习目标：培养学生合理计划、有效组织、统一行动和紧密协作的意识；培养学生的资源整合能力；使学生认识合理分工与服从组织安排的重要性；培养团队的科学决策方法和严谨细致的工作作风；使学生理解节约时间的重要性。

图 9-61　拓展训练项目“穿越电网”

（2）组织过程：

① 宣讲项目背景、名称、性质、规则、流程及注意事项。

② 给学生 5 分钟的时间进行讨论、安排和布置。

③ 项目挑战。

④ 分享。

（3）注意事项：

① 项目开始前确认参加人数和学生的体型特征，根据分析、检查和封闭多余的网眼，确认可通过网眼数为人员数的 110%～120%。

② 活动开始后，对触网情况要严格监督，后期在强调动作规范的同时可视情况适当放松尺度。

③ 封网洞时，动作要轻，态度要严肃，忌手碰网洞边框绳。

④ 抬女生通过时，避免学生面部朝下。

⑤ 注意安全，避免存在安全隐患的动作。

⑥ 留心观察学生的表现（语言、行为、表情、时间、结果等）。

（4）场地器材：户外平坦的草地或树林，两棵结实的大树，尼龙绳或其他类似的绳子，其他挂件（小铃铛、小绳等）。

第三节　定 向 运 动

定向运动（orienteering），是参赛者借助地图和指北针，按规定的顺序独立地寻找若干个标绘在地图上的地面检查点，并在最短的时间内完成规定赛程的一项运动。它是一项融竞争性、知识性、技术性、趣味性、实用性于一体的智能型体育运动。

一、定向运动概述

（一）定向运动发展史

定向运动出现于19世纪末20世纪初，距今已有一百多年的历史。当时，生活在欧洲北部斯堪的纳维亚半岛的人们，由于地形复杂、林海无际、湖泊众多，城镇、村庄孤立分散，道路极少，需要依靠地图和指北针判断方向和寻找道路，否则难以通过茫茫林海。在茂密的森林中执行任务的军队便成为定向越野运动的先驱者。

“定向”一词在1886年首次使用，意思是在地图和指南针的帮助下，越过不被人所知的地带。真正的定向比赛于1895年在瑞典斯德哥尔摩和挪威奥斯陆的军营区举行，这标志着定向运动作为体育比赛项目的诞生。1918年，瑞典一位名叫吉兰特的童子军领袖组织了一次名为“寻宝游戏”的活动，以训练童子军的野外技能，这便是定向运动的雏形。1919年，一次影响深远的定向比赛在斯德哥尔摩南部纳卡的林中举行。它的组织模式与规格标志着定向运动作为一项独立的体育项目出现，于是时任瑞典斯德哥尔摩体育联合会主席的吉兰特便被人们视作“现代定向运动之父”。1961年，国际定向联合会（简称“国际定联”）在丹麦哥本哈根成立，截至2020年已有成员76个。

定向运动于20世纪80年代以军事体育的身份传入我国。1986年7月，深圳体委与香港野外定向会在深圳举办了深圳国际野外定向86友谊赛，这是我国首次举办国际定向赛事。同年，中国定向运动委员会（1995年更名为“中国定向运动协会”）成立。1992年，国际定联接纳我国为正式会员国。2002年5月，在第2届全国体育大会上，定向运动被列为正式比赛项目。2003年，中国大学生定向运动协会成立，定向运动开始在高校蓬勃发展。

（二）定向运动的种类

定向运动的最初形式是陆地的徒步定向运动。随着定向运动的不断发展，其形式越来越多，按照不同的划分标准，分类亦有所不同。

按运动的方式可分为徒步定向和借助交通工具定向。徒步定向是通常所说的一般定向比赛，如传统的定向越野（百米、短距离、长距离）；借助交通工具的定向是指在比赛中使用交通工具的比赛，如滑雪定向、山地车定向、摩托车定向、划船定向和轮椅定向等。

按竞赛组织形式可分为个人赛、团体赛、接力赛、积分赛等；按竞赛时间可分为白天定向、夜间定向、五日定向（多日定向）等；按场地可分为野外定向、公园定向等；按年龄可分为少年组、青年组、成年组、老年组等；按水平层次可分为初级赛、高级赛、精英赛等。

（三）定向运动的特点与锻炼价值

定向运动需要体脑结合，参赛者须具备充沛的体力、顽强的毅力、丰富的地理知识和明智的决断能力。定向运动知趣结合，参赛者除了要了解定向运动的竞赛规则外，还要掌握指北针的操作技能、定向运动的地图知识、野外奔跑和捕捉检查点的基本技能等。

参加定向运动不仅能够培养野外奔跑能力、强健体魄，还能培养参赛者独立分析和解决问题的能力，培养其机智、勇敢、果断的品质，也助于培养社交能力。定向运动是一项回归自然的运动项目，参赛者与自然亲密接触，可以进一步感受和领悟到人与自然的关系，从而建立正确的自然观。

二、定向运动的器材与场地

（一）定向运动的器材

1. 定向地图

定向地图是根据国际定向联合会制定的《国际定向运动图制图规范》绘制成的运动地图。与其他地图相比，它是一种更清晰易读、更适合在野外行进中使用的专用地图。一张标准的定向地图上标有比例尺、等高线、磁北线、地貌、地物之类的符号，图例说明，检查点符号说明等。比赛地图比例尺通常为 1：15 000，等高距为 5 米。为适应特殊需要，可使用不同的比例尺和等高距。我国定向运动的比赛用图一般采用 1：10 000，等高距为 5 米。比赛较小的公园赛、校园赛等，可采用比例尺 1：5 000、等高距为 2.5 米的定向地图。

定向地图内容的基本特点：

（1）有清晰的定向路线标号，即标绘在定向地图上的指示起点、终点和各个检查点位置的符号。路线图的起点为正三角形，终点为两个同心圆，各检查点为圆。如果起、终点为同一个点，则以圆内接三角形标示。起点、检查点和终点、检查点之间以红色粗实线相连，如图 9-62 所示。

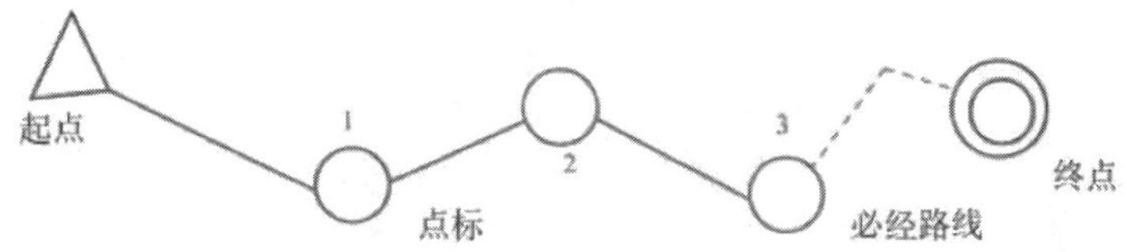

图 9-62　定向路线标号

（2）以《国际定联制图规范》为标准，大部分符号（如地形、地貌、部分地物等）与我国军用地图符号相同，但有部分符号，特别是表示通行状况的地图符号与其有一定差别。

（3）根据需要，定向地图一般为 6 色甚至更多，基本颜色与军用地图一样，即棕色为地貌、黑色为地物、绿色为植被、蓝色为水系，还可增加黄色、灰色等。绿色越深，表示植被越茂盛，通行越困难；黄色通常表示空旷程度差、通行困难。

（4）定向地图的磁北线在地图内以磁北矢线的形式标绘若干条。一般情况下以每实地距离 250 米或 500 米绘一条，贯穿南北；公园等比例尺较大的地图，磁北线数量可根据实际情况而定，但间隔距离要求一致。

2. 指北针

指北针供参赛者指示方位和标定地图时使用。定向指北针的种类很多，外形稍有差别，但结构基本相同，如图 9-63 所示。指北针一般都是以装有磁针的透明有机玻璃盒为主体，盒内装有起稳定作用的阻尼液体，指针的灵敏度、稳定性较好。

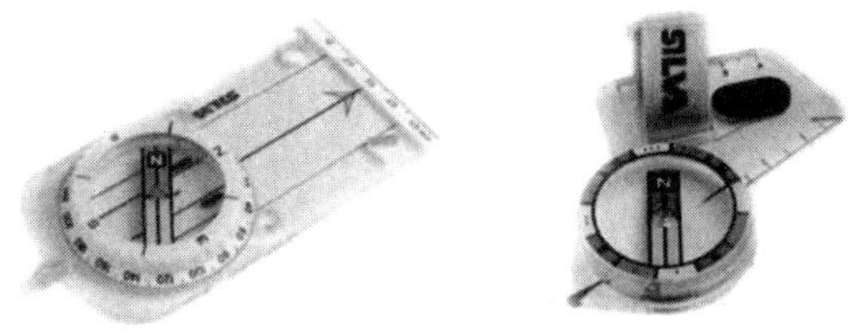

图 9-63　定向指北针

3. 检查卡片

检查卡片是参赛者用来打印检查点标记的纸制卡片，是表明参赛者已经通过检查点的依据。卡片分为主卡和存根。主卡由参赛者携带，存根由起点裁判掌握。卡片上的序号是用来打点签的，参赛者到达检查点时需按检查点序号依次打在空格处。卡片上还有姓名、组别、出发时间等，也是记录成绩的依据。

现在有一些比赛采用电子打卡系统。电子打卡时，系统检查卡又称指卡。使用指卡时须按顺序触及放置在检查点上的点标打卡器。指卡插入点标打卡器中，成绩会自动记录。

4. 检查点标志

检查点标志简称点标，是设置在各检查点上的小标志旗，如图 9-64 所示。点标旗由用布制成的三面橙、白两色的 30 厘米×30 厘米正方形标志旗组成，对角线分成白、橙的两半，上沿或下沿用铁丝做框架，以撑成三角形状，上沿拴有绳子，以便悬挂。

5. 点签

点签（见图 9-65）也称为打卡器，是给参赛者的卡片打印记的工具。每个检查点都必须有点签，与点标旗相互配合。打卡器通常要编上代码，不同的检查点所打印出的印记是不一样的，常见的有钳式、印章式点签等。

图 9-64　检查点标志

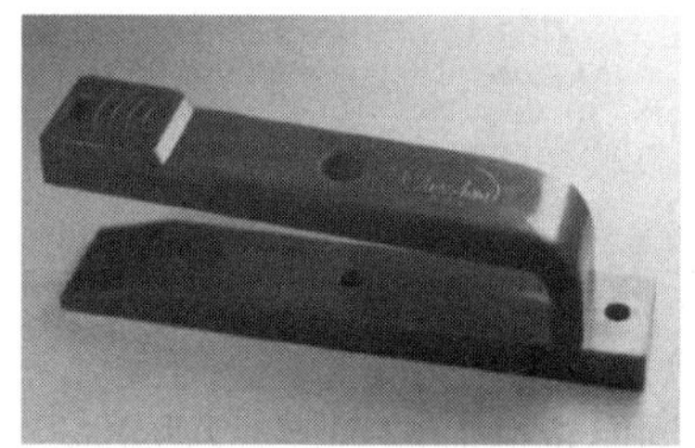

图 9-65　点签

6. 其他装备

定向比赛还必须准备其他器材，如参赛者的号码布、起点和终点设备、途中用品等。起点、终点和途中所需用品一般有出发点和终点横幅、时间显示器、发音器、图箱、通道绳、计时器、扩音器、成绩统计系统、成绩公布栏（显示屏）、急救箱、桌椅等。使用电子打卡器的还必须配备电脑、打印机等。

（二）定向运动的场地

合格的定向越野比赛地域应具备下列特点：中等起伏的森林地，植被适度、地形变化多样的有限通视地域或生疏的人烟稀少地区。当然，在组织一般的定向越野活动时，城市公园、近郊区以及未耕种或未长成的田地也是可供选择的地点。

三、定向运动的基本技术

（一）定向地图的识别

1. 定向地图、地物、地貌的识别

微视频 9-1
校园定向越野

针对定向运动的特点，在图上开展作业要求参赛者掌握定向地图的地图符号规律和特点，既要学会判定地貌的起伏、高差、坡度和简单的通视度等，又要牢记定向地图上的特殊符号，这些符号为参赛者快速准确确定和寻找目标点提供详细的参照位置等信息。

2. 检查点说明符号的识别

检查点说明符号能够为在野外快速寻找目标点提供点位具体方位等信息，要能够识别并记住。

（二）现地判定方位

1. 利用指北针判定方位

将指北针平放，待磁针稳定后，磁针涂有夜光剂的一端（或黑色尖端）所指的方向就是现地的磁北方向。

2. 利用天体判定方位

（1）利用太阳出没时刻的位置判定方位。利用日出于东而落于西的规律判定方位。利用不同时间点太阳所在的位置来确定方位是最简单便捷的方法。

（2）利用北极星判定方位。北极星大约位于地轴向北延伸的方向线上，在北方星空，它的位置可视为不变，故可用来判定方位。

（3）利用自然特征来判定方位。根据某些具有方向性的标准地物、地形、地貌及某些现象来判定方位：农村民房正门多朝南开，在我国北方尤其如此；古代庙宇宝塔均坐北朝南；西北干旱地区，由于定向风长期作用于地表，在地面上形成了很多风蚀残丘地；在南方潮湿地区，常见向阳面的土堤、高坡较干旱，无青苔生长，背阳面却长满青苔……此外，利用植物的喜阴喜阳的偏好不同，也可以在山林地判定方位。

（三）现地标定地图

使地图上的方向与实地地理方向一致的过程，称为现地标定地图。根据地形图与实地相似以及平面几何学可知，只要使两平面上的任意一方向一致即可。根据这一原理，结合不同需要和实地情况，有以下标定地图的方法。

1. 概略标定

地形图上的方向与实地地理方向大致一致的标定过程，称为概略标定。在现地判定方位后，将地形图的北方对向现地的北方，地形图即已概略标定。这种方法简便迅速，是要求精确度不高时的基本标定方法。

2. 用指北针标定

用指北针标定地图时，根据地图上的偏角，可分为依磁子午线、坐标纵线和真子午线进行标定，这是标定地图常用的方法。在此仅介绍依磁子午线标定。

依磁子午线标定地图时，先使指北针准星一端朝向地图的上方，并使指北针的直尺边切于磁子午线。转动地图，使磁针北端对正指标（或角度盘的“0”分划线），地图即已标定。

3. 依已知线段标定

实地沿直线延伸的地物（如路段、沟渠、土堤、电线等），在地图上的相应符号亦为直线。按标定地图的原理可知，只要使图上线段与实地保持方向一致，地图即已标定。

方法：先使地图与现地的关系位置概略一致（应防止转向），再转动地图，使图上的直线地物符号与现地相应地物方向一致（平行或重合），地图即已标定，如图 9-66 所示。

图 9-66 利用线状地物或直线地物标定地图训练示意图

直线地物可以抽象为连接两点的线段。因此，当实地和图上均有两个明显地形点时，两点连线也是已知线段。当图上这两点连线的延长线通过这两点实地相对应的地形点，或连接图上两点的线段与连接实地相对应的两个地形点的线段平行时，则地图已被标定。当然，图中不可能总是在直线地物上，不过，总是能够找到实地和地图上同时存在的两个以上明显地形点，所以，用这种方法标定地图无疑增加了用图的灵活性。

（四）现地对照地形

现地对照地形，指在实地把地图上的地形符号与现地的地物、地貌进行对应判读的过程。

1. 现地对照的要求

现地与图上都有的地形目标要明确其对应关系，现地有而图上没有的目标要能确定其图上位置，图上有而现地没有的目标能确定其在现地的原来位置。

2. 现地对照地形的基本过程

首先是在现地判断方位，确立现地的正北方向；其次是在现地的正北方向的基础上概略标定地图；最后是找到站立点在地图上的位置。

3. 现地对照中应注意的问题

要有比例尺、等高线的概念；注意地形要素及其相互关系；要有发展变化的观念（即现地与地图上位置并不总是完全对应）；抓住本地区突出的特征地形。

（五）按地图行进

按地图行进是定向运动的一项基本技术。按地图行进，即利用地图选择行进路线，并通过地图与现地对照，保证按选定的路线及规定时间到达预定地点的行进方法。

（六）比赛中参赛者须把握的原则

1. 选准最佳路线的原则

（1）有路不越野。由于在道路上奔跑远比在丛林中奔跑的速度快，并且不容易迷失方向，所以有道路的地区要充分利用道路。实际比赛中参赛者要根据具体情况判断是否穿越。

（2）走高不走低。这里的高与低是针对山脊和山谷而言，高处通视度好，站得高、望得远，容易判定方位，越野难度较小。

（3）遇障提前绕。对于河沟水域、峻岭悬崖等障碍和起伏大且树林密集的地段，应该在选择路线时全局考虑，以免遇到时才绕道行进，多走弯路。

2. “人在地上走，心在图上游”

要随时了解自己在地图上的位置所在，做到每走一步都能够清楚自己在地图上的位置。

3. 充分利用点标说明

点标说明对检查点及附近地物、位置都有指示，充分利用有助于快速找到检查点。

4. 遇到特殊情况要冷静

如果发现走错路线，这时须迅速按原路返回，或采用登高法、回头法等，辨清方向后再行进。在野外，如受轻伤，应稍作休息及简单处理后返回，取消野外活动。不要坚持“轻伤不下火线”，以免加重伤情。受重伤时，应尽快与外界取得联系，寻求帮助，等待救援。

四、定向运动竞赛规则简介

本部分简要介绍定向运动比赛主要规则，请扫下方二维码获知。

定向运动竞赛规则简介

第四节 飞 镖

飞镖运动是镖手站在一定的距离内，用单手持镖向悬挂在一定高度并刻有 20 个分数区的镖盘投射的一项室内休闲体育项目。飞镖运动集竞技、健身和娱乐于一体，因其娱乐性强，又能在娱乐中休闲健身，深受人们的喜爱。

一、飞镖运动概述

（一）飞镖运动发展史

现代飞镖运动出现在 19 世纪末，英国人布赖恩 • 加姆林被认为是现在的飞镖计分系统的发明者。1908 年，飞镖被官方提升为技术游戏，逐渐赢得了众多爱好者的喜爱，越来越多的酒馆设置了镖盘。1924 年，全英飞镖协会在英格兰成立，并举办了锦标赛。飞镖运动不仅是一项休闲娱乐体育运动，还是一项正式的体育竞赛项目。

我国于 20 世纪 80 年代引进飞镖运动，并在全国各地组织了一系列比赛。为推动全民健身运动的深入开展，国家体育总局于 1999 年 5 月把飞镖运动列为正式体育竞技项目。同年，中国飞镖协会正式成立。近年来，在中国飞镖协会、各省市飞镖协会以及各地市飞镖俱乐部的推广宣传下，越来越多的人认识了飞镖，喜爱上飞镖，并积极参加飞镖运动。中国大学生飞镖联赛从2016年开始，发展到现在已有近百所高校参加。

（二）飞镖运动的特点与锻炼价值

飞镖运动是一种集竞技、健身及娱乐于一体的绅士运动。飞镖运动动作简单，无论老幼，不分性别，仅需几平方米的场地即可进行，是一项“全天候”的休闲式体育项目。

飞镖运动对人体控制能力和心理素质的要求很高。投掷飞镖不仅要求手臂灵活、准确，还需要精确的计算和战略技巧，以平静的心态投入比赛。经常参加飞镖运动，可以改善人的情绪状态，进而有助于心理健康。从事脑力劳动的人投飞镖可以加速其大脑皮质兴奋点的转移，达到积极性休息的目的。

二、场地器具与场地

（一）硬式飞镖器材

硬式飞镖的镖针是钢制的，非常尖利。飞镖靶盘有纸盘、植绒盘、琼麻盘等，国际标准靶盘的直径是54厘米。靶面设计如图9-67所示。

（二）软式飞镖器材

软式飞镖（见图9-68）由镖头、镖身（亦称镖筒）、镖杆和镖翼4个部分构成，一套标准的飞镖共有3支。国际比赛规定飞镖的总体长度不得超过20.32厘米，软式飞镖的总重不得超过20克（一般比赛组委会都有各自规定的重量，有些也没有重量规定），而且要求镖头必须为塑胶，不能折断。

镖盘是塑料制成的蜂巢状镖靶，蜂巢孔后面安装上传感器，与自动记分系统相连，这就是我们现在常说的电子靶。

软式飞镖器材的镖靶主要为塑料材质，主要是靠镖靶表面有规则的蜂窝状小孔在投镖时吸附塑料镖头，其安全性能比较高。一般软式飞镖均有电子计分系统，游戏比硬式飞镖多，而且趣味性高。

软式镖靶有不带电子自动计分和带电子自动记分两种，带电子自动记分的又有柜式和壁挂式两种。随着科技的发展，壁挂式软式飞镖机已可通过蓝牙技术配合应用程序（APP），可使用智能手机或平板电脑体验飞镖运动的乐趣。

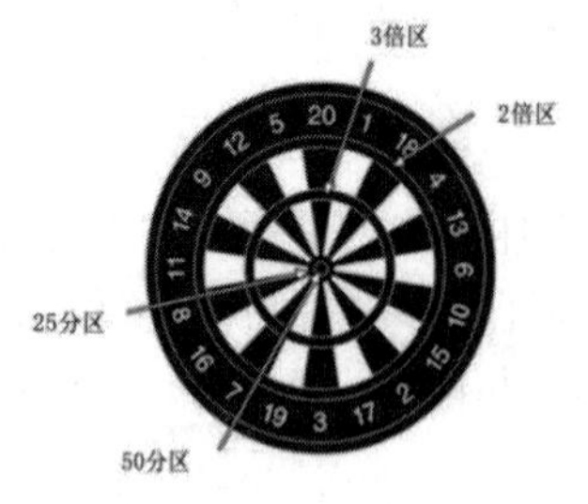

图9-67　靶盘

图9-68　软式飞镖

（三）场地

飞镖运动一般在室内进行。靶盘悬挂于墙上，靶盘中心到地面的高度为 1.73 米，投掷线至靶盘的距离硬式飞镖为 2.37 米、软式飞镖为 2.44 米，如图 9-69 所示。

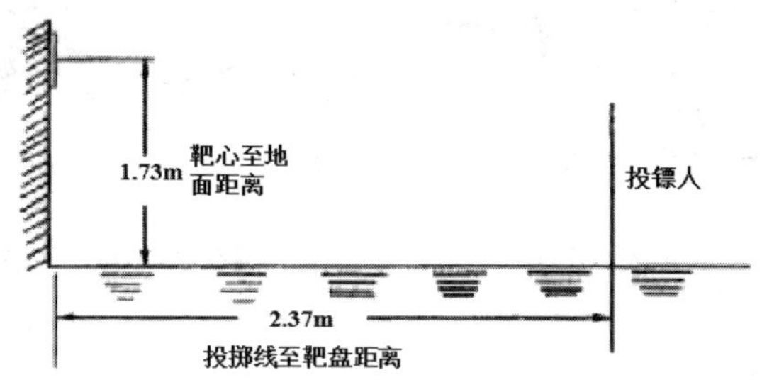

图 9-69　投镖场地

三、飞镖基本技术与练习方法

飞镖的基本技术的练习包括握镖、站姿和投镖等。

（一）握镖

握镖方法因人而异，需要在平时练习中摸索掌握。但要注意，持镖时大拇指应放在飞镖的重心点上。常用的方法有两指法、三指法、五指法和毛笔式握法，如图 9-70 所示。

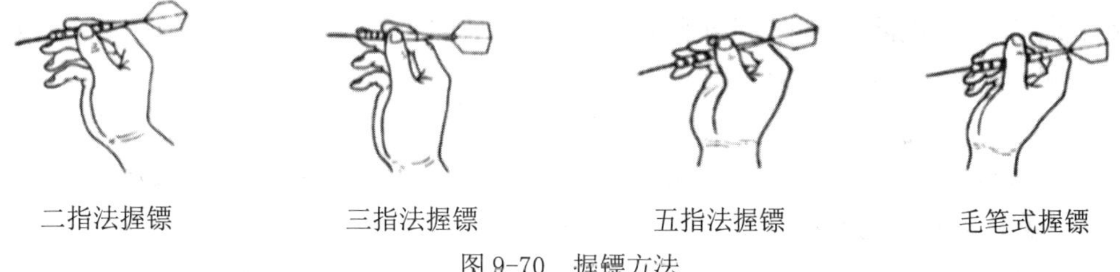

二指法握镖　　三指法握镖　　五指法握镖　　毛笔式握镖

图 9-70　握镖方法

（二）站姿

在投镖线或投掷板前站立的姿势，是准确投掷飞镖的重要因素。应保持最自然的投掷状态，要求保持舒适、稳定和平衡。舒适是指镖手站立时要自然、放松；稳定是指站立时重心要稳，身体不晃，投镖时身体不随手臂运动而摆动；平衡是要求做到身体各部位的协调。

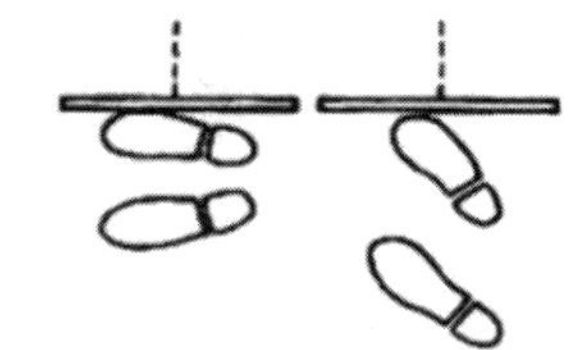

图 9-71　脚位

投镖时，双脚应站在投镖线后，前脚与投镖线成 0～45 度（见图 9-71），身体微微前倾，以投镖手同侧的腿为支撑腿，另一条腿向后伸展以保持平衡，侧身，以投镖手一侧的肩部正对镖盘，挺胸，大臂上举与肩平齐，小臂自然上举。投镖时，身体保持稳定。

（三）投镖

投镖时肩部保持不动，用小臂带动手腕和手将镖投出（在投掷动作的前期，即手臂后甩时，肘部应基本保持不动，在手臂前挥、飞镖加速过程的某一点，肘部才顺势上扬），如图 9-72 所示。镖投出之后，手应继续沿着原来瞄准目标的方向，手腕自然下垂，如图 9-73 所示。投镖时用力要得当，不需使出手臂或肩膀所有的力气。准确而不盲目用力是成功击中目标的关键。

图 9-72　送镖

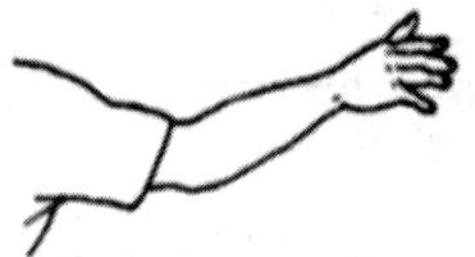

图 9-73　顺势动作

（四）飞镖练习方法

1. 瞄准训练

投掷过程中，眼睛、镖、目标点连成一线，固定不变，身体保持不动。

2. 落点训练

为提高投掷的准确性，要熟记镖盘各分值区所在的位置。加强密度训练，在每轮投镖过程中，投掷的感觉越相同，三镖之间的距离就越小，落点的密度就越高。

落点训练时，从 1～20 分值区及其二倍区、三倍区和红心区，按顺序分别进行练习，争取达到三镖的落点可在任意选择的分值区内。

3. 对抗性训练

实战训练中，总结和巩固投掷与落点练习经验，摸索实战技巧，提高实战能力，使基础训练能更好地为比赛服务。

4. 心理训练

飞镖比赛对心理要求极高。训练和对抗中，要调整心态，达到最佳的竞技水平。

5. 计算分数训练（硬式）

提高计算能力，保证在比赛中不因分数计算缓慢而影响投掷的连续性。

6. 实战训练（竞赛）

训练由易到难，将训练过程中的技术教学和技战术结合运用。

四、飞镖竞赛规则简介

本部分简要介绍飞镖比赛主要规则，请扫下方二维码获知。

飞镖竞赛规则简介

第三部分

体育健康管理与运动保健篇

第十章　体育健康管理

教学目标

1. 知识目标

掌握健康管理、生活方式的理念与知识，培养终身追求健康生活方式的行为和习惯。

2. 技能目标

了解心肺适能、肌肉适能、柔软度与身体组成的运动处方和训练方式，掌握自我健康管理的技能。

3. 课程思政目标

（1）培养学生形成终身健身意识和积极健康的生活方式。

（2）提升学生注重健康、关爱生命的观念和意识，增强学生维护全民健康的社会责任感。

健康是人全面发展、生活幸福的基石，是人的首要财富。在决定人体健康的诸多因素中，健康的生活方式最为重要。健康需要追求和管理。健康管理，就是针对影响健康的各个维度进行自我管理，努力养成健康的生活方式。体适能是健康概念的一种延伸，它直接与整体生活质量相关。实施健康体适能干预有利于帮助和督促人们科学、综合地评价自身的健康状况，激发人们自觉地参加体育锻炼，培养终身追求健康生活方式的行为和习惯，达到维持健康和促进健康的目的。

第一节　健康生活方式的自我管理

大学时期是青少年走向独立的重要时期。这一时期，大学生的行为具有较强的自主性和独立性，但又常表现出自制性差、自律性低、易受外界环境影响等特点。大学生养成的健康行为与生活方式不仅影响其当前的健康状况，更会对其一生的健康产生深远影响。

一、健康管理的理念

人体健康受各种因素影响，其中遗传约占 15%、社会因素约占 10%、医疗条件约占 8%、环境气候条件约占 7%、自身因素（生活方式和行为习惯）约占 60%。需要指出的是，在诸多健康的影响因素中，人的行为和生活方式的比重占据了绝对分量。

现代健康管理的出现是时代发展的需要，与生产力和人力资源观念的演变密切相关。健康管理的新理念源自美国。美国的研究发现，在人群中，最不健康的 1%和患慢性病的 19%共用了约 70%的医疗卫生费用。当前社会，老龄化、慢性病和急性传染病的医疗负担及环境恶化导致医疗卫生费用和需求不断增长，而持续上升的医疗费用无法从根本上遏制和改善与健康有关的生产效率不断下降的局面，这构成了对国家经济持续发展的持久威胁。在此背景下，美国的医疗保险公司通过健康促进奖励计划、浮动费率、健康教育和健康咨询等管理手段，激励客户加强疾病防控，从源头上控制医疗费用。这样的医疗保险服务模式显然已在试图摆脱“以治病为中心”的路径依赖。

不过，近年来，健康管理概念的使用已不仅限于美国的医疗保险公司，并且其内涵和外延都有了较大的发展。戴尔·哈恩等人提出了一个新的健康定义：健康是一个人使用与健康的各个维度相联系的内在和外在资源从而充分地参与到对成长和发展有益的活动的能力的反映，最终目标是当他评价自己一生过程的时候觉得幸福。有别于追求不生病（降低发病率）和活得长（降低死亡率）的传统健康观念，他们提出的健康观念以幸福为基础。

哈恩等人提出的这个基于个人成长和发展的健康定义，与世卫组织的健康定义以及当今健康科学强调的整体健康观相吻合。具体而言，他们将身体、精神和社会三个层面的具体影响因素各自展开，提出健康概念的外延涉及七个维度：身体（身体的）、智力、情绪、精神（精神的）、社交、职业和环境（社会的）。健康管理，就是针对这些维度的健康需求进行计划、组织、指导、协调和控制的过程，也就是对个体和群体健康进行全面检测、分析、评估、提供健康咨询和指导以及对健康危险因素进行干预的全过程。这种新理念就是要变人类健康被动管理为主动管理，并帮助人们科学地恢复健康、维护健康、促进健康。健康管理的宗旨是调动个体、群体及整个社会的积极性，利用有限的资源达到最大的健康效果。

二、管理自己的健康

现代社会，人们在健康问题上普遍认为健康是需要追求和管理的，健康管理很大程度上要依靠自己，只有注重健康的维护才能谈及健康生存和生命质量。每个人都要充分认识到自己是自身健康的第一责任人。要树立管理自己健康的意识，在日常生活中对健康要有明确认识，并将其内化成为健康的行为习惯。健康管理对于个人而言，可使身体状况得到改善，节约更多的治疗经费；对社会来说，可节省大量的医疗资源。健康管理最重要的意义在于对健康问题的处理，通过一种管理使健康功能变得井然有序。从科学饮食、适量运动、戒烟限酒、预防保健、社会适应、心理调整着手，形成完整全面的健康理念，从而调动个人参与健康管理的积极性，最终达到维护健康的目的。在互联网新技术的推动下，我们可以借助可穿戴设备等科技手段实时收集身体指标数据，利用云端计算模型分析相关数据，随时监控自己的身体状况。可穿戴设备是近年来发展迅猛的健康状态监测和人体数据收集的新技术。这种技术使得人们变成“透明化”的个体，血压、心率等各种身体状态变化以及饮食、运动等日常活动都可被实时记录下来，收集到的这些数据则被用于个体的健康管理。当前被广泛使用的可穿戴设备当属智能手表和智能手环。随着万物互联的“物联网”逐步进入人们的生活，人体健康状态监测的设备已不限于可穿戴的类型。例如，在上海市 2019 年的“中国国际进口博览会”

上，日本松下电器公司展示了一种“智能马桶”，该马桶附属的尿检设备在4～5秒内就可快速完成尿常规检测，获取微量白蛋白等多项身体健康数据。

通过健康管理，我们可以达到以下目标：

（1）保持健康。通过有目的的养生和保健，处于健康状态的人群可以得到科学化、系统化和个性化的健康教育和指导，保持健康的生活方式，并进行定期健康评估，保持低风险水平，享受健康人生。

（2）通过健康管理达到不得病的目标，处于亚健康的人群可以定期监控健康状态，改善不健康的生活方式，降低危险因素，提高整体健康水平。

（3）处于疾病状态的人群可以享受到便利、快捷、高质量的诊疗服务，同时促进其积极参与自身健康改善计划，延缓疾病进程，提高生命质量。

三、生活方式与健康的关系

（一）什么是生活方式

生活方式是一个内容比较广泛的概念，它包括一个人维持生命新陈代谢活动的基本行为，如饮食行为、饮水行为、睡眠行为、运动行为、卫生行为、性行为、嗜好行为，以及适应环境与社会的各种心理行为、人格行为。劳动工作、休闲娱乐等多方面的行为统一于一个人的日常生活行为与外界作用的环境之中，构成一个人特定的、具体的、习惯了的生活方式。生活方式受个人所处社会与文化环境的影响，一旦形成习惯，就成为个人心理和行为的准则之一，并构成其个性的一部分。

生活方式可划分为不良生活方式和健康生活方式。不良生活方式是指人们长期受各种因素影响而形成的一系列不利于健康的生活习惯和生活意识；健康生活方式是指个体或群体为促进或维持健康而采取的一系列符合当代科学理念和标准的积极行为及生活习惯。

（二）生活方式对健康的影响

对于健康生活方式的意义，我国古代学者管仲早就有过论述：“起居时，饮食节，寒暑适，则身利而寿命益；起居不时，饮食不节，寒暑不适，则形体累而寿命损。”①由此可见，人们早就认识到生活习惯、规律、意识等与健康有关。

随着以信息科学、材料科学、生物科学为代表的科学技术的迅猛发展，人类的生产与生活方式发生了巨大变化。但是，现代生产生活方式是一把双刃剑，它既给人类的健康带来了益处，又给人类的健康造成了危害。例如，现代化的生产方式导致现代人的动手能力越来越差，体力活动减少，静态生活增多；生活的富裕和物质的丰富，使人们经常摄入过多热量；体力活动不足、饮食结构“富裕化”，已构成对健康的严重威胁；等等。

生活方式直接影响人类的健康。良好的生活方式可以使人体质健康、精力充沛、朝气蓬勃、延年益寿；不良的生活方式会危害人的身心健康，使人的生活质量下降、寿命缩短。世界卫生组织公布的一份研究报告表明，工业发达国家约有25%的人死于与生活方式有关的疾病，如癌症、心血管疾病等。我国有关部门统计表明，生活方式在脑血管病发病因素中占50.3%，在心脏病发病因素中占59%，在恶性肺病发病因素中占50.5%。可见，不良生活方式引起的

① 管仲. 管子[M]. 北京：北京燕山出版社，1995.

疾病已成为影响人类健康的主要威胁。此外，生活方式、生活习惯还影响心理健康。一个良好生活习惯多、不良生活习惯少的人，才是心理健康的人。

我国大学生生活方式的现状不容乐观。相关资料显示，在以独生子女为主的大学生群体中存在很多生活方式不合理现象，包括吸烟、睡眠不足、不吃早餐、膳食结构不合理等，这已经对其健康构成严重威胁。部分大学生体力活动不足，甚至不参加运动，致使出现体质下降、肥胖、瘦弱等不健康状况。此外，大学生面临着较多的压力和挑战，存在一定程度的心理问题，如就业压力、精神过度紧张等，这些不良心理状态不同程度影响着他们的健康。

四、大学生健康生活方式的自我管理

生活方式管理是指以个体或自我为核心的卫生保健活动。大学生要自觉提高健康管理意识，主动获取健康和健康管理知识，把健康管理纳入人生规划，养成健康的生活方式。健康的生活方式包括合理的膳食、适量的运动、良好的心态和充足的睡眠。同时，还要避免、放弃和改变网络成瘾、吸烟、酗酒等危害健康的行为。

（一）合理的膳食

“民以食为天”，在我们的生活中，吃饭是一件大事。人们每天的营养素都是从一日三餐摄取的，但是食物中营养素的搭配要合理才能保证人体健康和正常生活。我国 3 000 多年前的医书《黄帝内经 · 素问》中就提出：“五谷为养，五果为助，五畜为益。”这反映了我国古代就有了合理膳食的概念。

随着社会经济的持续快速发展，人民的生活水平有了很大提高，膳食结构发生了较大变化，但不容乐观的是，膳食不平衡现象已成为影响健康的又一个问题。例如，过多地摄取脂肪、胆固醇，导致热量过高、维生素及纤维素严重不足，使得心脑血管疾病、肥胖症、糖尿病、胆结石等的发病率不断增加，并且发病年龄提前。

合理膳食即合理营养，指膳食中所含营养素种类齐全、数量充足、比例适当，并与身体的需要保持平衡。合理均衡、有规律的膳食可减少很多疾病的发生。只有“食而有道”“食事求适”和“食可而止”，形成科学饮食的习惯，人才能有健康的体魄。

为指导人们合理饮食，中国营养学会提出了食物指南，并形象地称其为“平衡膳食宝塔”，如图 10-1 所示。

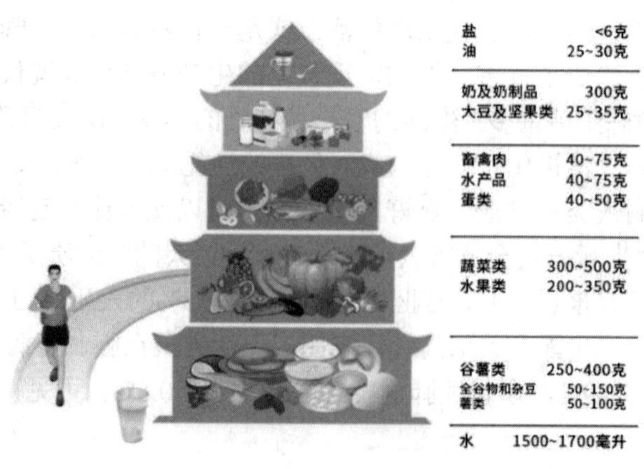

图 10-1　中国居民平衡膳食宝塔

平衡膳食宝塔共分五层，各层位置和面积不同，这在一定程度上反映出各类食物在膳食中的地位和应占的比重。谷类食物位居底层，每人每天应该吃 250～400 克；蔬菜和水果居第二层，每人每天应该吃 300～500 克和 200～350 克；鱼、禽、肉、蛋等动物性食物位于第三层，每人每天应该吃 120～200 克（鱼虾类 40～75 克，畜、禽肉 40～75 克，蛋类 40～50 克）；奶类和豆类食物合居第四层，每人每天应该吃相当于鲜奶 300 克的奶类及奶制品和相当于干豆 25～35 克的大豆及豆制品；第五层塔顶是烹调油和食盐，每人每天摄入烹调油不超过 30 克、食盐不超过 6 克。

水是膳食的重要组成部分，是一切生命必需的物质，其需要量主要受年龄、环境温度、身体活动等因素的影响。在温和气候条件下生活的轻体力活动的成年人每日需饮水 1 500～1 700 毫升。在高温或重体力劳动的条件下，应适当增加。饮水不足或过多都会对人体健康带来危害。饮水应少量多次，要主动，不要感到口渴时再喝水。

（二）适量的运动

生命在于运动，运动能促进人体各种脏器机能的强壮，因而是健康生活方式的另一个重要构成。我国医学所说的“扶正祛邪”就是提高体能、免除疾病，而“扶正”的最好办法既不是靠吃补品，也不是靠吃药，而是靠科学的、适当的运动。运动医学的研究也证明，适量运动可以很好地调节人体的免疫功能，提高机体的抗病能力，构筑起强身抗病的“长城”。适量运动可以通过神经及内分泌的途径，对各个脏器及免疫功能进行调控，促使机体各个系统功能的提高，使体质得到增强、抵抗力得到提高，从而达到预防疾病的目的。

所谓适量运动，是指根据运动者的个人身体状况、场地、器材和气候条件，选择适合的运动项目，运动量要适宜，运动负荷不超过人体的承受能力。太弱的刺激不能达到锻炼身体的目的；过强的刺激则会损伤机体，造成运动伤害。高强度运动对身体是有伤害的，其对心脏的结构、电生理机能等可造成损害，严重时甚至会造成运动者的心源性猝死（SCD）。越来越多的研究表明过度运动本身会对健康心脏造成不利影响。

体育锻炼必须量力而行，只有保持适宜的强度，才能有利于能量消耗的恢复和超量补偿。研究表明，心率在 110 次/分钟以下的运动负荷时，机体的血压、心电图等多项指标没有明显变化，健身价值不大；心率在 130 次/分钟的运动负荷时，每搏输出量接近或达到一般人的最佳状态时，健身效果明显；心率在 150 次/分钟的运动负荷时，每搏输出量开始出现缓慢下降；当心率随运动负荷增加到 160～170 次/分钟时，虽无不良的异常反应，却也未能呈现出更好的健身迹象。因此，只有当运动时的平均心率在 120～150 次/分钟波动，锻炼时间达到 20～60 分钟，每周运动 3～5 次，才能取得理想的运动锻炼效果。

体能、运动技能和健康水平的提高是一个渐进的过程。锻炼要想取得效果，必须经常、持久地进行，要保持一定的频率，不能“三天打鱼，两天晒网”，要让身体各器官、系统始终处于一个稳定的运动状态中。“一曝十寒”式的锻炼，往往收效甚微。体育锻炼要遵循人体活动的规律，要注意渐进性，逐渐增加锻炼的强度和难度，学习动作要由易到难、由简到繁、由慢到快，逐步掌握。只有这样，才能达到最好的锻炼效果。

体育文化之窗

体育的行为改造能力

“江山易改本性难移”，人的生活方式一旦形成，具有超乎想象的稳定性和行为惯性。改变人的行为方式一直以来都是一个社会难题。然而，体育却具有强大的行为改造能力。一方面，体育活动本身具有感染性、激励性，能够对人产生强烈的吸引力；另一方面，对出于健康需求而被动选择运动的人们而言，运动释放的内啡肽等因子有助于参与者获得轻松愉悦、欣喜等积极的心理感受，同时还能通过较高强度的人与人之间交往的丰富体验体悟到生命的价值和意义。体育能够使人们在参与中共享运动的快乐，感受运动的价值和意义，从而潜移默化地重塑其生活结构、行为方式、行为习惯。

（三）平衡的心态

心理健康是个体在各种环境中能保持良好适应能力和效能的状态。心理学家把人的情绪归纳为两大类：一类是愉快的情绪（如快乐、喜悦等）；另一类是不愉快的情绪（如悲伤、焦虑、沮丧、紧张、憎恨等）。国外长寿学家胡费兰认为，一切不利的影响因素中，最能使人短命夭亡的，莫过于不良的情绪和恶劣的心境，如忧虑、颓丧、惧怕、贪求、怯懦、忌妒和憎恨等。古人云："忧则伤身，乐则长寿。"现代医学证实，心理状态对健康长寿的影响是很显著的。欢乐的情绪不仅可以提高工作效率，还能够延缓衰老；而持续的心理紧张和心理冲突会造成精神疲劳、免疫功能下降，容易引发疾病。

人的一生难免有喜怒哀乐、生离死别，要正确对待已经发生的种种事情，采取有效的办法，及时调节心理状态。保持心理平衡应注意以下技巧：一是主动寻找快乐情绪，善于发现生活中的美，心胸开阔，保持平和的心态，努力达到"知足常乐""助人为乐""自得其乐"的境界，从容面对生活，积极乐观地看待世界，善良宽容地对待别人。不必对自己过分苛求，要对自己有自知之明，要全面正确认识自己的个性、能力、条件，恰当地确定自己发展的欲求、方向，正确对待成功与挫折。遇事既要尽力而为，又要适可而止，不要好胜逞能而去做力不从心的事。二是不对别人期望过高，多体谅别人，多看别人的优点，不要苛求别人，要严以律己、宽以待人，做到"己所不欲，勿施于人"。三是要善于疏导自己的愤怒情绪，要学会冷静地思考问题和冷静地处理问题，要有豁达、大度和忍让的精神，掌握宣泄、传导不良情绪的心理防范措施。四是要正视挫折，善于倾诉排解，能屈能伸，怀抱着"塞翁失马，焉知非福"的心态，能够看到"坏事"好的一面。

总之，为了健康，现代人应该将愉快的或不愉快的情绪都控制在适度的范围内。愤怒时要制怒、宽容；过喜时要收敛、抑制；悲伤时要转移、娱乐；忧愁时要释放、自解；焦虑时要分散、消遣；惊慌时要镇静、沉着。随遇而安，冷静思考，泰然处之。只有使自己在道德上、心理上成熟起来，再加上身体健康，这才算一个真正的健康人。

（四）充足的睡眠

正常情况下，人的一生约有三分之一的时间是在睡眠状态下度过的。睡眠是维持生命活动的重要生理过程，它使身体完全处于休息恢复和重新积累能量的状态。睡眠质量差会直接影响人的身心健康、生活质量以及工作效率。睡眠不足或过多，都是影响健康的不利因素。有文献报告指出：每日睡眠不足 4 小时的成年人，其死亡率比每晚睡眠 7～8 小时的人高 180%以上；相反，如果睡眠时间过长，每日 10 小时以上，其死亡率亦要比每日睡眠 7～8 小时的人高 80%以上。一个人每天所需睡眠时间应因人、因性别、因个人身体状况不同而有所差别。长寿老人大多睡眠很好，每天睡足 7～8 小时，这是长寿的重要条件。

睡眠时间是否充足，判断标准是睡眠质量的好坏。如果白天不感到困倦，就说明睡眠时间足够。质量好的睡眠包括以下几个标准。

（1）入睡快，10～20 分钟就能入睡，即入睡前等待时间不超过半小时。

（2）睡眠深，呼吸绵长，不易惊醒，无起夜或起夜少，每晚醒来的时间总共不超过半小时。

（3）无惊梦，醒后很快忘记梦境。

（4）起床快，起床后精神好。

（5）白天头脑清晰，不困倦，学习和工作效率高。

我们要养成定时睡眠的习惯。较好的睡眠时间为晚上 10 时入睡（最晚 11 时入睡），早晨 6 时起床。《黄帝内经》指出，睡眠应“春三月……夜卧早起，广步于庭。夏三月……夜卧早起，无厌于日。秋三月……早卧早起，与鸡俱兴。冬三月……早卧晚起，必得日光”。

人体生物钟

事物在运动着，并且按照一定的规律运行。人体也是如此。人体的各种生理功能活动，如体温、耗氧量、血压、脉搏、血流量、激素分泌、生化物质的浓度等，都随昼夜时间的迁延而呈现节律性变化。这种人体内的生理活动，随着人体内外环境的统一、昼夜交替、四时变更等因素进行着周期性的节律活动，人们称它为“生物钟”或“生物节律”。人体生物钟是潜藏于人体内的自然生物节律时间表。这种时间表把我们每一天的生活安排得井然有序，它引导我们何时起床、何时喝水、何时进食、何时工作、何时学习、何时休息、何时排便、何时睡觉等。如果人体内“生物钟”的运行和自然界的物质运动节律和谐、融为一体，人类就能达到“以自然之道养自然之身”的目的。如果违背了这种基本规律，“生物钟”被打乱，就会导致生命体的损害。研究证明，有节奏的生活更健康。

（五）克服不健康嗜好

保持健康的生活行为方式，还要拒绝吸烟和被动吸烟、避免饮酒过度、克服网络成瘾等有害健康的行为。

1. 吸烟

吸烟是威胁人类生命的“瘟疫”和“慢性自杀”行为，香烟消费是愚昧消费。世界卫生组织的统计数字显示，全世界每年因吸烟死亡的人数高达 600 万，其中吸烟者死亡约 540 万，即平均每 6 秒钟有 1 个吸烟者死亡；因二手烟暴露造成的非吸烟者年死亡人数约为 60 万。据调查，我国吸烟人群过 3 亿，另有约 7.4 亿不吸烟人群遭受二手烟的危害。每年因吸烟相关疾病所致死亡人数超过 100 万，如对吸烟流行状况不加以控制，至 2050 年每年死亡人数将突破 300 万，成为人民群众生命健康与社会经济发展不堪承受之重。近年来，在校大学生成为新增烟民的重要组成部分。尽管大学生的烟草依赖程度低于社会人员，但若控制不当，可能逐渐成瘾并发展为规律吸烟者。

（1）烟草的有害成分。烟草中有害成分主要包括尼古丁、煤焦油、一氧化碳、苯并芘、苯胺等，如图 10-2 所示。尼古丁是一种无色透明的挥发性液体，也是一种兴奋剂，有一定抗焦虑作用，少量吸收有轻松愉快舒适感，过量则可引起抑制麻痹。它还可使气管黏膜受损，纤毛失去活力，易发生感染。煤焦油为棕黄色黏性树脂，吸入后可黏附在呼吸道黏膜上，致使细胞畸变、癌变。一氧化碳是一种无色无味的有害气体，纸烟中的苯并芘也是公认的致癌物质。

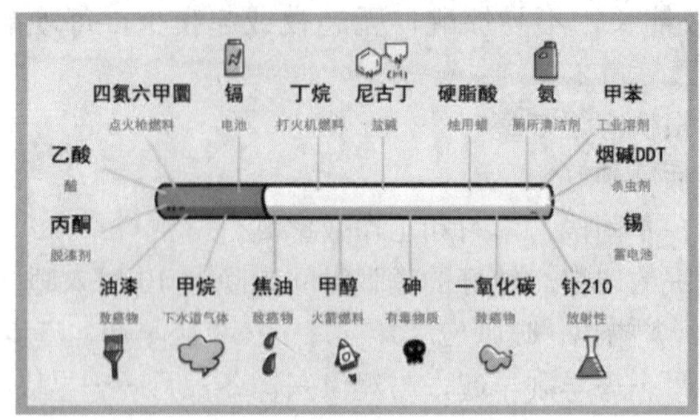

图 10-2　烟草的有害成分

（2）吸烟对身体的危害主要包括以下几个方面。

① 冠心病：吸烟为冠心病首位危险因素，其严重程度与开始吸烟的年龄和吸烟的数量有关。高血压、高血脂也是冠心病的重要危险因素，吸烟与这两个危险因素有协同作用。研究发现，吸烟者冠心病和缺血性心脏病的死亡率高于不吸烟者 70%。反之，戒烟能降低冠心病的危险性，但降低的程度取决于戒烟前吸烟时间的长短。

② 慢性阻塞性肺部疾病：该病 80%～90%由吸烟引起。吸烟可破坏气管纤毛产生，常有咳嗽痰多症状；炎症反复出现，会产生慢性呼吸道阻塞症状，最后导致肺功能下降。最明显的症状是呼吸困难，尤以行走活动后为重。若坚持戒烟，则能够有效改善呼吸道症状。

③ 癌症：吸烟会增加人群患多种癌症，特别是肺癌的危险性。研究证明，肺癌的主要病因是吸烟，而且患肺癌的危险性与每天的吸烟量和吸烟的持续时间成正比。重度吸烟者患肺癌的危险性比非吸烟者高 3～30 倍。正常人肺的颜色通常是粉色，而吸烟者的肺通常呈棕黑色甚至黑色，如图 10-3 所示。长期吸烟的人中，喉癌、口腔癌、卵巢癌、膀胱癌等发病率也很高。

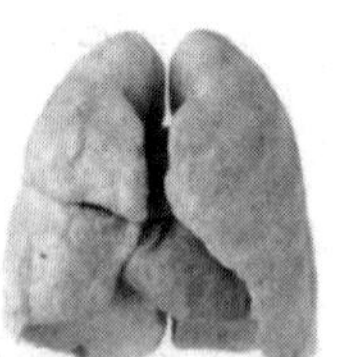
健康者的肺

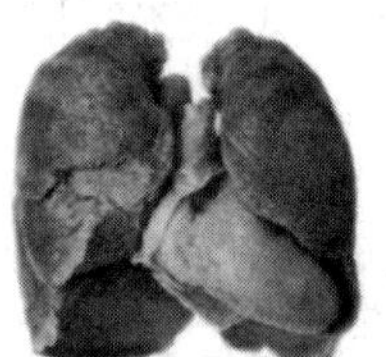
吸烟者的肺

图 10-3　健康肺组织与吸烟后病变肺组织对比

（3）吸烟对其他方面的影响主要包括以下几个方面。

① 影响学习：吸烟对健康的危害不仅体现在身体上，还会造成认知功能受损。吸烟后，尼古丁刺激血管收缩，血液流动缓慢，脑血流量减少，使神经系统功能受到影响，记忆力减退、注意力分散、智力活动降低、思维能力衰退，对学习的影响不容轻视。

② 被动吸烟：吸烟不仅危害吸烟者本人的健康，也会通过污染环境对被动吸烟者产生危害。环境中烟雾的来源包括吸烟者吸烟时所喷出的主流烟雾和由烟草直接燃烧产生的侧流烟

雾，侧流烟雾比主流烟雾量大得多且危害更大。据检测表明，侧流烟雾中尼古丁和一氧化碳的浓度高于主流烟雾 3～5 倍，即被动吸烟者要比吸烟者受到的危害还要大。

（4）戒烟的健康益处。已经出现了与吸烟有关的健康问题的所有年龄段的人员仍可从戒烟中获益。开始戒烟的时间与继续吸烟者相比具有的益处：约 30 岁时开始戒烟，可使预期寿命增加约 10 年；约 40 岁时开始戒烟，可使预期寿命增加约 9 年；约 50 岁时开始戒烟，可使预期寿命增加约 6 年；约 60 岁时开始戒烟，可使预期寿命增加约 3 年。出现威胁生命的疾病后开始戒烟，可快速获益；出现心脏病发作后开始戒烟，可使心脏病再次发作的概率降低 50%。

大学生应具有与文化水平相当的卫生保健素养。要提高对烟草这种软性毒品的心理免疫力，在面对他人显示精于世故的“善意”、劝说吸烟时，能坚定地说“不”。大学生应积极参与控烟活动，将吸烟有害健康的知识传播到家庭、社会，做到自己不吸烟、劝说他人戒烟，从而减少无辜人群被动吸烟。

2. 酗酒

在所有的物质依赖中，酒依赖的历史最为久远。自从人类开始饮酒，就有了酗酒，无节制地狂饮滥醉导致了酒依赖这一公共卫生问题的出现。

（1）酗酒对身体的危害。无节制地嗜酒、饮酒和酗酒对健康的危害极大，如图 10-4 所示。

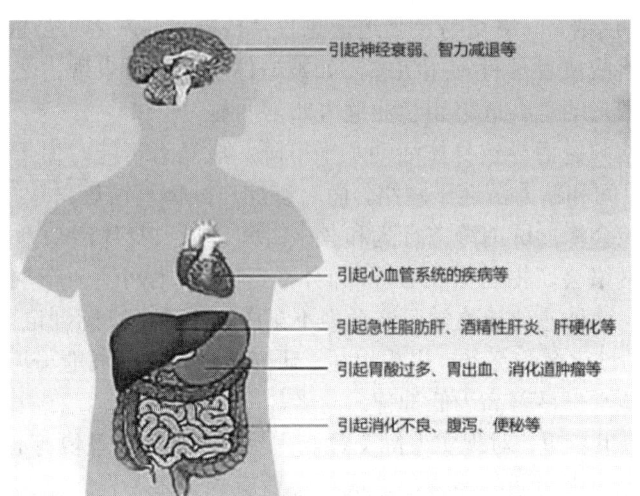

图 10-4　酒精对人体的危害

① 对中枢神经系统的影响。摄入较多酒精可使大脑、小脑等组织损伤变性，出现记忆力减退、反应迟钝、意识障碍等症状。过量饮酒会造成口齿不清、视物模糊和失去平衡力。此外，过量饮酒会使人失去常态，丧失自制能力，酩酊醉酒后很容易造成意外伤害。

② 脏器损坏。长时间酒精依赖会导致肝、心、肾等多脏器损害，使这些器官的功能减退，尤其是酒精对肝脏有直接的毒性作用。肝脏是酒精的主要代谢器官，90%的酒精在肝脏代谢，长期过量饮酒与脂肪肝、酒精性肝炎、肝静脉周围纤维化及肝硬化等密切相关。

③ 致癌。酒精中含有亚硝胺等致癌物或促癌物。由于酒精是多种化合物的溶剂，能增加一些致癌物质（如苯丙芘）的溶解度，增强其活性。另外，酒精会刺激或伤害胃黏膜而致胃癌，所以经常喝酒的人发生胃癌的概率相对较高。2021 年，《柳叶刀·肿瘤学》上的一项研究发现，2020 年全球大约有 74 万例的新发癌症因饮酒所致。

（2）酗酒对社会的危害。酒精滥用、酒精依赖和酒精中毒是遍及世界各国的重要社会问题之一。酗酒者个人的社会责任感下降，饮酒后兴奋，情绪失控，不能控制自己的行为，辨别是非能力下降，常有不文明的语言和行动，很容易与周围的人发生冲突，引发暴力事件，如打架斗殴、寻衅滋事、伤害他人等，易出现对学校、对社会产生危害的行为，如违法乱纪、交通事故等。“酒后无德”“酒大伤身”“酒后乱性”等结论都是在形容酗酒、饮酒过量的危害。

总之，酗酒既伤身又危险。酗酒者对酒会产生生理上的依赖性，这是导致校园、社会不稳定的重要因素。饮酒一定要有节制，这种节制不能以醉酒为界，而是要以不损害健康为限。大学生应当清楚，每次大量饮酒以致醉酒，都是对健康的严重损害。因此，一定要倡导文明饮酒，不提倡过度劝酒，不必拿“不喝酒就是不给我面子”来“绑架”对方。切忌一醉方休或借酒浇愁的不良习惯。对一些喜欢饮酒的人，特别是喜欢饮用高度白酒的人，可能会感到不够尽兴，但应该从保护健康的角度做出明智选择，自觉地限量饮酒。

3. 网络成瘾

网络技术的飞速发展给人们带来极大便利的同时，也带来了一系列社会心理问题，其中之一就是网络成瘾综合征。网络成瘾是指由于重复地、过度地使用网络所导致的一种慢性或周期性的着迷状态，并带来难以抗拒的再度使用欲望。具体表现为毫无节制地沉溺于网络交际、网络娱乐、网络色情、网络交易及强迫信息收集成瘾，并产生心身依赖现象。与其他行为的成瘾者一样，网络成瘾者具有痴迷状态，如被迫停止上网时表现出心神不宁等戒断反应。网络成瘾给大学生带来的身心危害和学业危害非常明显。

（1）因网络成瘾问题而导致身体活动水平下降。成瘾者可能习惯于过度、频繁地使用网络，花费大量余暇时间和精力沉迷于网络，而对参加户外体育锻炼兴趣缺失。而且，过度、长时间地使用网络可能会增加屏前静态行为和久坐时间，导致身体活动不足、肥胖隐患增加。

（2）长期迷恋网络会产生网络性心理障碍，一旦停止上网便会产生上网的强烈渴求，难以控制上网的冲动。这种冲动导致学习注意力不集中、不持久，感到记忆力减退、情绪低落、精力不足、精神运动性迟缓和激动、思想迟缓。研究发现，网络成瘾与抑郁存在紧密联系，高抑郁风险者网络成瘾水平显著高于低抑郁风险者。

（3）沉浸在虚拟世界里，对现实人际交往产生厌恶、逃避、恐惧等心理。久而久之，就会变得更加孤僻，缺乏与人沟通的能力，造成社会适应的严重不良。网络成瘾者之所以抑郁水平升高，是由于将过多的时间花费于网络而无法正常获得现实中的归属感和社会支持。

（4）网络游戏一般以“攻击、战斗、竞争”为主要内容，沉迷其中会使学生道德认知模糊，社会规范淡化，法制观念淡薄，人生观、价值观扭曲，甚至做出违法犯罪行为。

随着网络成瘾问题的日益严重及其危害性的不断增加，如何做好对网络成瘾者的控制和干预应引起高度重视。大学生要做到文明上网，增强自制力，具体体现在以下两方面。

① 科学安排上网时间，合理利用互联网。面对信息潮，要有选择、有取舍地利用信息。要提高自控力，控制上网时间，明确上网目标，有针对性地浏览信息。

② 用转移和替代的方法摆脱网络成瘾。例如，参加团体活动，通过与外界环境的沟通而减少网络使用时间。要学会用自己特有的其他爱好和休闲娱乐方式转移注意力，要培养广泛的兴趣爱好和较强的适应能力，学会合理宣泄，正确面对学习、生活中的挫折，形成成熟的心理防范机制，摆脱网络成瘾。

4. 吸毒

毒品是指国家依法管制的能使人形成瘾癖的麻醉药品和精神药品。常见的毒品主要有苯丙胺、可卡因、大麻、致幻剂、挥发性吸入物、阿片类等。

毒品是全球性灾难，也是全人类一致的敌人。吸食吗啡可对人体产生一系列作用，表现为嗜睡，性格改变，注意力、思维、记忆力衰退，长期大剂量使用会引起精神失常，甚至导致死亡。吸食海洛因两三次，大多数吸食者便会成瘾。长期吸食者，瞳孔呈针尖状，常常面部发呆，不愿交际。停止用药，轻者浑身疼痛、打哈欠、涕泪俱下、烦躁不安；重者无法入睡、出汗、恶心、腹泻。如吸食过量，会引起昏迷、心跳缓慢、血压过低，并伴有肺水肿，严重者甚至直接死亡。吸毒问题是当今最严重的社会问题之一，它不仅成为严重影响个人生活的问题，更影响着整个社会。

大学生要提升对毒品危害的认识，加强自身的识毒、防毒、拒毒意识，增强自身的防范能力以及在毒品面前的自护能力，增强“抗毒”能力，坚决对毒品说“不”。

第二节　健康体适能及其干预

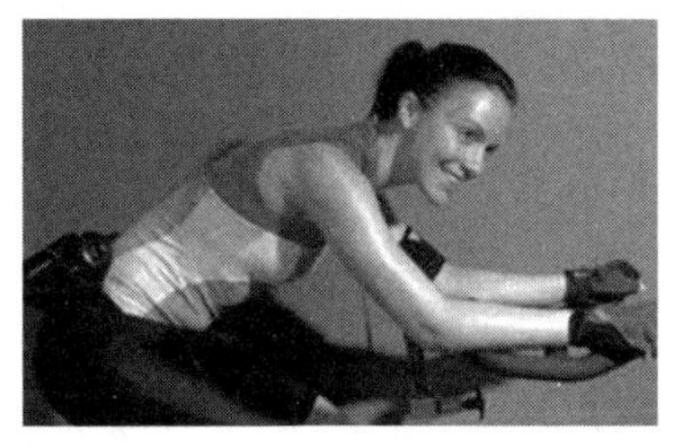

对健康的评价，因视角不同而评价方法和指标各异。从体育视角评价健康常用的是“体适能”这一指标。体适能是从体育学角度评价健康的一个综合指标。

一、健康体适能概述

（一）什么是体适能

体适能概念最早出现在半个多世纪前由“美国健康、体育、休闲协会”组织和制定的《国家青年适应能力测试》的文件中。各国学者对体适能的具体表述虽有所不同，但总体上都认为体适能是指机体有效与高效执行自身机能的能力，也是机体适应环境的一种能力。

体适能包括的内容比较丰富。根据美国运动医学会的释义，体适能包括技能体适能和健康体适能两类，即“体适能＝健康体适能 + 技能体适能”。不同的体适能之间既相互关联又相互区别。一个拥有良好健康体适能的人并不一定具有优秀的技能体适能，但拥有优秀技能体适能的前提是机体具有良好的健康体适能。

（二）健康体适能的构成

健康体适能是体适能的两大分支之一。顾名思义，健康体适能是与健康有密切关系的体适能，它不仅是机体维护自身健康的基础，还是机体保证完成日常工作和降低慢性疾病发生的前提。技能体适能包括灵敏、平衡、协调、速度、爆发力和反应时间等，这些要素是从事各种运动的基础，但没有证据表明它们与健康和疾病有直接关系。例如，并未发现身体协调性好的人比身体协调性差的人存活时间长或患病概率低。

健康体适能由四个方面组成：心肺耐力适能、肌肉适能（肌肉耐力适能和肌肉力量适能）、柔韧性适能、身体成分。

（1）心肺适能反映由心脏、血液、血管和肺组成的血液运输系统向肌肉运送氧气、能量物质的同时维持机体从事体力活动的能力。拥有良好心肺适能的人通常也具有较好的运动耐力和有氧运动能力，因此，心肺适能有时又被称为心血管耐力或有氧适能。提高心肺耐力就要提高有氧运动能力，因为有氧运动可以提高心脏泵血功能、加大心脏每搏输出量、提高高密度脂蛋白、减轻动脉粥样硬化、防治高血压、改善心肌供血、降低安静时心率、减轻心脏负担、提高胰岛素受体敏感度、降低血糖水平。心肺适能对减少体重、提高心肺功能都有相当大的助益，是现代人最重要的适能，也是评估体适能优劣最重要的指标。

（2）肌肉力量和肌肉耐力适能方面，肌肉力量是肌肉所能产生的最大力量，是肌肉对抗阻力的能力；肌肉耐力是肌肉持续收缩的能力，是机体正常工作的基础。耐力强的人可以长时间工作而不易疲劳。

（3）柔韧性适能即身体各关节能有效地活动到最大范围的能力。影响柔软性的因素除了关节本身的结构外，还有肌肉、肌腱、韧带、软骨组织和皮肤等。柔软性适能好的人，其肢体的活动范围较大，并且在不借助外力的情况之下，身体扭转、回旋、弯曲、伸展都比较轻松自如，能避免因用力而造成肌肉拉伤或关节扭伤等运动损害。

（4）身体成分是指人体肌肉、脂肪、骨骼及其他组成机体成分的相对百分比。其中，体脂是评价身体成分的主要指标，适当的体脂百分比是理想体适能的一个重要指标。当人体体脂百分比过高时，健康和体适能就会受到很大威胁，罹患心脏病、高血压、糖尿病、脂肪肝、高血脂、高胆固醇等疾病的概率也较一般人高很多。每个人都有自己的体脂百分比，即使同等身高体重的两个人，其身体成分也是不一样的。身体成分的测量还包括浮肿指数、肌肉形态指标、营养状况、基础代谢率等，这些指标能较为全面地反映身体成分的组成状况。

（三）健康与体适能的关系

健康反映了身体、精神和社会的完好状态，强调了对社会的适应力。体适能是指身体对生活、运动和环境等因素的应变能力，强调的是一种应变力。由此可以看出，健康的好坏可以决定体适能水平的高低，而健康体适能状况反过来也影响机体的健康水平。一定程度上讲，提高健康体适能的水平，是达到整体健康的根本途径。

（四）健康体适能干预的意义

健康体适能干预主要是针对健康人群、亚健康人群、疾病人群的健康危险因素进行全面监测、分析、评估、预测、干预和维护的全过程。实施健康体适能干预是变被动的疾病治疗为主动的管理健康，达到节约医疗费用支出、维护健康和促进健康的目的。

此外，通过健康体适能干预的各种检测，人们可以对自身健康状况进行评价，提升对健康的认知，建立符合现代社会发展趋势的健康新理念，认识到身体成分、身体形态、心肺耐力、肌肉力量与耐力、柔韧性是影响人体健康的主要因素。这样有利于帮助和督促人们科学、综合地评价自身体质的健康状况，激发其自觉地参加体育锻炼，并养成终身追求健康生活方式的行为和习惯。

二、心肺适能的干预

（一）运动处方概述

1. 什么是运动处方

运动是良医。运动处方类似医生给病人开的医药处方。20 世纪 50 年代，美国生理学家卡波维奇提出运动处方这个概念。1960 年，日本学者猪饲道夫首次使用运动处方这一术语。1969 年，世界卫生组织采用了运动处方这一术语，使其在国际上得到认可。我国的《体育词典》对运动处方的解释如下：针对人的健康状况或某些疾病，来确定体育锻炼的项目内容、强度、负荷、次数、时间和锻炼的注意事项等。简单来说，运动处方是在身体检测的基础上，根据锻炼者身体的需求，按照科学健身的原则，为锻炼者提供的针对性的身体锻炼指导方案。

2. 运动处方的特点和作用

运动处方最大的特点是因人而异，能对锻炼者提出具体的运动负荷量和运动方式，保证身体锻炼的科学性和有效性。按照运动处方锻炼能有效提高身体机能，如提高机体的肌肉耐力、肌肉力量、爆发力、灵敏性、平衡性和柔韧性等。此外，很多慢性病患者把运动处方作为治疗疾病和康复疗法的一种手段，以提高机体对疾病的抵抗力，达到治疗疾病的效果。

3. 健身运动处方分类

健身运动处方的主要目的是提高体适能、促进健康、预防运动缺乏病（高血压、冠心病、糖尿病、肥胖等），包括有氧适能运动处方、肌肉适能运动处方、控制体重运动处方等。

4. 制订运动处方的程序

制订运动处方的程序依次包括健康检查、体力检查、制订处方、实施处方。

（1）健康检查。制订运动处方首先要考虑人的身体健康状况，因此首先要对其进行必要的健康检查，以判断其是否存在异常和疾病。健康检查以心血管系统为主，通常包括心电图、心率和血压等指标。同时，要询问病人的病史、遗传病、伤病情况以及当前的身体状况等，判断其是否需要接受体力检查、能否参加体育锻炼。

（2）体力检查。体力检查的目的是发现被检查者是否存在潜在的身体疾病或异常，为确定适宜的运动强度提供根据。体力检查的方法较多，使用比较普遍的有台阶试验法和 12 分钟跑测验法。

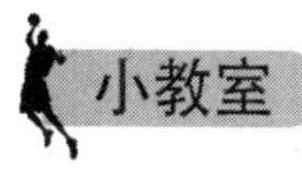

台阶试验法

台阶高度：大学男生，40 厘米；女生，35 厘米。

测试方法：测试前测定安静时的脉搏，然后受试者做轻度的准备活动，主要是活动下肢关节。上、下台阶（或凳子）的频率是 30 次/分钟，因而节拍器的节律为 120 次/分钟（每上、下一次是四动）。受试者按节拍器的节律完成试验。

受试者从预备姿势开始，按节拍器的节律来做。第一拍，受试者一只脚踏在台阶上；第二拍，踏台腿伸直成台上站立；第三拍，先踏台的脚先下地；第四拍，还原成预备姿势。用 2 秒上、下一次的速度，连续做 3 分钟。做完后，保持静止休息状态，测量运动结束后的 1 分钟至 1.5 分钟、2 分钟至 2.5 分钟、3 分钟至 3.5 分钟的 3 次脉搏数，并用下列公式求得评定指数。计算结果包含有小数的，对小数点后的 1 位进行四舍五入取整，进行评分。台阶试验指数越高得分也越高，表明心血管系统功能越好。

$$\text{评定指数}=\frac{\text{登台阶持续时间（s）}}{2\times(\text{恢复期3次心率之和})}\times 100$$

表 10-1 为 18～25 岁年龄段台阶测试的参考性标准。例如，一位男性的评定指数为 52.6 次，则其心肺功能适应能力较差（即 2 分）。

表 10-1　台阶测试评价心肺功能适应能力的标准

评分等级	评定指数	
	男	女
1 分（差）	45.0～48.5	44.6～48.5
2 分（下）	48.6～53.5	48.6～53.2
3 分（中）	53.6～62.4	53.3～62.4
4 分（良）	62.5～70.8	62.5～70.2
5 分（优）	≥70.9	≥70.3

12 分钟跑测验法

12 分钟跑测验法是根据一个人在 12 分钟内所尽力跑出的距离来评定其心肺系统健康水平的一种方法。这个测验法是“有氧运动之父”肯尼斯・库珀经过 14 年的研究而编成的。评判结果分为优秀、良好、及格、不好、非常不好五个等级。评定参考标准如表 10-2 所示。

表 10-2　12 分钟跑评定参考标准

组别	水平等级	年龄组			
		30 岁以下	30～39 岁	40～50 岁	50 岁以上
男子	非常不好	1 600 米以下	1 500 米以下	1 400 米以下	1 300 米以下
	不好	1 600～1 999 米	1 500～1 799 米	1 400～1 699 米	1 300～1 599 米
	及格	2 000～2 399 米	1 800～2 199 米	1 700～2 099 米	1 600～1 999 米
	良好	2 400～2 799 米	2 200～2 599 米	2 100～2 499 米	2 000～2 399 米
	优秀	2 800 米及以上	2 600 米及以上	2 500 米及以上	2 400 米及以上
女子	非常不好	1 500 米以下	1 400 米以下	1 200 米以下	1 000 米以下
	不好	1 500～1 799 米	1 400～1 699 米	1 200～1 499 米	1 000～1 399 米
	及格	1 800～2 199 米	1 700～1 999 米	1 500～1 799 米	1 400～1 699 米
	良好	2 200～2 599 米	2 000～2 399 米	1 800～2 299 米	1 700～2 199 米
	优秀	2 600 米及以上	2 400 米及以上	2 300 米及以上	2 200 米及以上

（3）制订处方。综合健康检查和体力检查的结果，制订运动处方。运动处方主要包括如下内容，或曰运动处方四要素。

① 频率（frequency，F）——每周最佳练习次数。

② 强度（intensity，I）——运动强度的高低，如跑速或重量等。

③ 时间（time，T）——持续运动的理想或有效时间。

④ 运动类别（type of exercise，T）——运动的方式。

以上四要素是用来控制每周适应的运动量，如果准备增加运动量，可先考虑时间因素，先增加运动时间，强度、频次不变，适应之后，再增加频次，最后考虑增加强度。在考虑增加运动强度时，可先减少运动时间或频次以适应已增加的强度或阻力，等适应之后再考虑增加其他的因素。

（4）实施处方。根据运动处方要求，锻炼一个阶段后，要再次进行健康检查、体力测定，以评估运动处方实施的效果，同时根据身体变化情况修订运动处方，使其更具针对性和实效性。

如何确定运动强度

运动强度是运动处方的核心部分，反映机体运动时用力的大小和机体的紧张度，是指单位时间内的运动量，即“运动强度＝运动量÷运动时间”。运动强度是设计运动处方中最困难的部分，需要适当的监测来确定运动强度是否适宜。可根据心率、自感用力度（RPE）、最大摄氧量贮备（VO_2R）和代谢当量梅脱（MET）来确定。

1. 心率

心率和运动强度之间存在线性关系。用心率确定运动强度通常有两种方法。

（1）用最大心率（HR_{max}）的百分比来确定运动强度。最大心率不容易测定，通常以下面这个公式来推算：

$$最大心率＝220－年龄$$

用最大心率百分比来确定运动强度，通常认为以采用 55%～77%HR_{max} 为宜。

（2）用最大心率贮备（HRR）百分比来确定运动强度。HRR 等于 HR_{max} 减安静心率差。在实际应用时，是用贮备心率百分比和安静时心率同时来确定运动时的心率，称靶心率（THR），其计算公式如下：

$$靶心率＝（最大心率－安静时心率）（0.6～0.8）+ 安静时心率$$

其中，0.6～0.8 为适宜强度系数，亦即 60%～80%最大心率贮备。通常认为，在强度系数 0.6～0.8 范围内，运动能有效提高有氧适能。

2. 自感用力度

（1）运动者的自我主观感觉。瑞典生理学家布罗格首次提出自感用力度（等级）来评定用力的困难或运动的疲劳程度，如表 10-3 所示。其研究证明，这些用力的主观评价与工作负荷、最大心率贮备百分数（%HRR）、每分通气量和吸氧量，甚至和血乳酸水平高度相关。布罗格提出 RPE×10 约与心率相等。RPE11～16 和心率 110～160 次/分钟相当，此值在典型的训练强度范围内。对正常人，RPE11～16 也与绝对运动强度范围 50%～75%最大梅脱相近。RPE 可应用于各种人群，而不论年龄、性别和出身。

表 10-3 自感用力度等级

主观运动感觉	等 级	相应心率
非常轻松	8	80 次/分钟
很轻松	9	90 次/分钟
轻松	11	110 次/分钟
稍累	13	130 次/分钟

（续表）

主观运动感觉	等　级	相应心率
累	15	150 次/分钟
很累	17	170 次/分钟
最大用力	20	200 次/分钟

注：等级×10 约与心率相等（如“稍累”：13×10 或 130）。

(2) 运动后的自我主观感觉。运动量适宜的标志：锻炼后全身微出汗，肌肉稍微酸痛；有疲劳感，但自感舒服愉快、情绪高涨；运动后食欲和睡眠良好，次日精力充沛，疲劳消除，有继续锻炼的欲望。

运动量过大的表现：锻炼后大汗淋漓，头晕眼花，气喘胸闷，感觉很疲惫；脉搏在运动后 20 分钟还未恢复；食欲减退，睡眠不佳；第二天周身无力，肌肉酸软，无锻炼欲望。

运动量不足的表现：运动后无发热感，无出汗，脉搏无明显增加。

3. 用最大摄氧量贮备百分比确定运动强度

VO_2R 为 HRR 减静息吸氧量。近年来大量研究证实，%HRR 与%VO_2R 的当量关系较之它与%VO_{2max} 的当量关系更为密切和精确，故建议用%VO_2R 取代%VO_{2max}，和%HRR 一道，作为运动处方中常用强度控制指标。研究表明，采用%VO_2R 来确定运动强度时，其强度阈为 40%～50%VO_2R。

4. 用代谢当量梅脱确定运动强度

代谢当量梅脱是以安静时的能量消耗为基础，表达各种活动时的相对能量代谢水平。

机体的耗氧量与身体活动时的能耗量成正比，静息状态下耗氧量绝对值约为 250 毫升，相对值约为 3.5 毫升/（千克•分钟），这一安静状态下的值规定为 1 梅脱。例如，一项活动时的吸氧量为 14 毫升/（千克•分钟），则 MET＝14÷3.5＝4。此外，还可以先用间接测定的方法来推算最大摄氧量，然后折算为代谢当量。

（二）提高心肺适能的运动处方

1．运动频率

运动有益于健康和体适能，其中体力活动的频率起了重要作用。推荐给大多数成年人的运动频率是每周进行 3～5 天的有氧运动，频率随运动强度而变。当运动者每周运动超过 3 天时，心肺耐力的提高有减缓趋势；如果运动超过 5 天，就会出现提高的平台期。每周进行超过 5 天的较大强度运动时，发生骨骼损伤的可能性会增加。如果训练计划包含多种模式的运动，并且这些运动可以使身体的不同部位受力或者动员不同的肌群，那么可以进行这类较大强度的运动。推荐的另外一种运动频率是每周进行 3～5 天的中等和较大强度相结合的运动。

有些人可以通过每周仅 1～2 次的、中等到较大强度的、运动量特别大的活动来促进健康和体适能，但是锻炼不规律和做不习惯的运动会增加运动者发生肌肉骨骼损伤和心血管意外的风险，所以不向大多数人推荐这种每周仅锻炼 1～2 次的运动计划。

2．运动强度

运动强度与获得的健康和体适能益处有着明显的量效反应关系。运动训练的超负荷原则指出，低于最小强度或阈值的运动无法刺激机体的最大摄氧量等生理参数发生改变。推荐大多数成年人进行中等到较大强度的有氧运动；建议健康状态不好的人进行小强度到中等强度的有氧运动。间歇训练可以提高一次训练课的总强度或平均强度，成年人可以从间歇训练中获益。

3. 运动时间

运动时间（持续时间）是指一段时间内进行体力活动的总时间（即每次训练课的时间、每天或每周的时间）。对大多数成年人推荐的运动量是，每天累计进行 30～60 分钟（每周至少 150 分钟）的中等强度运动，或者每天累计进行 20～60 分钟（每周至少 75 分钟）的较大强度的运动或中等和较大强度运动相结合的运动。其实，每天的运动时间不足 20 分钟对健康也是有益的，但如果运动训练的目的是管理体重，那么可能需要更长的时间（每天 60～90 分钟），特别是针对那些大部分时间都是静坐少动的个体而言。

4. 运动量

运动量（总量）是由运动的频率、强度和时间共同决定的。运动量与健康和体适能收益之间存在量效反应关系，即健康和体适能的益处随体力活动的增加而增加，与更低的心血管疾病发病率和死亡率密切相关。推荐给大多数成年人的运动量是 500～1 000 梅脱-分钟/周。

计步器是一种促进体力活动的有效工具，并且可以通过每天行走的步数来估算运动量。人们常说“每天步行 10 000 步”，但是每天步行 5 400～7 900 步就已满足推荐量。

5. 方式

方式（模式）是指为了促进健康和提高心肺耐力，建议所有成年人进行有节奏的、大肌肉群参与的、所需技巧较低的、至少是中等强度的有氧运动。

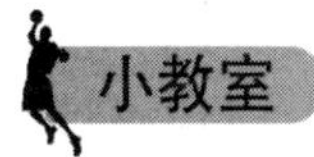

有 氧 运 动

有氧运动也称为有氧代谢运动，就是人体在氧气供应充分的情况下进行的体育锻炼。运动过程中，人体吸入的氧气与需求相等，达到生理上的平衡状态。简单来说，有氧运动是指任何富有韵律性的运动，其运动时间较长（约 15 分钟或以上），运动强度在中等或中上程度（最大心率的 75%～85%）。长时间进行耐力运动，能够充分、有效地刺激心肺，提高心肺功能，从而让全身各组织、器官得到良好的氧气和营养供应，维持最佳功能状况。

常见的有氧运动项目有步行、快走、慢跑、太极拳、健身舞、滑冰、骑自行车、跳绳、韵律操、长距离游泳等。有氧运动的特点是强度低、有节奏、不中断和持续时间长。同赛跑、跳高、跳远、举重、投掷等具有爆发性的非有氧运动相比较，有氧运动是一种恒常运动，是持续 5 分钟以上还有余力的运动。一些运动项目，如足球、篮球、射击等，其运动过程也是以有氧代谢供应能量为主，也算有氧运动，但是由于动作的重复性无规律，一般不在有氧运动的锻炼范围，而且在日常锻炼中也很少利用这些项目进行有氧锻炼。

6. 进度

运动计划的进度取决于运动者的健康状况、体适能、训练反应和运动计划的目的。在运动计划的开始阶段，建议逐渐增加运动的持续时间（即每次训练课的时间）。推荐给一般成年人的较合理的进度是在计划开始的 4～6 周中，每 1～2 周将每次训练课的时间延长 5～10 分钟。当运动者规律锻炼至少 1 个月之后，在接下来的 4～8 个月里，逐渐增加，直到达到指南推荐的数量和质量。有氧运动（心肺耐力练习）循证推荐如表 10-4 所示。

表 10-4　有氧运动（心肺耐力）推荐

FITT-VP 原则	循 证 推 荐
频率	*中等强度运动每周不少于 5 天，或较大强度运动每周不少于 3 天，或中等强度加较大强度运动每周 3～5 天
强度	*推荐大多数成年人进行中等和（或）较大强度运动 *轻到中等强度运动可使非健康个体获益
持续时间	*推荐大多数成人进行每天 30～60 分钟的中等强度运动，或者 20～60 分钟的较大强度运动或中等到较大强度相结合的运动 *每天小于 20 分钟的运动也可使静坐少动人群获益
类型	*进行规律的、有目标的、能动用主要肌肉群、表现为持续有节律性的运动
运动量	*推荐的运动量应为 500～1 000 梅脱-分钟/周 *每天至少增加 2 000 步使每天的步数不少于 7 000 步 *不能或不愿达到推荐运动量的个体进行小运动量的运动也可获得健康益处
模式	*可以每天一次性达到推荐的运动量，也可以是每次不少于 10 分钟的运动时间的累加 *每次少于 10 分钟的运动适用于健康状况差的病人
进度	*对运动的持续时间、频率和（或）强度进行调整，逐步达到运动目标。 *循序渐进的运动方案可以促使运动者坚持锻炼，同时减少骨骼肌损伤和不良心血管事件

三、柔韧适能干预

（一）柔韧性练习方式

提高柔韧性适能的主要练习方法是牵拉和本体感觉神经肌肉促进法（PNF），其中牵拉包括动力性牵拉和静力性牵拉。动力性牵拉节奏较快，同一动作多次重复练习，如连续踢腿、摆腿等，能够提高关节在运动中的活动幅度；静力性牵拉主要是一些节奏缓慢的牵拉练习，如静力压腿等，一般较为安全，不容易出现运动损伤。进行柔韧性适能练习时，最好是两种方法结合起来使用。

以上两种牵拉方式中又包括主动牵拉和被动牵拉两种类型。主动牵拉锻炼不依靠外力，而是通过肌肉的主动收缩来增加关节灵活性，如站立体前屈等；被动牵拉则是在外力帮助下使肌肉和韧带得到拉长的练习方法，如在他人帮助下压腿等。

（二）柔韧性练习量（时间、重复次数和频率）

拉伸练习时，当感到肌肉轻微紧张后，应保持这一姿势 10～30 秒就能够达到提高关节活动度（ROM）的目的。在进行 PNF 练习时，可首先进行 3～6 秒的低到中等强度的收缩（即 20%～75%最大随意收缩），随后由搭档进行 10～30 秒的辅助拉伸。根据需要，每个柔韧性练习都应重复 2～4 次，累计达到 60 秒。例如，运动者可以拉伸 2 次，每次 30 秒；也可以拉伸 4 次，每次 15 秒。柔韧性练习循证推荐如表 10-5 所示。

表 10-5　柔韧性练习循证推荐

FITT-VP 原则	循 证 推 荐
频率	*每周练习 2～3 次，每日练习效果更佳
强度	*拉伸达到拉紧或轻微不适状态

（续表）

FITT-VP 原则	循 证 推 荐
时间	*推荐大多数人静力拉伸保持 10～30 秒。 *在进行 PNF 时，最好是先进行 3～6 秒的轻到中等强度收缩（即 20%～75%最大随意收缩），接着进行 10～30 秒的辅助拉伸
类型	*建议对所有主要肌肉肌腱单元进行一系列的柔韧性练习 *静力拉伸（即主动和被动拉伸）、动力拉伸、弹震拉伸和 PNF 都是有效方法
运动量	*每个柔韧性练习的总时间为 60 秒
模式	*每个柔韧性练习重复 2～4 次 *肌肉温度升高时进行柔韧性练习效果最好，通过主动热身或者热敷、洗澡等被动方法都能够提高肌肉温度

四、肌肉适能干预

提高肌肉适能（即肌肉力量、耐力和爆发力的功能指标）对健康有益。肌肉力量的增加与更低的心血管代谢危险因素、全因死亡率（指一定时期内各种原因导致的总死亡人数与该人群人口数之比）、CVD 事件（心肌梗死、心力衰竭、慢性缺血性心脏病、中风和短暂性脑缺血发作），以及躯体功能限制和非致死性疾病的发生风险相关。规律的抗阻练习不仅可以提高肌肉力量，与健康有关的生物标志物也会发生明显变化，包括改善身体成分、血糖水平、胰岛素敏感性以及高血压前期到一期病人的血压。因此，抗阻运动有助于预防和治疗“代谢综合征”。抗阻运动还能有效增加承重骨的骨量（即骨密度和骨矿含量）和骨力，有助于预防、减缓甚至逆转骨质疏松病人的骨质流失，有助于降低肌肉骨骼疾病的发生率。

任何一种肌肉适能的提高，都需要通过合理的抗阻运动计划和准确的练习动作。下面介绍的抗阻运动旨在促进健康，更适用于不强调肌肉增长的全面或一般的体适能计划。

（一）抗阻运动频率

如果以发展一般性肌肉适能为目的，推荐的抗阻运动频率是每周对每一个大肌群（即胸部、肩部、上背部、下背部、腹部、臀部和下肢）训练 2～3 天，并且同一肌群的练习时间应间隔 48 小时。此方法适用于未经训练或业余训练的运动者。可在一次训练课中练习所有大肌群（整体法），也可将身体“分化”成若干部分，每次训练课仅对部分肌群进行练习。只要运动者每周对每个肌群训练 2～3 天，分化法和整体法都是有效的。

（二）抗阻运动方式

很多抗阻练习器材都可有效提高肌肉适能，包括自由负重、外加负重块或空气阻力式的器材以及拉力绳。抗阻练习应包含多关节或复合练习，即能调动多个肌群参与的运动（如卧推、肩部推举、下拉、臂屈伸、下背伸展、仰卧起坐/屈膝两头起、蹬腿和深蹲等），还应包括单关节练习（如肱二头肌弯举、肱三头肌伸展、股四头肌伸展、小腿背弯举、提踵等）。

肌肉不平衡会引起损伤。为避免肌力失衡，在进行抗阻练习时应同时练习相对的肌群（即主动肌与拮抗肌）。例如，采用腰部伸展和仰卧起坐分别锻炼腰部和腹部肌肉；用蹬腿和小腿背弯举来锻炼股四头肌和腘绳肌；等等。

（三）抗阻运动量（组数和重复次数）

抗阻练习时，每一个肌群都应该练习 2～4 组。运动者可以用同一个动作来完成这些组数，也可以由动员同一肌群的不同动作共同完成。例如，在锻炼胸肌时，可以进行 4 组卧推，也可以进行 2 组卧推加上 2 组臂屈伸。合理的组间休息时间为 2～3 分钟。运动者采用不同的动作来练习同一肌群可以增加训练的多样性，从而预防长期锻炼产生的精神疲劳，这样做还可能会提高运动者的锻炼依赖性。每一个肌群锻炼 4 组比锻炼 2 组的效果更好，但是即便运动者只做 1 组也可提高肌肉力量，尤其是初学者。

抗阻练习的强度和每组动作的重复次数呈负相关。也就是说，抗阻练习的强度或阻力越大，运动者能够完成的重复次数越少。如果抗阻练习的目的是提高肌肉的力量和体积以及一定程度的肌肉耐力，那么抗阻练习中每组动作的重复次数应该为 8～12 次。换算成阻力就是最大重复次数（RM）的 60%～80%，也就是仅能举起一次的最大重量的 60%～80%。例如，某人的最大重复次数为 100 磅（45.5 千克），那么选择的阻力范围应该为 60～80 磅（27～36 千克）。如果运动者对同一个动作做多组练习，在第一组练习中出现疲劳前所完成的重复次数将达到或接近 12 次，而在最后一组练习时，这个数值可能下降至 8 次。运动者完成每组动作时都应感到瞬时疲劳，而不是使肌肉真正疲劳，因为当肌肉到达疲劳点之后继续训练可能会增加肌肉损伤或酸痛的发生，尤其是对初学者而言。

如果抗阻练习计划的主要目的是提高肌肉耐力而不是力量和体积，那么练习应该是重复次数较多（可能是 15～25 次/组）、组间休息较短，并且组数较少（即同一肌群练习 1 或 2 组）。这种练习的强度或阻力以不超过最大重复次数的 50%为宜。对于年老和体适能极低的人来说，因为他们很容易发生肌腱损伤，所以在抗阻训练计划开始阶段的推荐运动量是多重复次数（10～15 次/组），运动强度应为中等强度，即最大重复次数的 60%～70%。

（四）抗阻运动技术

为了使运动的健康和体适能收益最大化和运动损伤发生最小化，运动者应以正确的姿势和技术进行练习，包括缓慢且有控制的重复动作、全关节活动范围内活动肢体，并且配合适当的呼吸，即向心阶段呼气、离心阶段吸气，并且避免瓦尔萨尔瓦动作（因其可引起心室负荷改变，导致局部心内膜复极从而引起心律失常）。不建议运动者进行单纯大强度（如大于 100%最大重复次数）的离心收缩或拉长收缩练习，因为这可能会增加肌肉损伤和严重肌肉酸痛的发生率，甚至导致横纹肌溶解（即由于肌肉损伤导致肌红蛋白进入尿液而引发的肾功能损伤）等严重并发症。初学者进行抗阻训练时，应该由有资格的健康和体适能专业人士进行指导。

（五）提高或保持

运动者通过抗阻运动计划使其肌肉适应了原有负荷之后，应采取超负荷或更大刺激来增加肌肉力量和体积。这种“递增超负荷”原则可以由多种方法实现。最常用的方法是增加训练负荷。例如，某人一直使用 100 磅（45.5 千克）的负荷进行抗阻练习，当其肌肉适应到能够轻松重复练习 12 次时，就应加大负荷，使其在采用新负荷进行一组练习时能重复完成的次数不超过 12 次，并且练习到每组的最后一次重复时，其肌肉没有明显疲劳和不适。其他的递增负荷方法还包括增加每个肌群的训练组数以及每周练习的天数。

另外，如果运动者的肌肉力量和体积已经达到预期目标，并且他只是想维持这一肌肉适能水平，那么就没有必要进一步增大训练刺激。运动者只要以原有的练习强度或阻力，每周练习 1 天就可以保持肌肉力量。

肌肉适能抗阻训练循证推荐如表 10-6 所示。

表 10-6　抗阻训练循证推荐

FITT-VP 原则	循 证 推 荐
频率	*每周对每一个大肌群训练 2～3 次
强度	*初学者以 60%～70%1-RM（中等到较大强度）间歇训练提高力量 *有经验的力量练习者以 80%1-RM（较大到大强度）提高力量 *以小于 50%1-RM（低到中等强度）增加肌肉耐力
时间	*尚无明确的实证研究
类型	*推荐进行包含所有大肌群的抗阻训练 *推荐所有人进行多关节运动，它不仅动用超过一个大肌群，并且能针对主动肌和拮抗肌 *计划中可包含针对主要肌群的单关节练习（通常安排在特定肌群的多关节练习之后） *可以使用多种体育器材和/或自身重量来完成上述运动
重复次数	*推荐大多数成年人以 8～12 次重复的负荷提高力量和爆发力 *建议使用重复 15～20 次的负荷提高耐力
组数	*推荐大多数成年人以 2～4 组重复练习提高力量和爆发力 *只 1 组练习也是有效的，尤其是对初学者 *小于等于 2 组可以提高肌肉耐力
模式	*有效的组间休息为 2～3 分钟 *建议同一肌群练习之间应至少休息 48 小时
进度	*逐步增加阻力和/或增加每组的重复次数和/或增加频率

注：1-RM（repetition maximum），1 次最大重复次数。

五、身体成分干预

（一）身体成分概述

身体成分是指身体中脂肪和非脂肪部分的组成。总体重中体脂的比例被称为体脂百分数，它可以准确地评价人体的胖瘦状况。体重中非脂肪部分又被称作瘦体重或去脂体重，包括肌肉、软组织、骨骼、结缔组织等。

人体健康需要合理的体重和身体成分。体重过重或过轻以及体成分比例失调除了会带来体型上的不美观问题，还会导致不健康现象的发生。成年肥胖，尤其是腹部脂肪积累过多的肥胖与高血压、高血脂、心血管疾病、脑血管意外、糖尿病、脂肪肝及某些肿瘤有密切关系，如图 10-5 所示。肥胖已成为脑血管病的重要病因，“腰带越长，寿命越短”。儿童肥胖、肥胖脑的形成会影响神经系统的发育，导致智力水平降低；生长素水平降低会影响正常生长发育；心肺功能降低会导致乏力、气促，肢体行动困难等。同时，肥胖发生年龄越小，病史越长，成年后发生糖尿病、高血压、冠心病的危险性就越大。过度肥胖的女性还会体内雌激素异常，发生月经不调、不孕，甚至诱发乳腺癌、子宫内膜癌等致命疾病。此外，肥胖还会导致心理、行为的亚健康状态和社交障碍。

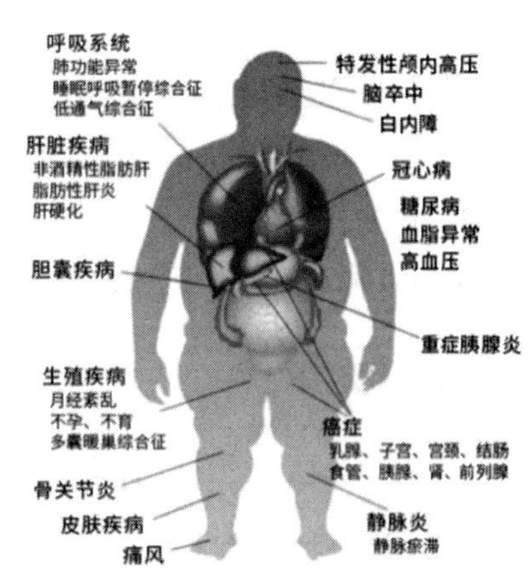

图 10-5　肥胖的健康危害

（二）判断肥胖的常用方法

1. 骨型测量法

可以通过下面所列的骨型测量法来自测体重是否在理想范围内。

你的体重在理想范围吗？

理想体重指处于某一身高的理想体重范围。度量惯用手腕的腕围，可找出自己所属的骨型（见表 10-7），然后在骨骼型栏内按照自己的性别与身高，找出理想体重范围，如表 10-8 所示。

表 10-7　骨型测量表

体　型	男　性	女　性
小骨骼型	16.51 厘米以下	13.97 厘米以下
中骨骼型	16.51～17.78 厘米	13.97～16.51 厘米
大骨骼型	17.78 厘米以上	16.51 厘米以上

表 10-8　理想体重速查表

高度/米		理想体重/千克					
		小骨骼型		中骨骼型		大骨骼型	
男	女	男	女	男	女	男	女
1.625	1.500	54.9～58.5	44.9～48.5	57.6～63.0	47.2～52.6	61.2～68.9	50.8～58.1
1.650	1.525	56.2～60.3	46.3～49.9	59.0～64.9	48.5～54.0	62.6～70.8	52.2～59.4
1.675	1.550	58.1～62.1	47.6～51.3	60.8～66.7	49.9～55.3	63.4～73.0	53.5～60.8
1.700	1.575	59.9～64.0	49.0～52.6	63.6～68.9	51.3～57.2	66.7～75.3	54.9～62.6
1.725	1.600	61.7～65.8	50.3～54.0	64.4～70.8	52.6～59.0	68.5～77.1	56.7～64.4
1.750	1.625	63.5～68.0	51.7～55.8	66.2～72.6	54.4～61.2	70.3～78.9	53.5～66.2
1.775	1.650	65.3～69.9	53.5～57.6	68.0～74.8	56.2～63.0	72.1～81.2	60.3～68.0
1.800	1.675	67.1～71.1	55.3～59.4	69.9～77.1	58.1～64.9	74.4～83.5	62.1～69.9
1.825	1.700	68.9～73.5	57.2～61.2	71.7～79.1	59.9～66.7	76.8～85.7	64.0～71.1

注：若体重低于理想范围下限，则是过轻；相反，高于理想范围上限，则是过重。

2. 体重指数法

也可以通过下面所列的国际通用的 BMI 值来快速自测自己目前的体重状态。

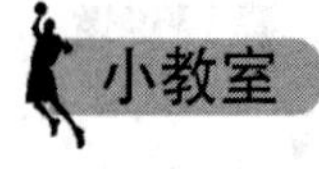

你会用 BMI 值测量自己的体重状态吗？

BMI（body mass index）指数是指身体质量指数，简称体质指数，又称体重指数，是用体重（千克）除以身高（米）的平方得出的数字。它是国际上常用的衡量人体胖瘦程度以及是否健康的标准，如表 10-9 所示。

BMI 值原来的设计是一个用于公众健康研究的统计工具。当需要知道肥胖是否是某一疾病的致病原因时，可以把病人的身高及体重换算成BMI值，再找出其数值及病发率是否有线性关联。不过，随着科技进步，现时BMI值只是一个参考值。要真正量度病人是否肥胖，还需要利用微电力量度病人的阻抗以推断其脂肪厚度。因此，BMI的角色也在慢慢改变，从医学上的用途而言，它已变为一般大众的纤体指标。

表 10-9 BMI 的参考标准

标 准	BMI 指数
偏瘦	< 18.5
正常	18.5～24.9
偏胖	25.0～29.9
肥胖	30.0～34.9
重度肥胖	35.0～39.9
极重度肥胖	≥40

例如，小张身高165厘米，体重60千克，那么小张的体重指数为 $60 \div 1.65^2 = 22.04$。参照标准值，可知小张的体重在正常范围内。

3. 腰臀围比值

腰臀围比值（WHR）是指腰围（厘米）和臀围（厘米）的比值。体内脂肪主要贮存于腰部、腹部及臀部，这几处脂肪的含量与疾病的发生、发展有密切关系。一般腰腹部脂肪堆积的肥胖者患冠心病、高血压、糖尿病、中风的危险性更大。当男性 WHR > 0.95、女性 WHR > 0.8 时，患病概率就会增加。专家建议，男性 WHR≥1、女性 WHR≥0.85 时，必须实施减肥。

（三）肥胖形成的原因

人类肥胖的原因是相当复杂的，主要原因有以下几方面。

1. 遗传因素

肥胖与遗传因素密切相关。双亲肥胖则子女约有80%的可能肥胖；单亲肥胖子女约有40%的可能肥胖；双亲都不胖，子女也有20%的可能肥胖，所以肥胖也受遗传外其他因素的影响。

2. 生理因素

相关研究表明，肥胖是通过生理性变化调节的。神经中枢（下丘脑）有体重“调定点”。正常情况下，当体重增加高于“调定点”时，食物摄入量减少，整个机体代谢水平升高；当体重低于“调定点”时，能量消耗急剧下降，食物摄入量增加。这些协调行为和代谢调节是为了防止体重偏离“调定点”，并促进体重向“调定点”恢复。但肥胖者的“调定点”被提高了，是在提高了“调定点”的情况下对机体能量失衡进行调节。

3. 代谢因素

人体消耗的能量主要来自糖和脂肪的氧化供能，而肥胖者更多地依赖糖氧化供能而非脂肪氧化，提示肥胖者脂类氧化能力降低，这与脂肪储存过多有密切的联系。

机体脂肪过量储存→脂代谢紊乱→血脂升高→大量游离脂肪进入门静脉系统→阻碍肝摄取胰岛素→循环胰岛素浓度增加→胰岛素抵抗→细胞对胰岛素敏感性下降→机体代偿性增多胰岛素分泌→高胰岛素血症（并可能导致高血糖——糖尿病）。因此，低静息能量消耗、低脂肪氧化和胰岛素抵抗是肥胖的危险因素。

4. 环境和行为因素

研究发现，具有潜在肥胖遗传素质的个体在食物缺乏和/或体力活动量大的情况下会变瘦，而无肥胖遗传素质的个体在高热量食物摄入和/或无体力活动的情况下可能会变胖。

成年人单纯性肥胖除了受遗传因素影响外，主要是由于不良生活方式而引起的。由不良生活方式引发的儿童肥胖，大约80%会延续为成年人肥胖。

（四）运动减肥处方

1. 干预处方要领

（1）运动方式。选择以大肌群参与的动力型、节律性有氧运动，如步行、快走健身操、骑自行车和游泳等，其中自行车和游泳尤其适合肥胖者。水中运动是最有效的减肥手段，除可增加左心室收缩和舒张末直径、改善有氧运动能力外，还可依靠浮力减轻关节负荷。此外，还可以借助于水的导热性能，将运动中产生的热量排出体外。力量性练习主要是躯干和四肢大肌群的运动，可采取仰卧起坐、下蹲起立的方式，也可利用哑铃、拉力器等运动器械进行锻炼。

（2）运动强度。运动强度关系到运动处方的有效性和安全性。普遍认为，有氧运动中以50%～70%VO_{2max}或60%～80%的最大心率为宜；运动开始，强度应为50%VO_{2max}或60%最大心率，然后逐渐增加。运动中，运动者可自测心率衡量运动强度。以测量桡动脉的脉搏为例，一般来说，30～39岁者运动心率为110～150次/分钟；40～49岁者心率为105～141次/分钟；50～60岁者心率为100～140次/分钟；60岁以上者心率为100～130次/分钟。

（3）运动时间。有氧运动时，每次运动时间持续30～60分钟。其中包括准备活动时间5～10分钟，目标运动强度运动时间20～40分钟，放松运动时间5～10分钟。力量练习时可取最大肌力的60%～80%作为运动负荷，重复20～30次/组，每隔两三周增加运动负荷。根据不同年龄和体质配合运动强度调节运动量，中老年、体质较差的肥胖者可进行运动强度较低、时间较长的运动项目，而年轻体质较好的肥胖者可进行强度较大、时间相对较短的运动。

（4）运动频率。一般认为每周至少运动3次，5～7次则较为理想。若情况允许，有氧运动也可以每天早晚各1次，以增加热量消耗、提高减肥效果。

2. 实施及注意事项

（1）要树立信心，持之以恒。减肥是一个长期的过程，需要有目的、有计划地进行，切忌三天打鱼，两天晒网。练一时、断一时，体脂非但不会降低，甚至可能升高。一段时间的运动减肥锻炼后，可能会出现体重不变（没有降低）的现象，但这时身体成分已发生了改变，即体脂减少、瘦体重增加，这便达到了减肥增肌的目的。

（2）运动与科学饮食相结合，增强减肥效果。注意平衡膳食，减少热量摄入。选择低热量、营养素含量全面的食品，如瓜果、蔬菜、瘦肉、水产品、蛋、奶、豆制品等。严格限制高热量、高碳水化合物、高糖类食品的摄入，如油炸食品、巧克力、奶油、糖等。控制零食摄入，特别是睡觉前以及非饥饿状态进食，应科学合理地安排进食时间。

（3）运动强度和时间要科学。运动减肥的关键是能持续一定长的时间。中强度、长时间的持续运动，消耗的总能量明显上升。

（4）运动实施前后要有准备活动和放松运动，主要是运动关节的活动和韧带的拉伸。

（5）选择合适的运动项目。一是锻炼全身体力和耐力的有氧运动项目，如长距离步行、慢跑、自行车和游泳等；二是锻炼肌力、肌肉耐力为目标的抗阻练习；三是准备活动和整理活动的伸展体操。应注意不断更换运动内容，以免厌烦。

此外，值得指出的是，减肥的效果是可以累积的。例如，以 9 分钟跑 1.6 千米的速度连续跑 1 小时大约消耗 870 千卡，而如果一次跑 10 分钟，分 6 次跑完，也是消耗 870 千卡。所以，减肥的人在生活中要尽可能地把握身体活动的机会，如能走路就不坐车、能爬楼梯就不乘电梯，工作中、休息时及饭后起身走走等都是有助于减肥的。

（五）体重过轻的干预

消瘦指的是人体皮下脂肪过少，造成体重低于标准体重的 20%，常由于体内的脂肪及蛋白质缺乏引起。体重过轻与过重，都是不健康的表现。除先天遗传因素导致的非病理性体质性消瘦外，消瘦有时是疾病的预兆，必须引起重视。引起消瘦最重要的原因是体内热量收支不平衡，究其根本是消化和吸收功能发生了障碍，影响了正常的消化和吸收。

1. 引起消瘦的常见疾病

引起消瘦的常见疾病有消化系统疾病，如慢性胃炎、慢性结肠炎、消化性溃疡、腹泻、吸收不良综合征等；神经-内分泌代谢疾病，如甲亢、慢性肾上腺皮质机能减退、胰腺疾病、垂体性消瘦综合征、糖尿病、尿崩症、精神性厌食等。此外，能量消耗增加也会导致消瘦，劳累过度、持续低热、恶性肿瘤等均可加速机体营养物质的消耗。

2. 消瘦的检查、治疗和调节

健康人体重一般保持恒定。一旦短时间内出现不明原因的消瘦，应及早到医院检查。伴有精神因素者，可运用情志疗法进行心理治疗。消瘦的本质在于机体营养物质的吸收和利用发生了障碍，所以调节饮食尤为重要。要多食脂肪和蛋白质，多吃富含维生素和矿物质的易消化吸收的食物，戒烟、戒酒。

对于体重过轻者，体育锻炼同样十分重要。适当的运动不仅有利于增强消化系统的功能、改善食欲，还能使肌肉强壮、体魄健美。人体肌肉“用进废退”，如果长期得不到锻炼，肌肉纤维就会相对萎缩，变得薄软无力，人也就显得更加瘦弱。

第十一章　运动损伤与急救

教学目标

1. 知识目标

掌握运动损伤与急救的基本理论和基础知识，为合理应对运动损伤、运动损伤急救提供科学理论指导。

2. 技能目标

（1）能够具备基本的运动损伤辨别能力，了解运动损伤急救的办法与流程。

（2）在运动过程中，能够采取科学方法，尽量避免、减少运动损伤发生的概率。

3. 课程思政目标

培养学生形成关爱生命、善待生命、注重安全、注重健康的正确观念。

体育锻炼能够增进健康、预防疾病、延年益寿，但体育锻炼过程中也会出现运动性损伤、运动性疾病，甚至运动性猝死。从某种意义上讲，体育锻炼是一把双刃剑，运用得好，受益匪浅；运用不好，适得其反。这就需要掌握科学锻炼的知识，达到科学、安全健身的目的。

第一节　运 动 损 伤

一、运动损伤的概念与分类

（一）运动损伤的概念

运动损伤是指人体在体育运动过程中所发生的各种急性或慢性损伤，如打球时的踝关节扭伤、肌肉拉伤、锻炼者的腰肌劳损等，其特点为小创伤多、慢性伤多、严重及急性伤少。与日常生活中发生的损伤不同，运动损伤与运动项目、训练安排、技术动作、运动环境以及运动者的自身条件有密切的联系。

（二）运动损伤的分类

1. 按伤后皮肤或黏膜的完整性分类

（1）开放性损伤。开放性损伤指体表组织（皮肤或黏膜）的连续性、完整性遭到破坏，有伤口与外界相通，有组织液渗出或血液自创口流出，可分为擦伤、切割伤、刺伤、撕裂伤及开放性骨折等。

（2）闭合性损伤。闭合性损伤指损伤后，体表组织（皮肤或黏膜）的完整性未受破坏，无开放性创口，有时受伤部位会有伤痕，但并不伴有皮肤破裂或外出血。常见的闭合性损伤有挫伤、肌肉拉伤、关节韧带损伤、闭合性骨折和关节脱位等，多由钝物打击或碰撞引起。

2. 按运动损伤发生的时限和机制分类

（1）急性损伤。急性损伤是指在运动一瞬间遭到直接或间接暴力所造成的损伤。其特点是症状突然出现、部位明确、有明显的致伤原因。伤后症状骤起，如关节韧带扭伤、肌肉拉伤、脱位、急性滑囊炎等。

（2）慢性损伤。慢性损伤又称劳损，指由于长时间单一姿势下工作，局部承受负荷过大，超出了组织所能承受的能力而导致的损伤，或因急性损伤处理不当转化而来的陈旧性损伤。其特点是发病缓慢、症状渐起，如疲劳性骨膜炎、肩袖损伤、髌骨软骨软化症等。

3. 按运动损伤的组织部位分类

包括软组织损伤、骨损伤、关节软骨损伤、神经损伤、血管损伤等。

二、运动损伤的基本原因

1. 缺乏防伤意识

运动损伤的发生，常与体育教师、教练员和体育锻炼者对预防损伤的意义认识不足或麻痹大意有关，他们缺乏防伤观念，不能积极地采取有效的预防及保护措施。

2. 缺乏合理正确的准备活动

运动前的准备活动可提高中枢神经系统的兴奋性，增强各系统器官的功能活动，使人体从相对静止的状态向紧张的活动状态过渡，恢复必要的条件反射。准备活动缺乏或准备活动不合理，神经系统及其他各系统器官的功能尚未充分动员起来，肌肉的力量、弹性和伸展性较差，身体协调性也较差，发挥技巧的条件反射尚未恢复等情况下，运动时极易发生损伤。

3. 技术动作错误

技术动作错误，违反了人体结构功能的特点及运动时的力学原理而造成损伤，是新参加运动者或学习新动作时发生损伤的主要原因。例如，做前滚翻时，因头部不正而引起颈部扭伤。

4. 运动量（尤其是局部负担）过大

局部负荷过大，导致超过人体组织所能承受的能力，人体组织结构过度摩擦、挤压以及过度牵拉等，引起微细损伤积累，导致慢性损伤。例如，过量跑步会伤害膝关节处的软骨，长时间跳跃练习会导致膝关节负担过大而引起髌骨劳损等。

5. 身体功能和心理状态不良

缺乏休息及睡眠、患病或伤病初愈以及过度疲劳等原因会导致人体的生理功能下降，此时参加剧烈运动或难度较大的运动易发生运动损伤。心情不好、情绪低落、注意力不集中、急躁、胆怯、犹豫等，也都可成为运动损伤的发生原因。

6. 组织方法不当

没有遵守教学、训练和比赛的原则，教学训练和比赛的组织方法不合理，训练或比赛中未予保护或保护方法不当、脱离保护过早等，都是发生损伤的重要原因。

7. 气候、场地因素不良

运动场地不平整，器械年久失修，雨后路滑，光线不足，气温过高或过低，也能引起创伤。寒冷和潮湿天气，运动创伤发生概率显著增加，特别是肌肉韧带的损伤。

健身锻炼中的“天时、地利、人和”原则

所谓“天时”，即要关注天气变化，选择适宜进行户外运动的天气进行锻炼，如遇冬季强风、雾霾、雨雪、严寒等恶劣天气便不宜露天运动，天气炎热或湿度过大时也不宜进行长时间剧烈运动等。所谓“地利”，即运动场地要安全。一般来说，运动场地应开阔、地面平坦无湿滑，以防跌倒。在使用健身场所提供的健身器材时，应先确认其完好，再选择切合实际的锻炼器材和健身方式锻炼。所谓“人和”，即运动前要确保自己有一个良好的身体和精神状态，别和自己的身体“较劲”，身体不适时切勿勉强参加锻炼。

三、运动损伤的预防

（1）学习运动损伤的预防知识，加强安全意识，克服麻痹思想。

（2）遵守纪律，服从管理，做好组织工作，采取必要安全措施，如检查运动场地和器材、穿合适的服装和鞋子等。

（3）要根据项目特点、个人身体状况和天气情况等，进行充分的准备活动。

（4）根据自己的实际情况选择活动内容，合理安排运动负荷。掌握运动要领，加强运动防护。

（5）经常参加锻炼，尤其是加强运动中易伤部位的训练。

第二节　运动损伤的急救处理

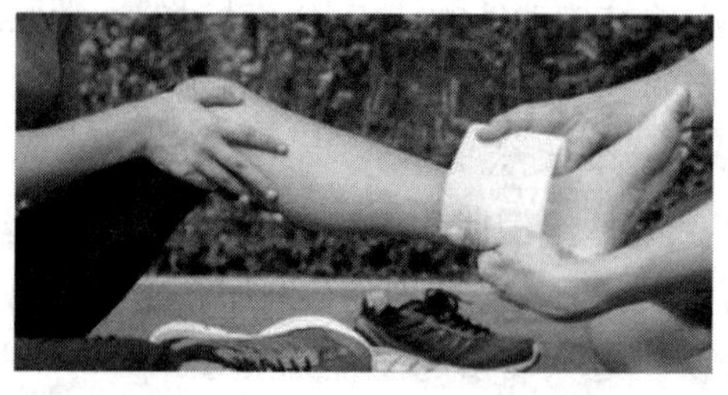

急救是对意外或突发的伤病事故，或者一些慢性疾病骤然转急所采取的一系列紧急的、临时性的治疗措施。急救的目的是保护伤者的生命安全，避免其再度受到伤害、减轻其痛苦、预防继发损伤，并为伤者转运和进一步治疗创造条件、争取时间。

一、急性运动损伤处理的 PRICE 原则

运动创伤发生时，创伤部位会出现出血、疼痛、肿胀、炎症反应等状况。为防止这些症状的加重，应立即采取应急处置。应急处置应遵循 PRICE 原则，即保护和休息（protect and rest）、冷疗（ice）、加压包扎（compression）、抬高伤肢（elevation）。

（一）保护和休息

损伤后应立即停止运动，对损伤部位加以保护，减少出血量，控制肿胀和炎症，防止伤势恶化。在下肢有出血的软组织损伤后，2 日内伤者的损伤部位不应负重。期间，伤者最好借助拐杖行走。若受伤后过早活动可能会使损伤进一步加重，导致恢复时间延长。

（二）冷疗

急性运动损伤需要“冷”处理。冷疗的主要作用是镇痛，利用低温的寒冷刺激，使局部血管收缩，减少出血。冷疗法可以用化学冰袋、冷水、冰块和冷冻喷雾剂。每次冷疗的时间以 15～20 分钟为宜，每隔 1～2 小时可重复进行一次。

（三）加压包扎

软组织损伤后在限制血肿的发生时，使用弹性绷带压迫止血是较理想的一种措施。安静时，肢体的舒张压是 40～70 毫米汞柱，而使用弹性绷带下的舒张压增高到 85 毫米汞柱，可在数秒内有效减少血流量约 95%。加压包扎可以和冷疗同时进行，如把弹力绷带进行冷冻后使用，从损伤部位的远端向近端加压包扎，开始部分包扎得紧一些，接近伤口部位稍松一些，观察血液的流通情况，保证包扎没有压迫神经和阻断血流。

（四）抬高伤肢

抬高身体受伤部位仅适用于肢体远端的损伤，如手、足部的出血。由于血流的有效自动调节，受伤部位只有抬高到心脏水平 30 厘米以上才能减少血流量。在抬高 50 厘米时，血流量下降到 80%；抬高 70 厘米时，血流量约为 65%。抬高肢体和加压包扎结合，能更有效地降低血流量。无论伤者平躺还是坐着，受伤的前 2 日都要抬高受伤肢体。

软组织损伤后要尽快采用 PRICE 措施进行有效治疗，在急性阶段早期及时的处理可以减少创伤、缩短疗程。在急性软组织损伤后，出血和血浆渗出将持续 48 小时。所以，PRICE 治疗必须持续 48～72 小时。

二、常见运动损伤的初步急救处理

（一）出血的初步急救处理

一次大量出血达全身血量的 1/3 以上时，就有生命危险，因此止血刻不容缓。止血方法有很多，不同种类和不同部位的出血应采取不同的止血方法。

（1）冷敷：用于急性闭合性软组织损伤有内出血者，如踝关节扭伤。可用冷水冲淋或用冷毛巾敷于患处。

（2）加压包扎法：用于小静脉和毛细血管出血。先用消毒纱布覆盖伤口，然后用绷带适当加压包扎。一般不要包得太紧，止住出血即可。

（3）止血带法：用于四肢部位大动脉外出血。在靠近出血部位的近心端缚扎止血带，稍紧即可，上肢每隔半小时、下肢每隔一小时须放松止血带一次，以免包扎处以下肢体缺血坏死。止血带可用橡皮管、宽布条、皮带、毛巾等，切忌用绳索代替，以免造成组织勒伤。

（4）充填法：用于鼻出血或躯干部位出血。用消毒药棉、软布、凡士林油纱条或消毒的卫生纸巾充填于伤口内，以压迫止血。

（5）直接指压法：在大量出血、情况紧急却来不及采用其他止血法时，可用手指直接压迫出血的血管或出血部位，暂时止血，以便进一步采取措施。

（6）间接指压法：用于动脉出血，是一种临时性止血的好方法。用手指压迫身体表浅部位搏动的动脉，最好压在骨面上，使该动脉供血部位的出血暂时停止。

① 头顶及额部出血：以拇指压迫耳屏前方的血管搏动处（即颞动脉），如图 11-1 所示。

② 面部出血：以拇指压迫下颌角前 1.5 厘米切迹处的血管搏动部位（即面动脉），如图 11-2 所示。

③ 肩部和上臂出血：以拇指用力压迫锁骨上方、胸锁乳突肌外缘的动脉搏动处（即锁骨下动脉），将该动脉向内后下压在第一肋骨上，如图 11-3 所示。

④ 肘部和前臂出血：以拇指压迫上臂中段、肱二头肌内缘的动脉搏动处（即肱动脉），将该动脉压迫在肱骨上，如图 11-4 所示。

⑤ 手指出血：以拇指和食指相对夹压出血手指的第一指节根部两侧（即指动脉）。

⑥ 大腿及小腿出血：以双手拇指重叠压迫腹股沟中点稍下方的动脉搏动处（即股动脉），将该动脉压迫在耻骨上，如图 11-5 所示。

⑦ 足部出血：以双手拇指分别用力按压踝关节背侧、足背皱纹中点的动脉搏动处（即胫前动脉）和内踝与跟骨之间的动脉搏动处（即胫后动脉），如图 11-6 所示。

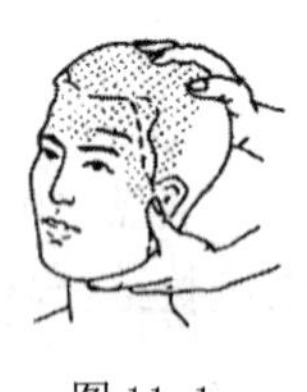

图 11-1
颞动脉压迫部位

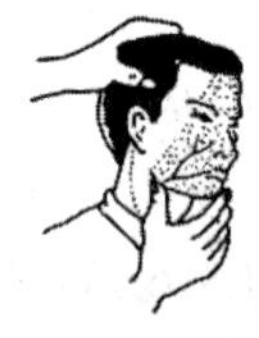

图 11-2
面动脉压迫部位

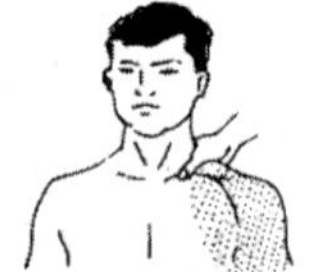

图 11-3
锁骨下动脉压迫部位

图 11-4
肱动脉压迫部位

图 11-5
股动脉压迫部位

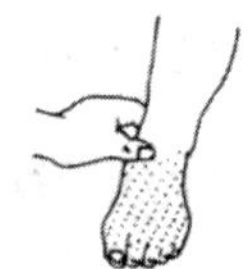

图 11-6
胫前、后动脉压迫部位

（二）骨折及其初步急救处理

1. 骨折的概念

在外力的作用下，骨的完整性、连续性遭到破坏导致的损伤，即为骨折。从原因上看，有外伤性骨折和病理性骨折之分。体育运动中发生的骨折，多为暴力作用导致的外伤性骨折。按骨折周围软组织损伤的病理划分，骨折有开放性骨折和闭合性骨折之分，大多为一个部位骨折，少数为多发性骨折。受伤后局部有疼痛、压痛、纵向叩击（或挤压）痛、畸形、假关节活动、功能障碍以及移动肢体时有骨摩擦音者，即可诊断为骨折。

2. 骨折的初步急救处理

（1）伴有休克者，应先抗休克。

（2）伴有出血和伤口者，应先止血和包扎伤口。

（3）四肢骨折的初步急救处理如下。

① 急救原则：及时固定骨折部位，避免加重骨折端附近的组织、神经、血管等损伤，减轻疼痛，便于搬运。

② 固定办法：将长度超过骨折部位上、下两个关节的夹板或树枝、木板、纸板置于患肢骨折部位一侧或两侧，再用绷带或布带等进行包扎；先固定骨折部位的两个断端，再固定其上、下两个关节。如寻找不到合适的器材，可将受伤的上肢用布类吊在胸前，或将受伤的下肢与健肢捆在一起。固定时应不松、不紧，但要牢固。

（4）脊柱骨折的初步急救处理如下。

① 急救原则：搬运方法要得当，保持脊柱伸直状态，以免加重或造成脊髓损伤。

② 搬运方法：须由 3～4 人同时托住伤者的头、背部和下肢，把伤者身体平托起来，移至硬板上，如图 11-7 所示。切忌一人抬头、一人抬脚的“软抬”。

③ 疑有颈椎骨折时，应由一人专管头部的牵拉固定，使头部与身体成直线位置不摇动（见图 11-8）；将伤者抬上硬板后，应在颈下放一小垫，不用枕头，并在头颈两侧用沙袋或衣物垫好，防止头部左右摇动。

④ 初步急救后，须立即送医院进一步处理。运送过程中要保护好受伤局部，固定伤肢以防再伤。尽可能减少震动，务必使躯干保持伸直位。

图 11-7 脊柱骨折的搬运方法

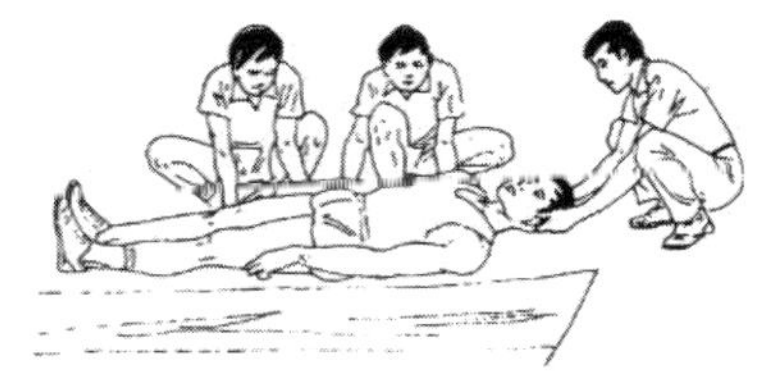

图 11-8 颈椎骨折伤者的搬运

（三）关节脱位及其初步急救处理

1. 关节脱位的概念

关节脱位又称脱臼，俗称“错环”，即组成关节各骨的关节面失去正常的对合关系。运动中发生的关节脱位多由间接外力所致，如跌倒时手撑地引起肘关节脱位或肩关节脱位。常见有肘关节脱位、肩关节脱位等。伤后以局部疼痛、肿胀，关节功能丧失为特征。

2. 关节脱位的初步急救处理

（1）立即用三角巾、夹板、绷带等在脱位所形成的特殊畸形姿势下固定患肢。若没有合适的器材，可将患肢固定在自己的躯干或健肢上，防止震动。

（2）肩关节脱位的固定：将患肢肘关节屈曲 90 度，一条三角巾在颈后打结，将前臂悬挂于胸前，另一条三角巾绕过患侧上臂，在健侧腋下打结，将上臂固定于躯干上。

（3）肘关节脱位的固定：将铁丝夹板弯成约 135 度的托板，置于肘后，用绷带缠绕扎紧，再用三角巾将前臂悬挂于胸前。若无铁丝夹板，可直接用三角巾将前臂悬挂于胸前。

经初步急救处理后，应立即将伤者送医院做进一步处理，及早实施复位术。

（四）溺水及其初步抢救措施

1. 溺水的概念

人们喜欢到江河湖海中游泳，但不识水性或误入险滩，都可能造成意外溺水事故的发生。人淹没于水中，由于呼吸道被水、污泥和杂草等堵塞，或者因吸水的刺激导致喉头、气管发生反射性痉挛，引起窒息和缺氧，称为溺水。因溺水引起的窒息和缺氧，可导致呼吸、心搏骤停而致死。溺水者一般有面色苍白肿胀、口鼻充满泡沫、身体发绀、四肢冰冷、腹部胀大、神志昏迷，甚至呼吸、心跳停止等临床表现。

2. 溺水的初步抢救处理

（1）迅速撬开口腔，清除口腔和鼻腔内的分泌物及其他异物，使其呼吸道保持通畅。

（2）控水。对上腹鼓胀、腹内有水的溺水者，可将其腹部置于抢救者屈膝大腿上，使其头部下垂，然后按压背部，倾出其口腔、咽喉及气管内的积水。控水时间不宜过长，切不可因控水而失去心肺复苏的良机。

（3）检查呼吸、心跳情况，如呼吸、心跳停止，立即就地进行人工呼吸和胸外心脏按压。

（4）迅速转送医院，运送途中应继续进行人工呼吸和心脏按压术。切忌不进行任何抢救就将溺水者送往医院，这样会导致其者脑缺氧时间过长而失去挽救机会。

（五）呼吸、心搏骤停及其初步抢救措施

出现呼吸和心搏骤停，若不及时抢救，患者会迅速死亡或遗留严重的神经系统损害。

心脏与肺是位于胸腔内的两个重要器官。两者在体内是“近邻”，在生理功能上也密切相关。呼吸系统的严重功能障碍会累及心脏，严重的心脏功能损害也会引起呼吸功能障碍。呼吸停止和心跳停止，可单独发生或同时发生，两者间隔的时间往往十分短暂。呼吸停止后因全身缺氧，随即可引起心跳停止。心跳停止后，延髓血流即停止，可迅速引起延髓缺氧及中枢性呼吸衰竭而导致呼吸停止。在运动损伤中，严重创伤所导致的大量失血可导致呼吸、心搏骤停。

一旦判断呼吸、心搏骤停，应立即呼叫医务人员前来抢救。同时立即用最简便的方法重新建立有效的循环和呼吸，而人工呼吸和胸外心脏按压是现场复苏急救的重要手段，很多情况下这是唯一可用的方法。复苏成功的关键是行动迅速、争分夺秒，不可延误时机。

1. 呼吸停止的急救

人工呼吸是一项通过人工方法将氧气输送到呼吸停止的人的体内，以帮助其进行呼吸的技术。如果一名患者没有呼吸但是有脉搏，应立即进行人工呼吸。人工呼吸方法较多，最有效的是口对口吹气法。口对口吹气法适用于呼吸道无阻塞患者。

（1）操作方法：患者仰卧，救护者一手托起其颈部，使其头部尽量后仰，以保持呼吸道通畅，如图 11-9（a）所示。然后，救护者一手托起患者下颌，掌根部轻压环状软骨，使之间接压迫食道，以防吹入的空气进入胃内；另一手捏住患者鼻孔，深吸气后对准患者口部吹入，如图 11-9（b）所示。吹气完后，放松鼻孔，如此反复进行，每分钟吹气 16～18 次。

（2）注意事项：施行人工呼吸前，应迅速摘除义齿，清除患者口腔、鼻腔内的分泌物或呕吐物，松开其衣领、裤带和胸腹部衣服。开始时，吹气的气量和压力宜稍大些，吹气 10～20 次后应逐渐减少，以维持上胸部轻度升起为度。牙关紧闭者，可采用口对鼻吹气法，救护者一手闭住患者口部，以口对鼻进行吹气，其他操作与口对口吹气法相同。

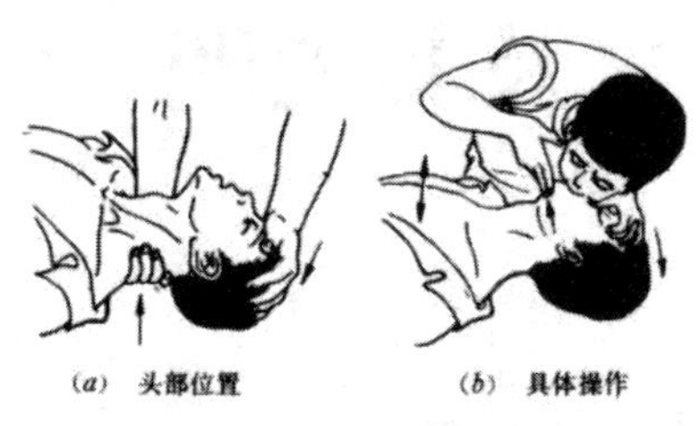

图 11-9　口对口人工呼吸

2. 心搏骤停的急救

心跳停止需立即进行心肺复苏。复苏开始越早，存活率越高。心跳呼吸骤停 4 分钟内进行心肺复苏者可能有一半人被救活；4～6 分钟开始心肺复苏可能有 10%的人被救活；超过 6 分钟开始心肺复苏可能有 4%的人被救活；10 分钟以上开始心肺复苏几乎无存活可能。

心肺复苏技术（CPR）包括人工呼吸和胸外挤压两项技术，其机理是通过人工的方式保持机体的气体交换和心脏泵血功能，人为地维持血液循环。

（1）操作方法（见图 11-10）：患者仰卧在木板上或平地上。救护者跪在患者身体侧方，双手手掌重叠，以掌根部放在患者胸骨体下半段，肘关节伸直，借助自身体重和肩臂肌的力量，适度用力下压，对成年人下压的深度为 4～5 厘米，按压频率为 80～100 次/分钟。为保证稳定节奏，急救者要数数，1、2、3……直到 30。30 次胸外按压后，打开患者气道（常用方法有仰头举颏法和托下颌法），对其进行 2 次人工呼吸。如果是两个人抢救，一人进行口对口人工呼吸，另一人负责胸外心脏按压，两人协调配合，如图 11-11 所示。基本频率是每按心脏 4～5 次做口对口人工呼吸 1 次。复苏指征有缺氧明显改善；瞳孔由大变小；按压时可触及大动脉搏动，收缩压大于 60 毫米汞柱；有知觉反射、呻吟或出现自主呼吸。人工呼吸和胸外心脏按压必须及时、连续、持久，在医生到来之前或急送医院途中，都不能中断。

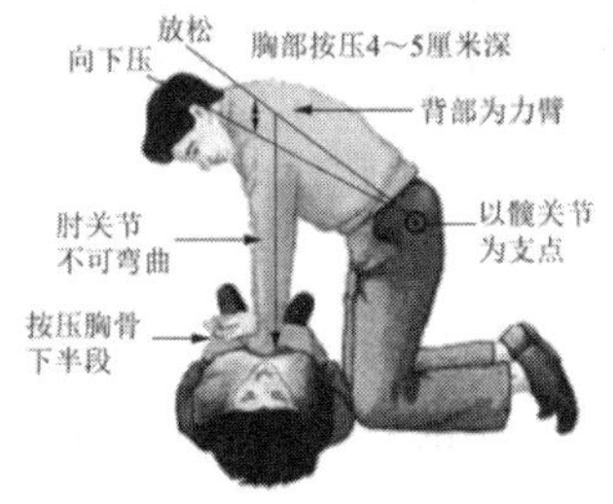

图 11-10　心脏复苏术按压姿势

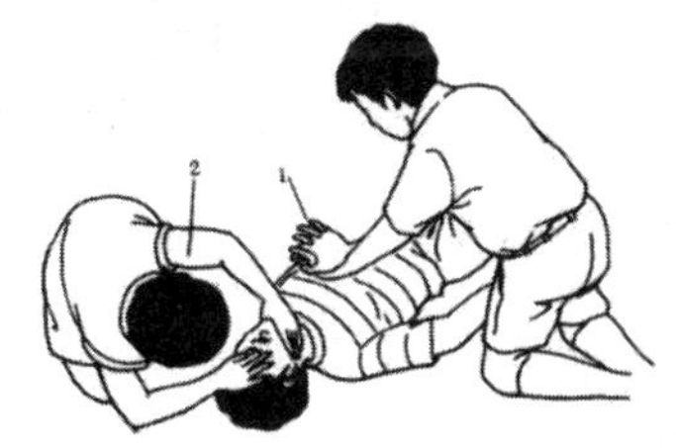

图 11-11　胸外心脏按压和口对口人工呼吸同时进行示意图

（2）注意事项：救护者只能用掌根压迫患者胸骨体下半段，手指要向上稍翘起与肋骨离开一定距离；按压方向应垂直对准脊柱；按压时应具有一定冲击力，确保足够的频率及深度，用力平稳、有规律，不能忽快忽慢，尽可能不中断胸外按压；每次胸外按压后要让胸廓充分回弹，保证心脏得到充分的血液回流。在就地进行抢救的同时，迅速呼叫医生前来处理。

第十二章　运动性疲劳与常见运动性病症及其处理

教学目标

1. 知识目标

了解各种常见运动性病症的病因、发病机理、症状及诊断。

2. 技能目标

掌握常见运动性病症的处理方法和预防措施。

3. 课程思政目标

培养学生注重健康、注重安全、尊重生命、善待生命、关爱他人的正确观念。

在体育锻炼和运动训练中经常会经历疲劳，了解运动性疲劳产生的原因、诊断方法以及预防和消除疲劳的方法有着重要意义。在体育运动中有时也会发生运动伤病，为尽量减少、减轻运动伤病，伤病后能尽快康复，我们需要对运动伤病的发病机制、成因有所了解，并掌握一些预防和处理的基本方法。

第一节　运动性疲劳

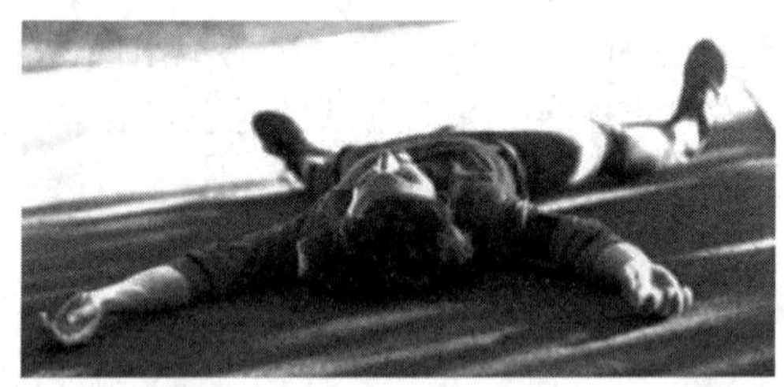

一、运动性疲劳的概念

运动性疲劳是指运动持续一段时间后，机体运动能力及身体功能暂时下降，但经过适当休息后又可以恢复的现象。运动性疲劳是由运动引起的，与营养、环境、疾病、药物等所致的疲劳不同，其所导致的工作能力下降是暂时的，经过休息可以恢复。

疲劳是体育活动的正常反应。实际上，运动性疲劳的出现有重要的生理意义：一方面，表明这次运动量作为一种适宜的刺激，已经使机体产生了相应反应，有了明显的锻炼效果。没有疲劳的锻炼是没有健身效果的。体育锻炼中身体必须达到一定程度的疲劳才能获得超量恢复，超量恢复不断积累，体质才能逐渐增强。这也是体育锻炼增强体能、增进健康的理论基础。另一方面，疲劳出现又是一种警报信号，它提示运动者体能已下降，应减低强度或中止运动以防止机体生理生化改变的进一步发展而出现异常，因此疲劳是一种保护性信号。体育锻炼总会有不同程度的疲劳，如果锻炼后能及时消除疲劳，就会很快恢复体能，有助于下次运动的进行；如果疲劳得不到及时消除，逐渐累积，容易产生过度疲劳，不利于身体健康。

什么是“超量恢复”？

肌肉或者肌群在适当运动练习之后，会产生适度的疲劳以及在形态、功能等方面出现一定程度的下降。适当时间的休息可以使肌肉的力量和形态、功能等恢复到运动前的水平，并且在一定时间之内还可以继续上升并超过原有水平。随着休息时间的延长，又逐渐下降到原有的功能水平。如果下一次练习是在超量恢复（肌肉功能上升并超过原有水平的一段时间内）的阶段进行的，就可以保持超量恢复不会消退，并且能逐步积累练习效果。如此一来，反复的肌力练习能够使肌肉体积增大、力量增强。这就是“超量恢复”。

二、运动性疲劳的产生机理

运动性疲劳是一种综合性的复杂过程。多种假说阐述了运动性疲劳的产生机理，其中具有代表性的包括衰竭学说、堵塞学说、内环境稳定失调学说、保护性抑制学说、突变理论等。

（1）衰竭学说：该学说认为，在运动过程中，体内能源物质（ATP、磷酸肌酸、糖、脂肪等）大量消耗，出现能源短缺的情况，导致肌肉工作能力下降，不能完成预定强度的工作，即出现了疲劳。

（2）堵塞学说：认为运动性疲劳的产生是由某些代谢产物在肌肉组织中堆积造成的，即乳酸、氨、二氧化碳和酮酸在体内积累过多，其中主要是乳酸堆积。乳酸堆积会引起肌肉组织和血液中的 pH 值下降，阻碍神经肌肉接点处兴奋的传递，引起肌肉工作能力暂时下降。

（3）内环境稳定失调学说：运动到一定程度时，人体内血液的氢离子浓度的负对数值（pH 值）下降、水盐代谢紊乱、血浆渗透压改变等，造成机体内环境稳定性失调，从而产生运动性疲劳。近来，离子代谢在运动性疲劳中的作用越来越受到重视，与运动性疲劳有关的离子有钙、钾、镁、硒等。

（4）保护性抑制学说：人体的一切活动都是在神经系统支配下完成的。运动时大量冲动使皮质相应的细胞、神经细胞长期兴奋，导致“消耗”增多。为避免进一步消耗，当消耗到一定程度时就会产生抑制过程。随着抑制扩散，工作能力也会随之下降，从而产生疲劳。这时的疲劳出现对大脑的神经细胞具有保护性作用，所以疲劳是保护性抑制。

（5）突变理论：此理论由爱德华兹提出，认为运动过程中能量消耗、肌力下降和兴奋性丧失的三维空间关系引发了疲劳。在能量消耗和兴奋性衰减过程中，存在一个急剧下降的突变峰。由于兴奋性突然急剧下降，能量储备的进一步消耗减少，同时伴随着肌肉力量和输出功率的突然下降，表现为肌肉疲劳。突变理论把疲劳看成是多因素的综合表现。

三、运动性疲劳的判断

根据疲劳的程度，运动性疲劳可分为轻度、中度和非常疲劳三种。如果是轻度疲劳，可以继续锻炼；如果是中度疲劳，要适当减少运动量；如果是非常疲劳，就需要完全停止一段时间的运动，必要时还要请医生治疗。运动性疲劳产生的原因是复杂的，所以判断和评定运动性疲劳的方法很多。实践中，一般可从以下三个方面来综合评定。

（一）观察法

疲劳一旦产生，就会出现各种客观体征，如面色苍白、眼神无光、精神不集中、反应迟钝、运动能力下降、错误增多等。出现以上这些体征说明运动者产生了初步的疲劳。

（二）生理机能测定法

人体疲劳时，各器官系统的机能会随之下降，下降的程度与疲劳程度相关，因此可通过一些客观的生理指标的测定来判断疲劳。常用的方法主要包括以下三种。

（1）呼吸及耐力测定：连续测 5 次肺活量，每次间隔 30 秒，运动前后进行对比。疲劳时，肺活量会一次比一次下降。

（2）肌肉张力：肌肉疲劳时，随意放松的能力会降低，肌肉张力的振幅减小，所以可使用张力计进行测定。

（3）心率测定：心率是评定运动性疲劳的一个简易指标，通常用基础心率、运动后恢复心率对疲劳进行诊断。

（三）自我感觉

通过自觉症状（如疲乏、头痛、头晕、腿痛、心悸、恶心等）来加以评定。

体育教学和运动训练中，可采用如表 12-1 所示的简易方法来判断疲劳程度。

表 12-1　疲劳程度的标志

内容	轻度疲劳	中度疲劳	重度疲劳
自我感觉	无任何不适	疲乏、腿痛、心悸	除疲乏、腿痛、心悸外，还有头痛、胸痛、恶心，甚至呕吐等征象。有些征象存在时间较长
面色	稍红	相当红	十分红或苍白，有时呈紫色
排汗量	不多	稍多，尤其是肩带部分	非常多，尤其是整个躯干部分。颞部及衣物上可见白色盐迹
呼吸	中等度加快	显著加快	显著加快，并且表浅（其中有少数深呼吸出现），有时呼吸节奏紊乱
动作	步伐轻稳	步伐摇摆不稳	摇摆现象显著，在行进时掉队，存在不协调动作
注意力	比较好，能正确执行指示	执行口令不准确，有时改变方向时会发生错误	执行口令缓慢，只有大声口令才能接受

四、体育锻炼中怎样预防、推迟疲劳的出现

（1）坚持经常性的锻炼与训练，以提高运动素质和能力。

（2）科学合理地安排锻炼内容，发展和锻炼与项目相适应的能力，身体各部位锻炼负荷合理交替，避免出现躯体局部过劳而导致整个机体的工作能力下降。

（3）合理安排饮食，均衡营养，增加体内能源的储备。例如，锻炼前 5 分钟饮用 150～

200 毫升浓度为 35%～40%的果糖溶液，可提高机体耐力，推迟疲劳的出现。

五、运动性疲劳的消除

（一）整理活动

整理活动是消除疲劳、促进体力恢复的有效措施。运动后做整理活动，可使心血管系统、呼吸系统仍保持在较高水平，有利于偿还运动时所缺少的氧，使机体生理机能水平平缓下降到一定水平上。整理活动可采用慢跑、呼吸体操以及各肌群的伸展练习。伸展练习对消除肌肉痉挛、改善肌肉血液循环、减轻肌肉酸胀和僵硬、消除局部疲劳尤其有帮助。

（二）活动性休息与安静性休息

活动性休息是指在体力负荷后，在锻炼或训练间隙进行的强度较小的其他动态形式的锻炼方法。局部肢体疲劳后，进行另一部分肌肉的适当活动可以加速疲劳的消除。安静性休息是在运动之后从事的安静的休息方式，如坐、躺或睡觉等静态的休息方式。两种休息方式对消除疲劳都有良好的效果，将两种方法结合起来进行可加速疲劳的消除。

（三）合理补充营养

运动训练和比赛后，合理地补充营养有助于体力的恢复和运动性疲劳的消除。体育锻炼中，人体内糖消耗较多，因此饮食中要有充分的糖补充。激烈的锻炼或体力负荷使体内蛋白质代谢加强，所以要注意蛋白质的补充。长时间的体育锻炼或体力负荷较大时，疲劳后的饮食中也应根据负荷的激烈程度适当增加脂类食物。此外，运动性疲劳后的饮食营养中要注意补充维生素、无机盐。药物恢复可服用维生素 C、维生素 B_1、维生素 B_6、维生素 E，中药黄芪、刺五加、参三七等。

（四）心理恢复法

心理恢复法是采用心理控制与调节的措施，加快解除运动后心理疲劳的一种运动恢复方法。人体最容易产生疲劳的部位是中枢神经系统。运动后，欣赏优美动听的音乐，做些自我心理暗示、心理控制与放松练习等，对减轻精神紧张而引起的疲劳有良好效果。

（五）温水浴与热敷

运动过后在 37～40 摄氏度水温中淋浴或盆浴，是消除疲劳的有效方法。进行 10 分钟左右的温水浸泡或冲淋搓洗，有助于促进全身血液循环、放松肌肉。热敷是消除肢体或腰背肌肉疲劳的有效方法。局部热敷的温度以 47～48 摄氏度为宜，时间约 10 分钟。热水浸泡、热湿毛巾、热水袋、热沙袋等均可选用。

（六）按摩

按摩能改善全身血液循环，促进代谢产物的消除，促进肌肉放松，消除肌肉酸痛，恢复体力。常用的消除疲劳的按摩方法有推摩、擦摩、按压、叩打、抖动等。全身按摩一般先按大腿，后按小腿，再依次按摩臀部、腰背、上肢，必要时还可对头部进行按摩。肌肉酸痛部位的按摩时间可适当延长一些。在热水浴后进行按摩，更有利于加快疲劳的消除。

第二节　常见运动性病症及其处理

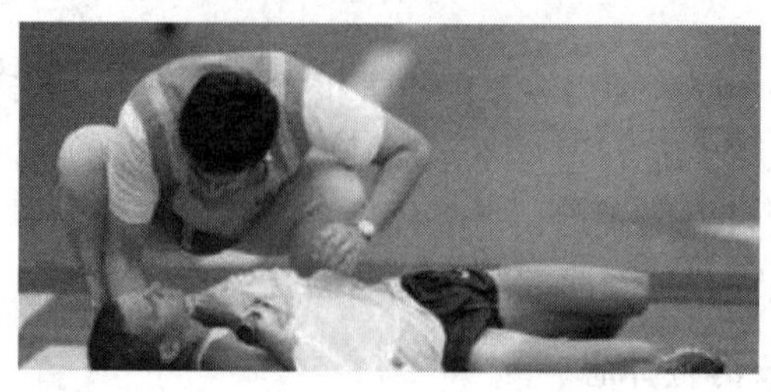

运动性疾病指的是由于体育运动的安排不当造成机体功能紊乱而出现的异常或疾病。它不仅在运动训练和比赛中较为常见，在体育教学中亦有发生。

一、低血糖症

低血糖症又称低血糖状态，是一组由多种病因引起的血葡萄糖（简称血糖）浓度过低所致的临床综合征。正常人空腹血糖的浓度一般为 3.9～6.1 毫摩尔/升。如果血糖浓度低于 2.8 毫摩尔/升，就会出现一系列交感神经兴奋和中枢神经系统功能紊乱症状，也就是低血糖症。

（一）病因

运动中发生的低血糖症，主要是在饥饿情况下参加体育活动时间过长或长时间剧烈运动时体内血糖大量消耗和减少、皮质调节糖代谢的功能紊乱而造成的。

（二）症状

轻者，感到非常饥饿，极度疲乏，头晕、眼花，面色苍白，出冷汗；重者，可出现神志模糊、语言不清、四肢发抖、呼吸短促、躁动不安，甚至惊厥、昏迷。持续性严重低血糖将导致不可逆性脑损害，甚至致死。

（三）处理

使患者平卧，注意保暖，神志清醒者可饮浓糖水、含糖饮料或进食少量糖果、饼干、面包、馒头等食品，一般短时间后症状即可消失。症状较重或出现昏迷者，应迅速为其静脉注射葡萄糖，同时点掐其人中、涌泉、合谷等穴，配合按摩，并迅速请医生前来处理。

（四）预防

体质虚弱、患病未愈或初愈以及缺乏锻炼或长期中断锻炼者，空腹饥饿时不宜进行长时间的剧烈运动。在长时间耐力性运动前（约 2 小时），可按 1 千克体重食用 1 克糖的标准食糖，但注意不要在运动前 1 小时内大量服糖。运动中应适量补充含糖饮料，出现轻度低血糖症状时应停止运动并饮用一些浓糖水。

二、运动性哮喘

运动性哮喘（exercise-induced asthma，EIA）又称运动诱发性哮喘，是指在一定量的运动之后出现的急性、暂时性大小气道阻塞，阻塞的严重程度与气管过度反应性直接有关。

（一）病因

当前，多数学者认为 EIA 的发病机理主要有以下几种。

（1）热丢失：剧烈运动之后，因过度呼吸使气道黏膜的水分和热量丢失，导致支气管平滑肌痉挛，诱发哮喘。

（2）介质释放：运动刺激促使肥大细胞释放组胺、白三烯（LTD_4）、中性粒细胞趋化因子（NCF）、前列腺素 F_2（PGF_2）和缓激肽等致喘性炎性介质，这些介质直接作用于支气管平滑肌，引起支气管痉挛，导致哮喘发生。

（3）渗透压增加：运动中气道内热量大量丢失的同时，水分也大量丢失，使支气管黏膜上皮的渗透压增加，引起肥大细胞脱颗粒，释放介质。

（4）“炎症”：运动可以诱发微血管效应，当气道内温度下降时，抗感染能力降低，可导致气道壁反应性充血和水肿，类似炎症反应过程，由此导致气道狭窄而诱发哮喘。

运动性哮喘的一个重要特点是与运动有关。运动的种类、条件、剧烈程度、持续时间以及气候条件都与运动性哮喘的发生有关。例如，运动负荷急骤增加易诱发哮喘；冷干燥的冬季在户外跑步、登山或打球更容易诱发运动性哮喘；等等。

（二）症状

EIA 患者一般在剧烈运动后几分钟开始出现胸闷、咳嗽、喘息、呼吸困难等症状，发作时双肺可闻及散在或弥漫性的、以呼气相为主的哮鸣音，呼吸相延长，多在停止运动后 5～10 分钟症状达高峰，30～60 分钟则症状可自行缓解。

（三）处理

运动性哮喘大多发生在寒冷的冬季和剧烈长跑后的 10～15 分钟，稍作休息即可自行缓解，但也可能会持续 1 小时以上，从而引起哮喘的严重发作。因此，运动性哮喘的急性发作期要积极治疗，包括吸氧，茶碱类药物、β-2 受体激动剂、糖皮质激素药物治疗等处理方法，以控制急性发作。大多数病人接受合理治疗后都能有效防止或迅速缓解支气管痉挛。

（四）预防

（1）运动前进行充分的准备活动，让呼吸道慢慢适应水分和温度的变化。

（2）运动性哮喘与冷空气刺激呼吸道有关，因此预防的关键是注意御寒保暖。

（3）运动性哮喘病人宜进行短时间的、反复的轻、中负荷量的运动，速度先慢后快。如果多次发生运动性哮喘，则需要积极预防，运动前可服用酮替芬或吸入色甘酸钠气雾剂。

（4）加强营养，提高身体免疫力；加强呼吸肌的锻炼；积极预防和治疗上呼吸道感染。

（5）虽然运动是哮喘发作的诱因之一，但进行长期适当的运动能提高运动性哮喘患者的运动耐力。运动训练能降低对 EIA 的敏感性，增强对呼吸急促的耐受力，室内羽毛球、网球、游泳都是很好的运动项目。

（6）有明确过敏原者要注意避免接触或吸入过敏原。

三、运动性猝死

不当运动可能会产生非常严重的后果。运动性猝死是最为严重的意外伤害事故。

（一）定义

猝死又称为“急死”“内因急死”“病理急死”“非创伤性急死”，是指未曾预料的“突然死亡”。猝死一般有三个基本特征：①自发过程；②意外发生；③进展迅速。

运动性猝死是与运动有关的猝死。关于运动性猝死的定义，国内外学者持论略有不同，但归纳起来是指在运动过程中或运动后 1 小时、6 小时、24 小时内发生的非创伤性意外死亡。症状发生 30 秒内的意外死亡称为即刻死。

（二）病因

1. 与脏器疾病、心血管疾病的关系

导致运动性猝死最常见的病因是心源性猝死，约占 70%以上，包括先天性心脏病、心肌梗死、心肌炎等。脑源性猝死为次，约为 1%。另外也有中暑、呼吸系统疾病等导致运动性猝死的病例。患者存在心脏器质性病变或心血管结构异常，如冠状动脉粥样硬化性心脏病、心肌炎、冠状动脉异常、主动脉瘤破裂、二尖瓣脱垂、瓣膜性心肌病等，也可能诱发猝死。

2. 与情绪、心理自我控制能力的关系

心理紧张、情绪不稳也是猝死的重要诱因。情绪激动可引起循环血液中儿茶酚胺水平升高，增加冠心病患者发生心室颤动的危险性或激发冠状动脉痉挛。激烈的比赛过程中，强烈的战胜欲和表现欲不同程度出现，一旦此情感表现过于强烈，将出现身体和心理的“忘我”，以致不知不觉地出现超量运动、过分紧张、过分激动等情况，从而导致悲剧发生。

3. 与运动量、强度的关系

猝死的危险性随运动的绝对强度或相对强度的增加而增加。因运动负荷超出承受范围，心脏循环系统不堪重负，需要的血液量和需氧量突增，而供给量却相对减少。在血氧供不应求的状态下，运动者的心肌会出现急性缺血，继而出现心脏停搏和脑血流中断，最终发生运动性心脏猝死和脑性猝死。有疾病隐患的人，如果参与运动的量或强度掌握不当，就极易发生危险。冬天寒冷的气候环境里，如果运动方式过于激烈，很容易引发心脑血管病，导致猝死。

4. 与其他未知因素的关系

虽然导致运动性猝死最常见的病因是心脏性猝死，但一些外部诱因也会导致猝死。物理和环境因素，如气温过高或过低都可导致既往健康者死亡。登山运动中，因高原缺氧，可引起心肌梗死、肺水肿或颅内出血而致死亡。饱食后运动、运动后立即热水浴等都有可能导致猝死发生。

（三）处理

运动猝死病程短，发病突然，防不胜防。一旦出现猝死情况，在场的人要立即争分夺秒地抢救。拨打 120 呼救的同时，可采用胸外心脏按压和人工呼吸进行急救。心脏发生心室纤颤时，可手握空心拳在病人心前区捶击 2 次，如无反应，则可再捶击 2～3 次。要及早采用，在用耳朵听不到心跳的一分钟内，实施拳击除颤效果最好。

越来越多的学校在体育场等重点区域配置了自动除颤仪（automated external defibrillator,

AED）。AED 是一种能自动识别异常心律并给予电击除颤的便携式急救设备，是可被非专业人员使用的抢救心源性猝死患者的医疗设备，其抢救心搏骤停患者的成功率远高于徒手心肺复苏。发生心脏骤停危及生命事件时，在救命的“黄金四分钟”内，正确使用 AED 和实施心肺复苏，能极大地提高院前急救效果，达到减轻伤害、挽救生命的目的。

AED 的使用步骤

AED 的使用步骤如图 12-1 所示。

（1）打开电源。将 AED 置于患者左侧，揭开 AED 盖子，打开电源。

（2）连接电极片。按语音提示在患者胸部适当位置紧密地贴上电极片，两块电极片分别贴在右胸上部和左胸左乳头外侧。

（3）分析心律。按语音提示把电极片的插头插进 AED 的主机插孔。接连插孔之后，AED 会自动分析患者的心跳，识别有没有心室颤动现象。

（4）除颤。除颤心率分析完毕，AED 会给出是否进行除颤的建议。当有除颤指征时，由操作者按下“放电”键除颤。

（5）除颤后，AED 会再次分析心律。如未恢复有效灌注心律，操作者应立即继续进行 5 个周期的 CPR。

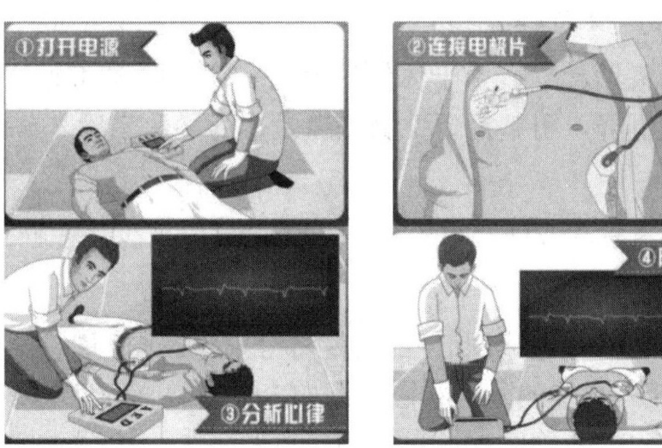

图 12-1　AED 的使用步骤

（四）预防

1. 加强学生的年度体检和日常监督工作

要重视学生的入学体检和定期体格检查，特别是心血管系统检查，以识别运动性猝死高危人群。检查中如发现有心脏疾病或心血管结构异常现象，应高度重视，在其日常体育锻炼和体育课教学、体育比赛中要多给予关注，避免悲剧发生。

2. 加强运动现场自救和医务急救工作

运动性猝死具有发病快的特点，因此学校应备有遇到突发事件的紧急预案，明确发生运动性突发事件时的抢救程序，现场教师、学生、校医、120 联动抢救，以提高成功率。学校要定期培训师生掌握基本的急救常识，包括人工呼吸、胸外心脏按压技术等。

3. 增强学生自我安全意识，普及运动性猝死常识

学校要加大对学生的健康教育宣传力度，让学生了解运动性猝死的病因、发病机制、临床表现及急救方法。运动中若出现胸闷、胸部压迫感、心绞痛、气促、心慌、头痛、心动过速、恶心、极度疲乏等症状，要高度重视，症状明显者应及时停止运动，并尽快到医院就诊。

4. 遵循循序渐进原则，科学进行体育锻炼

根据自身健康状况，有针对性地选择运动项目、运动方式、运动时间，把握好运动负荷及强度。如果平时运动较少，应避免未做准备地突然进行大运动量的运动。

四、运动性晕厥

在运动中，由于脑部突然供血不足或血中化学物质变化而引起的短暂意识紊乱或知觉丧失现象，称为运动性晕厥。运动性晕厥与运动性猝死密切相关，其中频繁的心源性晕厥是运动性猝死的危险信号。

（一）病因

1. 精神和心理状态不佳

精神过分紧张和激动，见到别人受伤、出血而受惊、恐惧等，都会反射性引起血管急剧扩张、血压下降，产生一时性脑部缺血而引起昏厥。

2. 直立性血压过低（体位性）

久站不动或久蹲后突然起立，由于体位的突然变动，肌肉和血管调节功能失调，致使回心血量骤减和动脉血压下降，引起短暂性脑缺血发作而导致晕厥。

3. 重力性休克

疾跑后“急刹车”容易造成回心血流量和心排血量的减少，使脑部供血不足，引起晕厥。

4. 胸部和肺内压增加

胸腔及肺内压突然剧增，造成回心血量减少，致使心排血量急剧减少，造成短暂的脑供血不足，可发生持续20～30秒的晕厥状态。例如，吸气后憋气使劲举杠铃，可使胸膜腔内压和肺内压大大增加，妨碍上腔静脉回流，使心排血量减少，从而引起晕厥。

5. 其他

低血糖、心脑血管疾病、低碳酸血症、中暑等，也会引起晕厥。

（二）症状

昏倒前，患者感到全身无力、震颤、头晕耳鸣、心动过速、眼前发黑、出汗。晕厥时，患者失去知觉、突然昏倒。昏倒后，患者手足发凉、面色苍白、血压降低、脉搏细而弱、呼吸减慢。轻度昏厥者，一般在昏倒后不久由于暂时的脑缺血得到缓解，会很快恢复知觉。

（三）处理

发生晕厥后应让患者平卧，头部稍低并偏向一侧，以免呕吐物或舌根后坠堵塞呼吸道；松开其衣领和腰带，足部略抬高，增加脑血流量。可以进行双下肢向心性按摩，由小腿向大腿心脏方向推摩或拍击，以促进血液回流。若不苏醒，可点掐患者人中、百会、合谷和涌泉等穴位，必要时给氨水闻嗅，一般能使其很快恢复知觉。患者清醒后可服用热糖水、维生素 C

及维生素 B_1 等，并注意休息。对神志未能迅速恢复者，应送其去医院做进一步处理。

（四）预防

经常坚持体育锻炼，以增强体质；运动前要做好准备活动，运动时要控制好运动量和强度，避免过度疲劳。疾跑后不要立即停止不动，应继续慢跑并调整呼吸，然后缓缓停下来。久蹲后不要突然起立，应慢慢起立，如感到有头晕等前驱征象，应立即俯身低头或仰卧。长距离运动，要及时补充糖、盐和水。身体虚弱、患病以及饥饿状况下不要参加剧烈运动。避免在夏季高温天气进行长时间的训练和比赛。如曾经发生过晕厥，应做全面检查以明确原因。

五、运动性腹痛

运动性腹痛是指由于运动引起的一时性腹部局部疼痛现象，时常在运动过程中或运动结束时发生，多见右上腹痛，呈钝痛或胀痛。

（一）病因

（1）因肝脾血郁肿胀，腹膜上的神经受牵扯而产生疼痛。

（2）运动中胃肠道缺血、缺氧，造成胃肠道痉挛或蠕动功能紊乱，引起腹痛。

（3）因呼吸肌痉挛而产生的与呼吸节奏有关的腹痛。

（4）原腹腔脏器有病变，运动时诱发了疾患或病变部位产生疼痛。肝胆疾病者在运动（尤其是剧烈运动）时由于内脏血管的收缩，缺氧状态、新陈代谢产物的刺激，更易出现腹疼。

（二）症状

运动时疼痛，疼痛程度与运动量强度成正比。低强度、小运动量，腹痛往往不太明显。轻者表现为钝痛、胀痛，重者可有阵发性绞痛。随着运动的停止，症状可逐渐缓解或消失。

（三）处理

运动中如果出现腹痛，要适当减慢速度，及时调整呼吸与运动节奏，做几次深呼吸，掐人中、内关、足三里等穴位，症状可能减轻。如仍无效果，应停止运动，到医院治疗。

（四）预防

加强身体的全面训练，以提高人体生理机能。合理安排膳食，运动前不宜饱餐或饱饮。饭后 1 小时才可运动，运动前要做好充分的准备活动，运动中注意呼吸节奏，掌握好运动量和运动速度。夏季运动要适当补充盐分。对各种疾病引起的腹痛，应积极治疗原发病。

六、延迟性肌肉酸痛症

在一次活动量较大的运动以后或隔了较长一段时间没有锻炼而突然进行体育锻炼之后，往往会出现肌肉酸痛。这种肌肉酸痛不是在运动结束后即刻发生，而是发生在运动结束 1～2 天以后，因此被称为延迟性肌肉酸痛（delayed onset muscle soreness，DOMS）。

（一）病因

肌肉的过度使用会造成 DOMS。肌肉活动的增加可伴随以下改变。

（1）收缩肌肉的张力和弹性的增加，引起结构成分的物理性损伤。

（2）新陈代谢增加，代谢废物对组织的毒性增加。

（3）运动引起肌肉温度升高可损害肌肉的结构成分，造成肌纤维的坏死和结缔组织的解离。

（4）肌肉的神经调节发生改变，使肌肉发生痉挛而致疼。

以上这些都可成为DOMS的病因，但一般认为肌肉内张力的增加引起结构性损伤是延迟性肌肉酸痛的原发因素。

（二）症状

一般在运动后24小时内出现肌肉僵硬、酸痛，自觉酸痛部位肿胀，有压痛，多发生于双下肢主要伸、屈肌群，而肌肉远端和肌肉肌腱移行处常常症状较重，严重者肌肉全长疼痛。24～48小时内，酸痛达顶点，之后逐步缓解，5～7天疼痛基本消失。大强度、大运动量的锻炼或训练，或较长时间未锻炼后重新开始锻炼，均可能引起DOMS。在长距离下坡跑后更易出现，运动者髋部、大腿和小腿部的主要伸屈肌群均可出现疼痛。

（三）处理

（1）热敷。用热水袋或热毛巾敷于酸痛肌肉部位，改善血液循环，缓解肌肉痉挛。每次敷15分钟以上，每天2～3次。

（2）伸展状态下的静力牵张。即患部关节伸直，慢慢拉长受伤肌肉，牵拉2分钟后休息1分钟，重复进行几次，保证肌肉必要的伸展性和弹性。

（3）按摩。采用揉捏手法，即将掌心及各指紧紧贴于酸痛部位皮肤，拇指与其余四指相对用力，沿向心方向做旋转式移动，边揉边捏，力可达深部肌肉。

（4）口服维生素C。维生素C可促进胶原合成，加速受损组织的修复。

（四）预防

（1）科学安排锻炼负荷，循序渐进，把握运动强度及运动量的递进性原则。

（2）进行充分的准备活动。特别是锻炼中负荷重的局部肌肉，更要充分活动开。

（3）避免在炎热的气温条件下进行大强度的肌肉离心性工作练习。

（4）疲劳时，不宜进行大强度的体育锻炼。

七、肌肉痉挛

肌肉痉挛（俗称“抽筋”）是肌肉发生不自主的强直性收缩。运动中最容易发生痉挛的肌肉有小腿腓肠肌，足底部的屈拇肌、屈趾肌等。游泳运动中最容易发生肌肉痉挛。肌肉痉挛对身体并无直接危害，在几秒或几分钟之内就可解除。但在游泳时发生肌肉痉挛，如不及时采取措施，往往会引起意外事故。

（一）病因

1. 低温刺激

在寒冷低温的环境中运动，肌肉会兴奋性增高而引起肌肉强直性收缩，从而发生痉挛。在低温环境中运动，如果没有做准备活动，就更易发生肌肉痉挛。

2. 电解质丢失过多

高温环境中运动或长时间剧烈运动或急性减体重，由于大量排汗，人体内失去水分和钠、氯等矿物质，造成电解质平衡失调。电解质的平衡能维持正常的肌肉兴奋性，电解质丢失过多则会导致肌肉兴奋性增高而发生痉挛。

3. 肌肉收缩失调

在体育锻炼过程中，肌肉过于紧张、收缩频率过快而放松时间过短，破坏了肌肉收缩、舒张的协调性，使肌肉发生强直性收缩，从而引起肌肉痉挛。

4. 疲劳及肌肉损伤

身体疲劳导致局部血液循环不畅，疲劳的肌肉中有较多的代谢产物堆积，如乳酸不断地刺激肌肉而引起肌肉痉挛。特别是在局部肌肉疲劳时进行剧烈运动或者突然用力做动作，就更容易发生肌肉痉挛。肌肉有细微损伤，损伤性疼痛也会反射性地引起肌肉痉挛。

（二）症状

局部肌肉剧烈收缩、疼痛难忍、触之僵硬，邻近关节会因疼痛出现暂时性的屈伸功能受限。肌肉痉挛发作常可持续数分钟。痉挛缓解后，局部仍会有酸痛不适感。

（三）处理

一般情况的肌肉痉挛只要用外力以相反方向牵拉痉挛的肌肉，几分钟后痉挛即可缓解。例如，小腿腓肠肌痉挛时，可取坐位或仰卧位，伸直膝关节，同时用力勾脚尖。牵引时要注意用力宜缓，以防造成肌肉拉伤。同时，配合局部按摩、点穴（如委中穴、承山穴等）等措施。使用热水袋、热毛巾等对痉挛肌肉进行热敷，也有助于促进血液循环、加快痉挛缓解。

（四）预防

平时要加强体育锻炼，增强机体的抵抗力和对低温环境的适应能力。运动前须做好准备活动。对容易发生痉挛的肌肉，运动前可适当按摩。夏季进行长时间运动要及时补充水、盐分、维生素 B_1；冬季运动要注意保暖、防寒。游泳下水前应用冷水淋身，使身体对冷水有所适应；如果水温较低，游泳时间不要过长。疲劳、饥饿时不要进行剧烈运动。如果经常发生肌肉痉挛，可能与缺钙有关，可考虑适当补充钙。

参考文献

一、图书

[1] 白晋湘. 民族传统体育教程[M]. 长沙：中南工业大学出版社，2000.
[2] 陈佩杰，王人卫. 健康体适能评定理论与方法[M]. 上海：上海教育出版社，2013.
[3] 陈庆伟. 大学体育：慕课版[M]. 北京：人民邮电出版社，2016.
[4]《大学体育与健康教程》编委会. 大学体育与健康教程[M]. 北京：北京体育大学出版社，2014.
[5] 戴福祥，陆升汉. 新编大学体育教程[M]. 苏州：苏州大学出版社，2009.
[6] 戴俊，王士赵，张纪春. 大学体育与健康教程[M]. 西安：西安交通大学出版社，2015.
[7] 邓树勋，陈小蓉. 现代大学体育理论与实践[M]. 广州：广东高等教育出版社，2010.
[8] 邓树勋，王健. 高级运动生理学：理论与应用[M]. 北京：高等教育出版社，2003.
[9] 高颀. 运动损伤与急救[M]. 北京：北京体育大学出版社，2010.
[10] 高谊，张永荣. 普通高校体育与健康课程教材[M]. 天津：南开大学出版社，2007.
[11] 顾德明，廖进昌. 运动解剖学图谱[M]. 北京：人民体育出版社，1986.
[12] 顾登妹，殷勤. 运动伤害急救[M]. 上海：上海教育出版社，2012.
[13] 国家体育总局健身气功管理中心. 健身气功社会体育指导员培训教材[M]. 北京：人民体育出版社，2007.
[14] 国家体育总局职业技能鉴定指导中心. 体育舞蹈[M]. 北京：高等教育出版社，2012.
[15] 郝光安，冯青山，丁兆锋. 大学体育教程[M]. 北京：人民体育出版社，2012.
[16] 何伟. 网球基础教学与训练[M]. 上海：上海交通大学出版社，2013.
[17] 黄恩洪，徐连军，唐晓怡. 高校排球运动理论与实践[M]. 北京：中国商务出版社，2007.
[18] 黄光伟. 蹴球运动[M]. 昆明：云南大学出版社，2013.
[19] 黄汉升. 体育教学训练理论与方法[M]. 北京：高等教育出版社，2003.
[20] 黄莉. 中华体育精神与体育强国梦[M]. 北京：北京出版社，2021.
[21] 黄美蓉. 大学生体育生活化研究[M]. 北京：社会科学文献出版社，2020.
[22] 吉林体育学院体育人文社会学系学校体育教研组. 飞镖[M]. 长春：吉林出版集团有限责任公司，2008.
[23] 凯里. 飞镖[M]. 孙建，译. 北京：人民体育出版社，2002.
[24] 朗朝春. 健康体适能与运动处方[M]. 北京：北京理工大学出版社，2013.
[25] 李采丰，孙超. 健康体适能评定与运动处方制定阐析[M]. 北京：科学出版社，2018.
[26] 李乃琼. 新编大学体育与健康教程[M]. 上海：上海交通大学出版社，2017.
[27] 李育林，李亚楠. 啦啦操运动[M]. 北京：高等教育出版社，2021.
[28] 林嘉志，刘毅，刘远. 运动损伤及预防机制[M]. 长春：吉林大学出版社，2018.

[29] 林建成. 羽毛球技、战术训练与运用[M]. 北京：人民体育出版社，2009.
[30] 凌月红. 体育健康教育与运动处方[M]. 北京：北京体育大学出版社，2004.
[31] 刘启坤. 少数民族传统体育理论与技能[M]. 昆明：云南大学出版社，2015.
[32] 刘晔，郑晓鸿. 体能训练基本理论与实用方法[M]. 北京：北京体育大学出版社，2011.
[33] 鹿军士. 新编足球入门与提高[M]. 呼和浩特：内蒙古科学技术出版社，2017.
[34] 吕姿之. 健康教育与健康促进[M]. 北京：北京医科大学出版社，2002.
[35] 麻雪田，王崇喜. 现代足球运动高级教程[M]. 北京：高等教育出版社，2002.
[36] 毛振明. 大学生体育文化与实技教程[M]. 沈阳：东北大学出版社，2013.
[37] 美国运动医学学会. ACSM 运动测试与运动处方指南[M]. 王正珍，译. 北京：北京体育大学出版社，2019.
[38] 美梓. 瑜伽：从新手到高手[M]. 北京：北京联合出版公司，2015.
[39] 彭美丽，侯正庆. 羽毛球[M]. 北京：北京体育大学出版社，1998.
[40] 浦钧宗. 运动性疾病：诊断・机制・防治[M]. 北京：人民体育出版社，1993.
[41] 蒲西安. 珍珠球运动教学与训练[M]. 成都：西南交通大学出版社，2013.
[42] 齐玉刚，谭思洁，黄津虹. 大学生健康生活方式导论[M]. 天津：天津科学技术出版社，2011.
[43] 钱建龙. 体育运动与身心健康[M]. 武汉：武汉大学出版社，2006.
[44] 钱永健. 拓展训练[M]. 北京：企业管理出版社，2006.
[45] 全国体育院校教材委员会. 篮球运动教程[M]. 北京：人民体育出版社，2001.
[46] 任海. 奥林匹克运动[M]. 北京：人民体育出版社，2005.
[47] 沈建国，施兰平. 健康体适能[M]. 杭州：浙江工商大学出版社，2013.
[48] 沈容桂，甘盛俊. 军事地形学与定向运动[M]. 北京：军事科学出版社，1999.
[49] 史国生. 奥林匹克运动[M]. 北京：高等教育出版社，2020.
[50] 宋文民. 实用身体素质练习与评价[M]. 哈尔滨：黑龙江人民出版社，2007.
[51] 唐新发. 篮球运动教程[M]. 广州：广东高等教育出版社，2019.
[52] 汤信明. 足球运动教学与训练[M]. 武汉：华中科技大学出版社，2012.
[53] 陶宇平. 户外运动与拓展训练教程[M]. 成都：电子科技大学出版社，2003.
[54] 陶志翔. 网球运动教程[M]. 北京：北京体育大学出版社，2007.
[55]《体育概论》编写组. 体育概论[M]. 北京：北京体育大学出版社，2013.
[56] 田麦久，刘大庆. 运动训练学[M]. 北京：人民体育出版社，2011.
[57] 王步标. 体适能与健康：健身活动的科学基础[M]. 长沙：湖南科学技术出版社，2003.
[58] 王德平，黄朕. 大学体育：AR 版[M]. 北京：人民邮电出版社，2017.
[59] 王广兰，汪学红. 运动损伤防护与急救[M]. 武汉：华中科技大学出版社，2018.
[60] 王晖. 体质改善策略与实践[M]. 上海：华东理工大学出版社，2011.
[61] 王家宏. 球类运动：篮球[M]. 3 版. 北京：高等教育出版社，2015.
[62] 王全法，陆升汉，王政. 大学体育理论与实践[M]. 苏州：苏州大学出版社，2013.
[63] 王卫星，蔡有志. 体能：力量训练指南[M]. 北京：北京体育大学出版社，2006.
[64] 向勇，王芳. 体育节奏论[M]. 成都：四川科学技术出版社，2015.
[65] 肖光来. 健美操[M]. 2 版. 北京：人民体育出版社，2008.

[66] 肖杰. 羽毛球运动理论与实践[M]. 北京：人民体育出版社，2005.
[67] 邢金善，续俊，田颖. 时尚健身理论与运动方法[M]. 哈尔滨：东北林业大学出版社，2008.
[68] 严铁毅. 大学生心身保健教程[M]. 上海：上海交通大学出版社，2010.
[69] 杨静宜，徐峻华. 运动处方[M]. 北京：高等教育出版社，2005.
[70] 杨莉华. 大学生体育与健康[M]. 上海：上海交通大学出版社，2008.
[71] 杨世勇. 体能训练[M]. 北京：高等教育出版社，2013.
[72] 杨毅. 康复医学概论[M]. 上海：复旦大学出版社，2009.
[73] 杨云琳，马渝，吴芳. 大学体育. 操舞类[M]. 北京：高等教育出版社，2016.
[74] 姚颂平. 体育运动概论[M]. 北京：人民体育出版社，2005.
[75] 易勤，左从现. 大学体育教程[M]. 武汉：武汉大学出版社，2003.
[76] 殷俊，马昆. 珍珠球运动[M]. 昆明：云南大学出版社，2013.
[77] 应圣远，王加强. 网球：普通高校体育选项课教材[M]. 北京：北京体育大学出版社，2002.
[78] 俞继英. 奥林匹克羽毛球[M]. 北京：人民体育出版社，2001.
[79] 袁建国，白富帅，伊斯年. 大学体育与健康教育教程[M]. 西安：西安交通大学出版社，2014.
[80] 岳抑波，谭晓伟. 高校足球运动理论与战术技能研究[M]. 长春：吉林人民出版社，2019.
[81] 张宝帆. 定向运动与野外生存[M]. 天津：天津大学出版社，2000.
[82] 张惠红，陶于.定向运动与野外生存[M]. 2 版. 北京：高等教育出版社，2011.
[83] 张世榕. 大学体育[M]. 北京：北京理工大学出版社，2020.
[84] 张彤，马杨，任素卿. 传统武术健身的现代审视与方法指导[M]. 北京：中国时代经济出版社，2014.
[85] 张文清，肖波. 定向越野与地形[M]. 北京：中国经济出版社，2006.
[86] 张先松. 健身健美[M]. 武汉：华中科技大学出版社，2009.
[87] 张翔. 体育与健康[M]. 北京：中央广播电视大学出版社，2008.
[88] 张征，段德平，孙乐忠. 校园现代球类运动技战术理论与实践创新[M]. 北京：科学技术文献出版社，2017.
[89] 张选惠，李传国，文善恬. 民族传统体育概论[M]. 成都：电子科技大学出版社，2013.
[90] 左从现，张兆才，徐志平，等. 当代高校体育教程[M]. 武汉：武汉大学出版社，2008.

二、期刊

[1] 冯刚. 新时代高校体育的育人蕴涵与实现路径[J]. 中国高等教育，2020（12）：25-27.
[2] 杨桦，荆敏. 中国体育与奥林匹克运动：从差异走向融合[J]. 成都体育学院学报，2020（1）：1-7.